STEFAN M. GERGELY
MIKRO ELEKTRONIK

STEFAN M. GERGELY

MIKRO ELEKTRONIK

COMPUTER, ROBOTER UND NEUE MEDIEN EROBERN DIE WELT

Mit 82 Abbildungen

R. Piper & Co. Verlag
München - Zürich

Graphiken: Burghart Bartl
Karikaturen: Alfred Moser

15.3.1984   W. Jünger (handwritten)

ISBN 3-492-02850-0
2. Auflage, 11.–15. Tausend 1983
© R. Piper & Co. Verlag, München 1983
Umschlag: Disegno, unter Verwendung einer
Zeichnung von Walter A. Mahle
Gesamtherstellung: Salzer - Ueberreuter, Wien
Printed in Austria

Inhaltsverzeichnis*

Anm.: Die Zwischentitel sind als Stichworte gedacht, die auf ausführlicher
behandelte Themata verweisen; sie entsprechen nicht immer den Zwischenti-
teln im Text.

Computer, Roboter und Neue Medien erobern die Welt

Es ist soweit. Wir haben Wissenschaft und Technik so vorangetrieben, daß unsere individuelle und kollektive Existenz in mehrfacher Hinsicht in Frage gestellt ist: Aus der Kenntnis der Kernspaltung haben wir ein Arsenal an Atomwaffen geschaffen, welches das Überleben der Menschheit von dem (möglicherweise durch Computerirrtum ausgelösten) Druck auf einen Knopf abhängig macht. Gentechnik und Psychomedizin versetzen uns in die Lage, die Erbmasse als körperliches und unser Zentralnervensystem als psychisches Substrat menschlichen Daseins radikal zu beeinflussen. Die Kinder der Mikroelektronik schließlich fordern unser Selbstverständnis als Krone der Schöpfung heraus: Wenn es Schachcomputer gibt, die Experten dieser Disziplin besiegen, wenn mikroprozessorgesteuerte Werkzeugmaschinen das in Jahren erworbene Können geschulter Facharbeiter übertreffen und intelligente Roboter beginnen, unsere geistigen Fähigkeiten in den Schatten zu stellen, gewinnt Technik eine neue Dimension; aus dem Werkzeug des Menschen wird eine Herausforderung an den Glauben von der Einzigartigkeit des Menschen – und in der Folge vielleicht sein anonymer Diktator. Visionen zeitgenössischer Künstler und Computercollagen moderner Filmregisseure zeichnen bereits den Kampf des Menschen gegen übermächtig scheinende Maschinenwesen, nicht selten als Boten ferner Galaxien personifiziert. Goethes Zauberlehrling ist heute aktueller denn je.

Atomtechnik, Genmanipulation und Mikroelektronik – ein infernalisches Trio?

Die möglichen Folgen der nuklearen Rüstung sind uns klar – auch wenn wir sie gern verdrängen. Der letzte Tag der Menschheit mag kommen, doch liegt er – zeitlich unbestimmt – in der Zukunft verborgen. Die mikrotechnische Revolution dagegen findet bereits statt, hier und heute. Erbgut wird gezielt verändert, Emotionen werden chemisch unterdrückt. Die Chips schließlich, Bausteine der Mikroelektronik, erobern Zug um Zug alle Bereiche menschlicher Existenz. Zuweilen nehmen wir ihr Kommen wahr, häufig jedoch bleibt uns ihr Dasein verborgen.

Chips durchsetzen die menschliche Zivilisation, einem Virus vergleichbar, das unseren Körper millionenfach befällt. So gesehen, liegt die Menschheit gegenwärtig in einem Chip-Fieber. Ähnlich wie unser Immunsystem ein Virus als körperfremden Erreger »erkennen« muß, um es unter Kontrolle bringen zu können, mag es heilsam sein, Wirkungen und Auswirkungen des Chip bewußt zu erfassen. Dieses Buch ist in der Überzeugung geschrieben, daß uns nur ein Erkennen der Bedeutung mikroelektronischer Technik und das kritische Abschätzen ihrer möglichen Folgen in die Lage versetzen, die Vorteile der Informatisierung unserer Gesellschaft zu nutzen, aber auch die damit verbundenen Gefahren wahrnehmen und dadurch bekämpfen zu können.

Ob letzteres angesichts der Eigendynamik des technischen Fortschritts Chancen auf Erfolg hat, ist meiner persönlichen Ansicht nach eher zweifelhaft. Nichtsdestoweniger müssen wir die Herausforderung der Mikrorevolution annehmen. Der Wirkung eines Rauschgifts jedenfalls wäre es vergleichbar, würden wir uns von der aus dem Munde mancher Technokraten beruhigend tönenden Versicherung, die Mikroelektronik werde uns eine friedliche Freizeitgesellschaft bescheren, in satten Halbschlaf versetzen lassen. Von selbst kommt das »Homuter«-Dasein sicher nicht, in dem Homo sapiens und Computer Hand in Hand ein technisches Utopia verwirklichen.

»Von selbst« kommt eher »1984«.

Manche vermeinen, der Große Bruder George Orwells sei bereits allgegenwärtig. Andere halten ihn für ein Hirngespinst. Dieses Buch soll den Leser in die Lage versetzen, anhand überprüfbarer Fakten über diese und andere Fragen ein eigenes Urteil zu bilden – gewissermaßen als Gegensatz zu den Werken mancher selbsternannter Computerpropheten, die ihre jeweiligen Überzeugungen als allein seligmachende Wahrheit zu verkünden suchen.

Das vorliegende Buch gliedert sich in fünf Abschnitte: Im Anschluß an die als Übersicht gedachte Einleitung unter dem Motto »Computer, Roboter und Neue Medien erobern die Welt« findet sich ein Führer durch das Land der Mikroelektronik, in dem unter anderem erklärt wird, wie Transistoren, Mikroprozessoren und Computer im Prinzip funktionieren, was Hardware und Software bedeuten und nach welchen Mechanismen Telegraph, Telephon, Radio, Fernsehen, die neuen Datennetze und Satelliten arbeiten. Ein Kapitel ist den Computern der Zukunft gewidmet.

Der folgende Teil schildert die mannigfachen Anwendungen der Mikroelektronik – vom Chip in der programmierbaren Waschmaschine bis zur computergesteuerten Rakete, von maschinenlesbaren Dossiers bis zur Vielfalt der Neuen Medien. Er ist so abgefaßt, daß die einzelnen Kapitel auch ohne Kenntnis des technischen Abschnittes verständlich sind. Wer sich das Know-how aus diesem angeeignet hat, dürfte es aber leichter haben zu erkennen, wie und vor allem warum heute vieles machbar ist, was vor kurzem noch als unmöglich galt.

Im Anschluß daran wird dargestellt, welche Folgen sich aus den Anwendungen der mikroelektronischen Technik für den einzelnen und die Gesellschaft ergeben können. Hier geht es etwa um die Frage, wie weit Computer und Roboter für Arbeitslosigkeit verantwortlich zu machen sind, ob die moderne Informationstechnik die Entwicklung einer total überwachten Gesellschaft provoziert, was für Konsequenzen die Einführung der Neuen Medien für das menschliche Zusammenleben hat, aber auch, welche Faktoren die Ausbreitung der mikroelektronischen Technik hemmen könnten. Die Ergebnisse zahlreicher Studien und Stellungnahmen von Experten liefern Argumente für und gegen zahlreiche zur Zeit zu den erwähnten Themen diskutierte Thesen. Mikroelektronik wird auch als Wirtschaftsfaktor dargestellt. Computer- und Informationstechnik sind heute die am stärksten expandierenden Produktionsbereiche. Sie verändern nicht nur Machtverhältnisse zwischen Staaten – denken wir zum Beispiel an den Wettlauf zwischen den USA, Japan und Westeuropa bei Erzeugnissen der Konsumelektronik; auch Struktur und Bedeutung vieler Unternehmen sind einem Wandel unterworfen. Der Kampf etwa des Computergiganten IBM und der US-amerikanischen Telephongesellschaft ATT um die mit Chips gepflasterten Märkte der Zukunft ist zu spannend, um nicht eine Schilderung zu rechtfertigen.

Den Abschluß bildet ein Epilog, in dem ich versuche, aus persönlicher Sicht die durch moderne Technik mitbedingten Probleme unserer Zeit zu charakterisieren und aufzuzeigen, worauf es bei der Lösung dieser Probleme ankäme.

In erster Linie die in direkter Rede wiedergegebenen Zitate sind im Text numeriert und im Literaturverzeichnis angeführt. Darüber hinaus verwendete Quellen und weiterführende Literatur sind dort ebenfalls zu finden.

Chips unterwandern die Gesellschaft – Anwendungen und Folgen

Wenden wir uns nun der Frage zu, in welcher Weise Computer, Roboter und Neue Medien den Menschen beeinflussen. Die Entwicklung scheint sich auf drei Ebenen zu vollziehen: Die erste ist Schauplatz des Einzugs von Halbleiter-Bauelementen in fast alle Produkte des täglichen Lebens. Auf der zweiten Ebene spielt sich ein Kampf um die Machtverhältnisse zwischen einzelnen Gesellschaftsgruppen ab. Hier zeigen sich Fernwirkungen des Chip auf das Zusammenleben der Menschen. So geht es beispielsweise um das Machtverhältnis zwischen Individuum und Staat. Auf der dritten Ebene schließlich findet eine Auseinandersetzung zwischen Mensch und Mikroelektronik statt, bei der die Einzigartigkeit menschlicher Fähigkeiten im Mittelpunkt steht.

Beginnen wir zunächst bei den Anwendungen der Mikroelektronik. Neue Märkte tun sich auf, alte stagnieren oder verschwinden; neuartige Dienstleistungen entstehen. In komplexer und kaum durchschaubarer Weise werden das gesamte Wirtschaftsgefüge und unsere Gesellschaft einem tiefgreifenden Strukturwandel unterworfen. Diese Entwicklung findet seit etwa zwei Jahrzehnten statt. Der Glaube an das Machbare, das Vertrauen in den technischen Fortschritt sind in diesem Bereich noch bei vielen ungebrochen. Erst in den letzten Jahren macht sich Unsicherheit bemerkbar. Weil in der Autoindustrie in zunehmendem Ausmaß Roboter die Arbeit von Menschen verrichten, kommt es zu strukturell bedingter Arbeitslosigkeit mit entsprechenden sozialen Folgen. Weil schon fast jedes Schulkind einen Taschenrechner hat, beginnen sich junge Menschen zunehmend zu fragen, wozu sie noch stundenlang das Wurzelziehen üben sollen, wenn eine Maschine dies viel besser kann. Traditionelle Lehrinhalte werden in Frage gestellt; eine Sinnkrise erfaßt die Jugend. Weil das Fernsehgerät neue Dienste wie Bildschirmtext und Videotext möglich macht, wird sich auch der Gebrauch dieses Massenmediums nach Häufigkeit und Zweck ändern. Daß das Fernsehen soziale Wirkungen hat, ist heute unbestritten. Kaum fraglich ist daher, daß auch die Neuen Medien unsere Gesellschaft verändern werden.

Um die Auswirkungen der Mikroelektronik auf der, wie wir sie genannt haben, ersten Ebene differenzierter erfassen zu können, betrachten wir aus historischer Sicht etwas näher, was Mikroelektronik eigentlich ist und welche Anwendungsmöglichkeiten sie eröffnet. Ihre Ursprünge liegen in der Erfindung des Transistors und in der Entwicklung von speicherprogrammierbaren Digitalrechnern gegen Ende der vierziger Jahre unseres Jahrhunderts. Weder die Fachpresse noch die Mehrzahl der Elektronikingenieure hielten die Erfindung des Transistors zunächst für besonders bedeutend. Erst um die Mitte der fünfziger Jahre trat der neue Verstärker auf Festkörperbasis seinen kommerziellen Siegeszug an. Eine stürmische Entwicklung setzte ein – sie hat bis heute nichts von ihrer Rasanz eingebüßt. Vor allem in den Vereinigten Staaten wanderten damals Wissenschafter mit unternehmerischer Neigung in die Wirtschaft ab und gründeten Firmen, die auch in den sechziger und siebziger Jahren noch für entscheidende Neuerungen in der mikroelektronischen Technik sorgen sollten (und die etablierten Hersteller elektronischer Bauelemente langsam verdrängten). Gleichzeitig wurde der Grundstein für die – trotz japanischer Herausforderung auch heute noch deutliche – Dominanz der USA im Bereich der Computer- und Informationstechnik gelegt.

Der erste Schritt war die Erfindung von Verstärkern auf Halbleiterbasis, die kleiner und schneller waren als Elektronenröhren und elektromechanische Schaltelemente. Bald begannen die Techniker, die nunmehr aus Silizium bestehenden elektronischen Bauteile immer kleiner und kleiner zu fertigen. Den Anstoß zu dieser Miniaturisierung lieferte nicht die Computerindustrie. Es waren vielmehr die Raketen- und Satellitenprogramme der Militärs und der Raumfahrtbehörde in den Vereinigten Staaten, die die Halbleitertechnik in Schwung brachten. Die Militärs waren offenbar bereit, für solche Entwicklungen so viel Geld zu zahlen, daß man auch die Verwirklichung völlig neuer Konstruktionsprinzipien in Angriff nahm, von denen zunächst niemand dachte, daß sie kommerziell verwertbar sein und in breitem Maßstab in der zivilen Nutzung Eingang finden würden. So gesehen, ist die Mikroelektronik ebenso wie die Atomtechnik ein Kind der Rüstungsindustrie.

Die dabei erzielten Leistungen sind gewaltig. Die mikroskopisch kleinen Schaltkreise auf dem sogenannten Chip, einem Scheibchen Silizium von einigen Millimetern Durchmesser, leisten heutzutage ebensoviel wie vor zwanzig Jahren eine Rechenmaschine, die ein ganzes Zimmer einnahm.

Für 1 000 DM kann man heute ebensoviel Rechenkapazität kaufen, wie in einer Anlage der ersten Computergeneration zur Verfügung stand, die 50 Millionen DM kostete und 30 Tonnen wog.

Die revolutionäre Wirkung der neuen Technik ist in der Miniaturisierung begründet: Chips sind billig, weil sie klein sind. Weil sie klein sind, schalten sie auch sehr schnell; und schließlich, weil Chips so klein sind, kann man sie auch dort einbauen, wo Computer zuvor nicht Platz gefunden hätten – in Armbanduhren, Herzschrittmachern und Raketen. Was bedeutet diese Entwicklung für die Struktur der Wirtschaft? Schon vor einem Vierteljahrhundert hatten weitblickende Forscher in Kenntnis der Möglichkeiten mikroelektronischer Technik vorausgesagt, daß in Zukunft die »Wissensindustrien« dominieren würden. Traditionelle Produktionsfaktoren wie Boden, Arbeit, Rohstoff und Kapital würden an Bedeutung verlieren. In der Tat, heute mehr denn je bedeuten Information Reichtum und Zugang zu Information Macht – wir stehen an der Schwelle zum Informationszeitalter, in dem Wissen zum wirtschaftlichen Schlüsselfaktor wird. Versuchen wir eine Aufzählung der Bereiche, in denen Chips bereits allgegenwärtig sind: elektronische Rechenmaschinen, Haushaltsgeräte verschiedenster Art, Datenbanksysteme, computergesteuerte Werkzeugmaschinen, Steuerungsanlagen in der Industrie, Computertomographen, Textverarbeitungsgeräte, Elektronenrechner in allen Bereichen von Wirtschaft und Wissenschaft, Neue Medien, automatisierte Unterrichtsmodelle..., diese Liste läßt sich beliebig verlängern. Viele Anwendungen der Mikroelektronik schließen auch andere technische Neuentwicklungen wie Satelliten-, Laser- und Glasfasertechnik mit ein. Ihre Nutzung verbreitet die Palette der Einsatzmöglichkeiten.

Eine bedeutsame wirtschaftliche Folge dieser technologischen Neuerungen ist ihr Einfluß auf die internationale Arbeitsteilung. In der ersten industriellen Revolution hatte die Einführung dampfbetriebener Spinnereimaschinen und Webstühle zur Folge, daß das von Handarbeit lebende Textilgewerbe der asiatischen Länder auf den Weltmärkten nicht mehr konkurrenzfähig war. Das Haber-Verfahren zur Erzeugung chemischen Kunstdüngers führte zum Ruin der Salpeterindustrie in Chile. In unseren Tagen macht die mikroelektronische Digitaluhr aus Fernost den entsprechenden Industriezweigen in der Bundesrepublik und der Schweiz schwer zu schaffen. Japanische Konsumelektronik überschwemmt unsere Märkte und bedroht Tausende von Arbeitsplätzen in der europäischen Industrie.

Der Aufbau digitaler Datennetze revolutioniert das gesamte Kommunikationswesen. Bereits heute sind zwanzigtausend Kilometer Glasfaserkabel verlegt; für entsprechende Investitionen in der Zukunft sind allein in der Bundesrepublik über sechzig Milliarden DM veranschlagt. Weltweit gibt es gegenwärtig 500 Millionen Telephone – ein Anstieg um 1000% seit 1945. 440 Milliarden Telephongespräche pro Jahr bringen Gebühren von 200 Milliarden DM und

16

machen gewaltige Mittel für neue Investitionen frei. Jedes Jahr werden 80 Millionen Taschenrechner erzeugt. Allein in den Vereinigten Staaten sind zur Zeit 4 Millionen Heimcomputer in Gebrauch. In der Bundesrepublik sind sie seit einiger Zeit sogar in den großen Kaufhäusern erhältlich. Die meisten von ihnen kosten weniger als Hi-Fi-Anlagen. Der Spielzeughandel macht bereits mehr als 10% seines Umsatzes mit elektronischen Spielen. In den letzten fünf Jahren wurde in der Bundesrepublik eine Viertelmillion Schachcomputer an den Mann gebracht. Viele von ihnen sind so gut programmiert, daß sie einem Hobbyspieler gleichwertige oder gar überlegene Partner sind. Nicht nur Kinder spielen dank der Chips. Der Einzug der Mikroelektronik in das Militärwesen erlangt angesichts des Wettrüstens der Supermächte weltpolitische Bedeutung. Greifen wir bloß einen Aspekt heraus, die globalen militärischen Kommunikationssysteme. Die USA haben mithilfe mikroelektronischer Technik ein riesiges System zur Überwachung und Informationsbeschaffung zu Land, zu Wasser, in der Luft und im Weltraum geschaffen. Sie investieren jedes Jahr 2 Milliarden DM allein in dieses Kommunikationssystem, das 90 000 Menschen beschäftigt. Das US-Verteidigungsministerium gibt mehr als 3 Milliarden Dollar jährlich für Software aus, d. h. für Programme, die den Rechenanlagen vorschreiben, was sie zu tun haben.

Auch Roboter sind Produkte der Mikroelektronik. Zwar gibt es zur Zeit erst einige zehntausend echte Roboter, also Maschinen, deren Funktionen elektronisch gesteuert sind und die Arbeit menschlicher Fachkräfte nachvollziehen können. Allein die Hälfte davon steht in Japan und ein Viertel in den Vereinigten Staaten. Zweifellos sind die Fähigkeiten von Industrierobotern derzeit noch begrenzt, zumal viele von ihnen unter Kinderkrankheiten litten. Sogar in der Autoindustrie, dem Pionier des Robotereinsatzes, sind noch nicht alle Handgriffe automatisiert. Das Wachstum des Einsatzes von Robotern ist allerdings so rasant, daß in wenigen Jahren diese neuen Industriesklaven in allen Produktionsbereichen tätig sein werden.

Die Entwicklung der Roboter hat die Gewerkschaften auf den Plan gerufen, denn Roboter werden in erster Linie eingesetzt, um menschliche Arbeit überflüssig zu machen. Zu begrüßen dabei ist, daß es sich meist um Fließbandarbeit oder gesundheitsschädliche Tätigkeiten handelt, die jetzt von Maschinen erledigt werden. Aus diesem Grund befürworten die japanischen Gewerkschaften, die angesichts des vehementen Robotereinsatzes in der Industrie am ehesten Grund hätten, solchen arbeitsplatzgefährdenden Entwicklungen Einhalt zu gebieten, immer noch das ehrgeizige Automatisierungsprogramm der Nippon-Regierung (wenn auch zunehmend nur halbherzig). Niemand kann jedoch voraussagen, in welchen Bereichen diejenigen Arbeiter Einsatz finden sollen, die durch die Leistungen der Computertechnik arbeitslos werden. Eine generelle Verkürzung der Arbeitszeit, so meinen manche der Experten, werde die Probleme des Arbeitsmarktes nicht lösen, da es sich bei der Arbeitslosigkeit durch Automatisierung um strukturelle Probleme handle, um Schwierigkeiten jeweils innerhalb eines bestimmten Industriezweigs. Man könne ja nicht einen Fließbandarbeiter von heute auf morgen zu einem Beamten oder einem Kellner umschulen. Eine andere Anwendung der Mikroelektronik betrifft das Informationswesen. Weltweit gibt es bereits Tausende elektronischer Informationssammlungen. Große wissenschaftliche Datenbanken haben bis zu 5 Millionen Publikationen auszugsweise gespeichert. Diese sind durch formalisierte Suchsysteme in Sekundenschnelle abrufbar. Neue Medien wie Bildschirmtext werden es in naher Zukunft auch dem einfachen Bürger ermöglichen, auf solche elektronische Datensammlungen zuzugreifen. Information wird somit zu einem beachtlichen Wirtschaftsfaktor – der Handelswert aller gespeicherten Informationen wurde 1982 auf 125 Milliarden DM geschätzt. Diese Computergedächtnisse sind noch aus einem anderen Grund von Interesse: Sie sind wohl das einzige Mittel, um das explosive Wachstum des von Menschen produzierten Wissens zu bewältigen. Jedes Jahr erscheinen auf der Welt 600 000 neue Buchtitel, werden 20 Millionen Zeitschriftenaufsätze veröffentlicht und zahllose Broschüren und Berichte etc. verfaßt. Kein Wunder, daß angesichts dieser unkontrollierbaren Produktion von Daten Unsicherheit aufkommt, welche Information noch Bedeutung habe und welche nicht. Daher fragen sich viele, was man tun könne, um für den Weg ins Informationszeitalter gerüstet zu sein. Die Frage zielt auf die Bereiche Bildung und Ausbildung. Betrachtet man die Lehrpläne in Schulen und Universität, so läßt sich leicht feststellen, daß Schüler und Studenten für die Bewältigung der Informationsüberflutung kaum gerüstet werden. Klaus Haefner, Professor für Computer im Unterricht an der Universität Bremen, formuliert diesen Zustand wie folgt:»Das Bildungswesen versäumt es, der breiten Bevölkerung den Zugang zur Informationstechnik als Basistechnologie der Zukunft angemessen zu vermitteln. Der unreflektierte Einfluß der technischen Medien wächst« (Lit. 1). Während sich Wirtschaft, Verwaltung und Industrie seit Jahren mit Nutzungsmöglichkeiten der

Informations- und Kommunikationstechnik befaßten und sie auch weitgehend anwenden, habe das Bildungswesen die Informationstechnik noch kaum zur Kenntnis genommen. Kaum ein Abiturient habe heute eine Ahnung von Informatik. Auch in die berufsbildenden Lehrgänge sei das neue Gedankengut nur unzureichend eingedrungen. Haefner bezeichnet die Absolventen des herkömmlichen Bildungswesens als Analphabeten in Hinblick auf Grundkenntnisse in technischer Informationsverarbeitung. Das Verhältnis der heutigen Schüler und Studenten zur Informationstechnik, so Haefner, entspreche dem des Analphabeten zum Buch vor 300 Jahren. So wie dieser zwar gewußt habe, daß es Bücher gibt, die damals fast ausschließlich von Gelehrten, Priestern, Militärs und Herrschern genutzt wurden, aber für ihn selbst unerreichbar waren, so stehe der mittlere Bürger der Industrienationen heute der Informationstechnik gegenüber: beeindruckt, interessiert, besorgt – aber letztlich unwissend.

Dazu kommt, daß die Verschiebung der Informationsverarbeitung aus menschlichen Gehirnen in technische Systeme zu einer doppelten Krise führt: erstens zur Krise des Lernenden, der unsicher wird, was er jetzt noch lernen soll, und zweitens zur Krise des Bildungswesens, das eine neue Zielbestimmung durchführen müßte, dies aber nicht tut.

Die Informationsüberflutung hat aber noch andere Auswirkungen: Sie führt zu einer neuen Form der Umweltverschmutzung. Anlagen zur Aufarbeitung von Energieträgern (z. B. Raffinerien) und Maschinen, die dank der aufbereiteten Energie Arbeit leisten (z. B. Kraftfahrzeuge), bringen uns zahlreiche Annehmlichkeiten, aber auch eine Verschmutzung unserer Umwelt, die das ökologische Gleichgewicht der Natur ernsthaft zu gefährden beginnt. Ebenso verhilft uns auch die neue Informationsindustrie zu mannigfachen Bequemlichkeiten – um den Preis einer kaum kontrollierbaren Überschwemmung unseres Bewußtseins mit Nachrichten, von denen wir in vielen Fällen nicht mehr beurteilen können, ob sie für uns wichtig sind oder nicht. Allein das Fernsehen liefere, so Karl Steinbuch (Computerfachmann und Professor an der Universität Karlsruhe), dem Bürger viel mehr Information, als er bewußt bewältigen könne. Der unverarbeitete Überschuß verschwinde ungeklärt im Unterbewußtsein:»Hier kämpfen Informationen um Parkplätze, wobei die wichtigen sich gegen die sensationellen nicht durchsetzen können« (Lit. 2).

Dies alles zeigt beispielhaft Technikfolgen in dem Bereich auf, den wir die erste Ebene genannt haben. Die Auseinandersetzung findet aber noch auf einer zweiten Ebene statt – hier geht es um die Machtverhältnisse zwischen einzelnen Gesellschaftsgruppen. George Orwell zeichnete in seinem Zukunftsroman »1984« das Bild einer total überwachten Gesellschaft, die von wenigen Wissenden beherrscht wird. Als Orwell nach Ende des Zweiten Weltkrieges diese »Utopie in Form eines Romans« niederschrieb, dachte er totalitäre Ideen logisch zu Ende, von denen er glaubte, sie hätten sich in den Köpfen der Intellektuellen festgesetzt. Die Technik der Überwachung, die Orwell beschrieb, ist von der Realität längst überholt worden. Wenn auch der Große Bruder derzeit noch nicht allgegenwärtig sein mag – machbar ist er jederzeit. Die elektronische Datenverarbeitung ist jedenfalls ein starker Motor für die weitere Bürokratisierung unserer Gesellschaft und bedeutet damit einen Zuwachs an Macht für den Staat. Klaus Lenk, Professor für Verwaltungswissenschaft an der Universität Oldenburg, hält diesen Trend für unausweichlich. Beschäftigte sich die bürokratische Verwaltung bislang vorwiegend mit wirtschaftlichen Fragen und sozialer Sicherheit, dehne sie nun, dank informationstechnischer Hilfsmittel, ihren Tätigkeitsbereich auf praktisch alle Aspekte des gesellschaftlichen Lebens aus. Lenk: »Das Endergebnis wäre eine perfekte Verwaltung, die das menschliche Verhalten ganz und gar strukturiert und kontrolliert« (Lit. 3). Wohin die mißbräuchliche Verwendung von Informationstechnik führen kann, hat uns George Orwell drastisch vor Augen geführt. Es ist zu hoffen, daß es niemals zum totalen Überwachungsstaat kommt. Nicht zuletzt hängt diese Zukunft vom Verhalten jedes einzelnen Bürgers ab.
Beinahe unentrinnbar scheint dagegen eine Entwicklung, die zur Teilung der Menschheit in zwei Lager führt – in »Wissende«, die als neue Alchimisten aus Programmiersprachen magische Geheimlehren destillieren, und in »Unwissende«, die die Angehörigen der neuen Elite als digitale Götter verehren. Ob damit Nietzsches Prophezeiung vom Heraufkommen des Übermenschen oder Solowjews Vision des Antichrist Geltung erlangen, sei dahingestellt. Wir und mehr noch unsere Kinder laufen jedenfalls Gefahr, trotz eines Überangebotes an Wissen in ein neues Mittelalter zu gelangen, in dem Computer zwar benützt, aber nicht verstanden werden; in dem an den Schaltstellen der Macht in Wirtschaft und Staat hinter ver-

schlossenen Türen Entscheidungen fallen, von denen der Normalsterbliche weniger weiß als der Leibeigene im Mittelalter von den Beschlüssen seines Fürsten; in dem schließlich die kraft ihres Wissens dominierende Kaste die aus dem Unwissen resultierende dunkle Angst im Volk für ihre Zwecke manipuliert.

Menschliche und künstliche Intelligenz

Das Stichwort Angst führt uns auf die dritte Ebene der Auseinandersetzung zwischen Mensch und Mikroelektronik, auf der es um die Einzigartigkeit menschlicher Fähigkeiten geht. Angesichts »künstlicher Intelligenz« beginnen nicht wenige, den Glauben an das Besondere im menschlichen Gehirn neu zu überdenken. »Computerprogramme, die mathematische Lehrsätze beweisen oder Muster erkennen, zeigen Intelligenz. Die Liste der Attribute menschlicher Einzigartigkeit wird immer kleiner. Am besten noch drückt die zeitgenössische Literatur diese Ängste aus, wenn in ihren Zukunftsvisionen intelligente Computer oder Roboter dem Menschen als Herrscher über die Erde Konkurrenz machen und ihn vielleicht aus dieser Rolle verdrängen« (Lit. 4).
Zahlreich sind die Möglichkeiten, Mensch und Maschine zu vergleichen – im Hinblick auf Speicherkapazität, Geschwindigkeit der Informationsverarbeitung, Mustererkennung, Assoziationsfähigkeit, Intelligenz . . . Viele meinen, Computer seien grundsätzlich auf ein niedriges Niveau der Informationsverarbeitung beschränkt, wären ein Werkzeug, das Anordnungen des Menschen blindlings befolgt. Die Begründungen für diese These beruhen auf Argumenten wie »Etwas anderes ist nicht vorstellbar« oder »Die heutigen Computer zeigen doch, wie beschränkt sie sind«. Dem entgegnet Karl Steinbuch: »Gewarnt sei davor, aufgrund intuitiver Meinungen oder ideologischer Vorurteile hier ein neues Unmöglichkeitspostulat zu errichten« (Lit. 5). Schließlich fänden sich in der Geschichte der Technik zahlreiche Unmöglichkeitspostulate, die von der Wirklichkeit überholt worden seien: so die Meinung, organische Stoffe könnten nicht aus anorganischen hergestellt werden, oder die Behauptung, das Fliegen mit Geräten, die schwerer als Luft sind, sei unmöglich, oder die von Fachleuten vertretene Überzeugung, die Anziehungskraft der Erde könne nicht vom Menschen überwunden werden. Wenn diese Dogmen alle widerlegt wurden, könnte es doch auch möglich sein, daß Computer postulierte Leistungsgrenzen überschreiten, etwa wenn sie nicht starr programmiert sind,

sondern in direkter Kommunikation mit der Umwelt ihre Fähigkeit zur Lösung von Problemen verbessern. Manche Computerwissenschafter sind daher der Auffassung, daß die Leistungen von Automaten zwar durch ihre Bauelemente und ihre Struktur begrenzt seien, aber sonst kein Grund einzusehen sei, weshalb Automaten ausgerechnet auf das intellektuelle Niveau des Menschen beschränkt sein sollten. Die Auseinandersetzung um Maschinen als Konkurrenten des Menschen ist somit eine Konsequenz der materialistischen Weltanschauung: Wer nur anerkennt, was meß- und wägbar ist, der reduziert menschliches Bewußtsein auf chemische Moleküle und elektrische Signale. Wenn damit der ganze Mensch beschrieben ist, dann wird der Computer eines Tages besser sein als wir.

Angesichts dieser Perspektiven kommt der Harvard-Professor Joseph Weizenbaum zur Forderung,»daß es bestimmte Aufgaben gibt, zu deren Lösung keine Computer eingesetzt werden sollten, ungeachtet der Frage, ob sie zu deren Lösung eingesetzt werden können« (Lit. 6).

Ebenso wie die katholische Kirche in der Auseinandersetzung mit Kopernikus letztlich unterlag, als es um die Erde als Zentrum des Universums ging, könnte in naher Zukunft die Überzeugung des aufgeklärten Abendländers mechanistischer Prägung zunichte gemacht werden, daß die Leistungen menschlichen Bewußtseins einmalig seien. Gewiß, da sind noch Phänomene wie Kreativität, und nicht zuletzt Gefühle und das Bewußtsein vom eigenen Ich. Trotzdem – begründet oder nicht – macht sich Unsicherheit breit. Zur Sinnkrise des Bürgers in den Industriestaaten gesellt sich eine neue Identitätskrise. Was Wunder, wenn sich viele Menschen zurück nach einem einfachen Leben sehnen, nach einer Existenz, die das Gefühl von Geborgenheit verleiht; was Wunder, wenn Produzenten von Videospielen einen simplen Fluchtmechanismus gut verkaufen, indem sie für eine Münze dem einzelnen ermöglichen, aus einer undurchschaubaren und unsteuerbar scheinenden Umgebung in eine Traumwelt zu flüchten, in der das Geschehen mit Hilfe eines Steuerknüppels total zu kontrollieren ist; was Wunder, wenn Maschinenstürmer versuchen, der Fortentwicklung technischer Systeme gewaltsam Einhalt zu gebieten.

Zu einer neuen Standortbestimmung

Meiner Ansicht nach gehen alle diese Versuche an den Aufgaben vorbei, die der Mensch auf dem Weg in die Informationsgesellschaft zu lösen hätte. Es geht nicht um die Frage, ob wir eine technische Entwicklung verhindern sollen; es geht auch nicht so sehr um die Frage, ob wir mehr oder weniger Technik brauchen. Was hingegen nottut, ist die Suche nach einem neuen Selbstverständnis des Menschen in einer Welt, die wir mehr denn je als Einheit begreifen. Die Lösung der anstehenden Probleme müssen wir im Sinne eines globalen Verantwortungsbewußtseins versuchen.

Die Standortbestimmung des Menschen in der Informationsgesellschaft hat sich in dreifacher Hinsicht zu artikulieren: im Verhältnis zur Natur, zur Technik und zum Menschen selbst. Was die ökologische Problematik unseres Planeten anlangt, bietet die Mikroelektronik zahlreiche Chancen, umweltschädigenden Einflüssen vorzubeugen und Kontaminationen mit Schadstoffen zu verringern. Mikroelektronische Technik kann in hohem Maße dazu beitragen, Rohstoffe und Energie zu sparen und damit auch die Schadstoffemissionen herabzusetzen. Von diesem Gesichtspunkt her ist der vermehrte Einsatz von Mikroprozessoren uneingeschränkt zu begrüßen. Dies soll uns aber nicht darüber hinwegtäuschen, daß wir uns der Verantwortung um das ökologische Gleichgewicht auf der Erde – eine wesentliche Voraussetzung für eine lebenswerte Zukunft – noch stärker als bisher bewußt werden müssen.

Auch unser Verhältnis zur Technik ist neu zu überdenken. So verlockend die Möglichkeiten von Computern, Robotern und Neuen Medien für viele sein mögen – wir müssen lernen, die moderne Technik im Sinne ihrer ursprünglichen Zweckbestimmung zu verstehen und einzusetzen. Technik ist Handwerk des Menschen und nicht umgekehrt. Keinesfalls dürfen wir die Hoffnung hegen, unsere menschlichen Probleme mit Computern lösen zu können. Schwierigkeiten zwischenmenschlicher Kommunikation können weder durch Satellitenfernsehen noch durch Bildschirmtext bewältigt werden.

Der Computer – ein Mythos?

Trotz zunehmender Technisierung unserer Umwelt ist schließlich zu berücksichtigen, daß Menschsein mehr bedeutet als Auseinandersetzung mit Computern. Vielfach scheint es, daß wir auf diese simple Tatsache vergessen haben. Offenbar müssen wir erst lernen, die hypnotische Wirkung, die von Computern, Robotern und Neuen Medien ausgeht – Psychiater sprechen im Extremfall von

Fernseh- bzw. Computersucht –, zu überwinden. Dazu kommt, daß Roboter und Computer häufig personifiziert werden. Joseph Weizenbaum erklärt dieses Phänomen anhand seiner Erfahrungen mit dem Computerprogramm ELIZA: Er hatte es Anfang der sechziger Jahre entworfen, um eine »Unterhaltung« mit dem Computer zu ermöglichen. Der menschliche Gesprächspartner tippte seinen Beitrag zur Unterhaltung auf einer mit dem Computer verbundenen Schreibmaschine, und der Computer, unter der Kontrolle des Programms, analysierte die Botschaft und stellte eine Antwort zusammen, die wiederum ausgedruckt wurde. Weizenbaum wählte für das Programm den Namen ELIZA, da man ihm gleich der Eliza aus der Pygmalionsage beibringen konnte, immer besser zu »sprechen«. Das Programm bestand aus dem Sprachanalysator und einem Skript, d. h. einer Reihe von Regeln, die ungefähr denen entsprachen, an die sich ein Schauspieler beim Improvisieren über ein bestimmtes Thema hält. Das Skript erlaubte somit die Übernahme einer Gesprächsrolle zu einem bestimmten Thema. Ein berühmt gewordenes Skript ermöglichte es ELIZA, die Rolle eines an »Roger« orientierten Psychotherapeuten zu spielen. Ein solcher ist infolge seiner Arbeitsweise relativ leicht zu imitieren: Er bringt den Patienten zum Sprechen, in dem er dessen eigene Äußerungen einem Echo ähnlich zurückgibt. Etwa folgendermaßen:

Patient: Die Männer sind alle gleich.

Computer: In welcher Weise.

P: Sie machen uns immer wegen irgendwas verrückt.

C: Können Sie ein Beispiel nennen.

P: Na ja, die Idee zu diesem Gespräch stammt von meinem Freund.

C: Die Idee zu diesem Gespräch stammt von Ihrem Freund.

P: Er sagt, daß ich oft deprimiert bin.

C: Es tut mir leid zu hören, daß Sie deprimiert sind.

P: Das stimmt, ich bin unglücklich.

C: Glauben Sie, daß dieses Gespräch Ihnen hilft, nicht mehr unglücklich zu sein?

P: Ich brauche jedenfalls Hilfe, das steht fest.

C: Was würde es für Sie bedeuten, Hilfe zu bekommen.

P: Vielleicht könnte ich lernen, mit meiner Mutter auszukommen.

C: Erzählen Sie mehr über Ihre Familie.

P: Meine Mutter erledigt alles für mich.

C: Wer in Ihrer Familie erledigt noch alles für Sie.

P: Mein Vater.

C: Ihr Vater.

P: Sie sind ein wenig wie mein Vater.

C: Welche Ähnlichkeit sehen Sie.
P: Sie sind nicht besonders aggressiv.
C: Was läßt Sie vermuten, daß ich nicht sehr aggressiv bin.
P: Sie streiten nicht mit mir.

Abb. 1 Menschenähnliche Roboter als Hollywood-Stars (hier die beiden Roboter C3 P6 und R2 D2 in »Das Imperium schlägt zurück«)

Die ersten praktischen Experimente mit dem Programm erbrachten überraschende Resultate. Einige Psychiater glaubten im Ernst, das Programm könne zu einer automatischen Psychotherapie ausgebaut werden. Weizenbaum:»Wie sieht das Bild aus, daß der Psychiater von seinem Patienten hat, wenn er als Therapeut sich selbst nicht als engagiertes menschliches Wesen begreift, das zu heilen versucht, sondern als jemanden, der Informationen verarbeitet, Regeln befolgt etc.?« Außerdem zeigte sich, daß Personen, die sich mit Rogers unterhielten, schnell und instinktiv emotionelle Beziehungen zum Computer herstellten.»Einmal führte meine Sekretärin eine Unterhaltung mit ihm; sie hatte seit Monaten meine Arbeit verfolgt und mußte von daher wissen, daß es sich um ein bloßes Computerprogramm handelte. Bereits nach wenigen Dialogsätzen bat sie mich, den Raum zu verlassen. Ein andermal äußerte ich die Absicht, das System so zu schalten, daß man alle Unterhaltungen nachher abrufen konnte. Sofort wurde ich mit Vorwürfen überschüttet, mein Vorschlag laufe darauf hinaus, die intimsten Gedanken anderer auszuspionieren« (Lit. 6).

Von den Möglichkeiten des Computers beeindruckt, personifizieren wir ihn. Vielleicht ist auch das ein Grund, warum viele glauben, mithilfe von Computern menschliche Probleme lösen zu können. Wir müssen versuchen, das als Irrtum zu erkennen. Erst dann wäre der Weg frei für die Entfaltung des Menschen – auf der Basis der modernen Technik (und nicht als Rückkehr zu Idealen der Vergangenheit).

Damit sind wir bei einem Thema angelangt, das uns im Epilog noch ausführlich beschäftigen wird. Beginnen wir nun aber die Reise durch die Welt der Mikroelektronik.

Für die kritische Durchsicht des Manuskripts und wertvolle Anregungen bin ich Frau Dr. Elisabeth, Herrn Dr. Gerhard und Dr. Thomas Gergely sowie den Herren Dr. Raoul F. Kneucker, Dr. Herbert Reiger, Dipl.-Ing. Otto Riedl, Christian Stary und Univ.-Prof. Dr. Herbert Woidich dankbar. Den Mitarbeitern des Piper Verlages und der Druckerei Salzer - Ueberreuter danke ich für die gute Zusammenarbeit bei der unkonventionellen Entstehung dieses Buches (siehe Seite 133).

Wien, im Juni 1983   Stefan M. Gergely

26

I. Teil
Technische Grundlagen

1. Worum es geht

Tagtäglich benützen wir Dutzende technischer Geräte. Wir schalten den Fernsehapparat ein, telephonieren, führen mit dem Taschenrechner Kalkulationen durch, programmieren die Waschmaschine . . .: allen diesen Tätigkeiten ist gemeinsam, daß wir zwar in der Regel wissen, wie diese Geräte zu bedienen sind, in den meisten Fällen jedoch höchstens nebulose Vorstellungen davon haben, wie sie funktionieren. Wir greifen gedankenlos zum Telephonhörer, wählen eine Nummer und erwarten selbstverständlich, daß es unmittelbar darauf beim gewünschten Teilnehmer klingelt. Aber wer kennt schon den Weg der Technik von der gewählten Nummer zum Klingelsignal beim Nachbarn oder bei der Tante in Amerika? Wer weiß schon, wie es dem Taschenrechner gelingt, in Sekundenbruchteilen eine Quadratwurzel zu ziehen, oder ob die programmierbare Waschmaschine einen Mikroprozessor eingebaut hat oder nicht? Fragen, über die wir im täglichen Leben kaum nachdenken. Warum auch? Hauptsache, der Fernsehapparat funktioniert, wenn man ihn einschaltet. Und wenn der Taschenrechner trotz intakter Batterie nicht rechnet, wissen wir instinktiv, daß es kaum Sinn hat, den Versuch einer Reparatur zu wagen.

Dem verständnislosen Benützen der Produkte der modernen Technik haben wir mit einer Anleihe aus der englischen Sprache die Bezeichnung »Black-box-Denken« (black box bedeutet soviel wie schwarze Schachtel) verliehen. Sie versinnbildlicht eine Mentalität, von der viele meinen, sie sei für Kinder der Technik eine unausweichliche Folge der Komplexität und Kompliziertheit der Welt, die wir um uns aufgebaut haben. In der Tat, das wissenschaftliche Wissen ist quantitativ so gewaltig angewachsen, daß es dem einzelnen unmöglich erscheint, es zu überblicken. Diese Informationslawine hat eine Flut an technischen Neuerungen ausgelöst. Die Industrie hat uns in der Folge mit Produkten überschwemmt, die durch diese Neuerungen möglich geworden sind und die wir gerne gebrauchen. Aber die meisten von uns haben es aufgegeben, der modernen Technik durch Verständnis derselben Herr zu werden. So gesehen, ist Black-box-Denken Ausdruck von Resignation. Gerade was die Mikroelektronik und ihre Anwendungen betrifft, ist verständnisloses Benützen eher die Regel. Gibt es keine Möglichkeit, dem Mikroprozessor und seinen Anwendungen ein wenig von seinem Black-box-Charakter zu nehmen? Wir wollen es in der Folge versuchen. Es geht in diesem Buch aber nicht darum, das Wissen zu vermitteln, das zum Bau eines Computers oder zum Reparieren eines Fernsehapparates befähigt – dies ist auf wenigen Dutzend Seiten nicht möglich. Was dagegen möglich scheint, ist, so viel von den grundlegenden Funktionsprinzipien der Mikroelektronik, der Informations- und Kommunikationstechnik zu vermitteln, daß ein – wenn auch vielleicht unscharfes – Verständnis dafür entsteht, was nach heutigem Stand des Wissens machbar ist, aber auch dafür, was nicht machbar ist. Wir wollen daher in der Folge zunächst einige Begriffe definieren und beschreiben und im weiteren Aufbau und Funktionsweise von Computern, Datenbanken und Kommunikationseinrichtungen schildern. Auch ein wenig Elektrotechnik und Festkörperphysik gehören dazu.

Alles, was in diesem Buch beschrieben wird, dreht sich mehr oder weniger um den Begriff »Information«. Information kommt aus dem Lateinischen und bedeutet soviel wie Nachricht, Auskunft, Be-

Abb. 2   Sagen Sie ... wie funktioniert dieser komplizierte Apparat?

28

lehrung (das lateinische Zeitwort »informare« heißt eigentlich »eine Gestalt geben, formen«). Im modernen Sprachgebrauch hat das Wort Information verschiedene Bedeutungen. Die deutsche Umgangssprache verwendet es in einem engeren Sinn als die Informationstheorie. So unterscheidet man im Alltag Information von Kommentar, obwohl auch ein Kommentar eine Form von Information ist. Information im weiteren Sinne betrifft alle Fakten, die übermittelt, erfahren oder gespeichert werden können. Die Informationstheorie untersucht den Informationsgehalt von Nachrichten oder physikalischen Beobachtungen und den Zusammenhang zwischen Informationsgehalt und der Übertragung dieser Information von einem Ort zum anderen. Im Rahmen dieser Theorie hat der Begriff Information keinen Bezug zur Bedeutung oder Richtigkeit einer Nachricht, sondern bezieht sich darauf, in welchem Ausmaß die Nachricht zufällig oder unerwartet ist.

Karl Steinbuch versteht unter Information nicht nur codierte Information wie geschriebene Schrift oder Telegraphie, sondern auch uncodierte Information, zum Beispiel Mimik und Gesten, die unbewußten Programme, die unser Verhalten steuern usw. Er unterscheidet drei wesentliche Bereiche der Information:

1. Der Mensch steht auf einem Fundament von Informationen aus der Vergangenheit, vor allem der genetischen Information, die seine körperliche Existenz bestimmt, der kulturellen Information (Überlieferung, Geschichte) und der sozialen und individuellen Erfahrung (Heimat).

2. Der Mensch lebt mit der aktuellen Information, deren Kennzeichen die Möglichkeit der Wechselwirkung, des Austauschens, der Korrektur ist.

3. Den Menschen treiben Informationen im Hinblick auf die Zukunft: Ziele, Bewertungen, Ängste, Hoffnungen (Lit. 7).

Information wird durch Nachrichten übermittelt, und Nachrichten werden durch Signale, also durch Zeichenkombinationen (etwa Buchstaben), übertragen. Ob und wieweit eine Nachricht Information überträgt, hängt somit zunächst vom Signal ab, dann von der Nachricht, aber auch vom Empfänger, d. h. der Wirkung der Nachricht auf den Empfänger. Information ist also gewissermaßen die durch Signale bewirkte Veränderung in einem Empfänger. Ob eine Nachricht eine Veränderung auslöst, hängt natürlich davon ab, ob Sender und Empfänger einen gemeinsamen Zeichenvorrat besitzen (eine Botschaft in einer Sprache, die ich nicht verstehe, ist für mich wertlos).

Je nach ihrer Entstehung gibt es Information aus unmittelbarer

Auseinandersetzung mit der Wirklichkeit und Information, die von anderen Menschen produziert wurde, etwa von einem Dichter oder von einer Zeitung. Vor allem die durch Menschen erzeugte Information wächst heute schneller denn je. Sie hat zunehmend den Charakter einer Ware, nicht nur im Sinne des Produktes eines Autors, das durch das Urheberrechtsgesetz geschützt ist. Sie ist auch eine Ware der Informationsvertreiber, etwa des Verlegers, oder einer Kabel-TV-Gesellschaft, die einen Film gegen Nutzungsgebühr anbietet.

Information kann über räumliche Distanzen bewegt werden (Informationsübertragung im engeren Sinn), durch Briefe, Telephon oder Fernsehen. Sie kann aber auch über zeitliche Distanzen transportiert werden, allerdings nur in einer Richtung, von der Vergangenheit in die Zukunft (Informationsspeicherung), in Büchern, Schallplatten oder Datenbanken.

Information wird nicht nur transportiert, sondern auch verarbeitet. Die Informationsverarbeitung dient der Handhabung und Umwandlung von vorhandener Information zu »neu verpackter« Information.

Informationelle Strukturen finden sich in zahllosen Bereichen, in der Biologie, der Technik, der Soziologie und anderen. Die Wissenschaft von diesen informationellen Strukturen heißt Kybernetik (von griech. kybernetes = Lotse, Steuermann).

2. Wie Computer funktionieren

»The respective interpretations of the symbols 0 and 1 in the system of Logic are Nothing and Universe« (Die Bedeutung der Symbole 0 und 1 im System der Logik sind das Nichts und das All).
George Boole

Computer heißt soviel wie Rechner. Er kann addieren, subtrahieren, multiplizieren und dividieren. Er kann aber auch Probleme lösen, die auf den ersten Blick nichts mit Rechnen zu tun haben, zum Beispiel eine Produktionsanlage steuern oder eine Anzahl von Begriffen alphabetisch ordnen. Diese Aufgaben löst der Computer mit Hilfe eines einfachen, um nicht zu sagen primitiven Prinzips: Er arbeitet mit den Begriffen »richtig« und »falsch« oder, mathematisch formuliert, mit den Ziffern 0 und 1. Alles, womit der Computer zu tun hat – die Zahlen, die er addieren soll, die Wörter, die er alphabetisch ordnen soll, die Befehle, die er empfängt –, alles das ist aus Folgen von 0 und 1 aufgebaut.

So heißt zum Beispiel die Anweisung, die einem Elektronenrechner erklärt, wie er zwei Zahlen addieren soll, in der Computersprache:

0101100000110000110000000000000101100001000000110000100 0000000011010001101000101000000110000110000000001000.

Die Leistung des Computers ist, daß er in der Sekunde viele Millionen Folgen von 0 und 1 verarbeiten kann. Sonst nichts.
Warum kann der Computer nur Folgen von 0 und 1 verwerten? Der Grund liegt in seiner Funktionsweise: Er arbeitet nämlich mit elektrischen Impulsen. Die Zentraleinheit eines Rechners besteht aus Millionen winziger Schalter, die nur zwei Zustände kennen:
Der Schalter ist *offen*   Folge: Es fließt kein Strom
Der Schalter ist *geschlossen*   Folge: Es fließt Strom
Ein Darstellungselement, das nur zwei Zustände kennt, bezeichnet man als »binäres Element« oder »Bit« (aus dem engl. »binary digit« = binäre Ziffer).
Das Bit ist Grundelement des »digitalen« Computers. Es gibt aber auch »analog« arbeitende Rechner. Begnügen wir uns einstweilen mit der Feststellung, daß es digitale und analoge Computer gibt.
Den Unterschied zwischen digital und analog werden wir auf Seite 111 erklären.
Was man im binären System alles machen kann, das hat der englische Mathematiker George Boole (1815 – 1864) schon vor mehr als hundert Jahren erdacht. Das logische Prinzip, das Probleme in eine

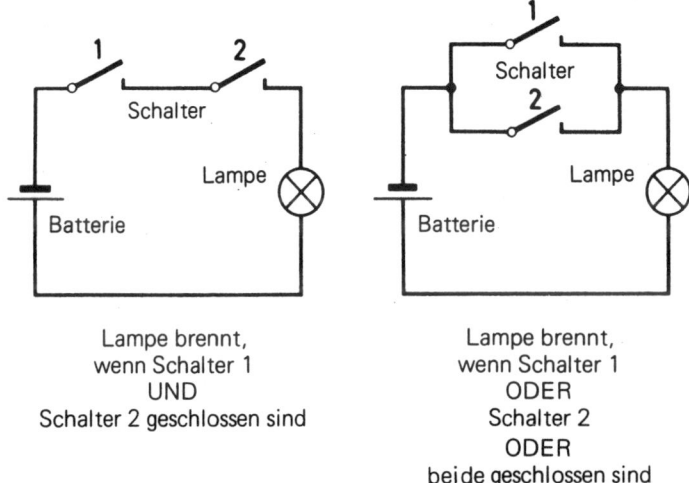

Lampe brennt,	Lampe brennt,
wenn Schalter 1	wenn Schalter 1
UND	ODER
Schalter 2 geschlossen sind	Schalter 2
	ODER
	beide geschlossen sind

Abb. 3   Boolesche Algebra als Schaltschema (Erklärung siehe Text)

31

Folge von »richtig«- und »falsch«-Aussagen zerlegt, heißt nach ihm Boolesche Logik. Geht man davon aus, daß eine Aussage nur »richtig« oder »falsch« sein kann und verwendet man die Operationen »und«, »oder« oder »nicht«, dann ist eine Vielzahl von Funktionen möglich. Wenn zum Beispiel zwei Aussagen A und B gegeben sind, dann ist die Aussage »A und B« nur dann richtig, wenn A und B beide richtig sind, während der Satz »A oder B« nur dann richtig ist, wenn entweder A oder B oder beide richtig sind. So einfach ist das im Prinzip. Abb. 3 macht deutlich, wie die Operationen »und« bzw. »oder« durch eine unterschiedliche Verknüpfung zweier Schalter verwirklicht werden können.

Da manche Rechenaufgaben in der Praxis kompliziert sind, wird ein komplexer Schaltungsaufbau mit zuweilen Tausenden von logischen Verknüpfungsgliedern benötigt. Da liegt der Haken im Umgang mit Computern: Es ist notwendig, eine Rechenoperation auf eine Folge von Booleschen Operatoren (»und«, »oder« etc.) zu reduzieren und sie anschließend in eine Folge von 0 und 1 so umzuformen, daß sie der Computer verarbeiten kann (für diese Arbeiten sind die Programmierer zuständig).

Bleiben wir gleich bei der letztgenannten Aufgabe. 0 und 1 für sich allein sind natürlich zu wenig. Wir benötigen mehrere Bits, um Zahlen und Buchstaben darstellen, »codieren«, zu können. Versuchen wir es mit 2 Bits:

1. Bit	2. Bit	
0	0	1. Kombination
0	1	2. Kombination
1	0	3. Kombination
1	1	4. Kombination

2 Bits ermöglichen 4 Kombinationen, nämlich 00, 01, 10 und 11. Damit kann man 4 Buchstaben codieren. Das ist noch immer zu wenig. Sehen wir nach, was sich mit drei Bits ergibt:

1. Bit	2. Bit	3. Bit
0	0	0
0	0	1
0	1	0
0	1	1
1	0	0
1	0	1
1	1	0
1	1	1

Mit drei Bits kann man insgesamt 8 Symbole darstellen, weil sich 8 verschiedene Kombinationsmöglichkeiten für 0 und 1 ergeben.
Mit vier Bits ergeben sich 16
mit fünf Bits 32,
mit sechs Bits 64,
mit sieben Bits 128,
mit acht Bits 256 verschiedene Kombinationen.

Die Zuordnung eines bestimmten Zeichens (eines Buchstabens oder einer Ziffer) zu einer Kombination von Symbolen heißt Verschlüsselung oder Codierung. Die Vorschrift für die Zuordnung der Zeichen nennt man Code. Wenn ich einen 8-Bit-Code verwende, dann kann die Kombination 01010011 den Buchstaben w, ein Rufzeichen oder die Zahl 9 bedeuten, je nach der von mir gewählten Zuordnung. In diesem Fall stehen 256 verschiedene Kombinationsmög-

Abb. 4   Das von Gottfried Wilhelm Leibniz erfundene Binärsystem, dargestellt nach seinen eigenen Modellen (1697)

33

lichkeiten zur Verfügung, d. h. ich kann neben den Ziffern 0 bis 9 und den Buchstaben des Alphabets noch weitere Zeichen wie Punkt, Beistrich, Rufzeichen etc. einem Code aus 8 Bits eindeutig zuordnen. Welche Ziffer oder welcher Buchstabe einem bestimmten binären Code zugeordnet werden, ist, wie gesagt, eine willkürliche Entscheidung. Hat man aber einmal für einen Computer ein solches Zuordnungsschema ausgearbeitet, so müssen alle Rechenaufgaben in dieses Schema übertragen werden, damit sie der Computer »verstehen« kann.

In der Datenverarbeitung entstanden in den letzten Jahrzehnten zahlreiche Codes, häufig solche, die an verschiedene Computerhersteller gebunden sind. Auch Normungsinstitute entwarfen Codes. Hier taucht zum ersten Mal ein Problem auf, das uns später noch beschäftigen wird: die Kompatibilität, d.h. die Verträglichkeit der Systeme. Arbeitet eine Anlage beispielsweise nach dem sogenannten EBCDIC-Code, so müssen alle Daten in diesen Code umgewandelt werden: Computer, die mit unterschiedlichen Codes arbeiten, können ohne Zusatzeinrichtung nicht kommunizieren.

Der eben erwähnte EBCDIC-Code ist eine Abkürzung für »Extended Binary Coded Decimal Interchange Code« (erweiterter binärer Code für Dezimalziffern). Er ist ein 8-Bit-Code, d.h. jedes Zeichen wird durch eine Folge von acht Stellen codiert, die je mit 1 oder 0 besetzt werden. Mit je 8 Bits können ein Buchstabe, eine Ziffer oder ein Sonderzeichen dargestellt werden. Eine Folge von 8 Bits nennt man ein Byte. Um ein Wort mit vier Buchstaben im EBCDIC-Code darzustellen, braucht man also 4 Bytes oder 4 mal 8 = 32 Bits.

Sehen wir uns das an einem Beispiel an. Der EBCDIC-Code für den Großbuchstaben B ist 11000010, für 0 11010110 und für N 11010101. BONN heißt demnach in der EBCDIC-Sprache:
BONN 11000010 11010110 11010101 11010101
Jetzt wissen Sie im Prinzip, wie die Sprache aufgebaut ist, die Computer verstehen. Bevor wir eine Stufe weitergehen und uns mit den Programmiersprachen (FORTRAN, COBOL usw.) beschäftigen, ist es nützlich, sich den Aufbau von Computern näher anzusehen. Das nächste Kapitel schildert die »Hardware«, also alles das, was man anfassen kann. Die Anleitungen (Programme), nach der die Hardware arbeitet, heißen »Software«.

3. Der Aufbau eines Computers

Um Aufbau und Funktionsweise eines Computers verständlich zu machen, wollen wir ihn mit einem Manager vergleichen, der selbst und dessen zwei Sekretärinnen je ein Büro belegen. Der Manager sitzt in einem Raum zwischen den beiden Büros der Sekretärinnen, außer über eine der letzteren hat er keinen Kontakt mit der Außenwelt (Abb. 5). Die eine Sekretärin beschäftigt sich mit allen Informationen, die in das Büro des Managers gelangen sollen. Sie sorgt für den »Input« und ermöglicht damit der Außenwelt, dem Manager etwas mitzuteilen. Die andere Sekretärin kümmert sich um den »Output«, sie leitet Botschaften des Managers an die Außenwelt weiter.

Der Manager arbeitet also in starker Isolation: Er sieht und hört nichts außer den Daten, die ihm die erste Sekretärin liefert. Hat er diese bearbeitet, leitet er die Ergebnisse an die Output-Sekretärin weiter.

Sehen wir uns den Raum des Managers noch etwas genauer an. Sein Arbeitsplatz besteht aus drei Teilen, »A«, »B« und »Antwort«. Überdies hat der Manager zwei Knöpfe, jeweils um eine der beiden Sekretärinnen zu rufen (wir nennen sie Input- und Output-Knopf). Zusätzlich besitzt der Manager eine Sammlung von Arbeitsanweisungen – doch davon später.

In gewisser Weise ist der Manager eigentlich sehr beschränkt. Er kann zwar hervorragend arithmetische Operationen ausführen, aber er kann nicht mehr als zwei Zahlen zur selben Zeit verarbeiten und antwortet auf Fragen immer nur mit »ja« oder »nein«. Außerdem ist er sehr faul. Er arbeitet nur das, was man ihm anschafft, kein Jota mehr. Eigeninitiative ist ihm völlig unbekannt.

Nehmen wir an, der Manager hat eine Arbeitsanweisung zur Berechnung eines Lohnzettels vor sich. Wir wollen im folgenden ein vereinfachtes Schema für die Ausarbeitung einer Lohnabrechnung verwenden. Der Bruttolohn wird dabei durch Multiplikation der Anzahl an Arbeitsstunden mit dem Stundenlohn errechnet. Von diesem ausgehend, wird die Sozialversicherungsabgabe kalkuliert und die Einkommensteuer. Die Subtraktion der Summe aus diesen beiden Abzügen vom Bruttolohn soll in unserem Schema den Nettolohn ergeben. In Wirklichkeit wird, wie jeder Buchhalter weiß, die Lohnverrechnung natürlich anders abgewickelt. Wenn hier eine stark vereinfachte Form der Abrechnung verwendet wird, so spielt das keine Rolle – es geht nur darum, zu erklären, wie man im Prinzip einem Computer Buchhaltung beibringt.

Sehen wir uns die Arbeitsanweisung des Managers näher an: Sie besteht aus einer Folge von Karten mit Befehlen. Auf der ersten Karte steht:

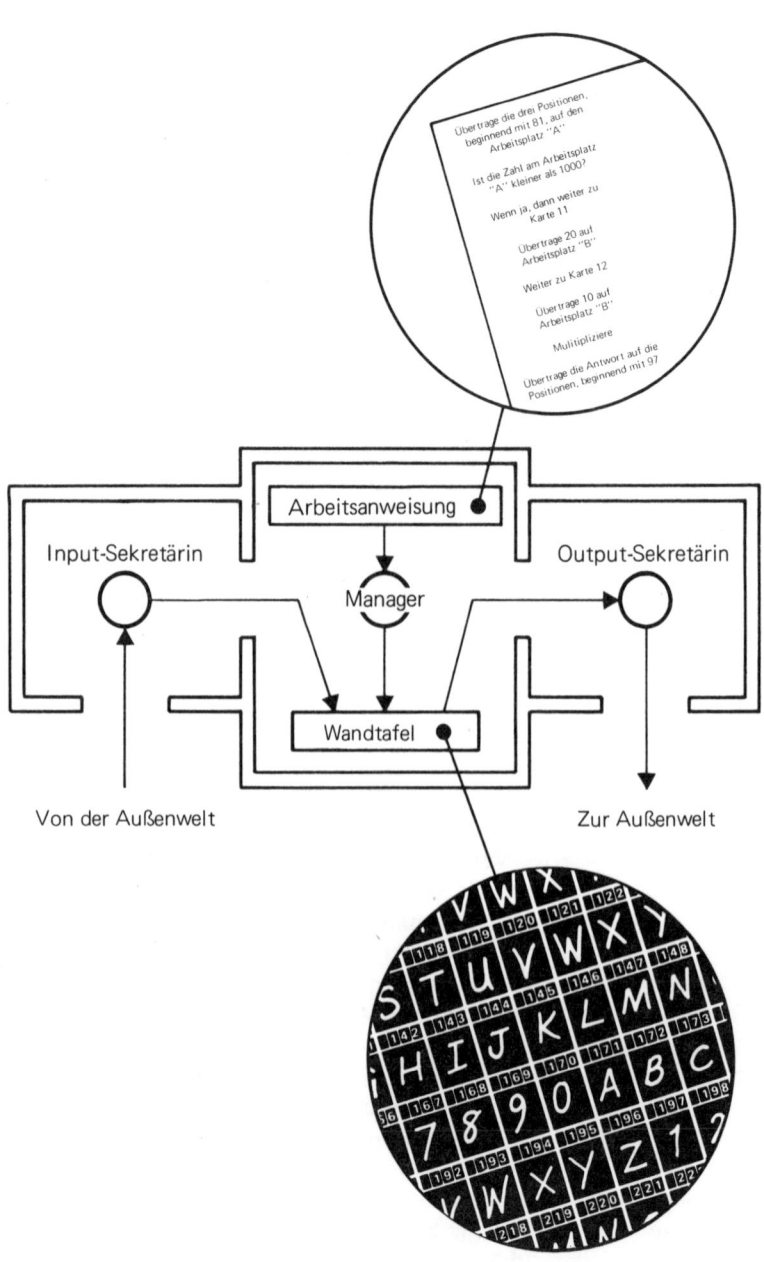

Abb. 5 Analogiedarstellung eines Computers (Erklärung siehe Text)

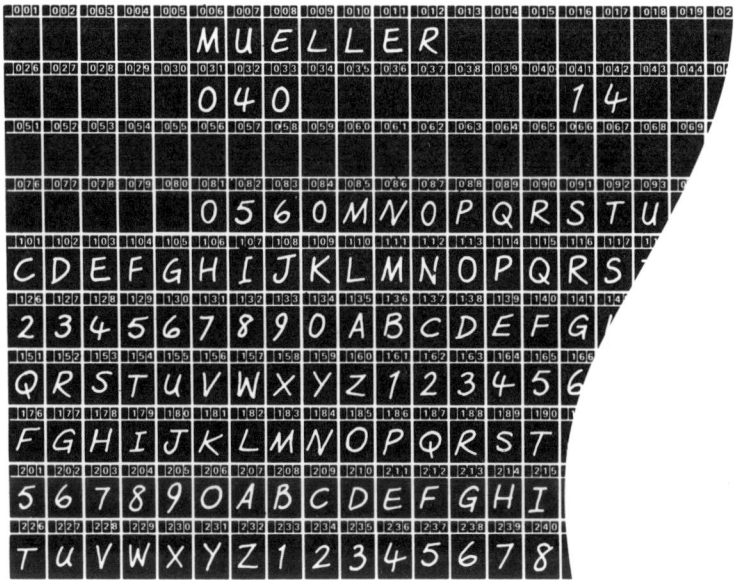

Abb. 6   Die Wandtafel des Managers

1. Karte: Drücke den Input-Knopf
Der Manager drückt den Input-Knopf, lehnt sich zurück und wartet. Die erste Sekretärin hört das Klingeln, nimmt die erste Information und geht damit in das Zimmer des Managers. Die Information ist auf einer Input-Karte in standardisierter Form abgefaßt, genau 80 Zeichen pro Zeile. Sie überträgt sie nun auf eine Wandtafel, das »Gedächtnis« des Managers. Die erste Inputkarte trägt den Namen H.F. Müller. Er hat 40 Stunden gearbeitet und bekommt DM 14 pro Stunde. Die Sekretärin überträgt die Information gemäß einem vorgegebenen Schema in die numerierten Leerstellen der Wandtafel (Abb. 6). Die ersten fünf Plätze bleiben frei. Positionen 6 bis 12 werden mit M U E L L E R gefüllt. Die Vornamen des Herrn Müller, die Stundenanzahl, die er gearbeitet hat, und der Betrag, den er pro Stunde verdient, werden nun an bestimmten, festgelegten Positionen eingesetzt (Stundenanzahl ab Position 31, Stundenlohn ab Position 41 etc.). Nach dem Übertragen verläßt die Sekretärin den Raum. Sie signalisiert das Ende ihrer Tätigkeit durch ein Klingeln, das den Manager aus seiner Ruhe reißt. Er macht sich an die zweite Karte seiner Arbeitsanweisung. Dort steht:

2. Karte: Übertrage die drei Positionen, beginnend mit 31, auf den Arbeitsplatz »A«.
Der Manager tut, wie ihm geheißen. Die nächsten Karten lauten:
3. Karte: Übertrage die zwei Positionen, beginnend mit 41, auf den Arbeitsplatz »B«.
4. Karte: Multipliziere die Zahlen in Arbeitsplatz »A« und »B«.
Nachdem der Manager fertig ist, sieht sein Arbeitsplatz so aus:
A 040
B 14
Antwort 0560
Die Instruktionen haben ihn also angewiesen, die Anzahl der Stunden, nämlich 40, mit dem Stundenlohn von DM 14 zu multiplizieren, um den Bruttolohn zu erhalten. (Die 0 vor 560 wird mitgeschrieben; es hätte auch sein können, daß 80 Stunden zu berechnen wären, dann hätte die Multiplikation 1120, eine vierstellige Zahl, ergeben. Die 0 gewährleistet, daß die Einer-, Zehner- und Hunderterstelle richtig eingesetzt sind.)
Die ganze Operation ist mechanisch. Dem Manager ist völlig egal, was er macht. Er nimmt bloß eine Zahl von hier und eine andere von dort und multipliziert. Wenn man ihm keine genaue Anweisung gibt, wird er seine Aufgabe nicht richtig ausführen. Wenn man sich irrt und auf die dritte Karte schreibt »Übertrage die zwei Positionen, beginnend mit 42...«, dann wird der Manager als Stundenlohn 4 einsetzen und damit 4 DM. Daß das zuwenig sein könnte, fällt ihm bestimmt nicht auf.
Die nächste Karte weist den Manager an:
5. Karte: Übertrage die Antwort in die vier Positionen, beginnend mit Position 81.
Die Berechnung der diversen Abzüge vom Bruttolohn geht nach genau demselben Schema vor sich. Sehen wir uns an, wie der Manager die Einkommensteuer abzieht. Der Einfachheit halber wollen wir annehmen, daß die Einkommensteuer bei einem Bruttolohn von weniger als 1 000 DM 10 Prozent beträgt, bei einem Bruttolohn von nicht weniger als 1 000 DM 20 Prozent.
Wie geht es weiter?
Auf der 6. Karte steht:
6. Karte: Übertrage die vier Positionen, beginnend mit Position 81, auf den Arbeitsplatz »A«.
Nachdem der Manager das getan hat, liest er die 7. Karte:
7. Karte: Ist die Zahl auf dem Arbeitsplatz »A« kleiner als 1 000?
Da der Manager nur mit »ja« oder »nein« antwortet, können wir nun zwei Wege verfolgen (Abb. 7). In unserem Fall ist die Antwort

»ja«. Für diesen Fall wird der Manager angewiesen, die Karte Nummer 11 herauszusuchen:

11. Karte: Übertrage 10 auf den Arbeitsplatz »B«.

Auf der Abbildung 7 sieht man, was passiert wäre, wenn der Bruttolohn nicht kleiner als 1 000 ist. Dann wäre der Manager angewiesen worden, die Karte Nummer 9 zu lesen, die ihn angewiesen hätte, 20 auf den Arbeitsplatz »B« zu übertragen. Karte Nummer 10 hätte ihm gesagt, er solle nun Karte Nummer 12 heraussuchen:

12. Karte: Multipliziere.

Die nächste Karte weist den Manager in beiden Fällen an, das Ergebnis der Multiplikation in eine bestimmte Position auf der Wandtafel zu übertragen.

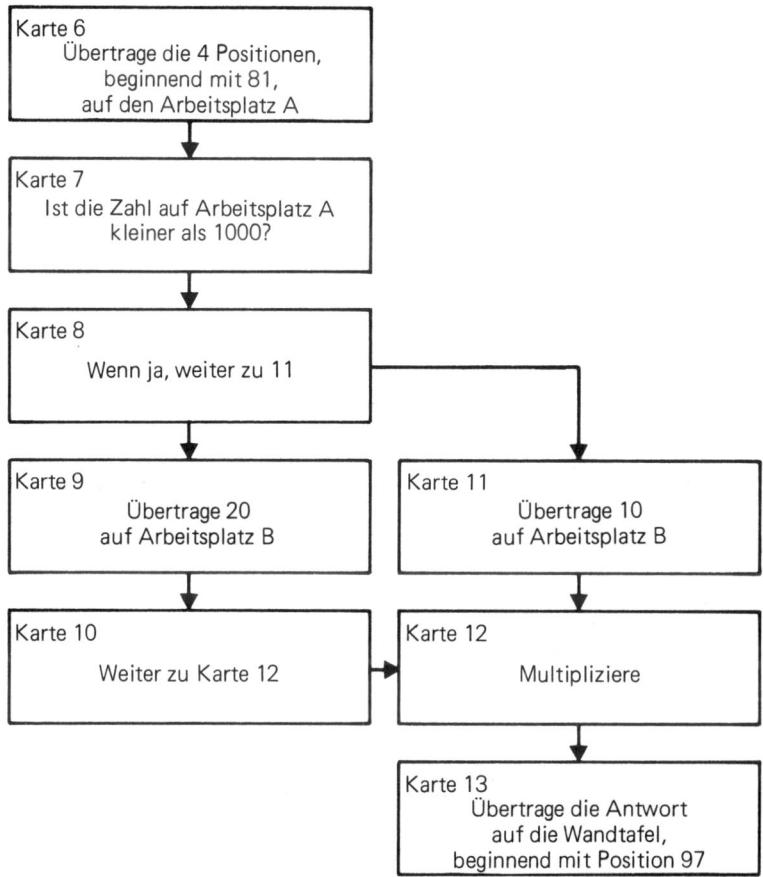

Abb. 7   Berechnung der Einkommensteuer (Ausschnitt; Erklärung im Text)

Durch eine Serie von Operationen dieser Art kommen schließlich alle Abzüge vom Bruttolohn auf die Wandtafel, das Gedächtnis des Managers. Es müssen allerdings noch Kommastellen gesetzt werden. Die Einkommensteuer wird ja nicht durch Multiplikation mit 10 oder 20 erhalten, sondern beträgt nur 10% bzw. 20% des Bruttolohns. Das Setzen der Kommastelle wird durch eine eigene Input-Karte bewerkstelligt, die anweist, ein Komma an eine bestimmte Position einzutragen. Im vorliegenden Beispiel wird dadurch aus 560 56,0. Das sind die 10% des Bruttolohns.

Nehmen wir an, der Manager hat nun alle Abzüge berechnet und sie vom Bruttolohn abgezogen.

Dann findet er eine Karte vor, die ihm sagt, er solle die Output-Sekretärin rufen. Er drückt den Knopf, die Sekretärin kommt und überträgt die Buchstaben und Ziffern auf der Wandtafel nach demselben standardisierten Schema wie ihre Input-Kollegin auf eine Output-Karte.

Am Ende der Arbeitsanweisung für die Berechnung des Nettolohnes findet der Manager drei Karten (wir wollen sie mit den Nummern 35 bis 37 bezeichnen):

35. Karte: Sind alle Lohnzettel berechnet?

36. Karte: Wenn »ja«, dann Ende. (Andernfalls zu Karte Nummer 37.)

37. Karte: Zurück zu Karte Nummer 1.

Fassen wir zusammen: Der Manager im mittleren Büro tut genau das, wozu auch der Computer in der Lage ist. Er kann Input-Karten anfordern (dazu braucht er eine Input-Einrichtung), er überträgt den Inhalt auf einen bestimmten Platz im Speicher. Er kann die Grundrechnungsarten ausführen und auf Fragen mit »ja« oder »nein« antworten. Das Ergebnis einer Berechnung teilt er schließlich einer Output-Einrichtung, etwa dem Drucker, mit.

Der Computer besteht somit aus drei Teilen (Abb. 8):

1. Input
2. Zentraleinheit
3. Output.

Die Zentraleinheit besteht aus

O dem Rechenwerk (CPU, von engl. Central Processing Unit) – in unserem Beispiel der Manager,

O dem Steuerwerk, d. i. der durch ein Programm festgelegten Arbeitsanleitung, und

O Speichern: – Arbeitsspeicher (Arbeitsplätze A, B)
                      – Hauptspeicher (Wandtafel)

Computer	Analogiedarstellung

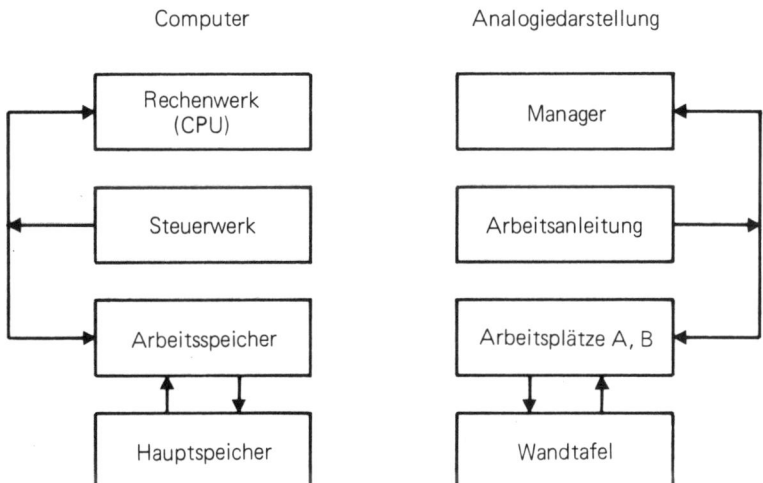

Computer	Analogiedarstellung
Rechenwerk (CPU)	Manager
Steuerwerk	Arbeitsanleitung
Arbeitsspeicher	Arbeitsplätze A, B
Hauptspeicher	Wandtafel

Abb. 8 Aufbau der Zentraleinheit eines Computers

Geräte für Input und Output sowie Zentraleinheit sind »Hardware«, Maschinenteile, die man anfassen kann (daher der Name). Je nach den Anforderungen an einen Computer werden sie sehr unterschiedlich aussehen. Im folgenden wollen wir einen Eindruck von der Vielfalt der verwendeten Systeme geben. Befassen wir uns zunächst mit Geräten, die Daten in die Zentraleinheit aufnehmen können (Input). Daten, die elektronisch verarbeitet werden sollen, können verschieden beschaffen sein: Es können Adressen, Rechnungen und Formeln sein oder auch Textseiten, Artikelnummern auf Lochkarten, Strichcodierungen auf Warenpackungen, Meßwerte eines klinischen Laborbefundes oder auch Befehle eines Programmes in einer Programmiersprache. Dementsprechend gibt es zahlreiche Möglichkeiten, solche Daten computergerecht umzuwandeln.

4. Input und Output

Es begann mit einer Vorrichtung zur Automatisierung des Webstuhls. Joseph Marie Jacquard – ein Kind der Französischen Revolution – entwickelte im Jahre 1805 eine Vorrichtung, die das Weben von Mustern entscheidend verändern sollte. Stellen wir uns einen einfachen Webstuhl vor. Jeder Weber muß einen bestimmten Plan,

41

d.h. ein »Programm« haben, nach dem er einzelne farbige Fäden webt, um das gewünschte Muster zu erhalten. Da häufig ein und dasselbe Muster mehrfach wiederholt wird, muß er diesen Plan immer wieder von neuem ausführen. Jacquard begann, über Möglichkeiten zur Mechanisierung dieses Vorgangs nachzudenken. Diese Gedanken führten zu einer neuen Technik der Weberei: Jacquard verwendete eine Serie von Karten, die an bestimmten Stellen mit Löchern versehen waren. Diese Löcher bildeten die Entsprechung für das gewünschte Muster. Legt man so eine teilweise durchlöcherte Karte auf ein System von Höckern, die, wenn sie auf ein Loch treffen, durch eine Feder gedrückt in die Höhe gehen, ohne Loch aber in ihrer Stellung verharren, so kann man damit den Webvorgang eines Musters steuern. Soll darauf ein anderes Muster folgen, wird eine zweite, anders »programmierte« Karte eingelegt. Kommt danach wieder das erste Muster, kehrt man zur ersten Karte zurück usw. (Abb. 9).

Mit dieser Erfindung revolutionierte Jacquard das Textilgewerbe. Die durch den automatischen Webstuhl bewirkte Arbeitslosigkeit unter den Webern hatte, wie wir aus dem Geschichtsunterricht wissen, weitreichende soziale und politische Auswirkungen. Kein Mensch konnte jedoch damals ahnen, daß ein ähnliches Prinzip Jahrzehnte später bei der Konstruktion von Rechenmaschinen von entscheidendem Nutzen und dabei nochmals an einer Entwicklung beteiligt sein würde, die heute, im Zeitalter der Informationsgesellschaft, wiederum den Arbeitsmarkt tiefgreifend zu beeinflussen beginnt.

Das klassische System für die Dateneingabe in eine Rechenmaschine ist eine Lochkarte, ähnlich wie die des Franzosen Jacquard. Im großen Stil wurde sie erstmals 1880 verwendet. Damals waren – anläßlich der US-amerikanischen Volkszählung – viele Millionen Erhebungsbogen beim Statistischen Amt in Washington eingegangen. Im traditionellen System legten die Angestellten zunächst für jeden Einwohner ein »Zählblatt« an. Den einzelnen Quadraten, in die der Vordruck unterteilt war, wurden bestimmte Begriffe zugeordnet. War der Einwohner unverheiratet, bekam das Feld »ledig« einen Strich, war er verheiratet, wurde das Feld »verheiratet« markiert. Schließlich mußten die Angestellten die Zählblätter nach Merkmalen sortieren und zählen – sieben Jahre lang. So lange dauerte nämlich damals eine Volkszählung. Hermann Hollerith, einem Ingenieur und Sohn deutscher Einwanderer, erschien diese Arbeit geisttötend und zeitraubend. Nach langen vergeblichen Versuchen fand er die Lösung: Er versah die Zählblätter anstatt mit Bleistiftstrichen mit Löchern. Hierfür baute er einen »Locher« und eine »Kontaktpresse«, die imstande war, die Lochungen wahrzunehmen und auszuwerten. Sehen wir uns nun so eine Lochkarte etwas näher an. Sie besteht aus einer Reihe von Zeilen, die numeriert sind und jeweils eine bestimmte Funktion erfüllen. Häufig haben solche Karten zwölf Reihen zu je 80 Positionen. Jede Zeile stellt einen Buchstaben, eine Ziffer oder ein spezielles Symbol dar. Die Position eines Loches in jeder Reihe einer Lochkarte bestimmt seine Bedeu-

Abb. 9   Webstuhl mit Jacquardmaschine, um 1850

tung. In der Abb. 10 zeigt die Reihe 5 nur ein einziges Loch in der Zeile 0, sie entspricht der Ziffer 0. Die Reihe 6 beinhaltet ein Loch in der Zeile 1 und entspricht daher der Ziffer 1. Buchstaben werden durch eine Kombination von zwei Löchern derselben Reihe wiedergegeben. Reihe 19 beispielsweise hat Löcher in den Zeilen 12 und 1, die gemeinsam den Buchstaben A darstellen. Auf diese Weise können Ziffer, Buchstaben und andere Symbole durch eine Folge von Löchern und Nichtlöchern dargestellt werden. Auch beliebige Symbole lassen sich so in die binäre Sprache des Computers übersetzen. Das »Lesen« einer Karte ist kein besonderes Problem. Es geschieht entweder wie beim Webstuhl durch mechanische Stifte, die dann, wenn sie auf ein Loch treffen, durch dieses hindurch einen Stromkontakt schließen, oder durch Lichtstrahlen, die, wenn sie auf ein Loch treffen, eine dahinter liegende Photozelle belichten (Abb. 11).

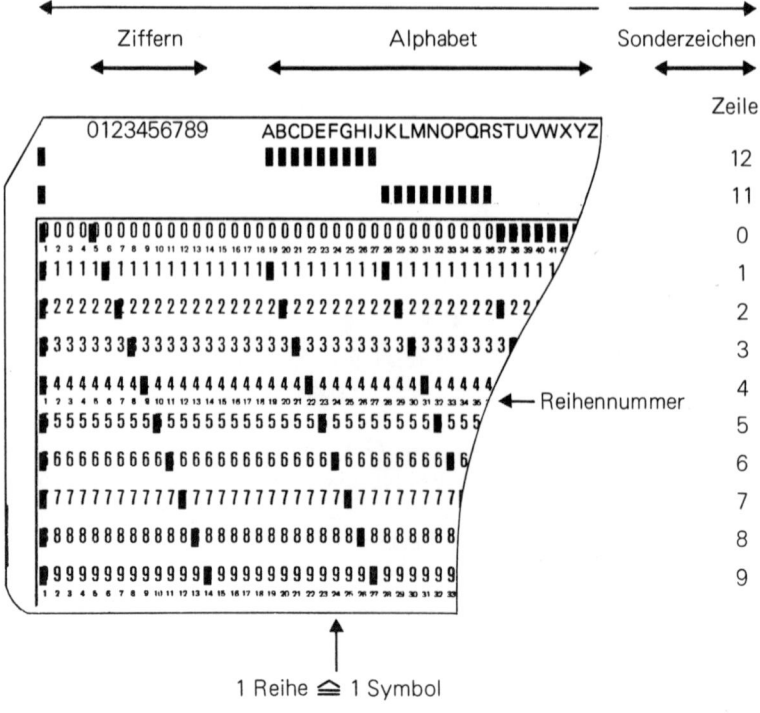

1 Reihe ≙ 1 Symbol

Abb. 10   Aufbau einer Lochkarte

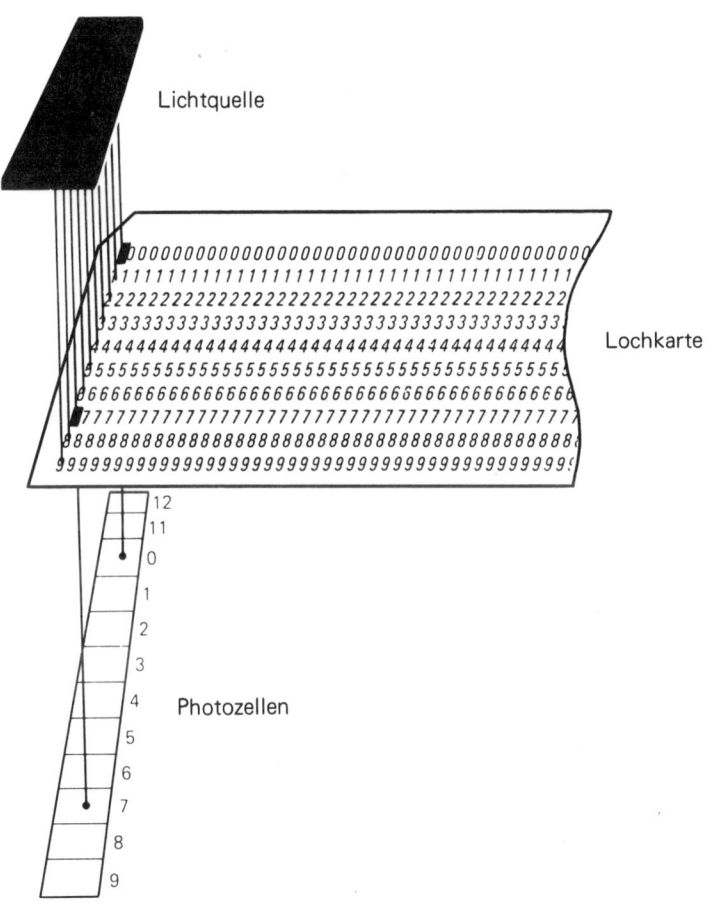

Lichtquelle

Lochkarte

```
00000000000000000000000000000000000000000000
11111111111111111111111111111111111111111111
22222222222222222222222222222222222222222222
33333333333333333333333333333333333333333333
44444444444444444444444444444444444444444444
55555555555555555555555555555555555555555555
66666666666666666666666666666666666666666666
77777777777777777777777777777777777777777777
88888888888888888888888888888888888888888888
99999999999999999999999999999999999999999999
```

12
11
0
1
2
3
4   Photozellen
5
6
7
8
9

Abb. 11   Photoelektrisches Lesen von Input-Karten

Jedem Computerpraktiker sind Geräte vertraut, die eine normale Schreibmaschinentastatur besitzen und in der Lage sind, die einzelnen Symbole dieser Tastatur in Lochmuster auf der Lochkarte zu übersetzen. Ebenso gibt es herkömmliche Lochkartenleser, die in der Lage sind, die Abfolgen von Loch und Nichtloch wahrzunehmen und die entsprechenden Informationen an den Rechner weiterzuleiten. Anstelle von Lochkarten können auch perforierte Papierstreifen Einsatz finden.

In der Anfangszeit des Computers wurden beinahe ausschließlich Lochkarten aus Papier oder Karton eingesetzt. Das wesentliche da-

45

bei war nicht die Verwendung von Papier oder Karton, sondern das Prinzip der Umsetzung – Codierung – von Ziffern und Buchstaben als Abfolge von 0 oder 1. Von da ist kein weiter Weg zu der Vorstellung, daß eine ähnliche Vorrichtung auch durch einen Magnetstreifen oder mittels anderer Medien realisiert werden kann; der dunkle Streifen auf der Rückseite von Kreditkarten erfüllt im wesentlichen die Funktion einer Lochkarte. Er enthält an bestimmten Positionen magnetisch fixierte Folgen von 0 und 1, die von einem speziellen Lesegerät als solche erkannt und als maschinenlesbare Information weiterbearbeitet werden können.

Zur Verarbeitung einer großen Menge von Daten eignen sich Lochkarte und Lochstreifen weniger gut als magnetische Datenträger. Das Lochen benötigt viel Zeit, und auch die Eingabe geht relativ langsam vor sich. Außerdem haben Lochkarten den Nachteil, daß Änderungen im nachhinein kaum möglich sind - von dem erheblichen Platzbedarf ganz abgesehen.

Heute verwendet man zur Eingabe von Daten vorwiegend Dialoggeräte. Sie heißen so, weil sie gestatten, mit der Zentraleinheit ein Zwiegespräch zu führen, das heißt, in direktem Kontakt mit dem Rechner zu arbeiten. Man begegnet solchen Dialoggeräten heute bereits an vielen Arbeitsplätzen, in Büros, Banken, Bibliotheken

Abb. 12   Input-put-put .. Output-put-put ..

und Meldeämtern. Sie werden auch als Terminal (zu deutsch »Endgerät«) bezeichnet. Sogenannte Bildschirmterminals haben in ihrer Grundausstattung vor allem eine Tastatur und einen Bildschirm, auf dem die eingetippten Zeichen abgebildet werden. Diese sind zunächst nur im Terminal gespeichert. Erst wenn eine bestimmte Funktionstaste gedrückt wird, sendet das Terminal die entsprechende Nachricht an die Zentraleinheit ab. Dies hat den Vorteil, daß der Input zunächst kontrolliert und allenfalls geändert werden kann, bevor er weiterverarbeitet wird.

Fassen wir zusammen: Über Geräte zur Dateneingabe werden alle Informationen, die eine Rechnereinheit zur Verarbeitung braucht, angeliefert. Alle diese Apparate sind entweder direkt oder über Kommunikationseinrichtungen mit dem Rechner verbunden. Neben den Eingabegeräten sind oft noch Erfassungsgeräte notwendig, die die einzugebenden Daten erst aus der für Menschen lesbaren Form in eine maschinenlesbare Form bringen.

Ähnliches gilt für die Ausgabe von Daten. So gibt es Geräte, die ausschließlich zur Datenausgabe dienen, wie Drucker, Lochkartenstanzer oder Geräte für die Ausgabe auf Mikrofilm. Daneben werden aber auch solche angeboten, die neben der Funktion der Ausgabe noch andere Aufgaben erfüllen. Zu diesen gehören die schon oben erwähnten Dialoggeräte, wie etwa Bildschirmterminals, aber auch Speichergeräte wie Magnetband- oder Diskettenstationen.

Eines der am häufigsten verwendeten Ausgabemedien ist der Drucker. Zahlreiche Modelle sind gebräuchlich; hinsichtlich der Drucktechnik unterscheiden sie sich mitunter beträchtlich. So gibt es die sogenannten Matrixdrucker, die jedes zu druckende Zeichen aus einer bestimmten Anzahl von Rasterpunkten zusammensetzen. Zeichendrucker besitzen ein Typenrad ähnlich wie bei Schreibmaschinen. Zeilendrucker können ganze Druckzeilen in einem einzigen Arbeitsgang herstellen. Dabei wird das Papier meistens mit sogenannten Typenwalzen bedruckt. Diese enthalten auf jeder zu druckenden Stelle einer Zeile alle abdruckbaren Zeichen. Bei einer Zeilenbreite von 80 Zeichen sind das 80mal alle Buchstaben, Zahlen und Sonderzeichen. Aufwendig, aber schnell. Noch schneller arbeiten Seitendrucker, die in der Lage sind, ganze Seiten in einem Arbeitsgang auszudrucken. Die schnellsten Seitendrucker, die Laserdrucker, schaffen mehr als eine Million Druckzeilen pro Stunde. Man zählt sie zu den nichtmechanischen Druckern, weil die abzubildenden Zeichen durch einen Laserstrahl auf eine lichtempfindliche Trommel abgebildet werden. Daneben gibt es noch Farbstrahldrucker, die Tintenpunkte in Art eines Matrixdruckers auf das Pa-

pier spritzen, oder Thermodrucker, die die einzelnen Zeichen in hitzeempfindliches Papier »einbrennen«.
In Zukunft dürften Geräte zur Sprachein- und ausgabe enorm an Bedeutung gewinnen. Technisch einfacher zu realisieren ist letzteres. Dabei werden die auszugebenden Daten in Tonschwingungen umgesetzt und über Lautsprecher hörbar gemacht. Während bislang Kenntnisse von Programmiersprachen und der Funktionsweise von Rechenmaschinen wichtig waren, um den Output eines Computers interpretieren zu können, hat die akustische Ausgabe den Vorteil, daß auch der Laie ohne Zusatzgerät verständliche Informationen vom Computer erhalten kann. Bei der Zugauskunft werden derartige Systeme bereits praktisch eingesetzt (siehe Seite 185).

5. Speicherung von Daten

Speicher dienen zur Aufbewahrung von Informationen in einer Rechenanlage. Man unterscheidet interne Speicher, die zur Zentraleinheit gehören und externe Speicher. Die ersteren entsprechen dem Gedächtnis des Menschen, die externen Speicher können auch mit Katalogen und Nachschlagewerken verglichen werden, die ein Mensch benützt, weil er nicht alle Informationen im Kopf behalten kann oder will.
Im Laufe der Zeit hat sich eine Fülle von Speichermedien durchgesetzt, von denen wir die wichtigsten in der Folge besprechen wollen. Der Zweck der sogenannten peripheren oder externen Speicher ist es, den Hauptspeicher von Programmen und Daten zu entlasten, die nicht benötigt werden, sie aber jederzeit zum Abruf bereitzuhalten. Nach der Funktionsweise unterscheidet man Speichergeräte mit direktem Zugriff und solche mit sequentiellem Zugriff. Direktzugriff bedeutet, daß man auf jede beliebige Stelle des Speichers direkt zugreifen kann, ähnlich wie man den Tonarm eines Plattenspielers auf jede beliebige Rille einer Schallplatte legen kann. Sequentieller Zugriff heißt, daß die Informationen in einer bestimmten Reihenfolge gelesen werden müssen, genauso wie eine Tonbandkassette erst zu einem gewünschten Punkt vor- oder rückwärtsgespult werden muß.
Am Rande sei angemerkt, daß die Speicherung von Information ein uraltes Anliegen der Menschen ist – denken wir daran, daß Hieroglyphen, chinesische Bilderschrift und Runen eigentlich nichts anderes sind als Mittel zur Speicherung von Information.

Heute verwendet man zur externen Datenspeicherung vorwiegend Magnetbänder. Die Informationen werden dabei auf einer dünnen magnetisierbaren Schicht ähnlich wie bei Tonbändern gespeichert. Mehrere nebeneinander liegende Magnetköpfe lesen und schreiben in mehreren Spuren. Meist verwendet man acht Spuren zur Speicherung von Daten und zusätzlich eine Prüfspur, um Fehler zu vermeiden (Abb. 13). Die Lese- bzw. Schreibgeschwindigkeit liegt je nach Gerät und Speicherdichte zwischen 60 000 und über 1 000 000 Zeichen pro Sekunde.

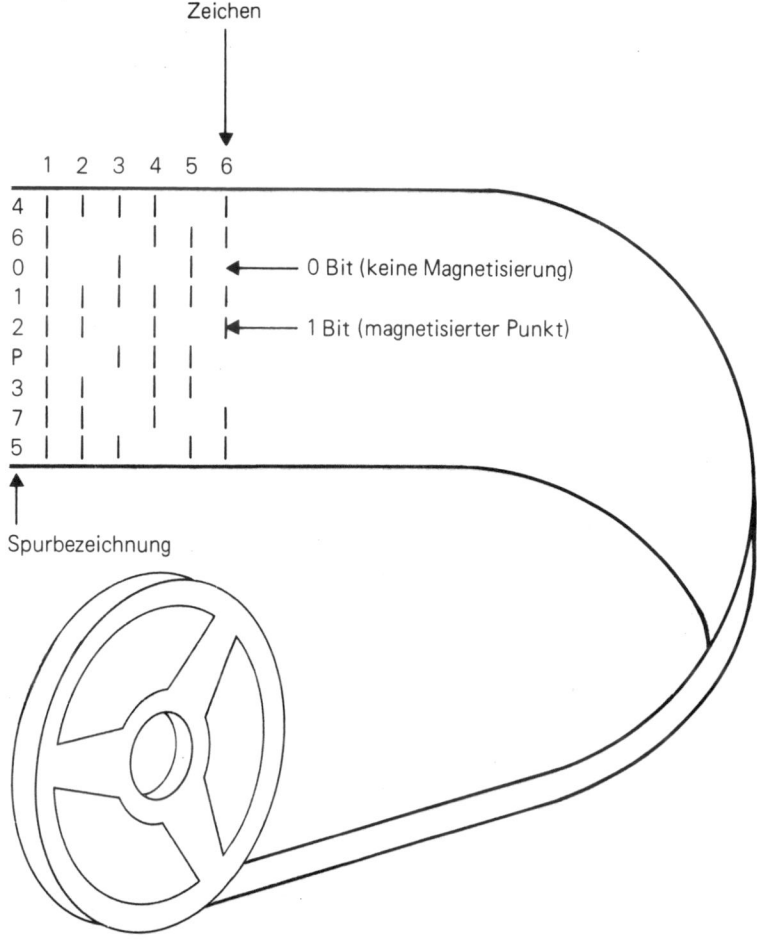

Abb. 13   Digitale Codierung auf einem Magnetband

Die Abspielgeräte sind so konstruiert, daß sie zwar mit hoher Geschwindigkeit laufen, aber sehr rasch stoppen und ebenso rasch wieder starten können. Um das zu gewährleisten, wird das Band nicht direkt von Spule zu Spule geführt, sondern über eine Bandschleife, die elektronisch abgetastet wird. Die Daten selbst sind nach einem bestimmten Prinzip angeordnet, auf das wir hier nicht näher eingehen wollen. Es genügt festzustellen, daß sie zu Feldern und Datensätzen zusammengefaßt werden, die über eine Adresse jeweils einzeln gelesen werden können.

Magnetplattenspeicher bestehen aus magnetisch beschichteten Platten, die mit je einem Schreib- bzw. Lesekopf beschrieben und gelesen werden. Dies hat den Vorteil, daß man auf die gewünschte Information direkt zugreifen kann. Jede Platte trägt Hunderte von Spuren. Magnetplatten haben nicht nur eine kurze Zugriffszeit, sondern auch eine beträchtliche Speicherkapazität (Abb. 14).

Disketten oder Floppy Disks sind Sonderformen der Magnetplatten und sehen wie Schallplatten aus, die in Papierhüllen fix eingeschweißt sind. Sie haben aber keine Rillen, sondern sind ein- oder beidseitig mit einer magnetisierbaren Schicht belegt. Wegen ihrer Handlichkeit haben sie sich im Bereich der Büroautomation weitgehend durchgesetzt. Nachteilig ist ihr vergleichsweise geringes Spei-

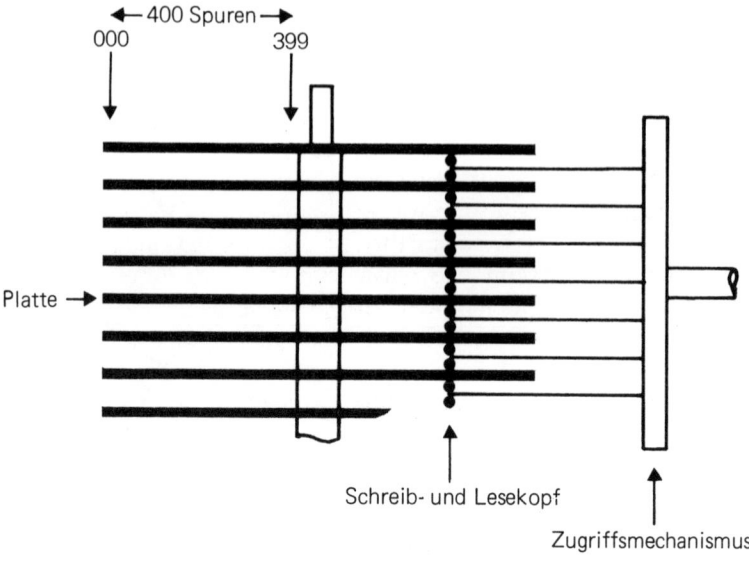

Abb. 14 Aufbau eines Magnetplattenspeichers

chervermögen und eine langsame Übertragung der Daten. Die Magnetplatte selbst wird in das Ein- und Ausgabegerät, die sogenannte Diskettenstation, eingesteckt. Auf einer Floppy Disk können bei normaler Speicherdichte etwa 300 000 Zeichen pro Seite abgelegt werden. Lochkarten, Magnetbänder und ähnliches sind mechanische Speicher. Daneben gibt es seit einigen Jahren neue Speichermedien, die auf elektronischer Basis arbeiten, also ohne bewegliche Teile, und deshalb viel rascheren Zugriff zu den gewünschten Informationen bieten. Dazu gehören die Halbleiterspeicher (siehe Seite 83). Begnügen wir uns einstweilen mit der Feststellung, daß Halbleiterspeicher aus Tausenden von winzig kleinen Schaltkreisen aufgebaut sind, die jeweils die Information 0 oder 1 festhalten. Je nachdem, wie groß die Speicherdichte ist, unterscheidet man LSI (Large Scale Integration) oder VLSI (Very Large Scale Integration). Halbleiterspeicher gibt es in vielen Formen. Festspeicher oder ROM (Read Only Memory) enthalten vom Hersteller programmierte Informationen, die sich ablesen, aber nicht verändern lassen. Sie gehen bei Stromausfall nicht verloren. Die Programme eines Taschenrechners beispielsweise sind Festspeicher. Sie sind billiger als Schreib-/Lesespeicher oder RAM (Random Access Memory), auch Speicher mit wahlfreiem Zugriff genannt. Diese sind flexibel, weil die in sie eingegebenen Informationen geändert werden können. Sie gehen allerdings bei Stromausfall verloren.

Programmierbare Festspeicher oder PROM (Programmable ROM) sind eine weitere Form vom Speicherchips, die vom Benützer programmiert werden können – allerdings nur ein einziges Mal. Der Anwender kann dadurch die Anweisungen, die er für eine bestimmte Aufgabe braucht, speichern, ohne das Know-how aus der Hand geben zu müssen. Eine weitere Entwicklung sind lösch- und programmierbare ROM, auch EPROM (Erase Programmable Read Only Memory) genannt. Die darin enthaltene Information kann mit ultraviolettem Licht oder elektrischen Signalen gelöscht werden. Die Speicherung von Daten erfolgt mit einem speziellen Gerät.

In der Zukunft werden zwei Formen der Speicherung wahrscheinlich besondere Bedeutung erlangen, die Magnetblasenspeicher und die optischen Speicher. Bei der Magnetblasentechnik werden in einem magnetischen Material winzig kleine Inseln (die Magnetblasen) gebildet. Legt man von außen ein künstliches Magnetfeld an, so bewegen sich die Magnetblasen in einem Kreis und passieren dabei eine kleine Schreib- bzw. Leseeinheit, über welche die Informationen verfügbar gemacht oder abgespeichert werden. Wie bei anderen Formen der binären Speicherung entspricht die Magnetblase der Stellenbelegung mit 1, das Fehlen einer Blase bedeutet 0. Ihr Vorteil ist, daß sie sehr klein sind. So klein, daß auf einem Baustein von wenigen Quadratzentimetern mehrere Millionen Bits gespeichert werden können.

Optische Speicher arbeiten mit Lichtstrahlen (siehe Seite 116): Extrem feingebündeltes Laserlicht kann auf spezielle Metallfilme winzig kleine Löcher schmelzen oder eine Magnetschicht an einzelnen Punkten erhitzen und sie dadurch unmagnetisch machen. Laserdisk und Bildplatte sind solche optischen Speicher. Ihre Speicherkapazität ist beträchtlich: Der Inhalt von zehntausend Seiten findet auf einer dünnen Platte mit 20 Zentimeter Durchmesser Platz. Die meisten bisher entwickelten Bildplattensysteme können nur einmal beschrieben werden. Vor kurzem stellte jedoch das japanische Unternehmen Matsushita Electric einen optischen Plattenspeicher vor, der auch das Löschen und Neueinspeichern von Information gestattet.

Holographische Speicherung dient zur dreidimensionalen Aufbewahrung digitaler Nachrichten. Im Gegensatz zu den anderen Speicherformen werden die Bits dabei nicht punktförmig, sondern über die ganze Hologrammfläche verteilt gespeichert. Dadurch wird hohe Störsicherheit erreicht. Die Speicherdichte kann bis zu einer Milliarde Bits pro Kubikzentimeter betragen!

In der folgenden Abbildung sind Speicherkapazitäten verschiedener Speicher vergleichend dargestellt. Unter Speicherkapazität versteht man das Fassungsvermögen eines Speichers, d. h. die Anzahl der vorhandenen Bit und damit der Worte bzw. Zeichen. Häufig erfolgt die Angabe in K Bytes, wobei $1 \text{ K} = 2^{10} = 1\,024$ entspricht.

6. Die Zentraleinheit

Die voranstehenden Seiten vermitteln einen Eindruck von der Vielfalt der Apparate, die an der Peripherie eines Computers angesiedelt sein können. Sie sind meist pompöser als die Zentraleinheit, das Herzstück des Computers. Wie wir schon gesehen haben, besteht diese aus drei Teilen:

○ Alle Daten und Programme, die für einen Rechenvorgang benötigt werden, müssen zunächst in den Arbeitsspeicher gebracht werden. Er ist mit dem Gedächtnis des Menschen vergleichbar (im englischen bezeichnet man ihn deshalb auch als »memory«,

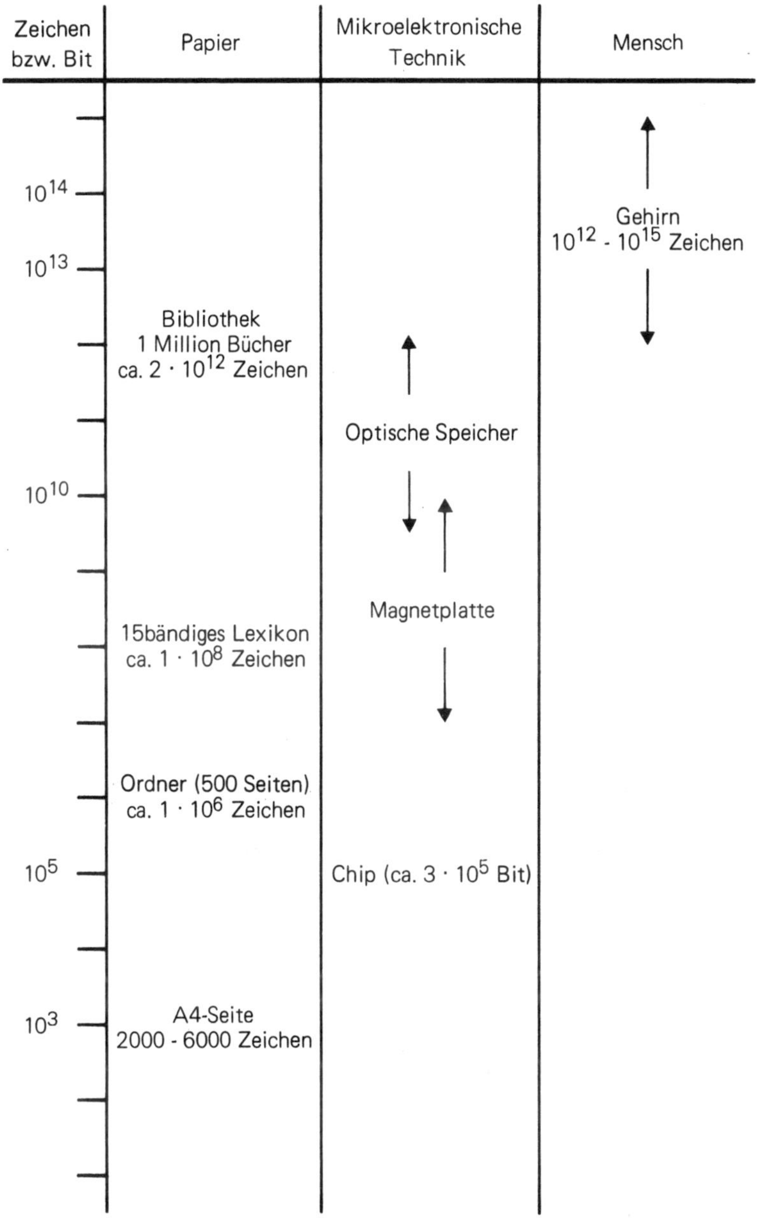

Zeichen bzw. Bit	Papier	Mikroelektronische Technik	Mensch

10^{14} —

10^{13} —

Bibliothek
1 Million Bücher
ca. $2 \cdot 10^{12}$ Zeichen

Gehirn
$10^{12} - 10^{15}$ Zeichen

Optische Speicher

10^{10} —

Magnetplatte

15bändiges Lexikon
ca. $1 \cdot 10^{8}$ Zeichen

Ordner (500 Seiten)
ca. $1 \cdot 10^{6}$ Zeichen

10^{5} —

Chip (ca. $3 \cdot 10^{5}$ Bit)

10^{3} —

A4-Seite
2000 - 6000 Zeichen

Abb. 15 Kapazität einiger Speichermedien

was soviel wie Gedächtnis bedeutet). Die Zentraleinheit enthält meist mehrere Register, beispielsweise Befehlsregister zur Speicherung eines auszuführenden Befehls oder Adreßregister zur Speicherung der Adressen von Befehlen.

Sehen wir uns an, wie so ein Befehl aussieht: Im allgemeinen besteht er aus drei Teilen, dem Operationsteil, einem Adressenteil und verschiedenen Zusätzen. Der Operationsteil sagt, was geschehen soll (z. B. Transport von Information oder eine Addieranweisung); der Adressenteil gibt eine oder mehrere Adressen der Operanden an (beispielsweise der Zahlen, die zu addieren sind); als Zusätze können Prüfzeichen, Befehlszeichen und andere fungieren.

○ Das Steuerwerk regelt den Informationsfluß zur Zentraleinheit. Es legt die Reihenfolge der Rechenoperationen fest und auch die Art und Weise, wie das Ergebnis auszugeben ist. Es ist sozusagen die Befehlsstation des Computers. Das Steuerwerk gibt Impulse an die Geräte zur Eingabe oder Ausgabe, wenn dies im Rechenprogramm vorgesehen ist, leitet Befehle an das Rechenwerk weiter, wenn Rechenoperationen durchgeführt werden sollen, oder wendet sich an den Arbeitsspeicher, wenn von dort Daten in das Rechenwerk übertragen werden sollen.

○ Das Rechenwerk vergleicht Daten und führt Rechenoperationen (addieren, subtrahieren etc.) durch. Das Rechenwerk ist aus den drei Grundschaltungen »und«, »oder« und »nicht« gemäß den Operatoren der Booleschen Logik aufgebaut. Durch geeignete Anordnung dieser drei Grundschaltungen lassen sich alle Rechenarten durchführen.

Erinnern wir uns: Computer arbeiten nur mit zwei Zeichenelementen: 0 und 1. Das Innere einer Rechenanlage besteht deshalb auch aus einer Vielzahl von Schaltern, die den Stromfluß steuern. Je nachdem, ob an einer bestimmten Stelle des Computers Strom fließt oder nicht, wird ein bestimmtes Datenelement dargestellt. Im Prinzip ist dies also einfach. Die Probleme treten für den Konstrukteur auf, der Tausende von Schalteinheiten auf einem Quadratzentimeter unterbringen soll. Wie die Herstellung solcher Schaltkreise funktioniert, erfahren Sie auf den Seiten 80 ff.

7. Software - ein Überblick

Als Software bezeichnet man Programme, d. h. Arbeitsanleitungen, die einen Computer in die Lage versetzen, eine ihm gestellte Auf-

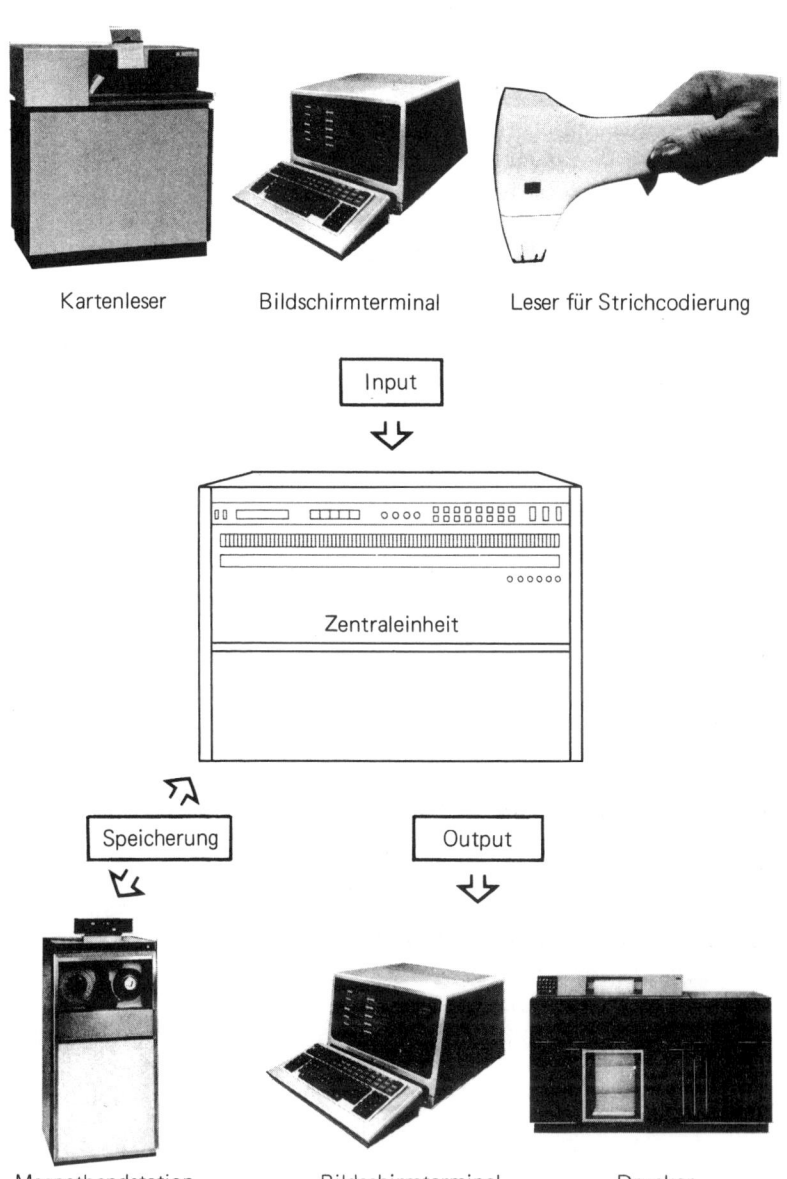

Kartenleser   Bildschirmterminal   Leser für Strichcodierung

Input

Zentraleinheit

Speicherung   Output

Magnetbandstation   Bildschirmterminal   Drucker

Abb. 16   Hardware: Input, Output, Speicher und Zentraleinheit

gabe zu erfüllen. Wie wir auf den vorangehenden Seiten gesehen haben, sind diese Programme nichts anderes als eine Folge von sehr einfach aufgebauten logischen Anweisungen, die Schritt für Schritt mitteilen, was eine Rechenmaschine zu tun hat.

Auch biologische Systeme speichern Informationen und befolgen »Programme«. Der Mensch lernt heute mindestens 15 bis 20 Jahre lang an den Grundregeln seines »Überlebensprogramms«, wie es Klaus Haefner (Lit. 8) ausdrückt. Ziel der Erziehung ist es, dem Lernenden bestimmte Fähigkeiten zu vermitteln. In Analogie dazu steht das Programmieren von Computern, eine Tätigkeit, die von eigens ausgebildeten Programmierern ausgeführt wird, neuerdings auch in zunehmendem Ausmaß von Laien, die die dazu notwendigen Kenntnisse im Selbststudium erlernen.

Ebenso wie man einen Berg auf verschiedenen Pfaden besteigen kann, ist auch dem Programmierer zwar das Ziel vorgegeben, aber er hat verschiedene Möglichkeiten, es zu erreichen. Die einzelnen Programmschritte mögen zwar primitiv klingen, ihr logischer Aufbau ist jedoch häufig alles andere als primitiv. »Programming is not quite a science, there is a touch of art involved« (Programmieren ist nicht bloß eine Wissenschaft, auch ein wenig Kunst ist mit im Spiel), meint William S. Davis von der Miami University in Ohio, USA (Lit. 9). Deshalb gibt es auch »bessere« und »schlechtere« Software.

Wer einem Programmierer bei seiner Arbeit zusieht, wird bemerken, daß er vor der Übersetzung einer Rechenaufgabe in eine für Computer verständliche Sprache einen Ablaufplan – ein »Flowchart« – entwirft. In diesem zeichnet er zunächst alle logischen Schritte der Reihe nach auf, die zur Lösung des Problems führen. Der Weg dorthin kann sich auch verzweigen und einige Schritte wiederholt durchlaufen. Zur bildlichen Darstellung eines solchen Programmablaufplanes gibt es genormte Symbole, deren Bedeutung wir kurz erläutern wollen.

Für jeden Typus von Arbeitsanweisungen sind Symbole gebräuchlich (Abb. 17).

Versuchen wir nun, die auf den Seiten 35 – 40 dargestellte Berechnung des Nettolohnes mithilfe dieser Symbole zu einem Ablaufplan zu gestalten (Abb. 18):
Dieser Ablaufplan erklärt sich folgendermaßen:

1. Hier beginnt das Programm mit dem »Start«-Befehl.
2. Der Computer fordert vom Input die auf einer Karte gespeicherte Information an (sie enthält den Namen eines Angestellten,

Symbol	Bedeutung

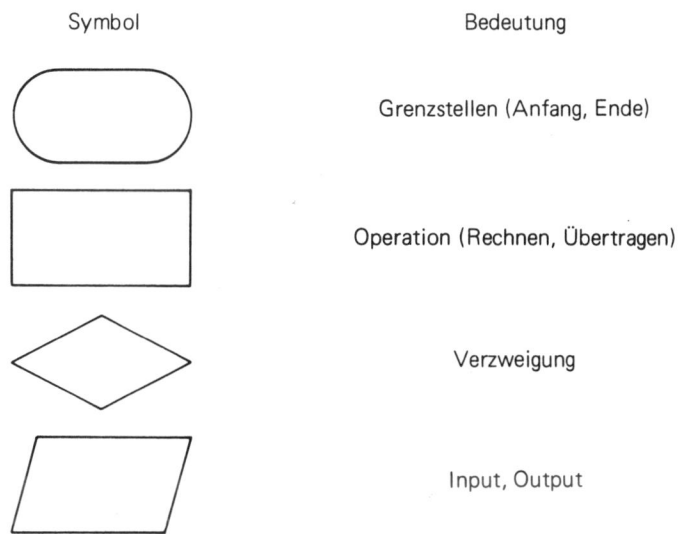

Grenzstellen (Anfang, Ende)

Operation (Rechnen, Übertragen)

Verzweigung

Input, Output

Abb. 17 Symbole für Computerprogramme

die Zahl der von ihm geleisteten Arbeitsstunden und den Bruttostundenlohn). 3. Dann folgt die erste Verzweigung. Es wird gefragt: Ist das die letzte Karte? Zwei Antworten sind möglich: ja oder nein. Wenn ja, erfolgt der
4. »Stop«-Befehl (damit ist der Rechenvorgang beendet). Gibt es dagegen noch weitere Karten, wird der Computer angewiesen, weiterzugehen zu
5. Rechenanweisung: die Zahl der geleisteten Stunden mit dem angegebenen Bruttostundenlohn multiplizieren. Ergebnis: der Bruttolohn.
6. Auf der Basis des bei 5. errechneten Bruttolohnes wird die Sozialversicherungsabgabe errechnet.
7. Nun folgt die zweite Verzweigung. Die Berechnung der Lohnsteuer hängt bekanntlich von der Höhe des Lohnes ab. Der Einfachheit halber haben wir in unserem Beispiel zwei Kategorien gewählt: Bei einem Bruttolohn von weniger als 1 000 DM ist der Steuersatz 10%, bei einem Bruttolohn von 1 000 DM oder mehr beträgt er 20%. Demgemäß wird im Ablaufplan zunächst gefragt: Ist der Bruttolohn kleiner als 1 000?, und es folgen Anweisungen für die zwei möglichen Antworten:

57

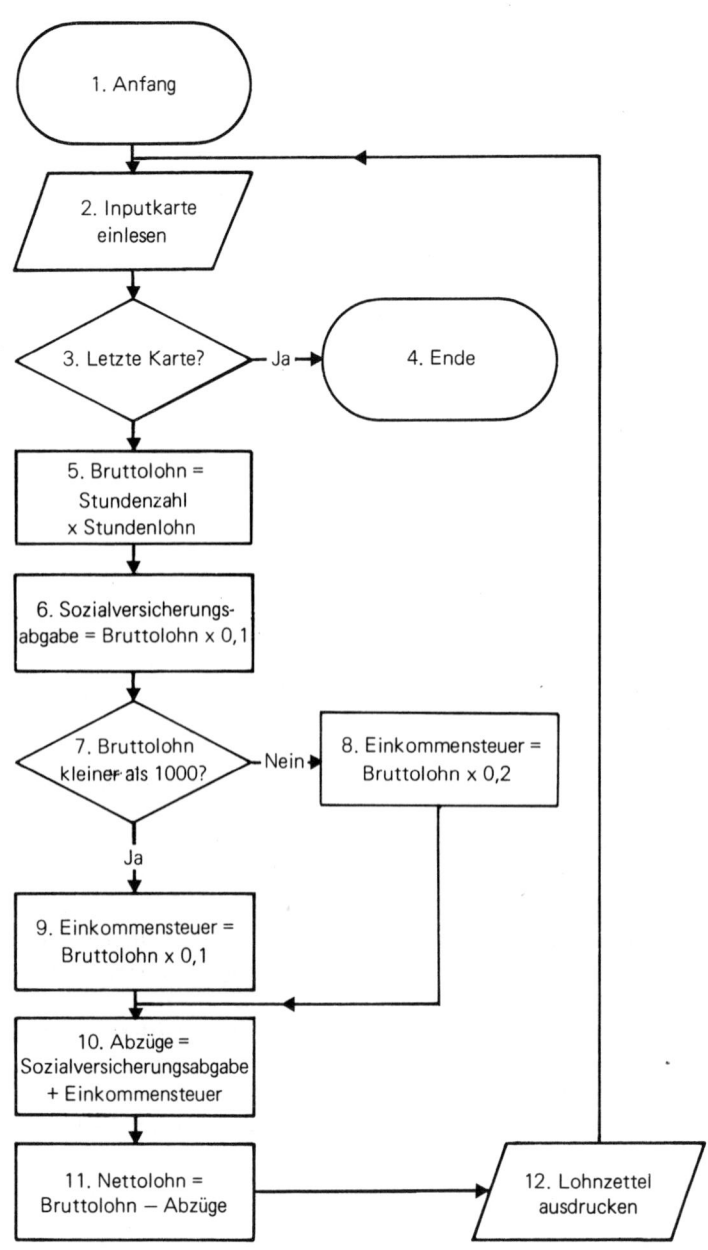

1. Anfang

2. Inputkarte einlesen

3. Letzte Karte? —Ja→ 4. Ende

5. Bruttolohn = Stundenzahl x Stundenlohn

6. Sozialversicherungs-abgabe = Bruttolohn x 0,1

7. Bruttolohn kleiner als 1000? —Nein→ 8. Einkommensteuer = Bruttolohn x 0,2

Ja

9. Einkommensteuer = Bruttolohn x 0,1

10. Abzüge = Sozialversicherungsabgabe + Einkommensteuer

11. Nettolohn = Bruttolohn – Abzüge → 12. Lohnzettel ausdrucken

Abb. 18   Ein Ablaufplan für die Lohnverrechnung

8. (Antwort nein) Multipliziere Bruttolohn mit 0,2.
9. (Antwort ja) Multipliziere Bruttolohn mit 0,1.
10. Nun werden die Abzüge (Sozialversicherungsabgabe und Lohnsteuer) addiert.
11. Die Abzüge werden vom Bruttobezug subtrahiert, und wir erhalten den Nettolohn.
12. Der Computer wird angewiesen, einen Lohnzettel auszudrukken, und kehrt wieder zu 1. zurück.

Mit diesem Ablaufplan hat der Programmierer im wesentlichen die Planungsphase abgeschlossen. Der nächste Schritt ist die Übersetzung dieser logisch strukturierten Abfolge von Anweisungen in eine dem Computer verständliche Form, also in eine Folge von 0 und 1. Bevor wir uns der Beschreibung dieser Aufgabe widmen, halten wir uns vor Augen, daß in der Realität Ablaufpläne ungleich komplizierter sind als in unserem Beispiel. Wer sich jemals mit den Details einer Lohnverrechnung auseinandergesetzt hat, weiß, daß es eine Fülle verschiedener möglicher Abzüge, Freibeträge und Zuschläge gibt, die häufig nach mehreren Gruppen größenordnungsmäßig gestaffelt sind. Es ist deshalb für Lohnverrechnungsprogramme meist notwendig, eine Programmhierarchie zu entwerfen und die Problemlösung in mehrere Ebenen aufzugliedern. Das Funktionsprinzip ist nach wie vor das gleiche – die Durchführung der Programmierarbeit jedoch wird mit zunehmender Komplexität sehr rasch schwieriger. Nun wird verständlich, daß das Erstellen maßgeschneiderter Anwendungsprogramme ein zeit- und kostenaufwendiges Verfahren ist. Viele Computerhersteller haben Schwierigkeiten, zu ihren Rechenmaschinen ausreichend viele Anwendungsprogramme anzubieten. Wer vor dem Ankauf oder der Miete eines Computers steht, sollte daher bedenken: Es nützt die beste Hardware recht wenig, wenn keine für die Anwendung geeignete Software vorhanden ist.

Apropos Software: An dieser Stelle sei darauf hingewiesen, daß die Datenverarbeiter zwei Typen von Software unterscheiden, die Systemsoftware und die Anwendersoftware. Zur ersteren zählen alle Programme, die dem unmittelbaren Betrieb von EDV-Anlagen dienen, d.h. die das Zusammenspiel der einzelnen Hardware-Teile erst ermöglichen (Betriebssystem). Zur Lösung von Rechenaufgaben in der Praxis benötigt man zusätzlich Anwender-Software. Damit sind Programme wie Lohnverrechnungsprogramme, Prozeßsteuerungsprogramme etc. gemeint.

Kehren wir zu unserer Programmieraufgabe zurück. Wir wissen jetzt, welche Anweisungen wir in welcher Reihenfolge zu erteilen haben, um eine einfache Lohnverrechnung computergerecht zu gestalten. Nun müssen wir diese Anweisungen in die Computersprache übersetzen, eine Tätigkeit, die man Codieren nennt.

Nehmen wir an, wir sollten die Anweisung »addiere die Zahlen x und y« übersetzen. Diese Anweisung zerfällt in zwei Teile:

○ die Anweisung »addiere« und
○ die Anweisung, welche Zahlen zu addieren sind.

Für beide Anweisungen werden Codes benötigt. Wer der Meinung ist, daß damit die Addieranweisung vollständig formuliert sei, ist im Irrtum. Erinnern wir uns an den Manager: Er arbeitet nur, wenn man ihm ganz genau sagt, was er tun soll. Dazu gehört auch, daß man ihn anweist, woher er denn die Zahlen nehmen soll, die er addieren soll. Das heißt in unserem Fall:

○ Anweisung, die erste Zahl vom Input oder von einem bestimmten Platz im Speicher an einen bestimmten Platz in den Arbeitsspeicher zu überführen,
○ analoge Anweisung für die zweite Zahl,
○ Anweisung »addiere« die an diesen Plätzen des Arbeitsspeichers befindlichen Zahlen, und
○ Anweisung, was mit dem Ergebnis geschehen soll.

Um unser Beispiel praxisnahe zu gestalten, benützen wir in der Folge Codes, die von Rechnern der Type IBM System/360 und System/370 eingesetzt werden (Abb. 19).

Der Code für die Anweisung, eine Zahl aus dem Hauptspeicher in einen Arbeitsspeicher zu überführen, ist in diesem Fall
01011000.
Die ersten beiden Anweisungen müssen also mit diesem Code beginnen. Erinnern wir uns: Eine Folge von 8 Ziffern, also 8 Bits, ist ein Byte, eine Einheit, die in der Computersprache wichtig ist.
Das zweite Byte besteht aus zwei Teilen: einem 4-Bit-Code, der einen Platz im Arbeitsspeicher angibt (Zielort), und einem 4-Bit-Code, dessen Zweck an dieser Stelle nicht von Bedeutung ist. Dieser Code kann z.B. lauten:
00110000
Es folgen noch 16 Bits (das sind 2 Bytes) mit der »Absenderadresse«, das heißt, der Angabe, von welchem Platz im Speicher die Zahl genommen werden soll.
Die zweite Instruktion bezieht sich auf die zweite Zahl, die addiert werden soll. Der Vorgang der Codierung ist analog wie oben.
Nun kommt die Addieranweisung. Sie hat den Code
00011010. Der nächste Code bezeichnet Plätze in den Arbeitsspei-

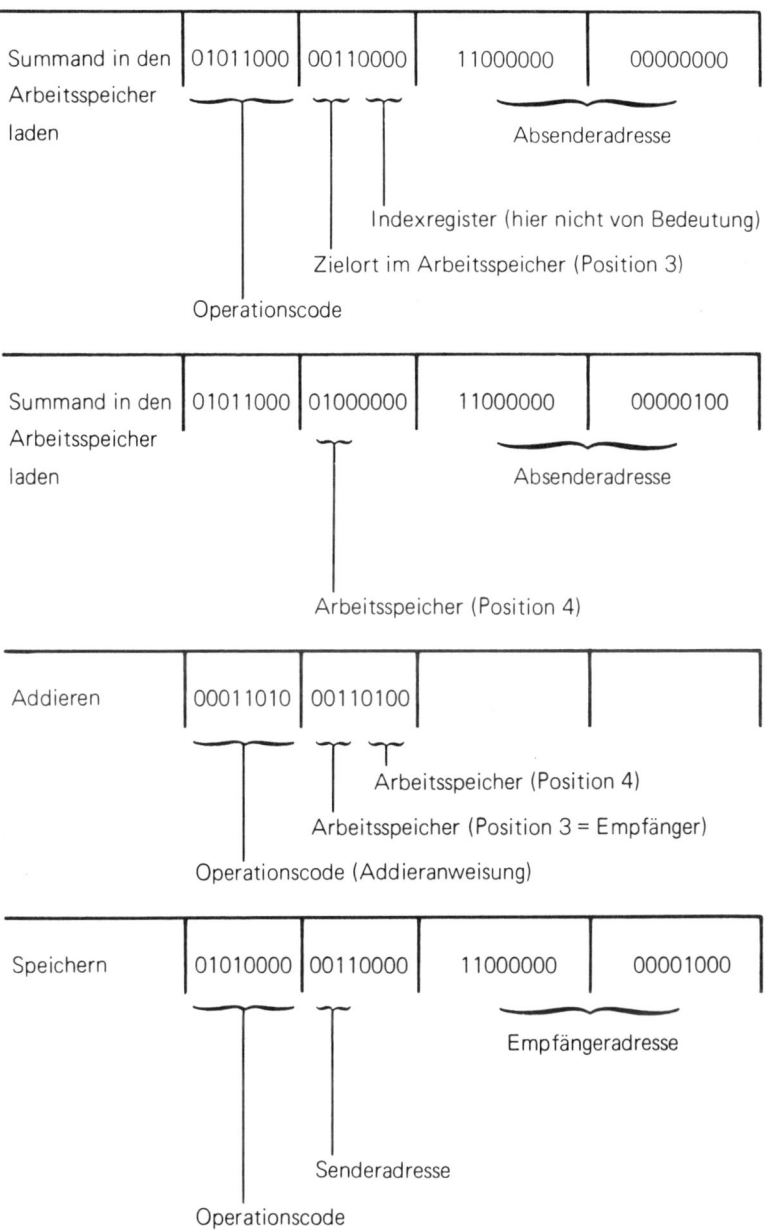

Abb. 19   Übersetzung einer Addieranweisung in Maschinensprache

61

chern, wo die beiden zu addierenden Zahlen zu finden sind:
00110100.
Diese Anweisung bedeutet, daß die Zahlen in den beiden Arbeitsspeichern addiert werden und die Summe in ersterem gespeichert wird.
Zu guter Letzt ist noch ein Code notwendig, der eine Anweisung beinhaltet, diese Summe in den Hauptspeicher zu überführen:
01010000
und, wie beim ersten Schritt, die entsprechenden Codes für Sender- und Empfängeradresse.
Wie diese Ziffernfolge aussieht, haben Sie schon auf der Seite 31 gesehen. Nun wissen wir, was in einem Rechner vorgeht, wenn zwei Zahlen addiert werden. Nicht ganz: Sehen wir uns noch einmal einige Eigenschaften des binären Zahlensystems an, um zu verstehen, wie das Addieren mit Hilfe von 0 und 1 in mathematischer Hinsicht funktioniert.
Ebenso wie es im Dezimalsystem bei einer mehrstelligen Zahl die Einer-, Zehner-, Hunderterstelle usw. gibt, haben im Binärsystem diese Stellen die Funktion von Exponenten der Zahl 2; d. h. die erste Stelle entspricht $2^0 = 1$, die zweite $2^1 = 2$, die dritte $2^2 = 4$, die vierte $2^3 = 8$ usw. Wenn eine dieser Stellen mit einer 1 besetzt ist, wird der entsprechende Zahlenwert gezählt, bei einer 0 nicht. Mit diesem Verfahren lassen sich alle natürlichen Zahlen als Folge von 0 und 1 ausdrücken.
Dazu ein Beispiel. Man stelle die Zahl 83 in einem 8-Bit-Code dar.
Die Lösung:

128	64	32	16	8	4	2	1
0	1	0	1	0	0	1	1

In den Positionen für die 1., 2., 5. und 7. Stelle steht jeweils eine 1. Die entsprechenden Zahlenwerte werden addiert ($1 + 2 + 16 + 64$) und es ergibt sich 83.
Nach diesem Prinzip kann man auch mit binären Zahlen addieren. Dabei gelten folgende Rechenregeln: $0 + 0 = 0$; $1 + 0$ oder $0 + 1 = 1$; $1 + 1$ bedeutet 0 und ein Übertrag von 1 auf die nächste Stelle. Die Abb. 20 macht dies am Beispiel der Addition der Zahlen 166 und 54 verständlich.
Wir haben soeben drei Rechenregeln für das Rechnen im binären System gelernt; diese entsprechen den schon oben erwähnten logischen Verknüpfungen »und«, »oder«, »nicht«. So wie 0 und 1 durch einen Schalter dargestellt werden können, der geöffnet oder geschlossen ist, können diese logischen Verknüpfungen durch entsprechende Schaltungen dargestellt werden, die den Elektronenfluß

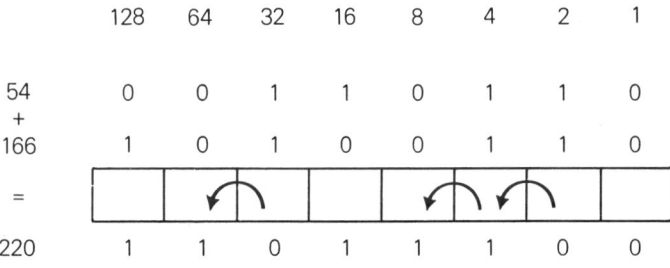

128	64	32	16	8	4	2	1
54	0	0	1	1	0	1	1	0
+								
166	1	0	1	0	0	1	1	0
=								
220	1	1	0	1	1	1	0	0

Abb. 20 Addieren im Binärsystem (Erklärung im Text)

so steuern, daß die Rechenregeln des Binärsystems eingehalten werden. So weit zur Theorie. In der Praxis bedeutet das Rechnen im Binärsystem, daß – bei komplizierteren Aufgaben – Abfolgen von Tausenden von Bits vorkommen. Wenn einem Programmierer da ein Fehler passiert, ist es sehr mühsam, diesen nachher zu entdecken. Schon früh begann man daher zu vereinfachen. Nehmen wir als Beispiel die Übersetzung einer Addieranweisung in Zifferncodes, wie wir sie oben beschrieben haben. So wird der Befehl, Zahlen, die sich in Arbeitsspeichern befinden, zu addieren, also der Code 00011010, mit »AR« (»Add register to register«) abgekürzt. Wenn wir nun schreiben:

AR 3,4

so bedeutet das, daß die Arbeitsspeicher 3 und 4 addiert werden sollen.
Solche Abkürzungen vereinfachen die Arbeit des Programmierers erheblich. Diese Abkürzungen müssen nachher aber wieder in Folgen von 0 und 1 übersetzt werden, denn der Computer versteht nur letztere.
Programme, die eine solche Übersetzung bewerkstelligen, heißen Assemblerprogramme.
Wir können dieses Übersetzen auch anders durchführen. Wenn ich zwei Ziffern addieren will, wozu muß ich dann jeweils drei Codes für das Hin- und Herschieben zwischen verschiedenen Speichern mitschreiben? Richtig, wozu auch. Dafür gibt es sogenannte Compilerprogramme. Sie bewerkstelligen die Aufgabe, die Anweisung
C = A + B,
also die oben beschriebene Addieranweisung, in die entsprechende Ziffernfolge zu übersetzen (Abb. 21). Eines der ersten derartigen Programme wurde in den fünfziger Jahren entwickelt und mit

FORTRAN (aus engl. FORmula TRANslator) bezeichnet. Ein FORTRAN-Programmierer kann eine Programmlogik als Folge von Anweisungen ausdrücken, die einer algebraischen Gleichung ähneln. Wie diese Folge computergerecht umgewandelt wird, interessiert den Programmierer nicht mehr. Dazu hat er FORTRAN. FORTRAN ist eine Programmier-»Sprache«, eine Konvention, bei der bestimmte Symbole entsprechenden Zifferncodes zugeordnet werden. Da dies eine willkürliche Entscheidung ist, wurden verschiedene Programmiersprachen, APL, COBOL, PASCAL und andere, entwickelt. Böse Zungen könnten nun behaupten, hinter dieser Sprachvielfalt stecke eine gewisse Verwirrungstaktik, von den Programmierern nicht ungern verfolgt, um ihrer Arbeit einen etwas mystischen Charakter zu verleihen. Jeder Kenner von Computersprachen wird diesem Argument aber sofort entgegenhalten, daß dies keineswegs zutreffe: Die einzelnen Sprachen seien für bestimmte Anwendungen entwickelt und die Sprachvielfalt daher sinnvoll. So unterstützen FORTRAN und APL (Abkürzung für A Programming Language) besonders naturwissenschaftliche Anwendungen, COBOL (COmmon Business Oriented Language) den kaufmännischen Bereich usw.

Diese Sprachen sind sogenannte höhere Programmiersprachen. Sie arbeiten mit Symbolen und müssen durch sogenannte Compiler (Übersetzer) in eine für den Rechner verständliche Folge von 0 und 1 umgewandelt werden. Maschinensprachen dagegen sind direkt maschinell verständlich, d.h. aus 0 und 1 aufgebaut. Sogenannte maschinenorientierte Sprachen sind strukturell der Maschinensprache angeglichen, arbeiten aber mit Symbolen (sie werden auch als Assemblersprachen bezeichnet) (Abb. 22).

Die ersten Rechenautomaten wurden programmiert, indem ihre Schaltelemente durch Drähte in der gewünschten Anordnung verbunden wurden. Um diesen Vorgang weniger arbeitsaufwendig zu gestalten, erfand man bald austauschbare Programme: Man verwendete Steckkarten, auf denen die notwendigen Verbindungen fest verdrahtet waren. Einen bedeutenden Fortschritt brachte schließlich die Möglichkeit, das gesamte Programm in die Speichereinheit des Rechners einzuspeichern. Dadurch konnte das Steuerwerk dann die einzelnen Instruktionen auslesen und die entsprechenden Schaltkreise aufbauen. Bei allen diesen Programmiertechniken wurden die Anweisungen in binärer Darstellung eingegeben. Eine weitere Erleichterung für die Programmierer brachten Ein- und Ausgabegeräte, die die Übersetzung vom Dezimalsystem in das Binärsystem bewerkstelligten.

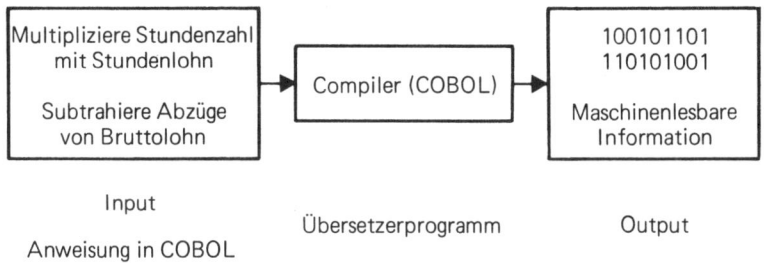

| Multipliziere Stundenzahl mit Stundenlohn Subtrahiere Abzüge von Bruttolohn | Compiler (COBOL) | 100101101 110101001 Maschinenlesbare Information |

| Input Anweisung in COBOL | Übersetzerprogramm | Output |

Abb. 21   Funktion eines Compilerprogramms

Aber auch das Programmieren im Dezimalsystem erwies sich als wenig anschaulich. So kam es zur Entwicklung der Assemblersprachen, bei denen jede Anweisung einer einzigen Operation des Rechenautomaten entspricht. Der bisher letzte Schritt in der Entwicklung der Programmiersprachen sind die schon erwähnten Compiler-Sprachen. Ob sinnvoll oder nicht, die Tatsache, daß es viele Programmiersprachen gibt, ist aus unserer heutigen Computerwelt nicht mehr wegzudenken. An Versuchen, eine universelle Programmiersprache durchzusetzen, fehlt es trotzdem nicht: Schon in den sechziger Jahren bemühte sich IBM, die damals als fortgeschritten geltende Sprache PL/1 zu einem Industriestandard zu machen – ohne Erfolg. Je allgemeiner anwendbar eine Programmiersprache, desto geringer wird ihre Leistung bei der Formulierung spezifischer Probleme. Gegenwärtig ist ein neuer derartiger Versuch im Gang – diesmal versucht es das US-Verteidigungsminsterium mit der Programmiersprache ADA, die mit großem finanziellen Aufwand entwickelt wurde. Die Entwicklung von Anwendungsprogrammen ist nämlich der Flaschenhals beim Einsatz der Computertechnik. Die Militärs, die schon immer treibende Kraft bei Entwicklungen der Mikroelektronik waren, möchten nun mittels ADA Schluß mit der Programmvielfalt machen, weil sie meinen, daß damit auf längere Sicht das Problem der Verfügbarkeit von Software erleichtert würde. Weil das US-Verteidigungsministerium einer der finanzstärksten Kunden der Computerindustrie ist, glauben manche Experten, daß die Entscheidung des Pentagon für ADA letztlich eine Standardisierung bewirken könnte. Eine solche würde aber jedenfalls noch Jahre dauern.

Wir haben auf den vorangehenden Seiten versucht, einen Eindruck davon zu vermitteln, was Software ist und wie sie funktioniert. Nun

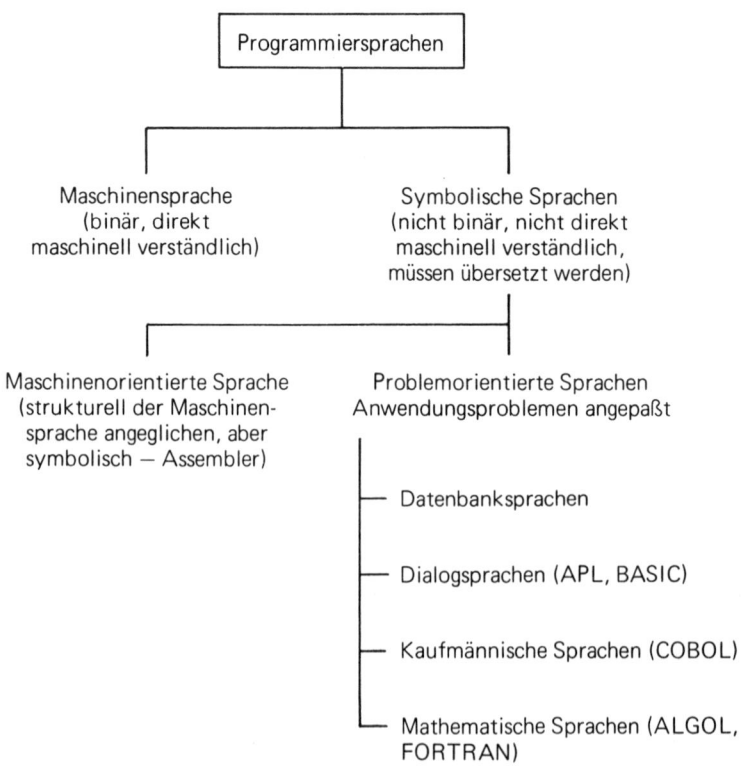

Abb. 22 Einteilung der Programmiersprachen

wollen wir die Entwicklung von Computern aus historischer Sicht etwas näher betrachten.

8. Zur Geschichte der Computertechnik

Der erste mechanische Rechenapparat, der Abakus, geht mindestens auf das Jahr 3000 v. Chr. zurück. Noch heute wird er, vor allem in Asien, verwendet. Abgesehen davon, sind uns nennenswerte Versuche, Rechenvorgänge zu automatisieren, erst seit dem 17. Jahrhundert bekannt: 1623 entwarf der Astronom und Erfinder Wilhelm Schickard die erste Vier-Spezies-Rechenmaschine; der Franzose Blaise Pascal baute 1642 einen Kalkulator, der addieren und subtrahieren konnte. Drei Jahrzehnte später entwickelte Gottfried Wilhelm von Leibniz einen Rechner, der darüber hinaus auch multiplizieren, dividieren und Wurzel ziehen konnte. Diese mechanischen Kalkulatoren können aber ihrer Funktionsweise nach noch nicht Computer genannt werden. 1822 baute der Engländer Charles Babbage seine »Difference Engine«, den ersten Vorläufer eines Computers. Zehn Jahre später entwarf er eine »Analytical Engine«, die jedoch nie gebaut wurde. Babbage sah dabei bereits Ein- und Ausgabegeräte vor, die mit Lochkarten arbeiten sollten, und dachte an eine Zentraleinheit aus Speicher- und Rechenwerk.

Nach dem Ersten Weltkrieg begann man, elektro-mechanische Maschinen als Rechner einzusetzen. Sie konnten Lochkarten verarbeiten und waren schneller als ihre Vorläufer aus dem 19. Jahrhundert. 1936 entwickelte Konrad Zuse in Deutschland grundlegende Vorstellungen vom automatisierten Rechnen: Er verwendete das Binärsystem und einfache Programmiersprachen. Im Auftrag der Deutschen Versuchsanstalt für Luftfahrt fertigte er den ersten programmgesteuerten Rechner der Welt, Zuse Z3. Dieser arbeitete mit 2 600 Relais und konnte in der Sekunde bis zu 20 arithmetische Operationen ausführen. In der Zwischenzeit begann Howard H. Aiken an der Harvard University mit dem Bau einer Großrechenanlage. Sie wurde 1944 in Betrieb genommen und bestand aus Relais, Zählern und IBM-Lochkartenmaschinen. Auch in Manchester beteiligte sich ein Forscherteam am Wettrennen um die Weiterentwicklung der Computertechnik (Abb. 24).

Abb. 23 Computerpionier
Charles Babbage (1791–1871)

Mittlerweile hatte Claude Shannon in den Vereinigten Staaten elektrische Schaltkreise erfunden, die die Booleschen Prinzipien erfüllten. Der Brite Alan Turing entwickelte das theoretische Fundament zur Programmiertechnik. Er baute Anfang der vierziger Jahre einen Computer, der mit Vakuumröhren arbeitete. Gleichzeitig konstruierten J.P.Eckert und J.W.Maunchly an der Universität von Pennsylvania den berühmt gewordenen, vollelektronischen ENIAC. Diese Maschinen waren so aufwendig und teuer (ENIAC

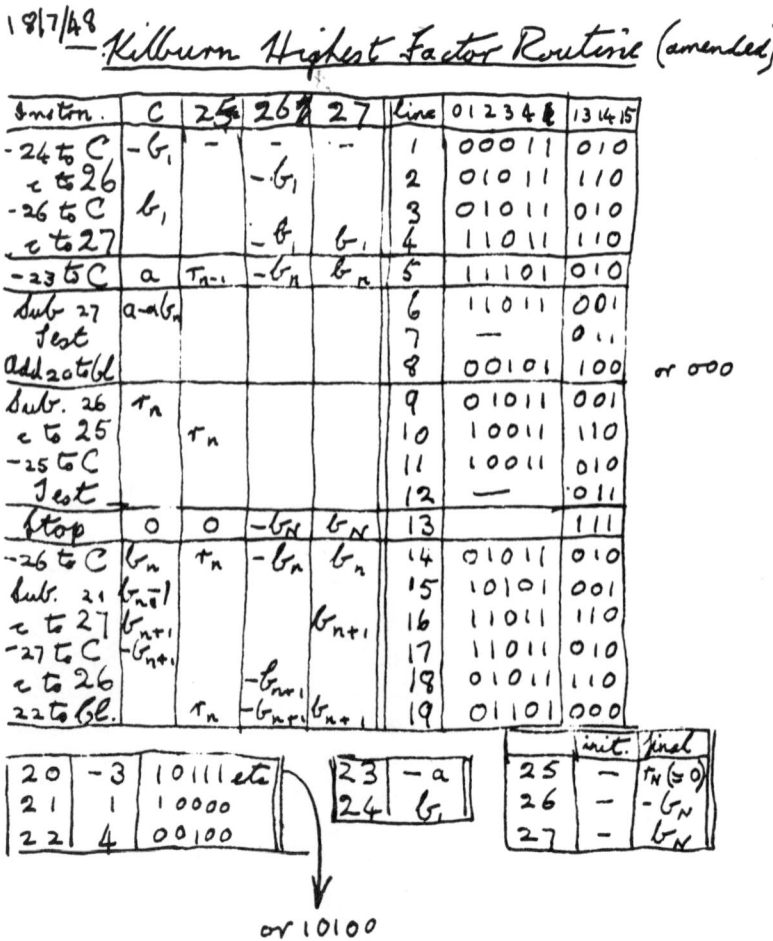

Abb. 24   Das erste Computerprogramm (aus einem Notizbuch von G.C. Tootill, Manchester 1948)

soll 10 Millionen US-Dollar gekostet haben), daß man damals glaubte, es werde höchstens ein paar Dutzend solcher Computer weltweit geben können. 1948 ging in Manchester der erste programmierbare, elektronische Computer in Betrieb. Er wurde bald darauf serienmäßig hergestellt. Kurz darauf war in den USA der erste UNIVAC-Rechner auf dem Markt. Damit war man auf dem Weg über mechanische und elektromechanische Computer zu elektronischen, programmgesteuerten Rechnern angelangt. Diese wären wohl eher seltene Ungetüme geblieben, hätten nicht drei Wissenschafter im Forschungszentrum der zur US-amerikanischen Telephongesellschaft gehörenden Bell Laboratorien Ende der vierziger Jahre den Transistor erfunden. Mit der nun einsetzenden Entwicklung werden wir uns etwas später genauer befassen.

9. Vom Mainframe zum Heimcomputer

In den Medien wird immer häufiger über Computer geschrieben; dabei fallen Begriffe wie Mikrocomputer, Minicomputer usw. Wir wollen nun näher betrachten, was mit diesen Bezeichnungen eigentlich gemeint ist.
Beginnen wir mit den großen Rechenanlagen. Sie werden als Hauptrahmencomputer bezeichnet (auch die englische Bezeichnung »mainframe« ist gebräuchlich). Typische Vertreter dieser Gruppen haben eine beträchtliche Kapazität (500 000 bis viele Millionen Bits im Hauptspeicher) und arbeiten unvorstellbar schnell: Eine Anweisung wird innerhalb einer Milliardstel Sekunde erledigt. Um solche Hauptrahmencomputer herum findet man in den meisten Fällen mehrere Eingabe- und Ausgabegeräte sowie externe Massenspeicher (Magnetband- und Magnetplattenstationen). Neben Speicherkapazität und Schnelligkeit der Verarbeitung gibt es natürlich noch weitere Unterscheidungsmerkmale, auf die wir hier aber nicht weiter eingehen wollen.

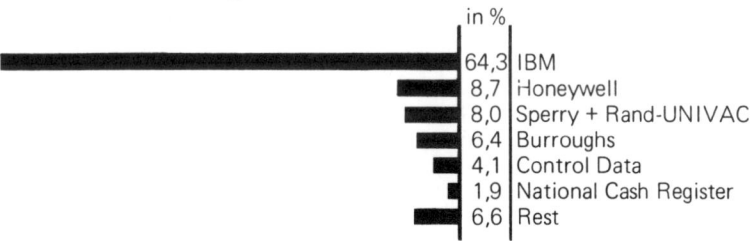

in %	
64,3	IBM
8,7	Honeywell
8,0	Sperry + Rand-UNIVAC
6,4	Burroughs
4,1	Control Data
1,9	National Cash Register
6,6	Rest

Abb. 25   Herstelleranteile von Mainframe-Computern am Weltmarkt

Wer sind die wichtigsten Hersteller von solchen Großcomputern? Eine dominierende Stellung nimmt die Firma IBM (International Business Machines) ein, einer der größten multinationalen Konzerne überhaupt. Auf den Seiten 236 ff. werden wir uns mit diesem Unternehmen näher auseinandersetzen. Hier genügt es festzuhalten, daß die Vorrangstellung von IBM bereits in den fünfziger Jahren mit der sogenannten ersten Computergeneration begann und auch in diesem Jahrzehnt voraussichtlich andauern wird. Neuere Prototypen von Hauptrahmencomputern sind das IBM System/370 und die Serie 4300. Nur wenige andere Hersteller haben eine vergleichbare Palette von Großrechnern. Manche Firmen bieten nur Produkte für ein bestimmtes Marktsegment an. So ist Hewlett Pakkard für kleinere Hauptrahmencomputer bekannt, während Amdahl Riesenrechner erzeugt, die drei Millionen DM und mehr kosten. Auch die Konzentration auf bestimmte Wirtschaftsbereiche bringt die Möglichkeit, dem Giganten IBM etwas wegzuschnappen: So haben sich einige Firmen als Lieferanten für Banken etabliert, andere wiederum konzentrieren sich auf Großrechner für wissenschaftliche Bereiche etc.

In letzter Zeit kommen auch Maschinen auf den Markt, die in Aufbau und Software mit IBM weitgehend kompatibel sind, im Fachjargon heißen sie PCM (Plug Compatible Mainfraimes). Die Hersteller dieser Geräte gehen von der Überlegung aus, daß die Stärke von IBM nicht zuletzt darin begründet liegt, daß IBM auch im Bereich Software eine breite Palette anbietet. Computer, die IBM-Software »verstehen«, aber von anderen Herstellern angefertigt werden, profitieren von den IBM-Programmen, machen aber gleichzeitig der IBM im Sektor Hardware Konkurrenz.

Das Weltmarktvolumen von IBM-kompatiblen Mainfraimes wird für 1982 auf 18.5 Milliarden US-Dollar geschätzt. Der Anteil von IBM selbst und den IBM-kompatiblen Geräten liegt bei ca. 70%. Den Rest teilen sich Unternehmen der sogenannten BUNCH-Gruppe (BUNCH steht für Burroughs Corp., Univac, NCR Corp., Control Data Corp. und Honeywell).

Bis in die sechziger Jahre hinein war »Computer« gleichbedeutend mit »Mainfraime Computer«. Die Fortschritte in der Miniaturisierung von Schaltkreisen haben erst in letzter Zeit einen völlig neuen Markt für kleinere Rechner geschaffen, die Mini- und Mikrocomputer.

Minicomputer kosten größenordnungsmäßig 100 000 DM. Sie sind langsamer und haben eine geringere Speicherkapazität als Hauptrahmencomputer. Anfänglich gab es nicht genügend Softwarepakete für Minicomputer, was die Markteinführung behinderte. Erst in den letzten Jahren verbesserte sich das Angebot. Die ersten Geräte dieser Größenordnung wurden zur Kontrolle und Steuerung in der industriellen Fertigung eingesetzt. Eine ganze Reihe von Firmen kämpft heute um den Minicomputermarkt, darunter in führender Position Digital Equipment Corp. und Data General.

Mikrocomputer sind kleine Rechner, die um einen einzelnen Mikroprozessor herum aufgebaut sind und eine Speicherkapazität von einigen zehntausend Bits haben. Mikrocomputer sind schon um wenige tausend DM zu bekommen. Den Einsatzmöglichkeiten sind beinahe keine Grenzen gesetzt. Eine Vielfalt von Herstellern versucht, sich auf diesem zukunftsträchtigen Markt zu etablieren. Die Konstellationen ändern sich so rasch, daß kaum langfristige Trends zu erkennen sind.

Gemäß einer Diebold-Studie waren in der Bundesrepublik Deutschland zum 1. Januar 1983 Mikrocomputer für 1,2 Milliarden DM installiert. Marktführer ist gegenwärtig Commodore mit 25% Marktanteil, gefolgt von Hewlett-Packard und Apple mit 12% bzw. 11%. Es wird geschätzt, daß bis 1988 der Bestand an Mikrocomputern um das Achtfache auf mehr als 2.6 Millionen Einheiten steigen wird. Das größte Wachstumspotential wird im Heimcomputer gesehen (Abb. 26). Damit bezeichnet man Systeme der unteren Preisklasse (bis 1 500 DM). Nicht wenige Computerexperten behaupten, daß diese in den kommenden Jahren den Markt der Endbenützer erobern werden, also bis in den Haushalt vordringen werden. Wer sich eine gute Hifi-Anlage leisten kann, ist auch in der Lage, einen Heimcomputer zu kaufen. Diese Entwicklung bringt mit sich, daß viele Hersteller nach neuen Vertriebswegen suchen. IBM vergrämte Anfang 1983 den deutschen Büromaschinenfachhandel mit dem Versuch, Geräte auch über andere Handelsketten abzusetzen. In Österreich bahnt sich eine Partnerschaft zwischen der US-Computerfirma Wang und dem mächtigen Raiffeisenverband an. Dieser will über seine Banken und Lagerhäuser in Zukunft auch Computer verkaufen.

Da auch in diesem Bereich die Verfügbarkeit von Software bislang eher mangelhaft ist, kaufen sich in erster Linie solche Personen einen eigenen Computer, die in der Lage sind, ihn selbst zu programmieren. Wenn es aber genügend Anwendungsprogramme gibt, wird auch der gebildete Laie ohne besondere technische Fähigkeiten in der Lage sein, seine Buchhaltung zu computerisieren oder einen ausgewogenen Diätplan per Computer zu erstellen. Daß dann der persönliche Computer zu einem Statussymbol wird, wie es heute das Auto (noch) ist, ist zu erwarten.

Fest steht jedenfalls, daß die Leistungsfähigkeit von Computern in den letzten fünfzehn Jahren fast um das Zehntausendfache zugenommen hat, während der Preis pro Leistungseinheit auf ein Hunderttausendstel gefallen ist! Eine derart rasante Entwicklung bringt

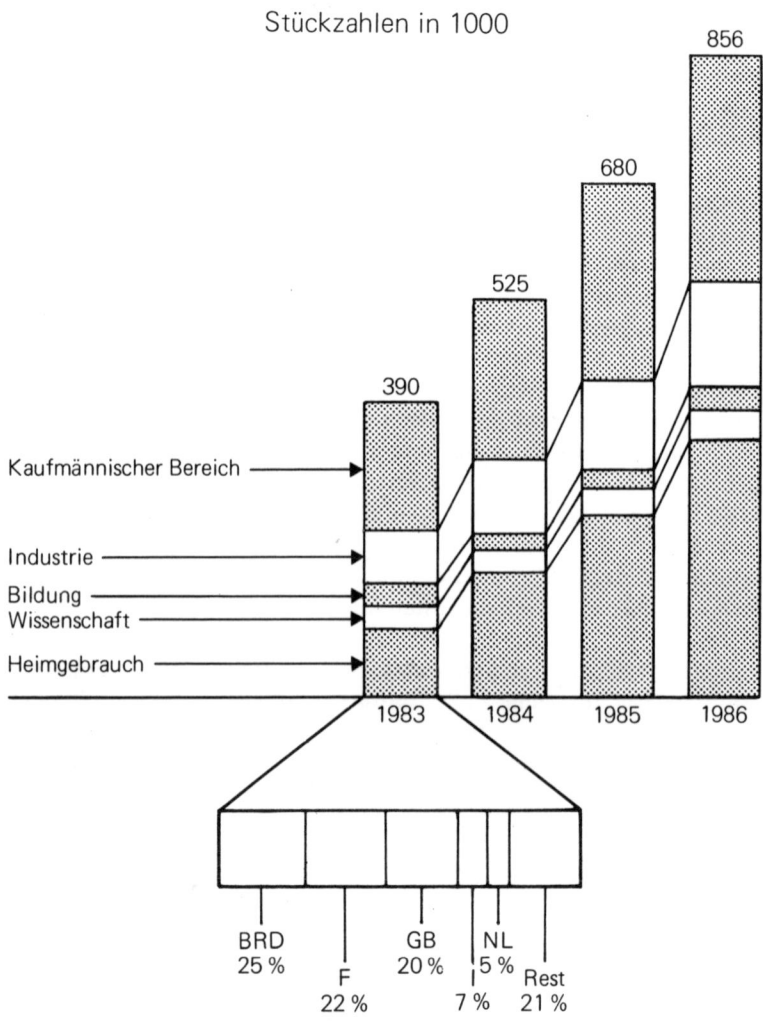

Abb. 26   Absatzentwicklung für Personal-Computer in Westeuropa 1983–1986 (DM 1 000 bis 25 000)

es mit sich, daß Begriffe wie Minicomputer und Mikrocomputer einem raschen Bedeutungswandel unterliegen: In den fünfziger Jahren hatte ein typischer Großcomputer ein Gedächtnis von etwa 16 000 Bits. Ein Mikrocomputer heutigen Datums merkt sich mindestens genauso viel. Was zu Ende der sechziger Jahre noch ein Großrechner war, wird heute als Minicomputer bezeichnet. War früher das zentrale Rechenwerk der teuerste Bestandteil eines Computers, gehören heute Rechenwerk und Speicher zu den billigeren Komponenten, während die peripheren Geräte und die Software den höchsten Kostenanteil ausmachen. Die Begriffe Mainfraime, Minicomputer und Mikrocomputer sollten wir aus diesen Gründen nicht als Definitionen mit Bezug auf bestimmte Charakteristika wie Speicherkapazität oder Schnelligkeit verstehen, sondern als relative Angaben, die nur für den jeweiligen Stand der Technik gelten. Kein Wunder auch, daß verschiedene Fachleute unter den zuvor erläuterten Begriffen Verschiedenes verstehen.

Mancher Leser wird sich wahrscheinlich beim Lesen der letzten Seiten gefragt haben, wie die Techniker diese stürmische Entwicklung ermöglicht haben. Der Weg von den vielen Tonnen schweren Computersauriern aus der Zeit des Zweiten Weltkriegs zu programmierbaren Taschenrechnern, die man tatsächlich in die Tasche stecken kann, wurde durch die Zusammenarbeit von Spezialisten aus sehr verschiedenen Fachrichtungen und durch gigantische Investitionen vor allem der Rüstungsindustrie möglich. Im Zentrum steht dabei die sogenannte Halbleitertechnik, eine Technik, die ihre Geburtsstunde mit der Erfindung des Transistors hat. Damit wollen wir uns im folgenden auseinandersetzen.

10. Was hinter dem Wort »Halbleiter« steckt

»Elektrizität heißt die von Glas, Harz, Schwefel, Schellack und vielen anderen bekannte Eigenschaft, wenn sie vorher gerieben worden sind, andere in ihre Nähe gebrachte sehr leichte Körperchen, wie z. B. Asche, Papierschnitzel, Hirsekörner anzuziehen, kurze Zeit festzuhalten und dann wieder abzustoßen« (Brockhaus, 1837).

Jedermann kann sich heute mehr oder weniger klar vorstellen, was mit dem Wort »Elektrizität« gemeint ist, obwohl sie selbst nicht wahrnehmbar ist, sondern bloß in ihren Wirkungen, etwa dann, wenn man einen Lichtschalter anknipst oder noch unmittelbarer, wenn man sich einmal versehentlich elektrisiert. Auch die mit Elektrizität verbundenen physikalischen Begriffe »Spannung«, »Strom« und »Widerstand« sind uns längst vertraut: An den beiden Polen einer Steckdose liegt die sogenannte Spannung, in der Bundesrepublik beträgt sie 220 Volt. Sie wurde nach dem italienischen Physiker Alessandro Volta benannt, der an der Wende zum 19. Jahrhundert die ersten elektrischen »Elemente«, die Urahnen unserer Batterien und Akkumulatoren, baute.

Am Beginn der Elektrotechnik stand aber eigentlich ein Buchdruckerlehrling, der sich für wissenschaftliche Schriften interessierte: Der Engländer Michael Faraday (1791 – 1867), einer der genialsten Erfinder aller Zeiten, legte unter anderem mit der Entdeckung der elektromagnetischen Induktion einen Grundstein zu einer Entwicklung, die uns heute, 150 Jahre später, auch die Mikroelektronik beschert hat. So spannend es wäre, die einzelnen Stationen dieser Entwicklung zu durchlaufen, würde uns diese Reise in die Vergangenheit doch zu weit von unserem Thema, dem Computer, entfernen. Wir machen daher einen großen Sprung von Faraday ins Jahr 1948, in ein für unser Thema bedeutendes Jahr.

Ins Jahr 1948 nicht nur, weil damals der britische Schriftsteller George Orwell sein schicksalsschweres Buch »1984« schrieb und Norbert Wiener den Begriff »Kybernetik« prägte. 1948 ist auch das Geburtsjahr des Transistors, jenes physikalischen Prinzips, ohne das wir bis heute weder eine Mondlandung erlebt hätten noch um den Arbeitslohn weniger Stunden einen Taschenrechner kaufen könnten. Merkwürdigerweise sind die Namen seiner Erfinder nicht allgemein bekannt: John Bardeen, William Shockley und Walter H. Brattain.

Abb. 27 Michael Faraday
(1791 – 1867)

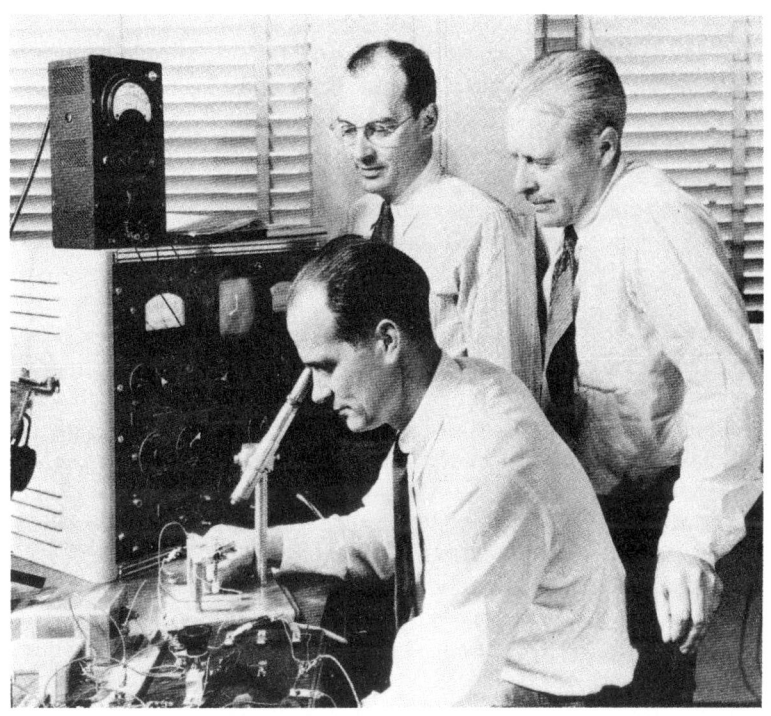

Abb. 28 Die Erfinder des Transistors: W. Shockley (sitzend), J. Bardeen
(links) und W. H. Brattain

Am 1. Juli 1948 kündigte ihn die New York Times auf der letzten
Seite unter der Rubrik »Neues vom Radio« an:
»Gestern wurde in den Bell Telephone Laboratorien zum erstenmal
eine »Transistor« genannte Vorrichtung demonstriert, die in Radioapparate an Stelle von Vakuumröhren gesetzt werden kann und
außerdem weitere Anwendungsmöglichkeiten eröffnet. Der neue
Baustein wurde an Hand eines Radioempfängers demonstriert, der
keine herkömmlichen Röhren enthält. Es wurde auch gezeigt, daß
er in einem Telephonsystem und in einem Fernsehgerät funktioniert. In allen Fällen war der Transistor als Verstärker eingesetzt,
obwohl versichert wurde, daß er auch als Oszillator zum Senden
von Radiowellen verwendet werden könne. Im Transistor finden
sich weder Vakuum, Gitter noch Glasröhre. Er sieht aus wie ein
kleiner metallischer Zylinder von der Länge eines Zentimeters. Er
hat eine sehr kurze Anschaltzeit, weil er nicht wie Vakuumröhren
aufgeheizt werden muß.

Seine funktionellen Elemente bestehen bloß aus zwei feinen Drähten, die zur Spitze eines nadelförmigen Teiles aus halbleitendem Material zulaufen, der auf eine metallene Unterlage aufgelötet ist. Wenn durch den einen Draht Strom fließt, wird dieser durch den Halbleiter verstärkt und durch den zweiten Draht abgeführt.« Obwohl die Funktionsfähigkeit des neuen Verstärkerprinzips klar beweisbar war und auch die Vorteile – der Transistor ist kleiner und schneller als Röhren – augenfällig waren, blieb das Echo auf die Neuentwicklung zunächst aus. Angesichts der Tatsache, daß schon damals die Elektronikindustrie in den Vereinigten Staaten die Schallmauer von 1 Milliarde Dollar Umsatz pro Jahr durchbrochen hatte, ist dies eigentlich verwunderlich. Vielleicht ist die auch in Fachkreisen zunächst zögernde Aufnahme des Transistors darauf zurückzuführen, daß es erheblichen Umdenkens bedarf, um vom Verständnis der Vakuumröhre zum Verständnis des Transistors zu gelangen. Zudem konnte der Transistor die Röhre zunächst nur in einigen Anwendungen ersetzen. Auch die Herstellungstechnologie ist eine ganz andere. Doch davon später.

Transistoren werden aus Halbleitern gefertigt. Halbleiter, so wissen wir heute, sind Stoffe, die beim absoluten Nullpunkt der Temperatur als elektrische Isolatoren wirken. Durch Zufuhr von Wärme- oder Lichtenergie werden im Halbleiter elektrische Ladungsträger beweglich. Bei Zimmertemperatur ist diese Beweglichkeit so groß, daß man von Leitfähigkeit sprechen kann. Sie liegt zwischen der von Metallen und der von Isolatoren, daher auch der Name Halb-Leiter. Ihr wichtigster Vertreter ist das Element Silizium. Es zeigt reproduzierbare Halbleitereigenschaften allerdings nur in hochgereinigtem Zustand.

Verschiedene chemische Elemente – in geringsten Mengen als Beigabe zu zuvor gereinigtem Silizium – bewirken verschiedene Effekte: Elemente wie Phosphor und Arsen vermitteln dem Silizium einen Überschuß an Elektronen, wodurch der »n-Typ« eines Halbleiters entsteht. Geringe Mengen des Elements Bor haben den gegenteiligen Effekt. Es entsteht nicht ein Überschuß an Elektronen, sondern an Elektronenlücken (Löchern). So wie die Elektronen durch den Festkörper wandern und damit als Strom fließen, können das auch Löcher. Nur transportieren Elektronen eine negative Ladung und Elektronenlücken de facto eine positive Ladung. Halbleiter mit einem Überschuß von Löchern bezeichnet man als »p-Typ«.

Wir wollen nun darstellen, wie man diese Eigenschaften zum Bau eines elektrischen Gleichrichters anwenden kann. Hierfür ist ein sogenannter p-n-Übergang, d. h. eine Verbindung zwischen einem

Halbleiter vom p-Typ und einem Halbleiter vom n-Typ, notwendig. In beiden Halbleitern herrscht zunächst Ladungsgleichgewicht. Allerdings ist in der Grenzschicht das Ladungsgleichgewicht gestört, weil infolge der Wärmebewegung Elektronen aus dem n-Gebiet ins p-Gebiet diffundieren und umgekehrt Elektronenlücken aus dem p-Gebiet ins n-Gebiet. Dadurch ergibt sich auf der einen Seite der Grenzschicht ein Überschuß an negativer Ladung, auf der anderen Seite ein Überschuß an positiver Ladung. Als Folge dieser Ladungsverteilung entsteht eine Spannung. Ohne äußeren Einfluß fließen allerdings keine Ladungsträger über die Grenzschicht. Legt man nun an diesen p-n-Übergang von außen zusätzlich eine Spannung an, ergeben sich zwei Möglichkeiten:

○ Das schon bestehende Potential wird verstärkt. Die Folge davon ist, daß die Grenzschicht an Ladungsträgern verarmt und dadurch zu einer nicht leitenden Barriere wird.

○ Legt man dagegen an den p-n-Übergang eine äußere Spannung von umgekehrter Polarität an, wird die an der Grenzschicht bestehende Spannung um die äußere Spannung vermindert. Die Grenzschicht wird mit positiven und negativen Ladungsträgern von beiden Seiten her überschwemmt und daher gut leitend. Es fließt Strom, der mit wachsender Spannung rasch ansteigt.

In Büchern über Elektrotechnik findet man in den meisten Fällen Begriffe wie die hier verwendeten, z. B. »p-Leiter«, »Sperrschicht« usw. Mit diesen Bezeichnungen bemüht man sich, die im Halbleiter ablaufenden physikalischen Vorgänge verständlich zu machen. Jeder Versuch, in diese Materie tiefer einzusteigen, bedarf jedoch quantenmechanischer Modelle. Diese sind höchstens für den in diesem Fachgebiet spezialisierten Theoretiker verständlich. Der Laie kann dagegen mit den Vorstellungen der modernen Festkörperphysik in der Praxis kaum etwas anfangen. Wir bleiben daher bei unserem einfachen Erklärungsmodell, wollen dabei aber nicht vergessen, daß es sich um eine simplifizierte Darstellung handelt.
Wie kommt man nun vom Halbleiter zum Transistor, oder vom Gleichrichter zum Verstärker? Da es verschiedene Typen von Transistoren gibt, beschränken wir uns auf einen von ihnen, den sogenannten Flächentransistor. Uns geht es hier nur darum, zu sehen, wie Halbleiter funktionieren.
Der Flächentransistor besteht im Prinzip aus zwei aneinandergereihten Gleichrichtern, wie wir sie vorhin beschrieben haben, etwa aus zwei p-Schichten und einer dazwischen liegenden dünnen n-Schicht (Abb. 29). Die linke p-Schicht wollen wir Emitter nennen,

die rechte Kollektor. Die dazwischenliegende n-Schicht heiße Basis. Nehmen wir nun an, daß zwischen Emitter und Kollektor eine Gleichspannung angelegt wird, d.h. daß die beiden p-Schichten mit einer Batterie verbunden werden. Wenn nun die p-n-Schicht in Durchlaßrichtung gepolt ist, so fließen Ladungsträger aus der p-Schicht in die n-Schicht. Ein Teil dieser Ladungsträger fließt über den an der Basis befestigten Kontakt ab (Basisstrom). Die zweite Grenzschicht, der Übergang aus der n- in die p-Region, ist bei der angegebenen Polung hingegen eine Sperrschicht.

Da aber die Basiszone sehr dünn ist – 0,1 bis 0,01 Millimeter –, fließen Ladungsträger trotzdem durch die Sperrschicht zum Kollektor (Kollektorstrom). Nun kommt das Wesentliche: Zwischen Basisstrom, Kollektorstrom und den an den einzelnen Grenzflächen bestehenden Spannungen gibt es mathematische Zusammenhänge, die der Elektroniker berechnen und vorhersagen kann. Will er eine Verstärkerwirkung erzielen, interessiert er sich für das Verhältnis zwischen Kollektorstrom und Basisstrom: Bei der sogenannten Emitterschaltung steuert nämlich ein kleiner Basisstrom einen um genau dieses Verstärkerverhältnis größeren Kollektorstrom. Mit anderen Worten: Der Transistor macht aus kleinen Stromänderungen große.

Aus dem Gesagten wird nun ohne weiteres begreifbar, daß je nachdem, wie dünn die Zwischenschicht ist, und je nachdem, wie stark das Siliziummaterial »dotiert« ist (d. h. mit Fremdatomen verunrei-

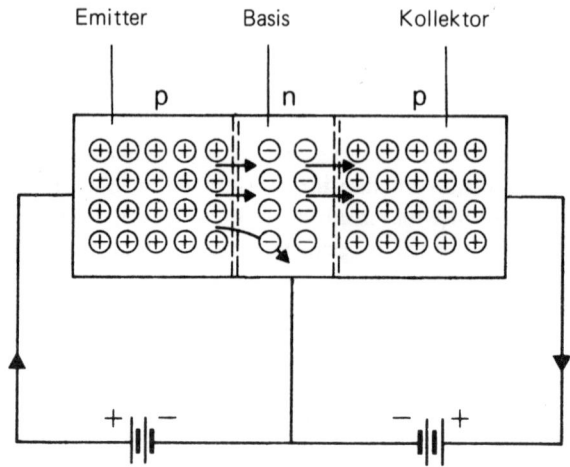

Abb. 29   Schaltschema eines pnp-Transistors

nigt ist), und je nach der Versuchsanordnung ein unterschiedlich großer Verstärkungseffekt gegeben ist. Nochmals: Verstärken heißt im Prinzip nichts anderes, als daß mit einem verhältnismäßig kleinen Strom ein stärkerer Strom »gesteuert« wird. Auf diesem Prinzip beruhen zahllose elektrische Geräte.

Beim Radio beispielsweise werden energieschwache elektromagnetische Wellen empfangen und so verstärkt, daß wir sie als akustische Schallwellen hören können. Die Vakuumröhren von anno dazumal bewirkten diese Verstärkung zwar ähnlich wie heute die Transistoren. Unter Verzicht auf die schon aufgezählten Vorteile der letzteren wäre aber die Verbreitung von Radio und Fernsehen nicht möglich gewesen.

Ein anderer Industriezweig wäre überhaupt in den Anfängen steckengeblieben, würden wir heute noch mit Röhren arbeiten: die Computerindustrie. Erinnern wir uns: Das Prinzip des digitalen Computers besteht darin, in sehr schneller Folge Ja-Nein-Entscheidungen zu fällen. Die mathematische Entsprechung dieses Prinzips ist das binäre Zahlensystem, in dem es nur die Symbole 0 und 1 gibt, und in der Technologie entspricht ihm der Schalter, den man ein- und ausschalten kann.

Bedenkt man, daß ein einfacher Computer Zehntausende von Schaltern benötigt, die nach einem vorgegebenen Programm funktionieren müssen, wird sehr rasch der Aufwand klar, den man in den Anfängen der Computerära betreiben mußte, als ebendiese Schalter durch Röhren verwirklicht waren (einer der ersten Computer, »ENIAC«, enthielt 18 000 Vakuumröhren, 70 000 Widerstände, 6 000 Schalter und wog 30 Tonnen).

Die Computertechniker gehörten daher zu den ersten, die die Entwicklung der drei Forscher von den Bell Laboratorien aufgriffen, weil ihnen klar war, daß mit Halbleitern kleinere, verläßlichere und schnellere Schalter zu erzeugen sein müßten als mit Röhren (siehe Seite 87). Mindestens ebenso interessiert waren natürlich die Militärs, die bei der Entwicklung der Halbleitertechnik schon während des Zweiten Weltkriegs in den Vereinigten Staaten entscheidend mitgespielt hatten.

Die Stille nach der Ankündigung des Transistorprinzips in der New York Times 1948 dauerte nicht ewig: 1956 erhielten die drei Bell-Wissenschafter den Nobelpreis.

Zu Recht, wie wir heute wissen.

11. Transistoren werden immer kleiner

So bedeutend die Entwicklung des Transistors als Markstein auf dem Weg zur Mikroelektronik war, so weit erscheint uns heute dennoch der Weg vom Transistor des Jahres 1948 zur programmierbaren Armbanduhr. Damit wollen wir uns in der Folge etwas näher beschäftigen. Zu Beginn der fünfziger Jahre setzte sich die Meinung durch, daß dem Transistor eine große industrielle Zukunft beschieden sei. Traditionelle Hersteller von Röhren begannen in die Herstellung der neuen Verstärker einzusteigen. Aber auch vielen neu gegründeten Firmen gelang es über Nacht, wichtige Marktpositionen zu erobern. Das lag wahrscheinlich daran, daß die industrielle Herstellung von Transistoren für die damalige Zeit völlig neue Produktionstechniken erforderte.

Maßgeblichen Anteil an der Entwicklung von Fertigungsmethoden für Halbleiterbausteine hatte und hat ein Tal im Süden von San Franzisko im sonnigen Kalifornien. William Shockley, den wir als einen der Erfinder des Transistors kennengelernt haben, hatte 1954 die Bell Laboratorien verlassen und eine eigene Firma in dem erwähnten Tal gegründet. Wenngleich das Unternehmen letztlich ein Fehlschlag war, setzte es dennoch den Grundstein für eine stürmische wirtschaftliche Entwicklung: Die Gegend, in der sich Shockley niedergelassen hat, ist heute weit über die Fachwelt hinaus als Silicon Valley bekannt – Markenzeichen einer von »Goldfiebermentalität« geprägten Szenerie, in der vorwiegend mit Risikokapital privater Investoren gearbeitet wird, viele Erfolge, aber auch viele Pleiten gebaut werden. Silicon Valley ist das Weltzentrum der Halbleitertechnik – jedes achte US-amerikanische Unternehmen der Mikroelektronik hat hier seinen Sitz. Rund ein Fünftel des 1982 auf ca. 10 Milliarden Dollar geschätzten Weltmarktes bei integrierten Schaltungen geht auf das Konto der Innovatoren aus Silicon Valley. In unmittelbarer Nähe befinden sich die Universitäten von Stanford und Berkeley, in denen viele der bahnbrechenden Entwicklungen im Bereich Mikroelektronik ausgelöst wurden. Nicht selten begann hier der Aufstieg zu einem Weltunternehmen in einer Garage, wie etwa bei Bill Hewlett und Dave Packard – ihr Unternehmen setzt heute, eine Generation später, mit etwa 67 000 Mitarbeitern weltweit rund 4.3 Milliarden Dollar pro Jahr um. Begnügen wir uns mit dieser kurzen Schilderung eines faszinierenden Kapitels Wirtschaftsgeschichte, denn für uns geht es vor allem um den harten Kern: Was steckt hinter der Miniaturisierung?

Die wohl wichtigste Neuerung in der Herstellung von Halbleitern ist die Planartechnik. Sie besteht im wesentlichen aus einer Folge von drei Prozessen – Oxidation, Ätzung und Diffusion: Eine Siliziumscheibe wird zunächst an der Oberfläche oxidiert (die dabei entstehende Schicht aus Siliziumdioxid wirkt als Isolator) und hierauf mit einem lichtempfindlichen Polymermaterial überzogen. Nun kann man durch gezieltes Belichten ein bestimmtes Muster auf der Polymerschicht abbilden – eine Technik, die im Druckereigewerbe als Photolithographie verbreitet ist. Die Abdeckung der Halbleiterschicht mit dem Polymer hat den Sinn, dort, wo belichtet wurde, gegenüber bestimmten Chemikalien empfindlich zu machen. So gelingt es, an vorgegebenen Stellen die Polymerschicht abzuätzen. Um die Polymerschicht geht es dabei gar nicht, sondern um die an manchen Stellen freigelegte Oxidschicht. Mit anderen Chemikalien, die den polymeren Stoff nicht angreifen, kann man in der Folge auch das Oxid abätzen und die darunter liegende Halbleiterschicht freilegen. So erhalten wir ein Oberflächenmuster, bei welchem an einigen Stellen Silizium zutage tritt, an anderen aber die Schutzschicht bestehen bleibt. Nun werden chemische Elemente in die Siliziumoberfläche eindiffundiert, man sagt, der Halbleiter wird »dotiert«. Je nachdem, ob man beispielsweise Phosphor oder Bor eindiffundieren läßt, erhält man Transistoren vom n- bzw. vom p-Typ. Dieser Prozeß kann natürlich mehrfach wiederholt werden.

Anfänglich wurde die Methode bloß verwendet, um eine große Anzahl von Transistoren auf einer Siliziumscheibe anzufertigen. Die Scheibe wurde dann in einzelne »chips« (englische Bezeichnung für Schnittchen) zerschnitten, wobei jeder Chip einem Transistor entsprach. Nun mußten nur mehr die entsprechenden Kontakte montiert werden.

Der Planarprozeß wurde im Jahre 1959 erstmals kommerziell verwertet. Die Umsetzung des Transistorprinzips in die Massenfertigung hatte also elf Jahre gedauert. Damit begann aber gleichzeitig die erste Etappe eines Preisverfalls, der heute noch nicht zu Ende ist: 1957 bis 1963 sank der Preis für Siliziumtransistoren auf ein Achtel.

Die entscheidende Bedeutung des Planarprozesses lag nicht so sehr in einer verbesserten Herstellungsmethode für Transistoren, sondern vor allem in der Tatsache, daß er den nächsten Schritt in der Halbleiterfertigung ermöglichte – den integrierten Schaltkreis (Integrated Circuit, abgekürzt IC).

Rückblickend gesehen, erscheint die Entwicklung logisch:

Da es mit der Planartechnik möglich war, Transistoren und andere elektronische Bauelemente in großen Mengen billig herzustellen,

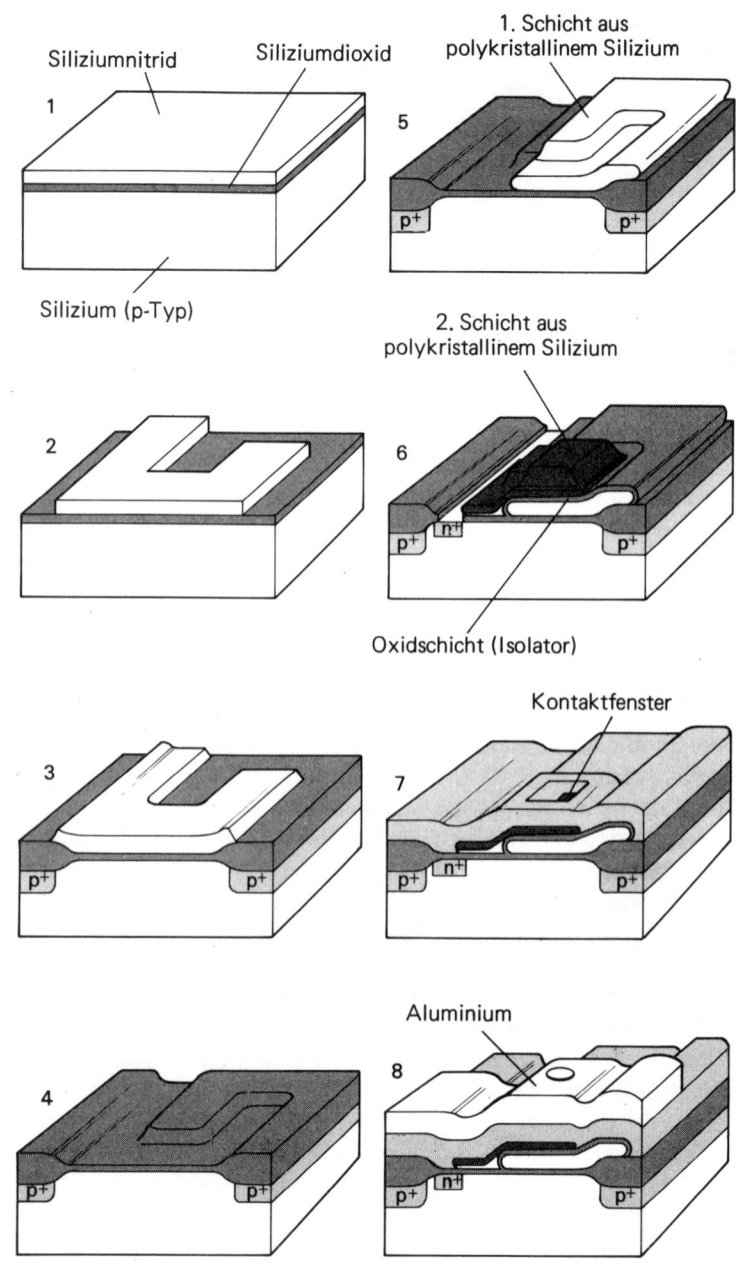

Abb. 30   Produktion eines Metalloxid-Halbleiters

begannen natürlich mehr und mehr Hersteller, Halbleiter an Stelle von Röhren in Radioapparate, Telephonapparate, Hörgeräte und Computer einzubauen. Gerade bei letzteren bedarf es aber zumeist Tausender von Bauelementen, die zunächst von Hand nach einem Schaltplan verknüpft wurden. Ein mühseliges Unterfangen. Bald zeigte sich, daß der Kostenaufwand für das Zusammenschalten beträchtlich höher war als für das Material. Schon zu Beginn der fünfziger Jahre hatten daher Entwicklungstechniker die Idee gehabt, komplette Schaltkreise auf einem einzelnen Siliziumstück so unterzubringen, daß die Verbindungen zwischen den einzelnen Funktionselementen bereits im Herstellungsprozeß mitgeliefert werden. Sehen wir uns an, wie das Umsetzen von 0 und 1 in eine Schaltung bei einem MOS-Transistor funktioniert (MOS ist eine Abkürzung für Metal Oxide Semiconductor, zu deutsch Metalloxid-Halbleiter). Auf der Abb. 31 erkennt man zunächst unten einen Block aus Silizium mit beweglichen Elektronen, darüber zwei räumlich voneinander getrennte Wannen aus Silizium mit beweglichen Löchern und darüber eine Isolierschicht aus Siliziumoxid mit drei Leitungsbahnen.

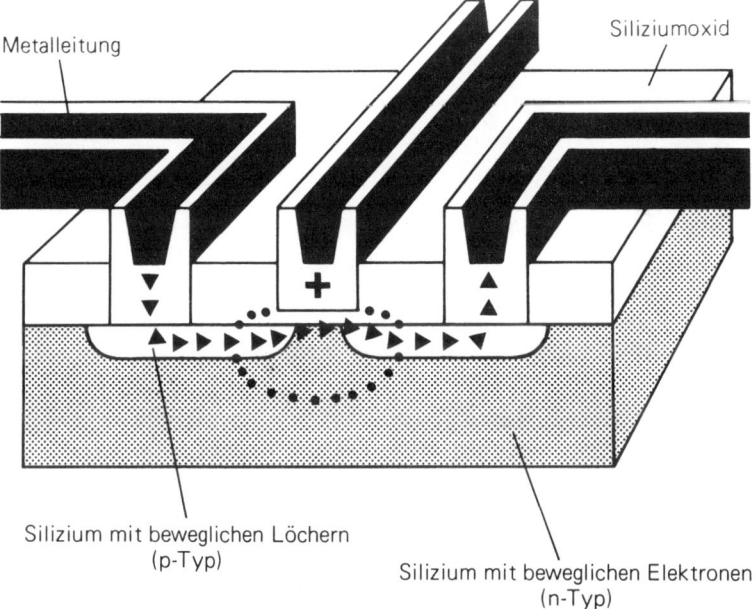

Abb. 31   Der MOS-Transistor als Schalter

Wenn man den Transistor einschaltet, steht seine mittlere Leitungsbahn unter Spannung. In unserem Beispiel ist die mittlere Leitungsbahn positiv gepolt, d. h. sie zieht negativ geladene Elektronen an.
Diese fließen durch die linke Leitungsbahn, gelangen in die linke
Wanne, können aber nur dann in die rechte Wanne hinüberfließen,
wenn sie mit Hilfe der positiv gepolten mittleren Leitungsbahn angezogen werden. Die positive Polung wirkt somit als Brücke zwischen den beiden Wannen. Die Folge: Strom kann fließen. Liegt
aber an der mittleren Leitungsbahn keine Spannung, kann kein
Strom fließen.
Kehren wir zu dem oben beschriebenen Planarprozeß zurück. Es
braucht nicht viel Phantasie, um sich vorzustellen, daß man diese
Technik nicht nur verwenden kann, um ein und dasselbe Funk-
tionselement zu erzeugen, sondern je nach Abfolge der Produk-
tionsschritte natürlich auch dazu, verschiedene Bausteine in beliebiger Anordnung herzustellen.
Die ersten solcherart »integrierten« Schaltkreise kamen Anfang der
sechziger Jahre auf den Markt. Dank verbesserter Herstellungsme-
thoden und größerer Stückzahlen sanken die Preise alle paar Jahre
jeweils auf ein Zehntel des vorhergehenden Wertes.
Die Herstellung eines integrierten Schaltkreises beginnt mit einem
Block aus reinem Silizium, der ein wurstähnliches Aussehen hat. Er
wird zunächst in dünne Scheiben von einigen Zentimetern Durchmesser zersägt. Auf so einer Scheibe können leicht hundert Chips
Platz finden. Der Ätzvorgang, der nun folgt, ist im Prinzip derselbe
wie beim Planarprozeß. Allerdings ist das Design viel komplizierter. Da ein Chip Schaltkreise in bis zu zehn Ebenen übereinander
beinhaltet, müssen die Schaltpläne dreidimensional gezeichnet werden. Das Design wird hierauf Schicht für Schicht auf mikroskopi-
sche Maße verkleinert und durch spezielle »Masken« auf die Siliziumscheibe übertragen. Die offenen Teile dieser Masken lassen
Säure durch, welche die Siliziumoberfläche anätzt, die bedeckten
Teile aber unberührt läßt. Auf diese Weise entstehen Stege und
Gräben (Abb. 30–32). Sie sind letztendlich Abbild der einzelnen
Bausteine, aber auch der Verbindungen zwischen ihnen. Ähnlich
wie bei der Planartechnik werden einzelne Zonen dotiert und zusätzlich Leitungsverbindungen aus Metall angelegt. Dafür sind jeweils mehrere Arbeitsgänge notwendig.
Inzwischen ist die Technik der Miniaturisierung so weit fortgeschritten, daß es ohne weites möglich ist, auf einem Siliziumplätt-
chen von 5 × 5 Millimeter Größe Hunderttausende Transistoren unterzubringen. Wollte man einen gewöhnlichen Chip so stark vergrö-

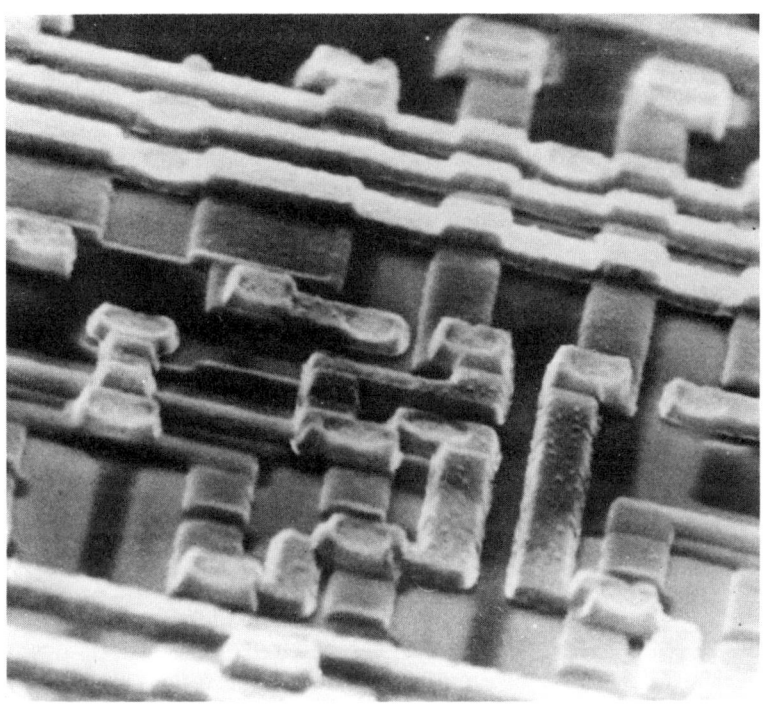

Abb. 32 Oberfläche eines 256 K-Chips (vergrößert)

ßern, daß die dünnste Linie ohne Lupe erkennbar ist, wäre das ganze Chip so groß wie ein kleines Zimmer. Bei der gegenwärtigen Herstellungstechnik liegen die Schaltkreise auf einem Chip so nahe beieinander, daß bereits Computer verwendet werden müssen, um die Einzelheiten des Designs mittels Elektronenstrahlen auf die Masken zu übertragen.

Neuerdings beginnt man sogar, Chips direkt mit Elektronenstrahlen zu bearbeiten, um Ungenauigkeiten des chemischen Ätzungsvorganges zu vermeiden.

12. Der Computer auf einem Chip

Die Entwicklung blieb nicht bei der »einfachen« integrierten Schaltung stehen. 1971 wurde in den USA der erste Mikroprozessor entwickelt, d. h. ein zentrales Rechenwerk (CPU), mit dem logische

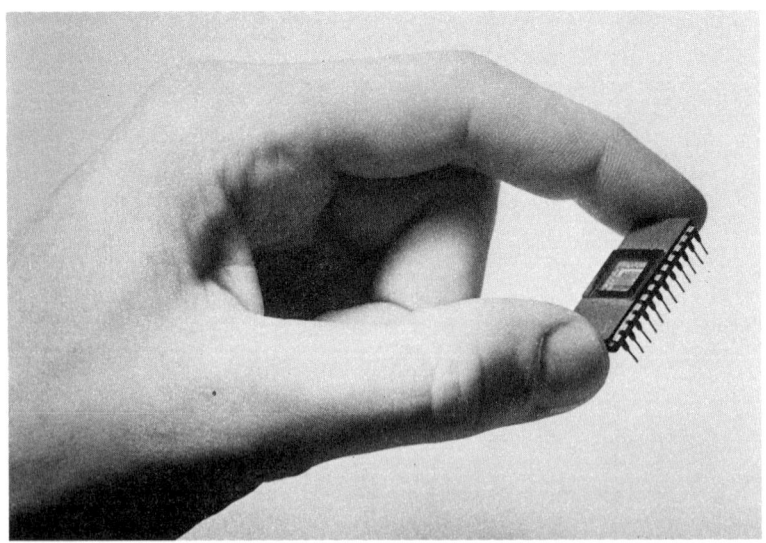

Abb. 33   Hochleistungs-Chip

und arithmetische Operationen auf einem einzigen Siliziumchip
durchgeführt werden können. Im Mikroprozessor wurden damit
Funktionen vereinigt, die vorher durch mehrere getrennte Chips erfüllt worden waren.

Die Herstellung wird dadurch natürlich nicht billiger. Im Gegenteil – die Kosten für Anlagen zur Fertigung hochintegrierter Schaltkreise sind heute bereits so astronomisch hoch, daß kleine Firmen
beim Wettrennen um immer winzigere Bauteile schon längst ausge-
schieden sind. Die Produktionsstätten müssen mit extremer Sorg-
falt reingehalten werden – ein einziges Staubteilchen wird jedem
Chip zum Verhängnis. Was trotzdem billiger wird, sind die Kosten
pro Transistor oder Schaltelement, weil die Integrationsdichte
schneller steigt als die zunehmenden Herstellungskosten.

Ein Mikroprozessor ist aber noch kein Mikrocomputer. Zusätzlich
zu den Funktionen des Mikroprozessors hat der Mikrocomputer
Steuerungschips, die z. B. dafür sorgen, daß die elektronischen Signale in der richtigen Reihenfolge durch die Schaltungen fließen.
Andere Chips wiederum sind für die Eingabe- und Ausgabefunktio-
nen zuständig. Nicht mehr lange, und schon sind die ersten kom-
pletten Mikrocomputer aus einem einzigen Chip auf dem Markt.

Warum immer kleiner und kleiner? Weil es die Menschen verlangen? Oder sind's die berühmten Sachzwänge? Miniaturisierung ist

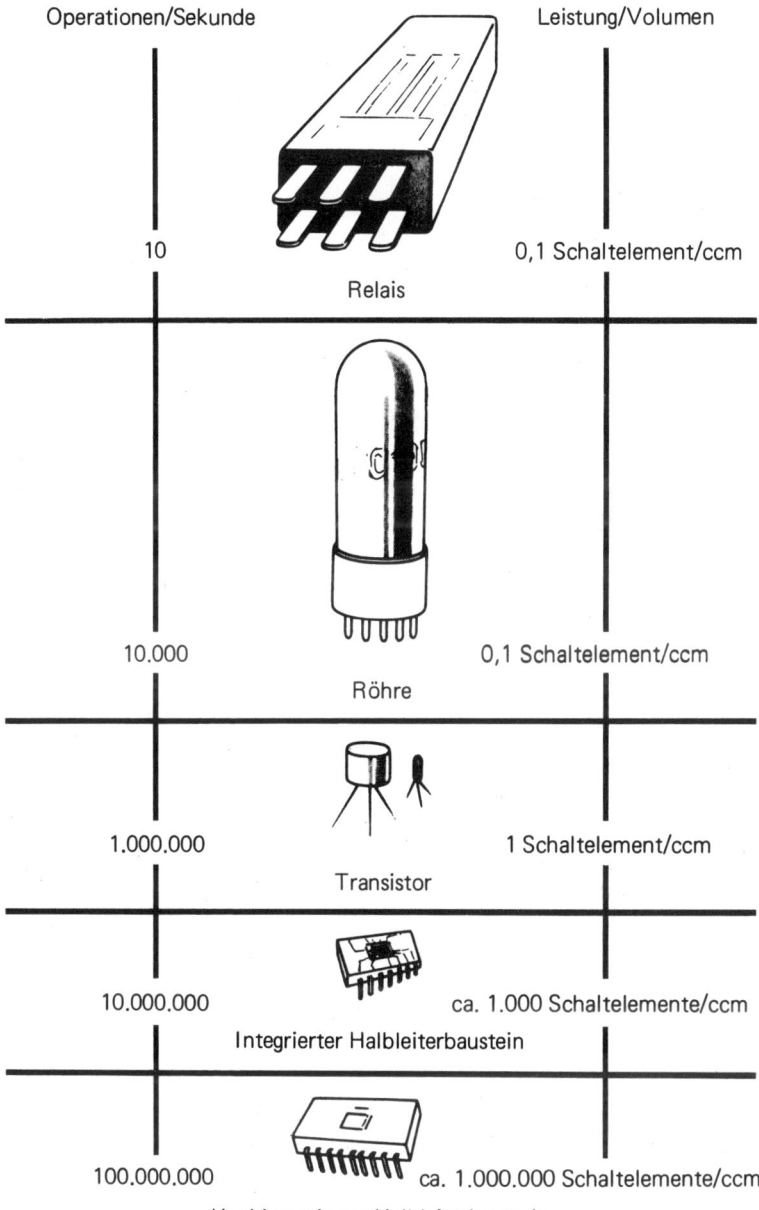

Operationen/Sekunde		Leistung/Volumen
10	Relais	0,1 Schaltelement/ccm
10.000	Röhre	0,1 Schaltelement/ccm
1.000.000	Transistor	1 Schaltelement/ccm
10.000.000	Integrierter Halbleiterbaustein	ca. 1.000 Schaltelemente/ccm
100.000.000	Hochintegrierter Halbleiterbaustein	ca. 1.000.000 Schaltelemente/ccm

Abb. 34 Leistungsfähigkeit elektronischer Komponenten

nicht einfach Arbeitsbeschaffung für verspielte Techniker. Sie ist es, welche den Siegeszug der Mikroelektronik erst ermöglicht hat. Ob der Sieg segensreich ist, steht auf einem anderen Blatt oder, besser gesagt, auf anderen Blättern (siehe Seite 285ff.).

Äpfel beurteilt man nach ihrem Aussehen und ihrem Geschmack. Und Mikroprozessoren? Mikroprozessoren werden nach der Anzahl der Bits pro verarbeiteter Information eingestuft, aber auch nach der Geschwindigkeit der Bitbewältigung. Maßeinheit für letzteres ist der Sekundenbruchteil, der zur Durchführung der einfachsten Operationen benötigt wird. Je kürzer die Distanz ist, die ein Signal zurücklegen muß, um so kürzer ist die dafür benötigte Zeit. Wer mit Computern arbeitet, weiß, daß ein wichtiger Faktor die sogenannte Zugriffszeit ist. Eine Steigerung der Integrationsdichte auf einem Chip verbessert also die Zugriffszeiten.

Die Kapazität von elektronischen Speichern wird in Byte bzw. Kilobyte gemessen und ist rasch von einem Kilobyte auf 4K, 16K und 64K angewachsen. Gegenwärtig kommen 256K-Chips auf den Markt. Bei der Produktion so hochintegrierter Chips wird es aber immer schwieriger, verläßliche Einheiten herzustellen. Mit anderen Worten: Der Ausschuß steigt an. In den Vereinigten Staaten hat man für das 64K-Speicherchip eine Erfolgsquote von 25% bis 30% erreicht – gut zwei Drittel der Produktion ist somit Ausschuß. Je höher die Integrationsdichte, um so schwieriger wird es, einen einigermaßen akzeptablen Prozentsatz an fehlerfreien Chips zu erhalten.

Die Abbildung 34 verdeutlicht, was Miniaturisierung für die Leistung von Schaltelementen bewirkt.

Nun drängt sich die Frage auf, wie weit denn diese Steigerung der Integrationsdichte noch getrieben werden könne. Ist mit Schaltzeiten von bald einer Milliardstel Sekunde nicht eine Grenze erreicht, die aus wirtschaftlichen Gründen zu überschreiten nicht sinnvoll ist, weil die Chips dann zwar noch kleiner und schneller, aber einfach zu teuer werden? Viele Fachleute beginnen über diese Frage ernsthaft nachzudenken. Nicht nur das. Manche meinen sogar, man sei bereits knapp an der physikalischen Grenze für Miniaturisierung angelangt. Eine Auffassung, die sich allerdings sehr bald als unrichtig erweisen könnte.

13. Computer der Zukunft

An drei Fronten versuchen die Forscher zur Zeit, die Computertechnik physikalisch auf neue Beine zu stellen:

O Vergleichsweise am wenigsten revolutionär sind Versuche, Datenspeicher in der Nähe des absoluten Nullpunktes zu betreiben, in sogenannten supraleitenden Metallschichten. Weil bei diesen Bedingungen elektrischer Strom fast widerstandsfrei fließt, entwickelt sich keine Wärme, und die Schaltelemente können noch viel dichter gepackt werden als bei herkömmlichen Halbleiterbausteinen. Hier sind es noch Elektronen, die die Rechenaufgaben erledigen.

O Der sogenannte optische Computer dagegen rechnet mit Lichtgeschwindigkeit: Seit kurzem gibt es im Labormaßstab den ersten Transphasor, das optische Gegenstück zum Transistor, der tausendmal schneller schaltet als elektronische Bauelemente.

O Noch revolutionärer ist das Konzept des »Biochip«. Dieser arbeitet weder mit Halbleitern noch mit Licht, sondern mit organischen Molekülen.

Auf dem Weg zum Biochip

Schon in den siebziger Jahren hatten Forscher eines IBM-Forschungslabors bei New York entdeckt, daß spezielle organische Substanzen, sogenannte Hemichinone, in der Lage sind, Wechselstrom gleichzurichten. Auf der Suche nach einer Erklärung für dieses Phänomen entdeckten sie bei den Hemichinonen zwei elektrische Zustände, die sich durch ihre Ladungsverteilung voneinander unterscheiden. Durch Anlegen elektrischer Felder lassen sich diese Zustände ändern – sie können somit als molekulare Schalter fungieren (jeder digitale Computer besteht im wesentlichen aus Schaltern, die nur zwei Zustände, ein und aus bzw. 0 und 1, kennen und durch bestimmte Anordnungen miteinander verknüpft sind).»Der Vorteil von organischen Molekülen an Stelle konventioneller Halbleiter«, so der IBM-Forscher Arieh Aviram,»besteht darin, daß die Moleküle zu dreidimensionalen Anordnungen zusammengefügt werden können« (Lit. 10). Damit wären die Beschränkungen überwunden, die konventioneller Halbleitertechnologie auferlegt sind, weil mikroelektronische Schaltungen immer nur zweidimensional, Schicht für Schicht, angelegt werden. Der dreidimensionale Aufbau würde viel komplexere Schaltungen ermöglichen und dazu noch einen großen, weiteren Sprung in Richtung Miniaturisierung bedeuten.

Die elektrischen Ströme, die in dem von Aviram anvisierten Biochip flössen, wären mit den Strömen vergleichbar, die etwa in den Zellen des menschlichen Nervensystems für die Reizleitung verantwortlich sind. Kein Wunder daß sich die Architekten des Zukunftmodells »Biocomputer« bereits ernsthaft den Kopf zerbrechen, wie solche Geräte in den Körper eingepflanzt werden könnten, um die Funktionen menschlicher Organe ganz oder teilweise wahrzunehmen.

So verlockend der Gedanke dreidimensionaler Schaltungen sein mag, so wenig ist allerdings zur Zeit klar, wie diese in der Praxis hergestellt werden können. Mit den Mitteln der modernen Technik der Genmanipulation sei es zwar, so Aviram, möglich, Ketten von organischen Molekülen zu erzeugen, jedoch keine dreidimensionalen Netzwerke. Zudem wisse man nicht, wie aus den Schalteigenschaften der Hemichinone das molekulare Äquivalent des Transistors oder eines elektrischen Widerstandes gemacht werden kann. Aviram selbst schätzt, daß es frühestens zur Jahrtausendwende möglich sein werde, solche hochfliegenden Pläne in der Praxis zu realisieren.

Etwas weniger utopisch wirken Entwicklungen der Firma EMV-Associates in den USA. Sie erhielt 1982 einen Forschungsauftrag der National Science Foundation der Vereinigten Staaten zur Entwicklung eines Biochip, der Blinden zum Sehen verhelfen soll. Die Idee dazu ist im Prinzip einfach: Statt Silizium verwenden die Elektronikspezialisten und Biochemiker der jungen Firma aus Rockville in Maryland monomolekulare Schichten eines Proteins. Der Vorteil: Solche Molekülschichten sind viel dünner als die feinsten Halbleiterschichten. In Zusammenarbeit mit Jacob Hanker, einem Neurobiologen von der University of North-Carolina, begannen die Techniker, eine Schicht von Polylysin (einem proteinähnlichen Polymer, das nur aus der Aminosäure Lysin besteht) auf eine Glasoberfläche aufzubringen. Darüber wurde eine hauchdünne Kunststoffschicht gelegt. Mittels Elektronenstrahlen bildeten die US-Forscher nun – wie bei herkömmlichen hochminiaturisierten Schaltungen – die Schaltpläne ab (überall dort, wo der Elektronenstrahl auftrifft, bewirkt er eine Härtung des Kunststoffs; diese gehärteten Teile können mit Alkohol abgewaschen werden und legen das darunterliegende Protein frei). In der Folge wurde eine dünne Schicht aus stromleitendem Silber aufgebracht. Gemäß dem Schaltplan kommt dabei das Silber an bestimmten Stellen mit dem Protein in Kontakt, an anderen mit nichtleitendem Kunststoff. Der so konstruierte Proteinchip funktionierte ähnlich wie ein gewöhnlicher Halbleiter.

Mit dieser Anordnung wagt man sich bei EMV-Associates nun an den Sehnerv. Auch von Geburt an Blinde besitzen rudimentäre Sehnervenzellen, die als Brücke zur Reizleitung ins Gehirn eingesetzt werden können. Der Biochip soll nun dafür sorgen, daß die auf der Netzhaut eintreffenden Lichtimpulse gehirngerecht umgewandelt werden, so daß sie die richtigen elektrischen Impulse über den Sehnerv weiterleiten. Unklar ist noch, wie die Verbindungen zwischen Sehnerv und Biochip bewerkstelligt werden. Denkbar ist, daß die Nervenzellen mit biochemischer Hilfe angeregt werden können, in die Eiweißstruktur des Biochip hineinzuwachsen.

Noch eine andere Variante des Biocomputers visiert ein japanisches Projekt an, das seit Herbst 1982 mit 18 Millionen DM gefördert wird. Hiroshi Shimizu von der Universität von Tokio versucht, Nervenmembranen als Speichereinheiten für 0 und 1 zu verwenden. Darüber hinaus verfolgt er die Idee, Teile des Nervensystems zu einem biologischen Sensor zusammenzufügen, mit dem Ziel, »fühlende Roboter« zu bauen. Shimizu hat schon in der Vergangenheit Aufsehen erregt, als es ihm gelang, einen molekularen Motor zu konstruieren, einen Propeller, der durch den Muskeleiweißstoff Aktin bewegt wurde, wenn eine Lösung des biochemischen Energieträgers ATP und des Eiweißstoffes Myosin hinzugefügt wurde. Das japanische Projekt läuft unter dem Schlagwort »Bioholonik« (Holonik heißt soviel wie Selbstorganisation).

Der Gedanke an eine kommerzielle Entwicklung von Biochips ist nicht bloß Phantasterei von Forschern mit Science-fiction-Plänen. Für die Militärs der Vereinigten Staaten hat er sogar strategische Bedeutung: Das in herkömmlichen Schaltelementen verwendete Silizium ist zwar überall auf der Erde in reichlicher Menge verfügbar, zum Dotieren dieses Halbleiters benötigt man jedoch auch seltene Elemente, wie Gallium oder Indium und für Leitungsbahnen Silber. Deshalb sind die Vereinigten Staaten auch in der Halbleitertechnologie auf die Lieferung von Rohstoffen aus der Dritten Welt abhängig. Begreiflich, daß sie Wege suchen, um dieser Abhängigkeit zu entkommen. Sie investieren daher viele Millionen Dollar, um einen kostengünstigen Ersatz für die teuren Metalle zu finden. Vielversprechende Kandidaten sind organische Polymere, die elektrisch leitfähig sind. Erfolgreiche Versuche in dieser Richtung lassen erwarten, daß Schaltelemente mit organischen Molekülen schon in den nächsten Jahren praktisch eingesetzt werden.

Der Vollständigkeit halber sei erwähnt, daß nicht alle Forscher unter »Biochip« dasselbe verstehen. Die einen sehen ihn aufgebaut aus organischen Molekülen, die anderen beschreiben ihn als herkömmlichen Mikroprozessor, der in Lebewesen eingepflanzt wird. Folgt man der letzteren Definition, ist der Biochip schon Realität: Gegenwärtig sind bereits implantierbare mikroelektronische Hörgeräte entwickelt, die ein defektes Innenohr überbrücken können und Hörnerven direkt reizen, so daß im Gehirn akustische Eindrücke entstehen. Von großem klinischen Interesse ist auch die künstliche Erregung der Nervenbahnen von Querschnittsgelähmten und einseitig Gelähmten (siehe Seite 205). Die Weiterentwicklung solcher Biochips vom reinen Sensor zum aktiven Steuerelement könnte in naher Zukunft eine reale Möglichkeit zum funktionellen Ersatz beschädigten Nervengewebes bieten.

Computer mit Lichtgeschwindigkeit

Früher als der heute noch nicht realisierbare Biochip aus molekularen Transistoren kommt wahrscheinlich der optische Computer. Er macht sich ungewöhnliche optische Eigenschaften zunutze, die erst 1976 entdeckt wurden: die sogenannte optische Bistabilität. Ein Material ist optisch bistabil, wenn es für einfallendes Licht zwei Transmissionszustände hat. Man bezeichnet dieses physikalische Phänomen auch als »nichtlineare Brechung«: Die lichtbrechende Eigenschaft des Mediums ändert sich dabei mit steigender bzw. fallender Stärke des einfallenden Lichts, ganz im Gegensatz zur herkömmlichen Optik, bei der etwa die Vergrößerungswirkung einer Lupe keineswegs von der Stärke des Lichts abhängt. Im weitesten Sinne nichtlinear funktionieren beispielsweise längst bekannte Sonnenbrillen, die ihre Durchlässigkeit je nach der einfallenden Lichtstärke variieren.

Die Entdeckung nichtlinearer Brechung in manchen Halbleiterkristallen ließ die Computertechniker aufhorchen – denn jedes nichtlineare Verhalten kann zum Aufbau eines Schalters dienen. In der Optik war man diesbezüglich jahrelang nicht weitergekommen, da keine experimentelle Versuchsanordnung so richtig funktionierte. Erst 1979 konnte der erste Halbleiterkristall der Öffentlichkeit präsentiert werden, der bei Belichtung mit einem Laser als Schalter fungiert – mit einer Geschwindigkeit, von der Elektrotechniker nur träumen können: Optische Schalter sind etwa tausendmal schneller als die schnellsten elektronischen Schalter.

Ein Schalter macht allerdings noch keinen Computer. Der eigentliche Durchbruch gelang mit der Entwicklung des Transphasors. Er ermöglicht es, mit einer schwachen Lichtquelle einen starken Licht-

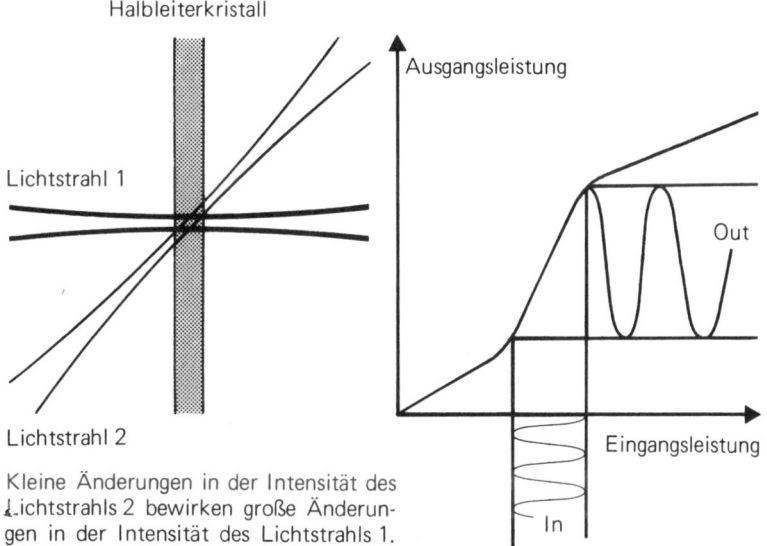

Halbleiterkristall

Lichtstrahl 1

Lichtstrahl 2

Ausgangsleistung

Out

Eingangsleistung

In

Kleine Änderungen in der Intensität des
Lichtstrahls 2 bewirken große Änderungen in der Intensität des Lichtstrahls 1.

Abb. 35   Der optische Transistor

strahl zu modulieren, d. h. zu verstärken. Wie Abb. 35 zeigt, läßt
man dabei einen intensiven Lichtstrahl auf eine dünne Schicht
eines halbleitenden Kristalls fallen und gleichzeitig einen zweiten
schwachen Strahl in einem spitzen Winkel dazu. Kleine Änderungen in der Lichtintensität des schwachen Strahles bewirken nun
große Intensitätsänderungen im starken Lichtstrahl. Damit könnte
heute, ein Vierteljahrhundert nach der Erfindung des Transistors,
ein entscheidender Wendepunkt in der Computertechnik erreicht
sein – mit ähnlichen Folgewirkungen, wie wir sie beim Transistor
zur Zeit erleben.

Rechnen in der Nähe des absoluten Nullpunktes

Optische Computer in Verbindung mit der modernen Glasfasertechnik als Kommunikationsmedium eröffnen für die Rechentechnik völlig neue Aspekte, weil sie um ein Vielfaches schneller sind
und eine um ein Vielfaches höhere Speicherdichte erlauben. Optische Computer machen damit einer eingangs genannten Neuerung
Konkurrenz, die bislang als Ausweg aus der natürlichen Begren-

zung der Miniaturisierung in der Halbleitertechnik gepriesen wurde, den sogenannten Josephson-Schaltungen: Ein elektrisches Signal kann in einer Milliardstel Sekunde eine Entfernung von einigen Zentimetern zurücklegen. Will man noch niedrigere Schaltzeiten erreichen, dürfen alle Schaltungen einer Zentraleinheit nicht weniger als einige Millimeter voneinander entfernt sein. Beim Betrieb von Halbleiterschaltungen tritt aber Wärme auf, die, wenn die Bauteile zu dicht aneinander gepackt sind, nicht mehr abgeleitet werden kann. Daher sucht man schon seit Jahren nach Schaltungen, die sehr wenig Energie benötigen und deshalb auch wenig Wärme entwickeln. Ein Techniker namens Josephson fand solche in Form von supraleitenden Metallschichten. Da bei der Temperatur des flüssigen Heliums manche Metalle Strom widerstandsfrei fließen lassen, ermöglichen Josephson-Schaltungen eine viel höhere Packungsdichte. Es scheint allerdings technisch schwer realisierbar, Rechenanlagen ständig bei einer Temperatur in der Nähe des absoluten Nullpunkts zu halten – deshalb sind viele Forscher der Ansicht, daß dieser Technik keine breite Bedeutung zukommen werde.

Parallelcomputer, die Revolution der Zukunft

Wie die Entwicklung der letzten Jahrzehnte gezeigt hat, ist jedoch bei jeglichen Prognosen mit Bezug auf die Mikroelektronik Vorsicht am Platz – zu oft meinte man, an Grenzen zu stoßen, die binnen kurzem durch eine neue Technologie überwunden wurden. Ähnliches könnte für eine grundlegend neue Funktionsweise von Rechenanlagen gelten, die zur Zeit unter anderem von dem theoretischen Physiker John Barker von der Warwick University in Großbritannien ausgearbeitet wird. Bislang gilt als Dogma der Computertechnik, daß die Zentraleinheit eines Rechners immer nur eine Operation zum gegebenen Zeitpunkt ausführen kann, niemals zwei oder mehrere Operationen gleichzeitig. Das ist auch einer der wesentlichen Unterschiede zwischen Computer und menschlichem Gehirn. Letzteres ist so aufgebaut, daß mehrere Informationsverarbeitungsvorgänge simultan ablaufen können. Genau das will Barker auch mit Computern erreichen. Gewissermaßen macht er dabei aus der Not der nach weiterer Verkleinerung strebenden Techniker eine Tugend: Je höher die Packungsdichte auf einem Chip, um so größer ist die Gefahr, daß die winzigen Verbindungskanäle zwischen den einzelnen Schaltelementen beschädigt werden, beispielsweise durch atmosphärische Strahlung. Dazu kommt, daß in einem

Schaltelement, das kleiner als 0,01 Mikrometer ist, die Elektronen mit einer bestimmten Wahrscheinlichkeit aus ihrer Bahn in eine nebenstehende Leitung hüpfen (Atomphysiker nennen dies »Tunneleffekt«). Bei sehr hoch integrierten Schaltungen ist dieses Phänomen bereits unliebsame Quelle von Störungen. Barker versucht nun, einen Computer so aufzubauen, daß das Tunneln von Elektronen von vornherein einkalkuliert wird. Dabei würden sich, so seine Theorie, im Zuge eines Rechenvorganges »kooperative Bereiche« in der elektrischen Architektur ausbilden. Barker: »Erste Studien zeigen, daß kooperative Netzwerke als logische Anordnungen funktionieren können, die sich selbst kontrollieren« (Lit. 11). Für gestandene Computerexperten klingt dies wie Häresie. Kein Wunder, daß Barkers Vorschläge häufig als Phantastereien abgelehnt werden. Nichtsdestoweniger ist der britische Forscher auf Grund eigener Computerberechnungen der Ansicht, daß es möglich sein müßte, ein Chip so zu konstruieren, daß mehrere Rechenoperationen darin gleichzeitig ablaufen. Bei geeigneter Programmierung der Schaltkreise würden sich dabei die Zonen, in denen die Rechenvorgänge stattfinden, je nach den gerade notwendigen Rechenvorgängen von selbst ausbilden.

Bei der Wendung »von selbst ausbilden« setzen die Skeptiker an. Programmierer, die gewöhnt sind, jeden einzelnen Schritt eines Rechenvorgangs minutiös festzulegen, können sich naturgemäß kaum vorstellen, daß sich so eine Arbeit von selbst organisieren ließe. Wie dem auch sei, das Konzept des »Parallelcomputers« ist in einer etwas bescheideneren Ausführung bereits Realität: Der Computerpionier Seymour Cray konstruierte in den vergangenen Jahren die erste, heute bereits legendäre Cray-I-Maschine, von der sieben Exemplare in einem US-amerikanischen Institut für Waffenforschung hochkomplizierte Berechnungen ausführen. Weltweit sind etwa 80 solche Rechner installiert. Einer davon wurde vor kurzem an der Universität Stuttgart aufgestellt (Neuwert: 19 Millionen DM). Cray rechnet mit Geschwindigkeiten von 150 Millionen Operationen pro Sekunde, das ist etwa 100mal schneller als herkömmliche Maschinen – und schon formuliert die amerikanische Weltraumbehörde NASA ein Angebot, bis 1990 einen Rechner zu bauen, der wiederum 100mal schneller arbeitet als Cray I.

Sehen wir uns an einem einfachen Beispiel an, wie Parallelcomputer im Prinzip funktionieren. Man rechne das Produkt 6!, was soviel bedeutet wie $6 \times 5 \times 4 \times 3 \times 2 \times 1$. Herkömmliche Computer (zur Abgrenzung von Parallelcomputern werden sie auch John-von-Neumann-Computer genannt; von Neumann hatte seinerzeit das gängige Funktionsprinzip des Computers – immer eine Rechenoperation nach der anderen – entworfen) würden etwa so rechnen:

$6 \times 5 = 30$
$30 \times 4 = 120$
$120 \times 3 = 360$
$360 \times 2 = 720$
$720 \times 1 = 720$

Ein Paralellcomputer arbeitet anders. Er zerlegt die Rechenaufgabe zunächst in drei Produkte, etwa so:

$1 \times 2 \quad 3 \times 4 \quad 5 \times 6$

Diese drei Operationen werden im Parallelcomputer nicht nacheinander, sondern gleichzeitig, in verschiedenen Recheneinheiten ausgeführt. Darauf folgen die beiden Multiplikationen $2 \times 12 = 24$ und $24 \times 30 = 720$ nacheinander, wie beim herkömmlichen Computer. Weil in diesem Rechenbeispiel im Parallelcomputer drei Operationen gleichzeitig ausgeführt werden können, arbeitet er etwa doppelt so schnell wie ein von-Neumann-Computer. Bei komplizierteren Rechnungen kann der Unterschied entsprechend größer sein. Das Konzept des Parallelcomputers erfordert aber eine beinahe völlige Abkehr von den bisher üblichen Prinzipien der Computertechnik: Sowohl Hardware als auch Software müssen neu erdacht und konstruiert werden.

Das Konzept des Parallelcomputers ist gegenwärtig vor allem aus zwei Gründen aktuell: Die Ankündigung der Japaner, bis 1990 eine fünfte Computergeneration zu schaffen und damit die Spitzenposition in der Computertechnik erobern zu wollen, basiert auf dem Gedanken des Parallelcomputers; und zweitens interessieren sich Wissenschafter, die über künstliche Intelligenz forschen, für die neue Rechentechnik.

Sehen wir uns zunächst das japanische Projekt an. Wenn von einer fünften Computergeneration die Rede ist, kann man fragen, worin die ersten vier Generationen bestanden:

Erste Generation: *Computer auf Röhrenbasis*
Zweite Generation: *Computer auf Transistorbasis*
Dritte Generation: *Computer mit integrierten Schaltkreisen*
Vierte Generation: *Computer mit Schaltkreisen sehr hoher Integrationsdichte (256 K-Chips)*
Fünfte Generation: *Noch höhere Integrationsdichte, Parallelverarbeitung, Neukonzept des Computerspeichers*

Mit den beiden erstgenannten Aspekten der fünften Computergeneration haben wir uns schon auseinandergesetzt. Der dritte, die Neuorganisation der Computerspeicher, läuft auch unter dem eng-

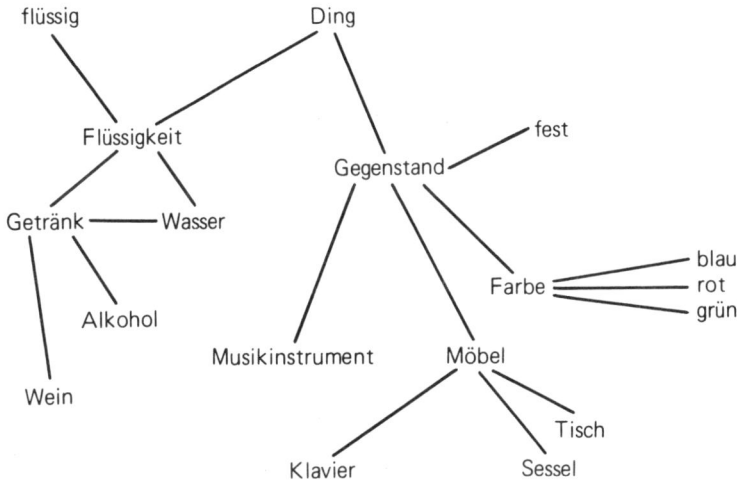

Abb. 36 Darstellung von Wissen durch Verknüpfungen im Computergedächtnis

lischen Schlagwort »knowledge engineering«. Man füttert dabei solche Informationen in die Speicher, die auch wir in unserem Gedächtnis haben und als weitgehend selbstverständlich erachten, etwa warum Bäume nach oben wachsen, wie man eine Mahlzeit in einem Restaurant bestellt oder wie ein Flugzeug ungefähr aussieht. Das wesentliche dabei ist, daß diese Fakten nicht unstrukturiert abgespeichert werden, sondern so gegliedert sind, daß der Computer nach Bedarf geeignete Beziehungen herstellen kann (Abb. 36). Hier fließen die Entwicklung natursprachlicher Programmierkonzepte, von Spracherkennungsgeräten und Forschungen über künstliche Intelligenz zusammen.

Können Maschinen intelligent sein?

Hinter all diesen Entwicklungen läßt sich klar ein Ziel erkennen: Der Computer soll immer mehr die Funktionen des menschlichen Gehirns nachahmen können. Damit sind wir direkt bei der Erforschung künstlicher Intelligenz (englisch artificial intelligence, abgekürzt AI) angelangt. Computertechniker, Neurophysiologen, Sprachtheoretiker und andere arbeiten auf diesem interdisziplinären Gebiet zusammen. Das Dilemma fängt jedoch schon bei der

Frage an, was Intelligenz eigentlich sei. Ähnlich wie es für den Begriff »Information« viele Dutzend Definitionen gibt, wird auch der Sinngehalt von »Intelligenz« und »künstlicher Intelligenz« unterschiedlich beschrieben. Marvin L. Minsky vom Massachusetts Institute of Technology definiert künstliche Intelligenz als eine Wissenschaft, die Maschinen Aufgaben ausführen läßt, zu deren Lösung Menschen Intelligenz benötigten. Andere sehen in ihr den Versuch, die intelligenten Entscheidungen zugrunde liegenden informationsverarbeitenden Prozesse erklären zu können, gleichgültig ob es sich um menschliche oder technische Systeme handelt. Damit wissen wir natürlich immer noch nicht, was Intelligenz eigentlich ist – und sind dabei in guter Gesellschaft mit den AI-Wissenschaftern.

Womit beschäftigen sich die Erforscher der künstlichen Intelligenz eigentlich? Am bekanntesten sind die sogenannten Expertensysteme geworden. Das sind Computerprogramme, die den Wissensschatz von Experten spezieller Fachdisziplinen besitzen. Solche Expertensysteme werden beispielsweise bei Tiefenbohrungen nach Bodenschätzen eingesetzt; je nach der Beschaffenheit des Materials, das beim Bohren jeweils zutage tritt, kann ein Expertensystem (also ein Computer mit einem entsprechenden Programm) »beurteilen«,

Abb. 37   Hinter jedem Computer steckt menschliche Intelligenz...

ob es sich lohnt, weiterzubohren oder nicht. Praktisch erprobt werden auch Expertensysteme zur medizinischen Diagnose (siehe Seite 203), wie die Programme INTERNIST, SUMEX-AIM oder zur Strukturbestimmung unbekannter organischer Moleküle aufgrund vorliegender Analysendaten, wie CONGEN.

Andere AI-Gruppen beschäftigen sich mit Computerprogrammen, die Denkspiele lösen können. So gelang es dem Programm MIGHTY BEE, geschrieben von Hans Berliner von der Carnegie-Mellon University, den Weltmeister in Back-Gammon 1979 zu besiegen. Wohl das stärkste Interesse finden Programme, die Computern das Schachspielen beibringen. Fast alle Programme gehen nach einem Suchbaum vor, der sich immer weiter verzweigt. Gesetzt den Fall, es bestehen zwei Wege A und B. Diese verzweigen sich weiter in C, D, E, F usw. Für jede dieser Verzweigungen werden bestimmte Eigenschaften definiert, die das Programm veranlassen, diesen oder einen anderen Weg auszuwählen. Sehen wir uns an, was dies für einen Schachcomputer bedeutet: Die durchschnittliche Anzahl von Zügen, die in einer Schachpartie bei der jeweiligen Position gemacht werden kann, beträgt 35. Nehmen wir an, ein Spieler wollte alle theoretisch gegebenen Möglichkeiten für drei weitere Züge durchkalkulieren, müßte er insgesamt 1,8 Milliarden Varianten durchgehen. Eines der bisher erfolgreichsten Schachprogramme, BELLE genannt, ist aber »nur« in der Lage, 160 Positionen pro Sekunde zu überprüfen. Immerhin spielt es Schach mit einer Qualität von 2 160 Punkten (2 000 bis 2 199 Punkte kennzeichnen einen Spieler als Experten). Aufgrund dieser überschlagsmäßigen Berechnung wird sofort klar, daß der menschliche Schachspieler nicht so vorgeht, daß er stur alle Möglichkeiten, die er hat, ausprobiert. Tests zeigten, daß gute Schachspieler normalerweise nicht mehr als 100 Varianten »vorausdenken«, bevor sie einen Zug machen (im Gegensatz zu den 29 Millionen Varianten, die das Programm Belle in drei Minuten schafft). Der menschliche Schachspieler kommt offenbar mit weniger Kalkulationen durch, weil er nicht statistisch dem Suchbaum folgt, sondern nach einer bestimmten Strategie vorgeht; d. h. er hat ein Ziel vor Augen, etwa dem Gegner die Dame wegzuschnappen, und sucht nach Wegen, dieses Ziel zu erreichen. Um diese Denkweise in die Programmiertechnik zu übertragen, benötigt man also Zielvorgaben und nach rückwärts gerichtete Entscheidungsbäume, die zeigen, wie man zu diesen Zielen gelangt. Solche Programme wurden bereits für bestimmte »Endspiele« beim Schach konzipiert, wo nur mehr vergleichsweise wenige Figuren am Schachbrett gegeneinander kämpfen.

Einem Suchbaum zu folgen heißt, schon ab der ersten Verzweigungsebene mehrere Wege simultan zu prüfen. Jetzt wird klar, wieso sich AI-Forscher für Parallelcomputer interessieren – diese sind nämlich in der Lage, Suchbäume wesentlich rascher durchzugehen als konventionelle Rechner.

Eines der größten Probleme der AI-Forschung besteht in der Ausarbeitung geeigneter Programme. Dabei handelt es sich im wahrsten Sinn des Wortes um Denksport – wenn künstliche Intelligenz einmal industriereif wird, gibt es für Mathematiker und Logiker Arbeitsplätze genug.

Die auf den vergangenen Seiten angestellten Überlegungen bringen uns letztlich zu der Frage, ob es eines Tages Computer geben könnte, die die Leistungen des menschlichen Gehirns in jeder Hinsicht in den Schatten stellen. Argumente wie »Programme können niemals besser sein als die Programmierer, die sie geschrieben haben«, sind offenbar nicht stichhaltig, denn es zeigt sich bereits, daß Schachcomputer durchaus in der Lage sind, genau diejenigen Personen zu besiegen, die die Programme dazu geschrieben haben. Der Computerspezialist Joseph Weizenbaum geht einen Schritt weiter und meint, es sei prinzipiell unmöglich, daß ein Computer Begriffe wie »Liebe« oder »Einsamkeit« verstehen könne. Mag sein. Andere argumentieren jedoch, es werde zumindest möglich sein, einen Computer so zu programmieren, daß er sich verhält, als ob er Gefühle hätte. Spinnt man diese Diskussion fort, gelangt man recht bald zu Fragen wie »Was ist eigentlich menschliches Bewußtsein?« oder »Ist Denken über das Denken möglich?« – zu erkenntnistheoretischen Problemen, die Philosophen seit Jahrtausenden beschäftigen. Seit Kybernetiker und Informationstheoretiker diese Aufgabe übernommen haben, sind sie gewissermaßen an die Stelle der Philosophen getreten, zur Reflexion gesellt sich allerdings noch das Experiment. Ob Bewußtseinserweiterung durch Maschinen gelingt, wird erst die Zukunft zeigen. Ob eine solche Entwicklung »gut« oder »schlecht« ist, darüber können wir schon heute nachzudenken beginnen.

14. Ein weltumspannendes Informationsnetzwerk

Kommunikation ist Übermittlung oder Austausch von Information. Dazu können Signale aller Art dienen, Signale, die auf unterschiedliche Weise erzeugt und durch die menschlichen Sinnesorgane wahrgenommen werden. In erweitertem Sinn spricht man auch von Kommunikation zwischen Maschinen. Die Kommunikation kann einseitig gerichtet sein (Zeitung, Rundfunk) oder zweiseitig (Briefwechsel, Fernsprecher). Das Bedürfnis, mit räumlich entfernten Menschen in Kontakt zu treten, ihnen Informationen mitzuteilen, d. h. mit ihnen zu kommunizieren, ist so alt wie die menschliche Zivilisation. In den antiken Hochkulturen dienten dazu ausgeklügelte Botensysteme, aber auch andere Formen der Übermittlung, z. B. durch Feuer und Rauchzeichen. Im mittelalterlichen Europa kam eine neue Kommunikationsform auf, die als »Briefkultur« die Ideen des Humanismus kreuz und quer durch Europa verbreitete. Aus diesem Botenwesen entwickelte sich später die Post als Institution.

Alle diese Formen der Kommunikation waren vorwiegend individueller Natur, sie dienten der Übermittlung von Nachrichten zwischen Einzelpersonen. Mit dem Aufkommen von Zeitungen und Zeitschriften begann eine neue Ära, die der Massenkommunikation. Der physische Träger der Nachrichten war zunächst Papier.

Eine entscheidende Wende im Kommunikationswesen setzte ein, als man elektromagnetische Wellen zur Übertragung von Information einzusetzen begann. Fast alle modernen Formen zur Übermittlung von Nachrichten sind auf das Phänomen Elektrizität angewiesen, auch die Neuen Medien, die uns im 2. Teil noch intensiv beschäftigen werden. Auf den folgenden Seiten werden deshalb die Grundlagen zum Verständnis der verschiedenen Formen dieser Kommunikationstechnik vermittelt.

Der Mensch tritt mit seiner Umwelt vorwiegend mittels Auge und Ohr in Kontakt. Die visuelle Kommunikation erfolgt über den Teil des sogenannten elektromagnetischen Spektrums, den wir als »Licht« bezeichnen. Das Ohr vernimmt Wellen, die wir »Schall« nennen. Die Sinnesorgane Auge und Ohr zeigen, daß die Natur auf dem Gebiet des Kommunikationswesens erstaunliche Leistungen hervorgebracht hat. Schon früh entstand daher der Wunsch, das Auge und das Ohr technisch nachzubilden: Viele technische Einrichtungen, die wir heute benützen, sind im Prinzip Imitationen menschlicher Sinnesorgane, etwa der Telephonhörer und die Photokamera.

Das elektromagnetische Spektrum bildet die Grundlage zum Verständnis der modernen Kommunikationstechnik. Elektromagnetische Schwingungen entstehen entweder durch natürliche Schwingungsvorgänge elektrischer Ladungsträger in Atomen bzw. Molekülen oder durch technisch erzeugte Wechselströme. Letztere entstehen in schwingfähigen Gebilden – der Elektrotechniker spricht hier von einem »Schwingkreis«. Dabei verwandelt sich Energie aus der elektrischen Form in die magnetische und wieder zurück, und es entstehen elektromagnetische Wellen. Zu diesen gehören so verschiedenartige Erscheinungen wie Gammastrahlen, Röntgenstrahlen, Licht, Wärmestrahlen und Radiowellen. Sie alle unterscheiden sich physikalisch voneinander allein durch ihre Wellenlänge bzw. ihre Frequenz. Frequenz ist die Anzahl von Schwingungen in der Zeiteinheit; sie wird in Hertz gemessen. Ein Hertz entspricht einer Schwingung pro Sekunde.

Die Theorie der elektromagnetischen Schwingungen ist mit den Namen James Maxwell und Heinrich Hertz verknüpft. Wir können uns an dieser Stelle nicht im Detail mit dieser Theorie auseinandersetzen, sondern wollen uns begnügen, die verschiedenen Bereiche des elektromagnetischen Spektrums zu beschreiben. Sein Umfang ist gewaltig (Abb. 38). Es umfaßt Wellenlängen von 10^6 bis 10^{-16} Metern bzw. Frequenzen von 30 bis etwa 10^{24} Hertz.

Das Auge, unser Sinnesorgan für elektromagnetische Wellen, kann von diesem gesamten Spektrum nur einen sehr schmalen Bereich wahrnehmen.

Wir nennen ihn das »sichtbare« Spektrum. Die verschiedenen Frequenzen dieses Bereichs empfinden wir als unterschiedliche Farben. Über die Farbe Rot hinaus erstreckt sich mit kleineren Frequenzen das Gebiet der Infrarotstrahlung, die wir noch als Wärmestrahlung spüren können. Die Sonne strahlt aber nicht nur im infraroten und sichtbaren Bereich, sondern auch im sogenannten ultravioletten, der sich an die Farbe Blau des sichtbaren Spektrums nach höheren Frequenzen anschließt. Noch höhere Schwingungszahlen (Frequenzen) haben die Röntgenstrahlen. Aus der medizinischen Technik wissen wir, daß diese erhebliche Dicken, sogar undurchsichtigen Materials, durchdringen können. Sie sind ebenso wie UV-Licht bei zu hoher Dosis gesundheitsschädlich. An den Bereich der Röntgenstrahlen schließen die sogenannten radioaktiven Strahlen an, die beim Zerfall bestimmter Atomkerne entstehen. Sie sind die »härtesten« Strahlen, d. h. ihr Durchdringungsvermögen ist besonders groß.

Geht man von dem sichtbaren Bereich über das Infrarot zu Wellen geringerer Frequenz, so kommt man zuerst in einen Bereich, der Mikrowellenbereich genannt wird. Daran schließen sich Ultrakurzwellen, Kurzwellen, Mittelwellen und Langwellen an. Es folgen Frequenzen von 50 Hertz, die der Schwingungszahl des Wechselstroms entsprechen, mit dem wir alle unsere Elektrogeräte betreiben.

Schall ist keine elektromagnetische Schwingung. Bei ihm handelt es sich um Schwingungen gasförmiger, fester oder flüssiger Körper, die, wenn sie unser Ohr treffen, als akustische Eindrücke wahrgenommen werden. Schallwellen bestehen im wesentlichen aus periodischen Dichteänderungen der Materie. Deshalb hängt die Ausbreitungsgeschwindigkeit von Schall auch von den Eigenschaften des Mediums ab, worin er transportiert wird.

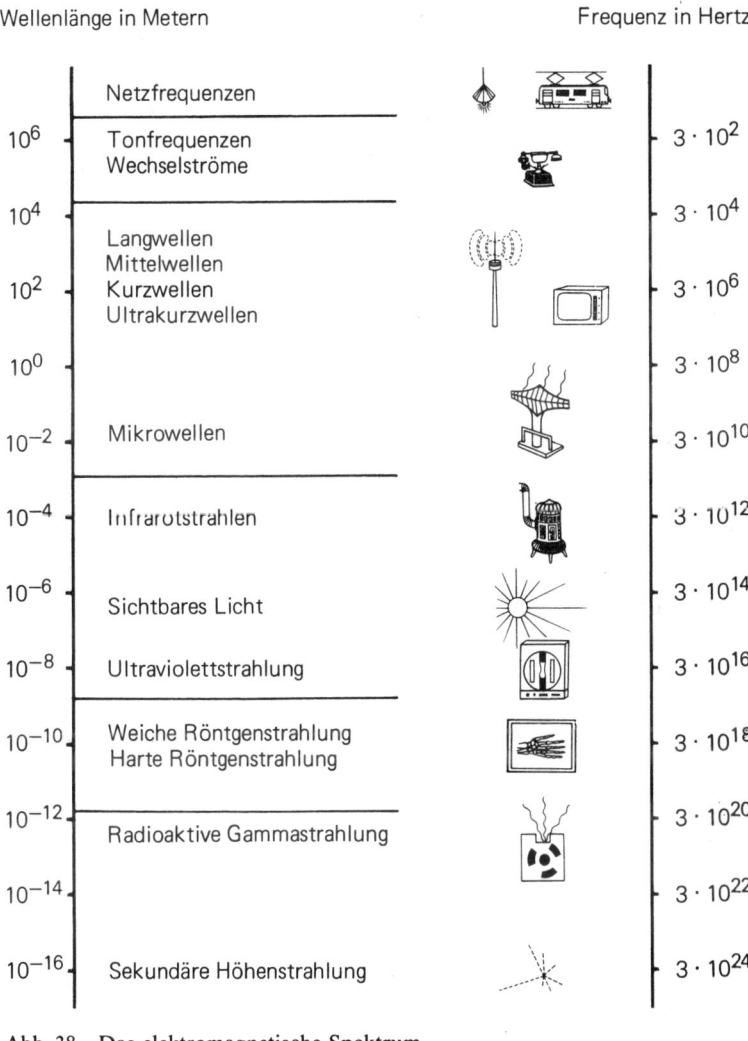

Wellenlänge in Metern | Frequenz in Hertz

Wellenlänge		Frequenz
	Netzfrequenzen	
10^6	Tonfrequenzen Wechselströme	$3 \cdot 10^2$
10^4		$3 \cdot 10^4$
10^2	Langwellen Mittelwellen Kurzwellen Ultrakurzwellen	$3 \cdot 10^6$
10^0		$3 \cdot 10^8$
10^{-2}	Mikrowellen	$3 \cdot 10^{10}$
10^{-4}	Infrarotstrahlen	$3 \cdot 10^{12}$
10^{-6}	Sichtbares Licht	$3 \cdot 10^{14}$
10^{-8}	Ultraviolettstrahlung	$3 \cdot 10^{16}$
10^{-10}	Weiche Röntgenstrahlung Harte Röntgenstrahlung	$3 \cdot 10^{18}$
10^{-12}	Radioaktive Gammastrahlung	$3 \cdot 10^{20}$
10^{-14}		$3 \cdot 10^{22}$
10^{-16}	Sekundäre Höhenstrahlung	$3 \cdot 10^{24}$

Abb. 38   Das elektromagnetische Spektrum

15. Telegraphie

In Zusammenhang mit Signalarmsystemen, die von Wachtturm zu Wachtturm für optische Kommunikation sorgten, tauchte 1793 erstmals der Begriff »Telegraph« auf. Er kommt aus dem Griechischen und bedeutet soviel wie »Fernschreiben«. Bis in die Mitte des 19. Jahrhunderts hinein waren optische Telegraphen gebräuchlich, dann wurden sie durch den elektrischen Telegraphen endgültig abgelöst. Die ersten Versuche beruhten auf dem Prinzip, für jeden Buchstaben des Alphabets ein Kabel zu verwenden. Elektrisch leitende Drähte sollten isoliert im Boden verlegt werden. Sender und Empfänger ordnen jedem Draht den jeweils gleichen Buchstaben zu, so daß das Elektrisieren der Drähte in der geeigneten Reihenfolge eine Nachrichtenübermittlung ermöglichte.

Um 1820 experimentierten französische Forscher mit elektromagnetischen Telegraphen. Sie hatten beobachtet, daß man eine Magnetnadel ablenken kann, wenn eine Schleife um sie herumgelegt wird und durch diese Strom fließt. Man begann, 26 solcher Nadeln zum Übertragen der Buchstaben zu verwenden. Solche primitive Telegraphen kamen zunächst vor allem entlang von Eisenbahnlinien in Verwendung.

Mit dem Wachsen der Eisenbahnlinien wurden auch die Telegraphenlinien länger. Dabei zeigte sich bald, daß die Verbindungen nicht mehr einwandfrei arbeiteten. Es traten Unsicherheiten in der Zeichenübertragung auf. Diese machten Zwischenstationen notwendig, die in die Leitung gelegt werden, um mit der geringen ankommenden Energie einen Stromkreis größerer Leistung einzuschalten. Diese Zwischenstationen bezeichnet man als Relais.

Nachdem der Nachrichtentelegraph die Nützlichkeit einer elektrischen Nachrichtenübermittlung eindeutig bewiesen hatte, wurden Schreibtelegraph, Zeigertelegraph und Drucktelegraph entwickelt. 1839 baute Wheatstone den ersten brauchbaren Zeigertelegraphen: Er nahm ein Holzrad, teilte dessen Umfang in gleiche Abschnitte auf und versah jeden zweiten davon mit einem Kupferplättchen. Über den Rand dieses Rades ließ er eine Feder schleifen, die immer dann, wenn sie eine der Platten berührte, den Stromkreis der Leitung schloß und einen Impuls zum Empfänger sendete. Dieser besaß eine analog aufgebaute Einrichtung. Den einzelnen Kupferplättchen wurden nun die Buchstaben des Alphabets so zugeordnet, daß auf jeden der Abschnitte ein Buchstabe entfiel. Wandert nun z. B. der Zeiger des Senders um fünf Buchstaben vorwärts, so folgte ihm der des Empfängers augenblicklich nach.

Abb. 39 Werner von Siemens
(1816 – 1892)

Abb. 40 Elektromagnetischer Zeigertelegraph von Siemens, 1846

Auf diese Weise wurde es möglich, von der Vielzahl der Leitungs-
kabel wegzukommen. 1846 lernt auch der Leutnant Ernst Werner
Siemens eine derartige Vorrichtung kennen. Er beginnt, verbesserte
Modelle zu entwickeln. Ein Vetter leiht ihm 6 000 Taler zur Einrichtung der Werkstatt – das ist die Geburtsstunde jenes elektrotechni-
schen Weltunternehmens, das den Namen »Siemens AG« trägt.
Ungeachtet der vorerst geringen Übermittlungsgeschwindigkeit des
Zeigertelegraphen, breitet sich dieser rasch über ganz Europa aus.
Hand in Hand mit der Entwicklung der Telegraphenapparate geht
auch der Ausbau der Telegraphennetze. Um 1850 sind in Europa
und den Vereinigten Staaten schon Tausende von Kilometern Tele-
graphenleitungen verlegt.
Die weitere Entwicklung der Telegraphie wird in erster Linie von
wirtschaftlichen Gegebenheiten beeinflußt. Inzwischen ist das Telephon erfunden worden. Es übernimmt besonders im Nahbereich
die Aufgaben der Nachrichtenübermittlung, während die Telegraphie der Kommunikation über große Entfernungen vorbehalten
bleibt. Man versucht in der Folge, sowohl die Telegraphiegeschwin-
digkeit zu erhöhen, als auch die Leitungen mehrfach auszunützen.
Die Entwicklung von Lochstreifen führt zum Schnelltelegraphen:
Er sendet die Buchstabencodes (Morsezeichen) nicht mehr von
Hand mit der Taste, sondern über Lochstreifen und entsprechende
Signalgeber. Die Mehrfachtelegraphie ermöglicht durch eine beson-
dere Schaltung den gleichzeitigen Nachrichtenverkehr in beiden
Richtungen (Duplexbetrieb). Beide Neuerungen – Lochstreifen und
Duplexbetrieb – münden gemeinsam in die moderne Fernschreib-
technik (Telex und Teletex).

16. Telephon – Konkurrenz zum Telegraphen

Die Leser der französischen Zeitschrift L'Illustration fanden in der
Ausgabe vom 26. August 1854 einen Artikel mit der Überschrift
»Übertragung der Sprache«, in dem unter anderen die folgenden
Sätze stehen: »Stellen Sie sich vor, daß man nahe bei einer beweglichen Platte spricht, die genügend biegsam ist, um keine der Schwingungen, die durch die Sprache hervorgebracht werden, zu verlieren,
daß diese Platte die Verbindung mit einer Batterie wechselweise
herstellt und unterbricht, so können Sie in gewissem Abstand eine
andere Platte haben, die zur gleichen Zeit exakt die gleichen
Schwingungen vollführen wird.«
Was im Jahre 1854 zunächst unglaublich schien, ist heute selbstver-

SCIENTIFIC AMERICAN

A WEEKLY JOURNAL OF PRACTICAL INFORMATION, ART, SCIENCE, MECHANICS, CHEMISTRY, AND MANUFACTURES.

Vol. XXXVII. No. 14. [NEW SERIES.]   NEW YORK, OCTOBER 6, 1877.   [$3.20 per Annum. [POSTAGE PREPAID.]

THE NEW BELL TELEPHONE.

Professor Graham Bell's telephone has of late been somewhat simplified in construction and also arranged in more compact portable form. It consists now of but three metal portions and is contained in a casing of wood or light hard rubber, but five and five eighths inches in length and two, and seven eighths inches in diameter at the enlarged end. It will be remembered that this telephone differs from all others in that it involves the use of no battery nor of any extraneous source of electricity whatever. The only current employed is that generated by the voice of the speaker himself.

The simplicity of the construction is clearly shown in Fig. 1 of our engravings, in which both sectional and exterior views of the device are given. Referring to the sectional view, A is a permanent magnet, held by the screw shown in the rear. Around one end of this magnet is wound a coil, B, of fine insulated copper wire (silk covered), the ends of which are attached to the larger wires, C, which extend to the rear and terminate in the binding screws, D. In front of the pole and

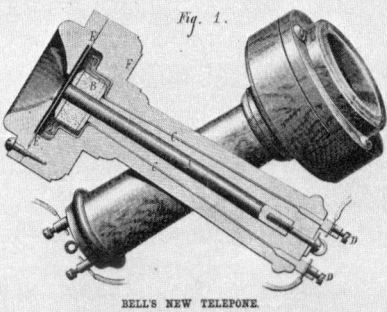

Fig. 1.

BELL'S NEW TELEPONE.

coil, B, is a soft iron disk, E. Finally the whole is inclosed in a wooden casing having an aperture in front of the disk, and which, besides serving to protect the magnet, etc., acts somewhat as a resonator.

The principle of the apparatus we have already explained in some detail, but it may be summarized here as follows: The influence of the magnet induces all around it a magnetic field, and the iron diaphragm, E, is attracted towards the pole. Any alteration in the normal condition of the diaphragm, produces an alteration in the magnetic field, by strengthening or weakening it, and any such alteration of the magnetic field causes the induction of a current of electricity in the coil, B. The strength of this induced current is dependent upon the amplitude and rate of vibration of the disk, and these depend in turn upon the air disturbance made by the voice in speaking, or in any other similar source. Therefore, first, a wave of air throws the diaphragm into vibration; second, each movement produces a change in the magnetic field; and third, an induced

[Continued on page 212.]

APPLICATIONS OF PROFESSOR BELL'S NEW TELEPHONE.

Abb. 41   Das Telephon

107

ständlich. Beinahe täglich sprechen wir auf eine solche Platte. Ebensooft vernehmen wir aus ihr die Worte eines anderen Menschen, der mitunter Tausende von Kilometern entfernt ist. Etwa 15 Milliarden solcher Telephongespräche werden zur Zeit pro Jahr in der Bundesrepublik Deutschland geführt – die Platte, von der die Rede ist, entspricht den Membranen für Hörer und Sprechmuschel. Das eigentliche Zeitalter des Telephons beginnt erst am 24. Februar 1876, an dem beim US-Patentamt zwei Anmeldungen ähnlichen Inhalts eingehen.

Die erste trägt den Titel »Verbesserungen auf dem Gebiet der Telegraphie« und stammt von Alexander Graham Bell. Zwei Stunden später reicht Elisha Gray eine Schutzanmeldung mit der Bezeichnung »Übermittlung von Sprechlauten auf telegraphischem Weg« ein.

Heute gilt Bell als der Erfinder des Telephons. Sehen wir uns den Inhalt der Bellschen Patentschrift näher an. Sender und Empfänger der Einrichtung bestehen in Anlehnung an die Telegraphentechnik aus einer einseitig gespannten Feder, die als Anker vor dem Pol eines Elektromagneten angeordnet ist. Das freie Ende der Feder ist mit einem dünnen Metallstift verbunden, der leicht an eine Membrane anstößt. Die Membrane wiederum ist über den Rand eines Schalltrichters gespannt. Schallwellen setzen die Membrane in Schwingung, diese bewegt die Feder und erzeugt damit bei der beschriebenen Anordnung elektrische Impulse. Dieser Mechanismus beruht auf dem Prinzip der »elektromagnetischen Induktion«, das Michael Faraday bereits 1831 entdeckt hatte. Sender und Empfänger besitzen eine gleichartige Vorrichtung.

Bereits 1876 führt Bell das erste »Ferngespräch« der Welt über eine Distanz von 12 Kilometern. Ein Jahr später gründet er mit einigen anderen die erste Telephongesellschaft, die Bell Telephone Company.

Die neue Erfindung wird von den amerikanischen Bürgern jedoch nicht ungeteilt aufgenommen. Einige vermuten einen Schwindel, andere glauben zwar an die Funktionsfähigkeit des Telephons, messen ihm jedoch keine Bedeutung zu.

Immerhin sind aber bereits 1880 in den Vereinigten Staaten an die 50 000 Telephone in Gebrauch. Mit dem kommerziellen Erfolg des Telephons beginnt auch eine Kette von Patentprozessen um die Priorität der Erfindung: Wie so oft in der Geschichte der Wissenschaft haben mehrere Forscher zur gleichen Zeit ähnliche Experimente ausgeführt und vergleichbare Ergebnisse erhalten. Mit einer Verzögerung von ein paar Jahren breitet sich das Telephon auch in Europa aus: Zunächst vergeben die Postverwaltungen private Konzessionen zur Vermarktung der neuen Idee, später wird jedoch das gesamte Telephonwesen verstaatlicht.

Hand in Hand mit der weiteren Ausbreitung des Telephons kommt es zu mehr und mehr Vermittlungsämtern, in denen das »Fräulein vom Amt« die entsprechenden Kontakte zwischen den Teilnehmern von Hand durch Stöpsel herstellt. Häufig ist das Fräulein vom Amt besetzt oder stellt eine falsche Verbindung her. Der Leichenbestatter Almon Strowger ist eines Tages über die schlechte Bedienung am Telephon so verärgert, daß er beschließt, eine »Telephonmaschine« zu bauen. Er konstruiert eine automatische Vermittlungseinrichtung, die hundert Schaltschritte ausführen kann, und patentiert 1889 seine Erfindung. Ein Jahr später wird das Patent auf eine Wählscheibe angemeldet, deren Betätigung mittels Hebe- und Drehbewegungen die Einstellung eines Kontaktarmes auf eine an einem Zylindermantel angeordnete Vielzahl von Teilnehmerleitungen vornehmen kann. Dieses Prinzip ist auch heute noch in den Telephonämtern verwirklicht: Die von der Wählscheibe, dem »Nummernschalter«, ausgesandten Stromstöße steu-

Abb. 42   Fernsprech-Vermittlungsstelle, Hamburg, um 1900

ern den Wähler und die zugehörigen Relais direkt oder indirekt und bewirken so den Aufbau der Nummern, wobei jeder Ziffer eine gleich große Anzahl von Impulsen entspricht. So hat z. B. eine Zentrale für tausend Anschlüsse drei Wahlstufen: Die erste führt die Einstellung der Hunderterziffer, die zweite jene der Zehnerziffer und die dritte jene der Einerziffer der Teilnehmernummer aus. So entstanden die vollautomatischen Telephonsysteme, die für uns heutzutage selbstverständlich sind.

Seit einigen Jahren kann man nicht nur über unterirdisch verlegte Kabel, sondern auch via Satellit telephonieren. Analoge Übertragungseinrichtungen weichen dem digitalen Telephon. Auf diese technischen Neuerungen werden wir in der Folge noch zu sprechen kommen.

Bis jetzt haben wir uns mit dem Telephon und den Formen der Kommunikation durch das Medium Elektrizität befaßt, die der Übermittlung von Nachrichten zwischen Einzelpersonen dienen. Im folgenden sollen die Funktionsprinzipien der technischen Einrichtungen zur Massenkommunikation erklärt werden. Dieser Weg führt uns über den Phonographen zum Rundfunk und schließlich zum Fernsehen.

17. Vom Phonographen zur Laser-Disk

Während Bell die ersten Telephone baute und somit die Übertragung der Schallwellen mittels elektrischer Leiter räumlich ermöglichte, dachten andere Forscher an Geräte zur Speicherung von Schallwellen zwecks Wiedergabe nach zeitlicher Distanz. Die Idee ist nicht neu. Bereits 1807 hatte ein englischer Physiker vorgeschlagen, mechanische Schwingungen mit Hilfe eines Schreibstiftes auf einem Papierstreifen festzuhalten.

Siebzig Jahre später beschäftigt sich Thomas Alva Edison im Auftrag der Western Union Telegraph Company mit Verbesserungen am Bellschen Telephon. Er lötet an die Membrane des Telephonhörers eine kleine Nadel und versucht die Bewegung der Nadel auf Wachspapier aufzuzeichnen. Wenig später geht er dazu über, mit der Nadelspitze einen in Paraffin übergossenen Papierstreifen zu ritzen. Als er danach die Nadel mechanisch dieselbe Spur entlang führt, ertönen auf der Membran wieder die Worte, die zuvor bei der Aufnahme die entsprechenden Nadelbewegungen hervorgerufen hatten.

Technisch hat sich am Prinzip der Speicherung von akustischen Si-

110

gnalen bis heute nichts Wesentliches geändert. Zahlreiche Verfeinerungen sorgen jedoch für bessere Tonqualität. Ein neuer Umbruch wird jedoch durch die Einführung der Laserdisk markiert, bei der Schallwellen digital gespeichert werden.

Den Begriff »digital« haben wir schon gebraucht; sein Gegenstück heißt »analog«. Diese Bezeichnungen charakterisiert grundlegend verschiedene Wege zur Speicherung und Übermittlung von Information. Um dies anschaulich zu machen, betrachten wir ein ganz gewöhnliches Thermometer. Bei diesem wird Temperaturveränderung durch eine entsprechende Längenveränderung einer Quecksilbersäule angezeigt. Die Säule steigt und sinkt analog (aus dem Griechischen: »dem Maß entsprechend«) zur Temperatur der Umgebung. Auch der Rechenschieber ist ein analoges Gerät; bei ihm entsprechen die Produkte aus zwei Zahlen analogen Längen auf dem Schieber.

Digitale Geräte dagegen beruhen auf dem Vorgang des Abzählens. Wenn auf einer Taschenuhr die Tageszeit in Ziffern angezeigt wird (z. B. 20.49 Uhr), dann ist das eine digitale Darstellung. Uhren mit

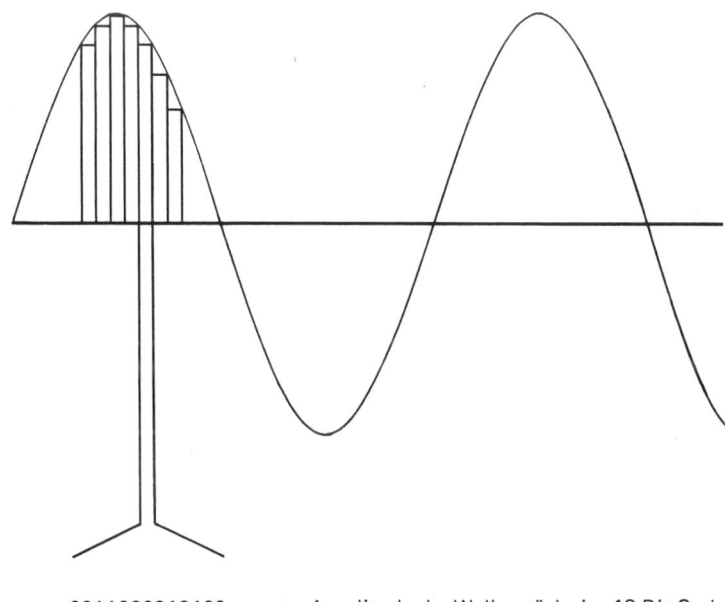

0011000010100   ← Amplitude des Wellenstücks im 13-Bit-Code

Abb. 43   Umwandlung analoger Schallwellen in digitale Information

Sekunden-, Minuten- und Stundenzeiger dagegen arbeiten analog. Zur digitalen Darstellung benötigt man ein System von Ziffern. Historisch gesehen, gibt es verschiedene solcher Systeme: das Dezimalsystem aus zehn Ziffern, das wir im täglichen Leben beinahe ausschließlich benützen, das Sechsersystem aus sechs Positionen (die Angabe der Uhrzeit erfolgt in einer Art Sechsersystem) und andere. In der Computer- und Informationstechnik wird ausschließlich das binäre System eingesetzt, das nur zwei Elemente kennt: 0 und 1 (siehe Seite 30 ff.).

Derzeit basiert fast die gesamte Tontechnik auf dem Prinzip der analogen Klangübertragung. Schallwellen werden mittels Mikrophon in elektromagnetische Wellen analoger Frequenz und Amplitude umgewandelt und umgekehrt. Die Schwingung wechselt sozusagen von einem Medium in ein anderes, aber sie behält ihren Charakter, ihre Form.

Bei der digitalen Übertragung, die übrigens schon 1939 zum Patent angemeldet wurde, wird die Schallwelle zwischendurch »aufgelöst«; sie geht als Welle unter, und alles, was wir von ihr aufbewahren, ist ihre exakte mathematische Beschreibung: Jede Schallwelle wird sozusagen elektronisch vermessen und computerisiert.

Das menschliche Ohr nimmt Frequenzen von 20 bis 20 000 Hertz wahr. Um eine Schallwelle, die 20 000mal in der Sekunde schwingt, digital fassen zu können, muß man ihren Verlauf mindestens 40 000mal in der Sekunde »ablesen«, d. h. Wellenberg und Wellental werden – etwa in 40 000 Teilstücke – zerhackt.

Jedes dieser Wellenstücke hat eine bestimmte Amplitude; d. i. die Höhe des Ausschlages als Maß für die Tonintensität (Abb. 43). Diese Amplituden beschreiben die digitalen Tontechniker nun mit 8 192 verschiedenen Abstufungen. Warum gerade 8 192? Im binären Zahlensystem ist jede Zahl von 0 bis 8 192 durch eine Folge von 13mal 0 oder 1 beschreibbar, d. h. man verwendet zur digitalen Codierung der Wellen ein System aus 13 Bit. Man könnte auch einen 10-Bit- oder einen 15-Bit-Code verwenden. Der 10-Bit-Code würde die Amplituden in gröberen Abständen wiedergeben, der 15-Bit-Code in feineren. Der 13-Bit-Code ist ein Kompromiß zwischen der Anforderung an klanggetreue Wiedergabe und der Möglichkeit, große Mengen an Elementarinformationen zu bewältigen. Immerhin müssen in der Sekunde 40 000mal 13 binäre Ziffern, insgesamt also über 1 Million Elementarinformationen, gelesen und übertragen werden, um eine einzige Schallwelle digital zu erfassen.

Die digitale Speicherung und Übermittlung ermöglicht wesentlich höhere Tonqualitäten als die analoge. Sie erlaubt es, die gesamte

Skala der wahrnehmbaren Lautstärkenunterschiede zwischen dem leisesten und lautesten Ton eines Musikstückes voll zu erfassen: Herkömmliche Schallplatten erfassen Lautstärkenunterschiede von höchstens 65 Dezibel (Dezibel ist eine Maßeinheit für die Lautstärke). Beim Digitalsystem sind es 85 Dezibel und mehr (da es sich um einen logarithmischen Maßstab handelt, bedeutet ein Unterschied von 20 Dezibel eine Differenz vom Faktor 100). Außerdem sind Unterschiede in der Tonhöhe zwischen 2 und 20 000 Hertz exakt übertragbar. Während bei der konventionellen Klangübermittlung Verzerrungen um 1% auftreten, liegen sie beim Digitalsystem um 0,03%.

Technische Probleme bereitete lange Zeit die digitale Speicherung. Philips und Sony verwenden Polyvinylplatten mit einem Metallbelag. Die Kunststoffseite ist mit mikroskopisch kleinen Löchern übersät, die mit einem Laserstrahl erzeugt wurden. Loch oder Nichtloch entspricht dabei dem binären Code 0 oder 1.

Die Platte dreht sich 1 800mal in der Minute und wird dabei von einem Laserstrahl abgetastet. Je nachdem ob der Laserstrahl auf ein Loch in der Platte auftrifft oder nicht, ist die Zeit, die er benötigt, um zu einem Empfänger (Photozelle) reflektiert zu werden, unterschiedlich lang. Auf diese Weise erhält die Photozelle das binäre Muster aus 0 und 1 zurück, und so kann aus dieser Information die Schallwelle wieder zusammengesetzt werden, die unserem Ohr dann wieder einen Klangeindruck vermittelt.

Die Schallplatte blieb nicht das einzige Medium zur Speicherung von Schallwellen. Diese kann nicht nur mechanisch erfolgen, wie bei der Schallplatte, sondern auch magnetisch, wie beim Tonband. Der Tonträger war dabei zunächst ein Stahlband und später ein Kunststoffband mit einer magnetisierbaren Oberfläche. Das Band läuft an einer Spule vorbei, die, vom Strom eines Mikrophonkreises durchflossen, aufeinander folgende Stellen des Tonträgers im Rhythmus der Schallwellen magnetisch macht.

In den letzten Jahrzehnten fand das magnetische Aufzeichnungsverfahren über die Speicherung von Schallwellen hinaus noch weitere Einsatzmöglichkeiten. Heute dient es beim Fernsehen zur Bildaufzeichnung und in den elektronischen Rechenanlagen zur digitalen Speicherung von Daten (siehe Seite 49).

18. Musik im Äther

Neben der Signalübermittlung durch Telegraph und Telephon und der Tonspeicherung durch Schallplatte und Tonband bringt das 19. Jahrhundert aber noch weitere revolutionäre Neuerungen in der Kommunikationstechnik: die Erfindung der drahtlosen Telegraphie, des Rundfunks und des Fernsehens. Als der deutsche Physiker Heinrich Hertz 1888 die von James Maxwell Jahrzehnte zuvor theoretisch vorausgesagten elektromagnetischen Wellen im Experiment nachweist, erahnt niemand die Tragweite der Entdeckung. Erst vier Jahre später schreibt der britische Wissenschafter Sir William Crookes: »Es ergibt sich hier die fesselnde Möglichkeit einer Telegraphie ohne Drähte, ohne Kabel, ohne das ganze kostspielige Beiwerk. Zwei Freunde, die innerhalb der Übertragungsgrenze ihrer Empfänger leben, können ihre Apparate auf spezielle Wellenlängen abstimmen und, sooft es ihnen gefällt, durch lange und kurze Strahlung in den Zeichen der Morseschrift miteinander verkehren« (Lit. 12).

Zwei Jahre später beginnt der Italiener Guglielmo Marconi mit elektromagnetischen Wellen zu experimentieren.

1894 gelingt es ihm erstmals, Nachrichten auf drahtlosem Weg zu übertragen. Er konstruiert zu diesem Zweck einen sogenannten Schwingkreis. Um dessen Funktionsweise zu verstehen, benötigen wir ein paar Informationen aus dem Gebiet der Elektrophysik.

Schwingkreise bestehen aus Spulen und Kondensatoren. Spulen

Abb. 44 Guglielmo Marconi
(1874 – 1937)

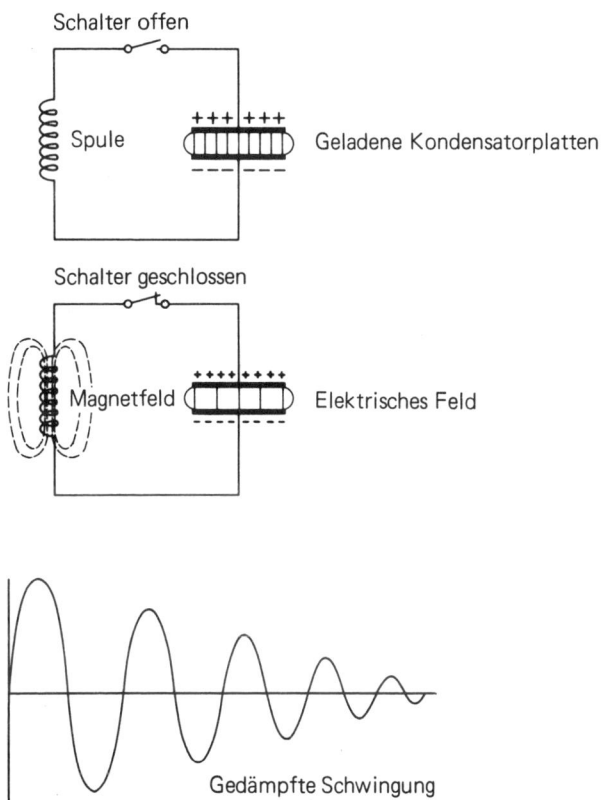

Schalter offen

Spule — Geladene Kondensatorplatten

+++ +++

--- ---

Schalter geschlossen

Magnetfeld — Elektrisches Feld

++++ ++++

---- ----

Gedämpfte Schwingung

Abb. 45 Schema eines Schwingkreises

produzieren Magnetfelder, Kondensatoren elektrische Felder (diese entstehen zwischen den Kondensatorplatten). Spule und Kondensator können so zusammengeschaltet werden, daß eine Wechselwirkung zwischen magnetischem und elektrischem Feld entsteht (Abb. 45).

Nehmen wir an, der Kondensator sei aufgeladen. Sobald der Schalter geschlossen wird, entlädt sich der Kondensator. Der sogenannte Entladestrom fließt dabei über die Spulen, und das elektrische Feld zwischen den Platten baut sich ab. Zur gleichen Zeit entsteht aber in der Spule ein Magnetfeld. Dieses kann sich jedoch nicht reibungslos aufbauen, da die sogenannte Selbstinduktion der Spule immer dann eine Spannung entstehen läßt, wenn sich das Magnet-

115

feld ändert (die durch Selbstinduktion hervorgerufene Spannung ist stets gegen den das Magnetfeld erzeugenden Strom gerichtet). Die Wirkung dieser Gegenspannung verlangsamt deshalb den Aufbau des Magnetfeldes. Durch die Entladung des Kondensators wird in der Spule ein Magnetfeld aufgebaut. Sobald die Entladung des Kondensators beendet ist, so daß beide Platten dasselbe Potential haben, ist das magnetische Feld zur größten Höhe aufgebaut. Sodann baut sich das magnetische Feld wieder ab. Dadurch wird in der Spule eine Spannung erzeugt, die der ursprünglichen Kondensatorspannung entgegengesetzt ist. Sie läßt einen Strom entstehen, der den Kondensator wieder auflädt, allerdings mit umgekehrtem Vorzeichen.

In der Folge gibt der Kondensator seine Energie neuerdings an die Spule ab. So ein ständiger Wechsel zwischen magnetischer und elektrischer Energie wird als geschlossener Schwingkreis bezeichnet. Der entstehende Strom hat Sinusform, d. h. es entsteht eine wellenartige Schwingung. Die Frequenz dieser Schwingung ist von der Größe von Spule und Kondensator abhängig.

Bei der beschriebenen Versuchsanordnung klingen die Schwingungen nach kurzer Zeit wieder ab, weil im Schwingkreis Reibungsverluste auftreten. Es entsteht dadurch eine »gedämpfte« Schwingung. Erst wenn man die Schwingkreisverluste kompensiert, indem man genauso viel Energie von außen zuführt, wie verlorengeht, entstehen ungedämpfte Schwingungen. Schwingungserzeuger, die das leisten, werden Oszilatoren genannt.

Um auf diese Weise Signale über größere Entfernungen zu senden, benötigt man noch eine Zusatzeinrichtung, sogenannte Antennen. Das sind verschieden geformte Geräte, die in der Lage sind, elektromagnetische Wechselfelder möglichst effizient abzustrahlen. Die einfachste Sende- oder Empfängerantenne ist ein mehr oder weniger langer Draht.

1899 errichtet Marconi im Süden Englands die erste Großfunkstation mit einer für damalige Verhältnisse unwahrscheinlichen Leistung von 20 Kilowatt. Zwei Jahre später ist es soweit: Marconi reist nach Amerika und kann dort ein verabredetes Zeichen über die Entfernung von fast 4 000 Kilometer empfangen.

Es bleibt nicht bei der drahtlosen Telegraphie. Bald taucht der Wunsch nach einer Sprachübermittlung durch den Äther auf. Zur Sendevorrichtung wird ein Mikrophon geschaltet, das die ausgesandten Wellen beim Besprechen im Rythmus der Schallschwingungen beeinflußt, »moduliert«. Auf der Empfängerseite genügt ein Gleichrichter und ein herkömmliches Telephon. Damit bricht das Zeitalter der Funktechnik an und mit ihm das der Massenkommunikationsmittel Radio und Fernsehen.

Am 2. November 1920 geht eine auf dem Gelände der Firma Westinghouse Electric errichtete Sendestation erstmals in Betrieb. Ein ungeahnter Ansturm auf Rundfunkapparate setzt ein. Zwei Jahre später sind bereits 564 Sendelizenzen ausgestellt, die Amerikaner erfaßt ein regelrechtes Rundfunkfieber. Es greift sehr bald auch nach Europa über. Der deutsche Rundfunk eröffnet 1923 in Berlin sein Sendeprogramm. Zwei Jahre später haben mehr als eine Million Deutsche ein Radio.

Mit steigender Zahl an Sendern vermehrt sich auch das Wellengewirr im Äther. Innerhalb weniger Jahre sind die zur Verfügung stehenden Wellenlängen besetzt. Auf Grund einer internationalen Vereinbarung wird deshalb ein Weltrundfunkverein gegründet, der einen »Wellenplan« festlegt. Jeder Nation werden dabei bestimmte Frequenzen zugeteilt.

Bevor wir uns den technischen Grundlagen des Fernsehens zuwenden, wollen wir noch einige Begriffe der Funktechnik erläutern. Zur drahtlosen Übertragung der Nachrichten benützt man »Träger«. Auf diese wird nun die Welle, die die eigentliche Nachricht enthält, gewissermaßen im Huckepackverfahren aufgepflanzt. Man

Amplitudenmodulierte Hochfrequenz

Frequenzmodulation

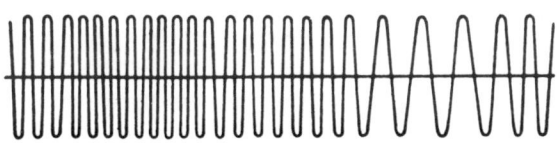

Frequenzmodulierte Hochfrequenz

Abb. 46   Amplituden- und Frequenzmodulation (Erklärung im Text)

117

bezeichnet diesen Vorgang als Modulation. Dafür gibt es zwei Möglichkeiten: die Frequenz- und die Amplitudenmodulation (Abb. 46). Bei der Amplitudenmodulation wird die Amplitude (Wellenhöhe) der Trägerfrequenz im Takt der zur übertragenden Signale verändert. Die Frequenz selbst bleibt konstant. Bei der Frequenzmodulation wird die Trägerfrequenz im Takt der zu übertragenden Signale verändert, die Amplitude aber bleibt gleich. Die beiden Begriffe sind unter den Abkürzungen AM und FM bekannt.

Wie geht beispielsweise die Amplitudenmodulation in der Praxis vor sich?

Zu der schon beschriebenen Sendevorrichtung (Schwingkreis) benötigt man einen sogenannten Modulator. Er steuert die Verstärkung der Trägerwelle, die sodann abgestrahlt wird. Wenn wir uns die Nachrichtenwelle vereinfacht als Sinuston vorstellen, so erscheint sie in der Sendewelle als Hüllkurve der Trägerwelle wieder (Abb. 46). Damit bei der Übertragung keine Verfälschungen zustande kommen, muß die Frequenz des Trägers wesentlich höher sein als die Tonfrequenz. Im Rundfunkbereich setzt man Langwellen (30–200 KHz), Mittelwellen (300 KHz–3 MHz), Kurzwellen (3 MHz–30 MHz) und Ultrakurzwellen (30 MHz–300 MHz) und andere als Träger ein.

Diese verschiedenen Wellenlängen bzw. Frequenzen haben Vor- und Nachteile in bezug auf Sende- und Empfangstechnik, aber auch hinsichtlich ihrer Ausbreitung.

19. Fernsehen

Wir haben nun erfahren, wie es im Prinzip gelingt, Schallwellen in elektrische Impulse umzuwandeln und diese über Kabel oder auf drahtlosem Wege auszubreiten. Nun ist es an der Zeit, daß wir uns mit der Videotechnik auseinandersetzen, der Nachbildung des menschlichen Auges gewissermaßen. Die folgende Abb. 47 zeigt einen Vergleich zwischen Photoapparat und Auge. Beide arbeiten im Prinzip gleichartig. Eine Linse bündelt die eintreffenden Lichtstrahlen so, daß eine scharfe Abbildung entsteht. Beim Photoapparat fällt diese auf den Film, beim Auge auf die Netzhaut. Die lichtempfindliche Schicht der Netzhaut besteht aus ca. 100 Millionen Zellen, die in der Lage sind, die elektromagnetischen Wellen des Lichtes in Nervenimpulse umzuwandeln. Das Gegenstück zur lichtempfindlichen Nervenzelle ist die Photozelle. Sie entspricht der Sinneszelle der Netzhaut im Auge, indem sie elektrische Werte in Abhängigkeit von der Lichtintensität verändert.

Diese Anforderung erfüllt ein chemisches Element, das den Namen »Selen« trägt. Das Besondere an Selen ist, daß sich sein elektrischer Widerstand bei Lichteinfall verändert: Schaltet man eine solche »Selenzelle« in einen Stromkreis, so fällt an ihr eine Spannung ab, die sich verändert, wenn man die Selenoberfläche belichtet. Die Selenzelle ist also ein »Wandler«, der Lichtwellen in elektromagnetische Wellen umwandelt, ähnlich wie das Mikrophon akustische Signale in elektromagnetische überführt.

Versuche, mittels Photozellen Bilder zu übertragen, lieferten allerdings unbefriedigende Resultate.

Den entscheidenden Impuls erhielt die Fernsehtechnik erst durch die Entwicklung der Braunschen Röhre (Abb. 49). Sie besteht aus einem Glaskolben, aus dem die Luft herausgepumpt wurde (daher wird sie auch Vakuumröhre genannt). In ihr befindet sich eine Art von Glühfaden. Er ist mit bestimmten Materialien beschichtet, die

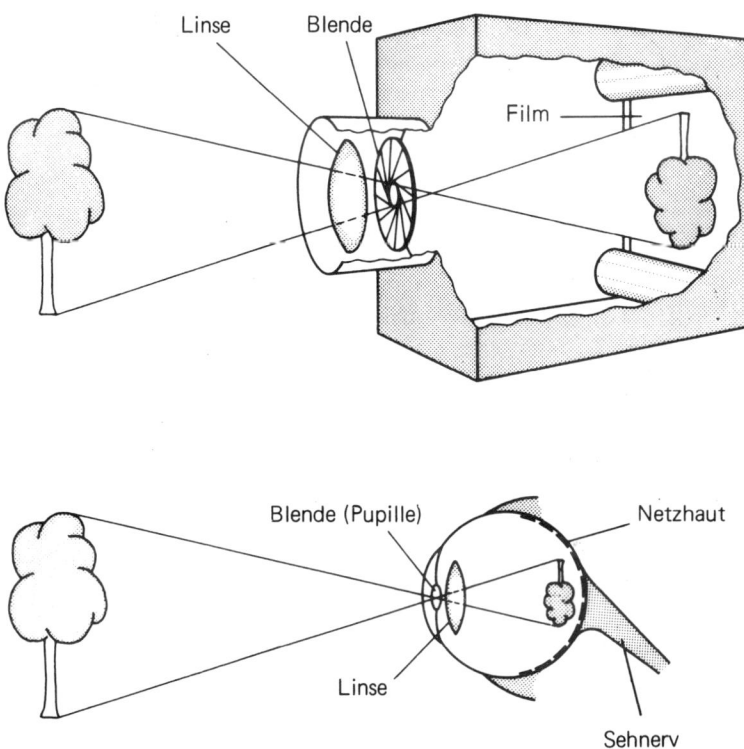

Abb. 47   Vergleich zwischen Photoapparat und Auge

in glühendem Zustand zahlreiche Elektronen aussenden. Diese Schicht übernimmt die Funktion der Kathode (Kathode und Anode sind die Bezeichnungen für den Minus- bzw. Pluspol).

Der Kathode gegenüber befindet sich eine Platte, die Anode. Verbindet man nun die Kathode mit dem Minuspol einer Spannungsquelle und die Anode mit dem Pluspol, so zieht die Anode die von der Kathode emittierten Elektronen an, und es entsteht ein elektrischer Strom, der sich in Form eines Elektronenstrahls durch die Röhre bewegt. Die Anordnung hat den Sinn, die von der glühenden Schicht ausgeschickten Elektronen in Richtung Anode zu beschleunigen. Wird die Anode mit einem Loch versehen, so fliegen Elektronen, wenn sie genügend Schwung haben, durch diese Öffnung hindurch und treffen auf die Vorderwand der Röhre. Versieht man diese innen mit einer speziellen Phosphorschicht, die dort, wo ein Elektronenstrahl auftrifft, zu leuchten beginnt, dann ist im Prinzip die Braunsche Röhre funktionsfähig: Der Leuchtfleck wird der Bildpunkt eine Fernsehbildes, das mit einem Elektronenstrahl »geschrieben« wird. Dazu muß der Elektronenstrahl allerdings noch in zwei Dimensionen lenkbar sein, denn er soll horizontale Zeilen untereinander herstellen und auf diese Weise mindestens 25mal pro Sekunde Punkt für Punkt, Zeile für Zeile ein Bild wiedergeben. Zusätzlich muß seine Intensität variabel und ansteuerbar sein, denn der Leuchtpunkt soll die Grauwerte jedes einzelnen Bildpunktes wiedergeben können.

Abb. 48   Ferdinand Braun
(1850 – 1918)

Befassen wir uns zunächst mit der Helligkeitssteuerung. Man legt dazu zwischen Kathode und Anode eine zylinderförmige Abdekkung mit einem Loch für den Strahlaustritt. An diesen Zylinder wird eine negative Spannung gelegt, die auf die ebenfalls negativen Elektronen abstoßend wirkt. Durch Variation der negativen Spannung des Zylinders kann somit die Intensität des Elektronenstrahls und damit die Helligkeit des Bildpunktes gesteuert werden. Bei sehr hoher negativer Spannung wird der Elektronenstrahl vollkommen unterdrückt (je geringer die negative Spannung, um so mehr Elektronen treffen auf die Leuchtschicht). Der Helligkeitsregler des Fernsehgerätes beruht auf diesem Prinzip; er stellt die Grundhelligkeit des Bildes ein.

Nun muß der Strahl noch in vorgegebener Weise abgelenkt werden. Dies geschieht durch das sogenannte Zeilensprungverfahren. Dabei wird der Elektronenstrahl mit elektrostatischen oder magnetischen Feldern in seiner Richtung beeinflußt. Bei der elektrostatischen Methode läuft der Elektronenstrahl durch ein horizontal und ein vertikal angeordnetes Plattenpaar. Legt man an die Platten eine elektrische Spannung, so werden die negativen Strahlelektronen von der Platte mit positiver Polarität angezogen. Der Strahl verändert seine Richtung.

Auf diese Weise kann man den Bildpunkt beliebig verschieben. Die Kombination von horizontaler und vertikaler Strahlablenkung ermöglicht es, den Leuchtfleck in Zeilen über den Bildschirm zu führen. 1930 wurden mit diesem Prinzip erstmals Fernsehbilder erzeugt.

Wichtig ist beim Fernsehempfänger die Synchronisation: Die Elektronenstrahlen von Fernsehkamera und Empfangsröhre müssen in jeder Beziehung gleichgeschaltet sein. Der Sender muß den Takt vorgeben, der die Information vermittelt, welche Position auf dem Bildschirm der Elektronenstrahl gerade einnimmt. Das wird durch »Synchronimpulse« bewerkstelligt, die das Fernsehgerät in Bewegungsbefehle für den Elektronenstrahl umsetzt. Diese Synchronimpulse enthalten allerdings noch keine Bildinformation. Sie wird durch die »Videospannung« geliefert.

Die Übertragung von Fernsehbildern geschieht über Kabel oder drahtlos in den Bereichen UKW oder englisch VHF (Very High Frequency) und UHF (Ultra High Frequency). Diese Bereiche sind in »Bänder« und »Kanäle« aufgeteilt. Der Träger des Kanals 38 beispielsweise hat eine Frequenz von 607,25 MHz für die Bildübertragung und 612,75 MHz für die Tonübertragung.

Betrachten wir abschließend noch das Prinzip des Farbfernsehens, das in der Bundesrepublik Deutschland seit 1967 eingesetzt wird.

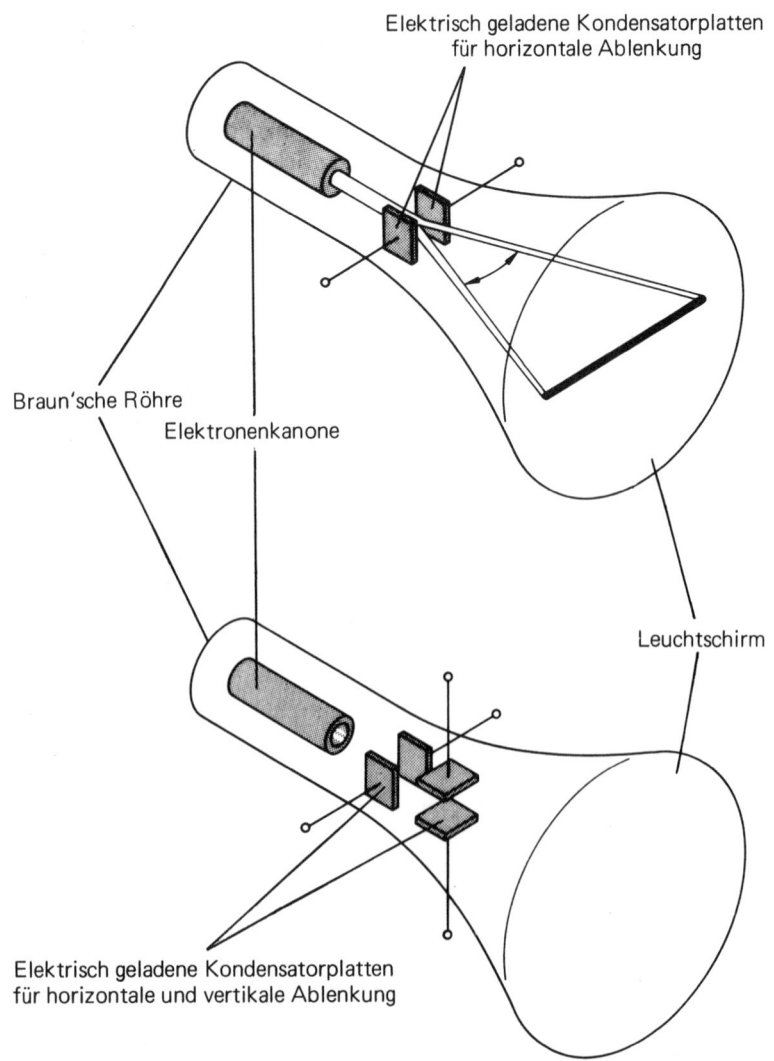

Elektrisch geladene Kondensatorplatten
für horizontale Ablenkung

Braun'sche Röhre

Elektronenkanone

Leuchtschirm

Elektrisch geladene Kondensatorplatten
für horizontale und vertikale Ablenkung

Abb. 49 Ablenkung des Bildpunkts in der Braunschen Röhre

Licht ist ein Gemisch aus verschiedenen Wellenlängen. Normales
Sonnenlicht empfinden wir als »weiß«. Der Physiker Isaac Newton
beobachtete schon vor über dreihundert Jahren, daß das weiße Sonnenlicht durch ein Glasprisma in die Farben zerlegt wird, die wir

auch vom Regenbogen her kennen (Rot, Orange, Gelb, Grün, Blau, Violett). Welche Farbe wahrgenommen wird, ist abhängig von der spektralen Zusammensetzung des Lichtes. Es zeigt sich nun, daß drei »Grundfarben« ausreichen, um je nach ihrer Mischung alle Farbempfindungen auszulösen. So ergibt eine Mischung aus Rot und Grün Gelb. Man nennt diese Farben (Rot, Grün, Blau) auch Primärfarben.

Von der Kenntnis dieses Prinzips ist es nicht mehr weit zum Farbfernsehen. Farbbilder werden im sogenannten simultanen Übertragungsverfahren in entsprechende Rot-, Grün- und Blausignale »aufgespaltet« und sodann in synchroner Weise wieder zusammengesetzt. Für das Farbfernsehen gibt es gegenwärtig verschiedene Normen und Methoden, die zueinander nicht kompatibel sind.

Ebenso wie im Audiobereich der Übergang von der herkömmlichen Schallplatte zur Laserdisk den Übergang in eine völlig neue Technologie markiert, rechnen Fachleute mit einer ähnlich revolutionären Neuerung für die Fernsehzukunft: dem flachen Bildschirm. Schon seit Jahren arbeitet man an einer Leuchtfläche, die so dünn ist, daß man sie wie ein Bild an die Wand hängen kann, die aber auch so klein sein kann, daß sie auf eine Armbanduhr paßt.

Die Braunsche Röhre kommt als Lösung mit ziemlicher Sicherheit nicht in Frage, d. h. man benötigt ein vollkommen neues Prinzip der Bildwiedergabe. Zahlreiche Forschungslaboratorien in aller Welt versuchen dies gegenwärtig mit unterschiedlichen Methoden zu erreichen: Die Bell Laboratorien, Siemens, Thompson-CSF, Philips und andere entwickeln eine Bildwiedergabe auf der Grundlage der Elektrolumineszenz. Sie beruht auf der schon 1936 entdeckten Eigenschaft mancher chemischer Verbindungen, bei elektrischer Reizung zu leuchten. Vielversprechend scheint auch die Methode, sogenannte Flüssigkristalle als Bildschirmmaterial einzusetzen. Dies sind spezielle organische Substanzen, die so heißen, weil sie in flüssigem Zustand manche Eigenschaften von Kristallen besitzen und ihre Lichtdurchlässigkeit verändern, wenn elektrischer Strom fließt. Flüssigkristalle werden bereits in großem Umfang bei der Anzeige von Digitalarmbanduhren und Rechenmaschinen eingesetzt. Vor allem japanische Firmen wie Casio, Sony, Toshiba, und Hitachi beginnen gegenwärtig, Mini-TV-Geräte mit flachem Bildschirm aus Flüssigkristallen zu vermarkten (Preis ca. 1 200 DM). Auf eine Leuchtfläche von etwa 3 × 4 Zentimeter kommen dabei 55 000 Bildpunkte. Seiko will mit demselben Prinzip, aber einer verfeinerten Technik in absehbarer Zeit ein Fernsehgerät in der

Größe einer Armbanduhr auf den Markt bringen. Eine weitere Variante ist der Plasmabildschirm. Er beruht auf dem Phänomen, daß elektrische Entladungen in Gasen Leuchteffekte hervorrufen. Zahlreiche Firmen versuchen sich seit Jahrzehnten an diesem Prinzip. 1982 teilte Siemens mit, einen Schwarzweißbildschirm entwickelt zu haben, der 40 cm Durchmesser und 6 cm Dicke hat und aus 448 × 720 Bildpunkten zusammengesetzt ist.

20. Satelliten, Glasfaseroptik und Laser

Zum Abschluß dieses Kapitels wollen wir noch die technischen Grundlagen für Satelliten, Glasfaserkabel und Lasertechnik kurz beleuchten. Diese drei Bereiche spielen für mikroelektronische Anwendungen in mehrfacher Hinsicht eine wichtige Rolle.

Was sind Satelliten? Sie sind unbemannte Raumflugkörper, die sich auf einer Umlaufbahn um die Erde oder einen anderen Himmelskörper befinden. Abgesehen von kleinen Manövern zur Bahnkorrektur, bewegen sich Satelliten antriebslos auf einer Ellipsenbahn nach den Gesetzen der Himmelsmechanik. Sie sind mehrere Kilogramm bis viele Tonnen schwer und werden von Trägerraketen in den Weltraum geschossen.

Am 4. Oktober 1957 brachten die Sowjetrussen den ersten Satelliten, damals Sputnik genannt, in eine Umlaufbahn um die Erde und erzeugten damit in den Vereinigten Staaten beträchtlichen Aufruhr. Die Sowjets hatten sich in der Weltraumtechnologie an die Spitze gesetzt.

In den Vereinigten Staaten wurde daraufhin ein ehrgeiziges Raumfahrtprogramm gestartet, das einerseits in der ersten Landung eines Menschen auf dem Mond gipfelte, andererseits zu einer Fülle von technologischen Neuerungen führte, die heute längst auch auf der Erde genutzt werden.

Der Einsatz von Satelliten in der Kommunikationstechnik resultiert aus der Notwendigkeit der interkontinentalen Übertragung großer Nachrichtenmengen (Abb. 50). Die bestehenden Unterseekabel reichen nicht mehr aus, um alle Telephongespräche etwa zwischen Europa und Nordamerika zu übertragen. Moderne Satelliten dagegen sind in der Lage, Zehntausende von Telephongesprächen auf einmal zu übermitteln. Sie stellen damit eine direkte Konkurrenz zur Kommunikation via Kabel dar, vorwiegend im Fernverkehr. Die bestehenden Kabelverbindungen über Kupferleitungen können aber auch den Nahverkehr kaum mehr bewältigen. Deshalb wird, vor allem bei kürzeren Strecken, die sogenannte Lichtwellenleiter-technik eingesetzt. Elektrische Kabel werden dabei durch Glasfi-berbündel ersetzt. An die Stelle elektrischer Signale treten Lichtim-pulse. Lichtkabel sind wesentlich vielseitiger verwendbar als elektri-sche. Sie nehmen sehr viel höhere Frequenzen auf und haben somit höhere Informationskapazität, sie sind unempfindlicher und weit-gehend störungsfrei. Eine einzelne Glasfaser ist nur etwa ein Zehn-tel Millimeter dünn, aber in der Lage, in der Sekunde acht Millio-nen Informationseinheiten zu übertragen. Während im Kupferka-bel Nachrichten meist »analog« vermittelt werden, geschieht dies in der Glasfaser digital. Die elektrischen Impulse, die 0 und 1 dar-stellen, werden von einem Laser in Lichtimpulse umgewandelt und laufen mit Lichtgeschwindigkeit durch das Kabel.

Optische Übertragungssysteme bestehen im wesentlichen aus drei Elementen: dem elektrooptischen Wandler (z. B. einem Laser), der das elektrisch codierte Nachrichtensignal in Lichtimpulse umwan-delt, der Glasfaser als Übertragungsleitung und dem optoelektroni-schen Wandler (z. B. einer Photodiode), der das ankommende Licht in die ursprüngliche elektrische Nachricht rückverwandelt. Die Lichtführung in einer Glasfaser beruht auf dem Prinzip der Totalre-

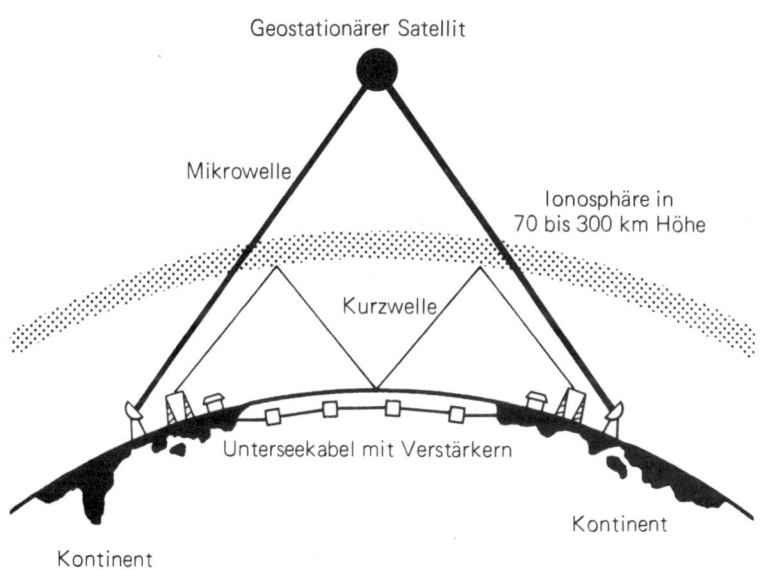

Abb. 50   Nachrichtenübermittlung über weite Strecken

flexion, die das Licht an einer Grenzschicht zwischen Materialien von unterschiedlichem Brechungsindex bei flachem Einfallwinkel erfährt. Deshalb setzt sich die Faser aus einem Kern mit höherem und einem Mantel mit etwas niedrigerem Brechungsindex zusammen. Das bedeutet, daß sich flach in die Faser eingestrahltes Licht in mehr oder weniger starken Zickzackbewegungen in der Faserachse fortbewegt.

Das Übertragungsverfahren ist, wie schon erwähnt, digital, da Ein- und Ausschaltvorgänge leichter in Lichtimpulse umsetzbar sind als beispielsweise amplitudenmodulierte Signale, die die Helligkeit einer Lichtquelle steuern müßten. Bei dem häufig verwendeten PCM-Verfahren (PCM bedeutet Pulscodemodulation) werden aus einem Sprachsignal etwa 8 000mal pro Sekunde Proben entnommen, deren Größe anschließend nach einem bestimmten Code verschlüsselt wird und als Folge von Impulsen mit dem Wert 0 oder 1 über die Leitung geschickt wird. Die am anderen Ende eintreffenden Impulsketten werden hierauf wieder in das ursprüngliche Signal verwandelt. In den Zeiträumen zwischen der Abtastung eines Gespräches wird zyklisch eine Reihe weiterer Gespräche nach der gleichen Methode codiert; die so erhaltenen Impulsfolgen laufen ineinander verschachtelt durch eine einzige Leitung. Zur Zeit entwickelte Glasfasersysteme ermöglichen die gleichzeitige Übertragung von etwa 2 000 Ferngesprächen – dies entspricht etwa 140 Millionen Impulsen bzw. Impulspausen pro Sekunde.

Während herkömmliche Kabel alle 1 bis 2 Kilometer einen Verstärker benötigen, um die schwächer werdenden elektrischen Signale »aufzufrischen«, genügt bei Glasfasern je nach Bauart alle 10 bis 50 Kilometer ein Verstärker. Dies erfordert allerdings Glas unvorstellbarer Durchsichtigkeit: Würde man aus diesem Material ein Fensterglas herstellen, so hätte es noch bei 800 Meter Dicke die gleiche Lichtdurchlässigkeit wie eine normale Fensterscheibe.

Glasfaserübermittlung und Satellitenkommunikation ergänzen einander, stehen aber auch zueinander in Konkurrenz. Erst die kommenden Jahre werden zeigen, welche der beiden Technologien sich besser behaupten kann.

Vorhin ist schon das Stichwort »Laser« gefallen. Laser ist eine Abkürzung für »Light Amplification by Stimulated Emission of Radiation«, was soviel wie Lichtverstärkung durch induzierte Strahlungsemission bedeutet. Darunter kann man sich zunächst kaum etwas Konkretes vorstellen. Das einzige, was der Name andeutet, ist, daß es sich um eine andere Lichtquelle handelt als bei der elektrischen Glühbirne.

Die Quantenphysik hat gezeigt, daß man Licht mathematisch sowohl als Welle als auch als Teilchen beschreiben kann. Beides sind Scheinbilder natürlicher Phänomene. Wir können beide verwenden, um den Unterschied zwischen einer Glühbirne und einem Laser zu erklären. Der mit Strom durchflossene Glühfaden versetzt bei der Glühbirne die einzelnen Metallatome in angeregte, energiereiche Zustände. Beim Übergang von höheren in weniger angeregte Zustände werden Lichtquanten (Photonen), winzige Energiepakete gewissermaßen, ausgesendet. Daneben werden noch Wärme und, wie wir bei der Erklärung der Braunschen Röhre schon gesehen haben, Elektronen abgestrahlt. Die Lichtquanten werden in einem völlig unregelmäßigen Muster ausgeschickt.

Beim Laser ist das anders: Er sendet sogenanntes kohärentes Licht aus. Frequenz und Phase des Lichts schwingen im gleichen Takt. Kohärentes Licht setzt sich aus Lichtquanten von gleicher Energie zusammen. Wir haben sie zuerst als Photonenkügelchen beschrieben, können sie aber auch als Wellenpakete ansehen. Sie haben nicht nur gleiche Frequenz, sondern bilden auch zur gleichen Zeit Wellenberge und Wellentäler aus. Der Physiker spricht von »Phasengleichheit«. Mit Hilfe des Lasers können also Quadrillionen von unstetig funkenden Atomen in disziplinierten Gleichschritt gebracht werden.

Die einfachste Lichtquelle dieser neuen Art ist der Kristallaser. An seinem Beispiel läßt sich das Prinzip der »erzwungenen Strahlungsaussendung« klarmachen. Man verwendet dazu z. B. einen künstlichen Rubinkristall in Stabform, dessen Enden mit äußerster Präzision plangeschliffen und zueinander parallel sind. Auf diese Enden wird eine hauchdünne halb durchlässige, halb spiegelnde Schicht aus Silber aufgedampft. Das Kristallgitter des Rubins enthält außerdem eine bestimmte Menge von Ionen des chemischen Elementes Chrom. Diese werden nun durch Einstrahlung von Lichtquanten angeregt. Zwischen den beiden Spiegelnden des Stabes bilden sich »stehende« elektromagnetische Wellen aus, die alle Chromionen dazu zwingen, im gleichen Takt zu strahlen. Die Elektronen führen also zur gleichen Zeit im gleichen Rhythmus die gleichen Quantensprünge aus. Die Folge: Ein sehr scharf gebündelter Strahl von kohärentem Licht verläßt den Laser durch die halbdurchlässige Spiegelschicht aus Silber.

Da die Laserstrahlen praktisch parallel laufen, haben sie besondere Eigenschaften. Man kann sie zur Entfernungsmessung ebenso einsetzen wie als Energiequelle. Die Bezeichnung »Todesstrahlen«, die für Laserlicht in den Medien gebraucht wird, kommt daher, daß energiereiche Laserstrahlen durchaus in der Lage sind, Diamanten zu durchbohren.

In der Kommunikationstechnik ist aber weniger die Energie, die starken Laserstrahlen innewohnt, von Bedeutung, sondern die sehr hohe Genauigkeit, mit der ein hauchdünner Laserstrahl auf einen winzigen Punkt gelenkt werden kann. Dementsprechend begegnen wir Lasern bei der digitalen Schallplatte, bei optischen Datenspeichern, bei der Informationsübertragung via Glasfaser und in anderen Anwendungen.

21. Auf dem Weg zu integrierten Netzen

Mit Satelliten- und Glasfasertechnik haben wir moderne Methoden zur Übermittlung von Informationen kennengelernt. Das elektronische Kommunikationssystem, das den Globus gleich einem riesigen Spinnennetz überzieht, unterliegt zur Zeit einem tiefgreifenden Wandel. Bisher gab es weitgehend getrennt funktionierende Netzwerke, die entweder als Verteiler arbeiteten (Hörfunk und Fernsehen) oder die der Vermittlung dienten, bei denen also jeder Teilnehmer mit jedem anderen kommunizieren kann (Telephon). Gegenwärtig werden neue Netze aufgebaut, die sowohl Verteilungs- als auch Vermittlungsfunktion haben. Sie sind nicht nur schneller und aufnahmefähiger, sondern bringen neue Dimensionen in die vor uns stehende Informationswelt, die in ihren Auswirkungen noch gar nicht überschaubar sind. Vielfach wird in diesem Zusammenhang der Begriff »Datexnetz« gebraucht; im folgenden wird versucht, diese und ähnliche Neuentwicklungen zu charakterisieren.

Netzwerke lassen sich nicht nur hinsichtlich ihrer Funktion unterscheiden (Verteilung bzw. Vermittlung), sondern auch in bezug auf das Medium der Informationsvermittlung: Es gibt drahtlose und kabelgebundene Verbindungen. Sodann unterscheidet man zwischen schmalbandigen und breitbandigen Netzen. Bei schmalbandigen Diensten geht die Bandbreite nicht über die eines Telephonkanals hinaus. Das klassische schmalbandige Kabel besteht aus nur einem Leitungspaar, wie wir es aus jedem Haushalt kennen. Sogenannte Koaxialkabel dagegen sind breitbandig. Sie können gleichzeitig eine große Zahl von Kanälen übertragen. Vor dem Zeitalter der elektronischen Datenverarbeitung wurden vor allem Telephongespräche über Kabel vermittelt. Für diese genügt eine vergleichsweise langsame Transportgeschwindigkeit. Außerdem funktionierten sie in den meisten Fällen analog.

Als es in den sechziger Jahren zunehmend notwendig wurde, Netze für die schnelle Übermittlung von Daten zwischen Maschinen zu errichten, begann man mit dem Aufbau von digitalen Vermittlungsnetzen.

In den kommenden Jahren werden diese zunehmend auch die Übermittlung von Telephongesprächen übernehmen. Die Deutsche Bundespost bietet im Rahmen ihrer sogenannten DATEL-Dienste (DATEL ist ein Kurzwort für Datentelephon) eine Reihe von Datenübertragungsmöglichkeiten an. Schon Ende der siebziger Jahre wurde dafür ein spezielles Wählnetz mit Leitungsvermittlung eingerichtet, das sogenannte Datexnetz (Datex = Data exchange). Während das herkömmliche Telephonkabel Informationen mit einer Geschwindigkeit von 300 Bit pro Sekunde weiterleitet, ermöglichen Datexnetze bis zu 48 000 Bit pro Sekunde.

Mit der Umstellung auf die neue Netzwerktechnik sind gigantische Investitionen verbunden. Die flächendeckende Verkabelung der Bundesrepublik mit breitbandigen Glasfaserkabeln wird an die 80 Milliarden DM kosten und bis zum Jahr 2 000 noch nicht abgeschlossen sein. Das digitale Telephon wurde 1981 zunächst als Versuchsprojekt eingeführt. Mitte der achtziger Jahre werden digitale Vermittlungssysteme im Orts- und Fernverkehr üblich sein.

Bis die Glasfasertechnik technisch voll ausgereift und kommerziell sinnvoll ist, werden Koaxialkabel verlegt, die Breitband-Kommunikation ermöglichen. 1984 dürften dafür an die 3 Milliarden DM aufgewendet werden (die Hälfte davon durch Industrie und Handwerk, die mit der Bundespost kooperieren).

Computerkommunikation, Telephon, Bildschirmtext, Fernkopieren und viele andere Dienste sind ohne die neuen Netzwerke nicht denkbar. Letztere sind damit gewissermaßen das Substrat, auf dem Informations- und Kommunikationstechnik zusammenwachsen.

Für die Bundesrepublik Deutschland ist zu diesem Thema auch das Projekt BIGFON der Bundespost zu erwähnen (BIGFON ist eine Abkürzung für breitbandiges integriertes Glasfaser-Fernmeldeortsnetz). Die Breitbandigkeit der Glasfaser erlaubt, nicht nur Radio- und Fernsehprogramme zu übertragen, sondern zugleich auch sämtliche derzeit üblichen oder zu erwartenden Fernmeldedienste vom Telephon bis zum Fernsehtelephon anzubieten. Der wirtschaftliche Vorteil besteht darin, daß eine Glasfaseranschlußleitung in Zukunft die vielen einzelnen Anschlüsse für Telephon, Datenendgeräte, Telex, Teletex und Kabelfernsehen ersetzen kann und daß diese Glasfaseranschlußleitung nicht viel mehr kosten wird als ein digitaler Telephonanschluß. Insgesamt 6 Firmen bzw. Firmengemeinschaften sind an den Systemversuchen der Bundespost beteiligt, die gegenwärtig durchgeführt werden. Im Fernnetz sollen ab 1985 Glasfaserkabel eingesetzt werden (seit 1977 laufen diesbezügliche Versuche). Von 1985 bis 1995 ist die Verlegung von jährlich hunderttausend Kilometer Glasfasern vorgesehen (da Glasfaseradern zu Bündeln zusammengefaßt werden, sind die tatsächlichen Kabellängen natürlich um ein Mehrfaches geringer).

Kehren wir nach diesem Ausflug in die Zukunft wieder zur Technik der Netzwerke zurück: Die Datexnetze arbeiten nach unterschiedlichen Vermittlungsprinzipien. Bei der sogenannten Leitungsvermittlung (Abb. 51) wird für die Dauer einer Verbindung eine Leitung von einem Teilnehmer zu einem anderen geschaltet. Dabei wird das Netz nur unvollkommen ausgelastet, weil die Leitung auch beispielsweise während der Sprechpausen belastet wird. Bei der Speichervermittlung dagegen wird eine Nachricht zusammen mit der Zieladresse an die nächste Vermittlungsstelle des Netzwerkes weitergeleitet. Dort wird sie zwischengespeichert, bis eine Leitung zur jeweils nächsten Vermittlungsstelle oder aber zum eigentlichen Ziel frei ist. Der Fachmann spricht auch von Paketvermittlung (Abb. 52), d. h. die Informationen werden portionsweise zerteilt, adressiert und nach bestimmten Verfahren übermittelt. Die Technik

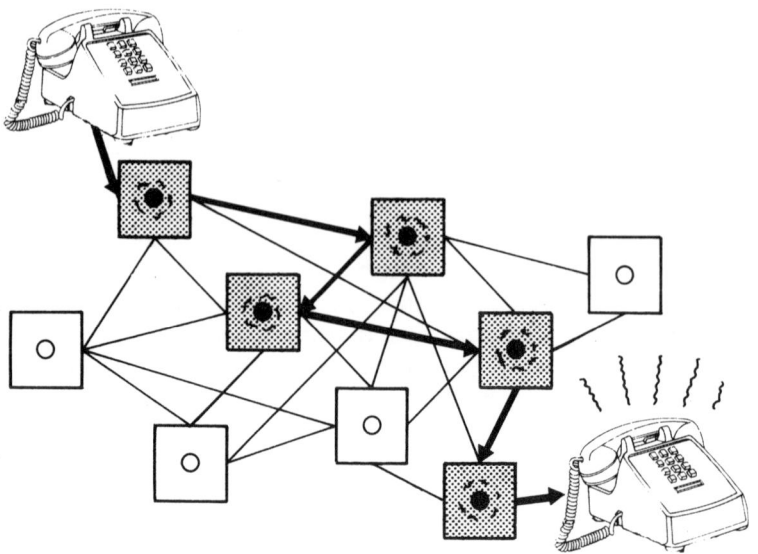

Abb. 51   Leitungsvermittlung

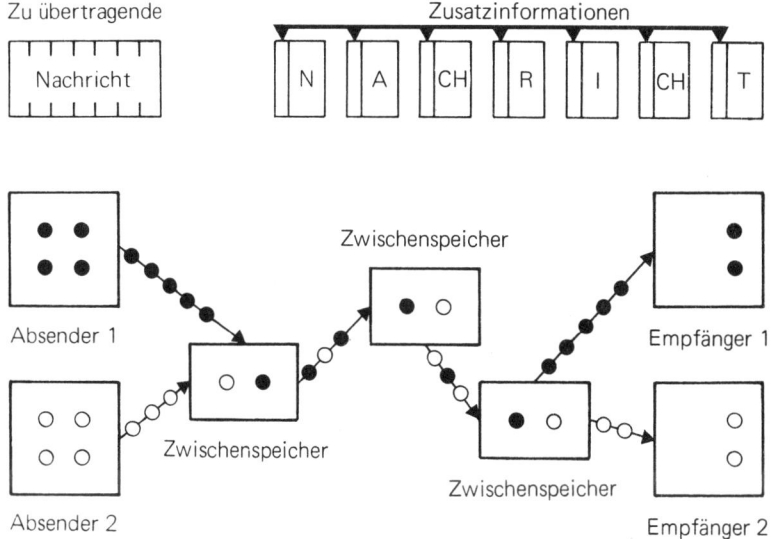

Zu übertragende

Nachricht

Zusatzinformationen

| N | A | CH | R | I | CH | T |

Absender 1

Absender 2

Zwischenspeicher

Zwischenspeicher

Zwischenspeicher

Empfänger 1

Empfänger 2

Abb. 52   Paketvermittlung

der Paketvermittlung ist ungemein kompliziert, hat aber einen bedeutenden wirtschaftlichen Vorteil: Die teuren Netzleitungen können auf diese Weise optimal ausgelastet werden. Die Betreiber solcher Netze können deshalb billiger und entferungsunabhängig kalkulieren. Die Auslastung wird dadurch erreicht, daß die Datenpakete bei den Vermittlungsknoten zwischengespeichert werden und erst dann zum nächsten Knoten weiterreisen, wenn eine Lücke auftritt – ähnlich wie sich ein Kraftfahrer aus einer Nebenfahrbahn in eine Autobahnkolonne einreiht. Sind nur wenige Lücken frei, wird die Übertragungsgeschwindigkeit um Sekundenbruchteile herabgesetzt. Die Information wird geringfügig verzögert zugestellt, jedoch wird die Verbindung nicht blockiert.

In fast allen Industriestaaten sind gegenwärtig solche Netzwerke in Betrieb oder im Aufbau. Da sie sich technisch häufig voneinander unterscheiden, bemühen sich die Postverwaltungen, »Schnittstellen« aufzubauen, d. h. zu gewährleisten, daß Informationen auch transnational übertragen werden können. EURONET beispielsweise ist ein Projekt der Fernmeldeverwaltungen der EG-Staaten, das den Datenaustausch zwischen Computern der Mitgliedsländer ermöglicht. Die Informationsspeicher sind in einem Verbund zusammengefaßt (DIANE) – ein Supermarkt für Informationen gewissermaßen.

131

Abb. 53   Ein weltumspannendes Spinnennetz . . .

Auch internationale Großunternehmen verfügen bereits über fir-
meninterne Datennetze. 500 amerikanische und europäische Banken sind an das elektronische Netz SWIFT angeschlossen, über das
täglich viele Milliarden DM im Überweisungsverkehr »fließen«
(siehe Seite 186).

22. Computer- und Kommunikationstechnik fließen ineinander

In den vorangehenden Kapiteln wurde zu erklären versucht, wie
Computer funktionieren, wie Informationen mechanisch gespeichert werden und mit welchen Methoden Informationen, Daten
und Nachrichten übertragen werden können. Jede dieser Entwicklungen ist für sich genommen revolutionär. Die eigentliche Tragweite der Neuerungen wird aber erst in der Zusammenschau klar.

Die Kombination von Computertechnik mit moderner Nachrichtentechnik ist wie eine Hochzeit von Giganten:»Diese Entwicklung eröffnet die Perspektive, daß die elektronische Datenverarbeitung in Verbindung mit neuen Formen der Kommunikation in den Alltag Einzug hält, wie zuvor das Telephon und in manchen Ländern die Schreibmaschine. Nicht viel anders als die Gas- und Wasserversorgung könnten ›Informationsversorgungseinrichtungen‹ eine Vielzahl von Möglichkeiten des Zugangs von Informationen eröffnen, die Dienstleistungen an einen privaten Haushalt liefern. Nach der Rationalisierung der Produktion und der Büroarbeit könnte diese Entwicklung eine neue Welle der Rationalisierung einleiten, die das Alltagsleben betrifft« (Lit. 13).

Zunächst ein Beispiel, um das Zusammenfließen der Technologien deutlich zu machen. Bildschirmtext gehört zu den sogenannten Neuen Medien (Seite 144). Er ist eine Synthese aus Fensehtechnik und Computertechnik. Durch ein einfach aufgebautes Zusatzgerät kann man am Fernsehbildschirm Informationen gezielt abrufen, die in elektronischen Datenbanken Hunderte von Kilometern entfernt gespeichert sind und über ein Datennetz digital übermittelt werden.

Ein anderes Beispiel: Reporter, die über aktuelle Neuigkeiten berichten, gehen zunehmend dazu über, ihre Story nicht über Telephon einem Kollegen in der Redaktion durchzugeben, sondern benützen ein schreibmaschinenähnliches Terminal, das sie mit jedem Telephonhörer verbinden können, tippen ihre Geschichte ein und senden sie über das Telephonnetz direkt in das Computersatzgerät der Druckerei.

Auch das vorliegende Buch profitiert von der Hochzeit der Giganten. Es wurde auf einer Textverarbeitungsmaschine geschrieben. Das ist zunächst für den Autor bequem, da Korrigieren, Einfügen von Abschnitten oder Wegstreichen problemlos am Bildschirm bewerkstelligt werden. Auch der eigentliche Druckvorgang ist einfacher: Die Druckerei bekommt nicht wie üblich ein Manuskript, das dann von Schriftsetzern Buchstabe für Buchstabe neu gesetzt wird. Statt dessen wird der auf Disketten gespeicherte Inhalt übermittelt und in die Computersatzmaschine der Druckerei direkt »eingelesen«. Der Text könnte genausogut, digital codiert, über das Telephonnetz der Druckerei übermittelt werden.

Auch beim Geldabheben benützt man eine Kombination von Computer- und Kommunikationstechnik. Diese Kombination ist es, welche die Informationsgesellschaft von morgen prägen wird. Die zahlreichen Anwendungsmöglichkeiten, die sich daraus ergeben, werden uns im nächsten Teil dieses Buches näher beschäftigen.

II. Teil
Mikroelektronik und ihre Anwendungen

1. Datenbanken – Antwort auf die Informationslawine

Datenbanken sind heute in fast aller Munde, manchmal liest man auch von Datenbasen (selten, aber fälschlich wird »Datenbänke« gesagt). Versucht man diesem zusammengesetzten Hauptwort ohne weitere Informationen einen Sinn abzugewinnen, wird man nicht ohne weiteres zu einem eindeutigen Ergebnis kommen. Hat eine Datenbank etwas mit einer Gartenbank zu tun oder mit einem Geldinstitut? Wenn man heute sagt: »Ich gehe auf die Bank«, so weiß jeder, daß damit ein Geldinstitut gemeint ist (obwohl in Vergessenheit geraten ist, daß mit Bank ursprünglich tatsächlich der Tisch der früher üblichen Geldwechsler bezeichnet wurde). Der Satz hingegen »Ich recherchiere in einer Datenbank« ruft beim Laien nur vage Assoziationen hervor. Wir wollen in diesem Kapitel erklären, was Dateien sind und wie man von Dateien zu Datenbanksystemen kommt. Eine Datei (englisch: file) ist eine geordnete Menge von Daten, die gleichartige Objekte beschreibt und für die Verarbeitung mit einem Rechner vorgesehen ist. Datei ist eine Zusammenziehung der Wörter Daten und Kartei. Beispiele sind die Personaldatei eines Betriebes oder die Meldedatei einer Gemeinde. Die zu einem Objekt gehörigen Daten nennt man einen Satz (etwa die Daten eines Beschäftigten in der Personalkartei). Jeder Satz ist in Felder gegliedert.

Zur Verarbeitung umfangreicher Dateien benötigt man eine Datenbank oder ein sogenanntes Datenbanksystem. Es besteht aus einer Datenbasis (Summe der einzelnen Dateien) und bestimmten Systemprogrammen. Letztere ermöglichen es, auf die Datenbasis so zuzugreifen, daß man je nach Bedarf aufgrund bestimmter Ordnungsmerkmale Daten entnehmen kann. Datenbanksysteme ermöglichen damit den vielseitigen Direktzugriff zu den einzelnen Daten. In der Praxis – der auch wir folgen – wird zwischen Datei, Datenbank und Datenbanksystem allerdings nicht streng unterschieden.

Datenbanken sind also strukturierte Sammlungen von Information. Man könnte sie auch als »elektronische Bibliotheken« charakterisieren. Damit sind wir schon bei einem entscheidenen Punkt: Datenbanken sind ein Mittel, um sehr große Mengen Information auf einem vergleichsweise geringen Raum zu speichern. Die Suche etwa nach einem Buchtitel geschieht dabei nicht wie in der Bibliothek durch das Blättern in einer Schlagwortkartei, sondern durch gezielte Befehle an eine Rechenanlage, die dann beispielsweise ein Magnetband durchsucht (siehe Seite 48) und die entsprechende Information »ausliest«.

Versuche, große Mengen an Information so zu ordnen, daß sie möglichst effizient abrufbar sind, gibt es seit langem. Schon die alten Sumerer versuchten sich vor viertausend Jahren mit einer »Listenwissenschaft«. Seither war man immer wieder bestrebt, Sammlungen von Fakten in Nachschlagewerken (Enzyklopädien etc.) zusammenzufassen.

Bis zur Renaissance finden wir Gelehrte, die von sich behaupten konnten, sie hätten das gesamte Wissen ihrer Kultur aufgenommen. Das rasante Anwachsen der Zahl von Detailerkenntnissen in Technik und Wissenschaft führte aber in den letzten Jahrzehnten zu einer regelrechten Informationsexplosion. Universalgelehrte sind heute nicht mehr denkbar. Die Bibliothek des US-Kongresses in Washington speichert derzeit etwa eine Milliarde neu hinzukommende Seiten pro Jahr. Allein in der Bundesrepublik erscheinen jährlich an die siebzigtausend neue Buchtitel. Fachleute schätzen, daß sich die Gesamtheit des gedruckten Wissens alle sechs Jahre verdoppelt, in manchen Fachbereichen, wie etwa der Chemie, ist diese Zeitspanne noch geringer.

Zu Beginn unseres Jahrhunderts gab es 1 000 biomedizinische Zeitschriften. 1950 waren es 4 000. Gegenwärtig sind es über 20 000.

Das Bemerkenswerte dabei ist, daß es keinen Hinweis auf eine Verlangsamung dieses lawinenartigen Anwachsens der Informationsmengen gibt. Für den Bürger wie für den Wissenschafter bedeutet dies letztlich eine tiefgehende Verunsicherung:

War es noch vor hundert Jahren möglich, die entscheidenden Fakten, die für das berufliche oder private Leben wichtig waren, kennenzulernen, so stehen wir heute mehr oder weniger hilflos einem unbesteigbaren Wissensberg gegenüber. Kein Arzt ist mehr in der Lage, alle Publikationen der medizinischen Wissenschaften auch nur zu überfliegen – große medizinische Datenbanken speichern pro Jahr die Zusammenfassungen von fast einer halben Million neu erschienener Publikationen. Nehmen wir an, daß jede dieser Arbeiten etwa sieben Seiten lang ist, dann müßte jeder Arzt pro Tag etwa zehntausend Seiten lesen, um alle neuveröffentlichten Ergebnisse der Forschung kennenzulernen. Nehmen wir an, er ist in der Lage, zwanzig Seiten pro Stunde zu bewältigen und widmet fünf Stunden pro Tag dem Literaturstudium, so hat er noch immer erst 1% dieser Datenmenge verarbeitet.

Hier kann man einwenden, daß ein Großteil dieses Wissens für den Arzt wahrscheinlich gar nicht relevant ist. Gerade im Bereich der medizinischen Wissenschaften beklagen sich Fachleute zunehmend über »sinnlose« Publikationen (böse Zungen behaupten, die Qualifikation von Wissenschaftern werde nur mehr in Kilogramm gemessen – in Kilogramm Papier, die von ihnen veröffentlicht wurden). Sosehr dieser Einwand berechtigt sein mag, bleibt doch die Gegenfrage: Wer weiß, oder wer bestimmt, welches Wissen relevant ist? Zur Lösung dieser Frage gibt es verschiedene Ansätze, die jedoch allesamt unbefriedigend scheinen: Die einen gehen davon aus, daß die wesentlichen Neuigkeiten in den angesehenen, etablierten Zeitschriften erscheinen (bei denen der Autor in manchen Fällen sogar dafür bezahlen muß, daß seine Arbeiten abgedruckt werden). In diesen Organen werden aber zumeist nur jene Ergebnisse publiziert, die dem jeweiligen Stand der Schulwissenschaft genehm sind. Meinungen von Außenseitern, die morgen oder übermorgen als geniale Entdeckungen gefeiert werden könnten, finden kein Gehör.

Andere versuchen, durch die Analyse der zitierten Literatur die Spreu vom Weizen zu lesen. Ein wissenschaftliches Institut in den Vereinigten Staaten erfaßt laufend, welche Autoren bzw. Publikationen in den neuesten Zeitschriftenartikeln als Zitate genannt werden. Man geht dabei von der Überlegung aus, Arbeiten seien dann wichtig, wenn sich möglichst viele Forscher auf sie beziehen. Jedes Jahr werden die Spitzenreiter in diesem Wettrennen veröffentlicht. Nicht selten finden sich künftige Nobelpreisträger darunter. Findige Forscher sind allerdings mittlerweile dazu übergegangen, in jeder neuen Arbeit sich selbst möglichst oft zu zitieren bzw. einen Kollegen darum zu bitten – unter dem Motto: »Eine Hand wäscht die andere.« Außerdem: Auch eine Arbeit mit unrichtigen Ergebnissen kann oft zitiert werden, um deren Fehler zu korrigieren, und ist deshalb noch lange nicht wichtig.

Wenn es offensichtlich dem einzelnen nicht mehr möglich ist, ein Fachgebiet wie die Chemie oder die Medizin zu überblicken, kann man fragen, wozu die Errichtung von Datenbanken überhaupt gut sei. Zur Erörterung dieser Frage müssen wir eine Eigenschaft von

Datenbanken erklären, die bisher außer acht blieb: die Möglichkeit der gezielten Abfrage. Diese ermöglicht es nämlich, zu einem bestimmten, genau definierten Thema nahezu alle Veröffentlichungen zu suchen – und das in Sekundenschnelle.

Nehmen wir an, ein Mediziner möchte sich über die Behandlung von Krebs mit Interferon informieren. Sofern er nicht selbst Zugang zu Datenbanken besitzt, wird er sich in die nächstgelegene Universitätsbibliothek, das medizinische Fachinformationszentrum oder eine wissenschaftliche Informationsvermittlungsstelle begeben und seine Frage einem »Rechercheur« übergeben (Rechercheure sind meist Bibliothekare, die gelernt haben, mit elektronischen Datensammlungen umzugehen; neuerdings etablieren sie sich auch mit neuen Berufsbezeichnungen wie etwa als »Informationsberater«). Dieser setzt sich nun an ein Bildschirmterminal, das über ein Zusatzgerät mit einem Telephonapparat verbunden ist. Er wählt eine bestimmte Nummer, die ihm über das Wählnetz den Zugang zu einer der großen medizinischen Datenbanken ermöglicht (siehe Abb. 54). Häufig ist der Datenbankanbieter Tausende von Kilometern entfernt. Ist die Verbindung hergestellt, muß sich der Rechercheur durch ein bestimmtes Losungswort zu erkennen geben – genauso wie man beim Bankomat eine Kennummer eintippen muß, um von seinem Konto Geld abbuchen zu können. Ist nun die Verbindung zu der gewünschten Datenbank hergestellt, gibt der Rechercheur z. B. folgende Befehle ein:

s cancer

s interferon

»s« bedeutet soviel wie »suche«. Da die meisten Datenbanken nur englisch »verstehen«, steht hier statt Krebs »cancer«. Was passiert nun? Die Datenbank wird in Sekundenschnelle elektronisch durchsucht, und am Bildschirm erscheint die Antwort:

1 19063 cancer

d. h., der Computer hat nichts anderes gemacht, als abzuzählen, wie oft das Wort »cancer« insgesamt vorkommt. Der Zusammenhang, in dem das Wort gebraucht wird, ist dabei nicht von Belang. Die Ziffer 1 vor 19063 ist die fortlaufende Numerierung der Antworten des Computers auf Anfragen.

In analoger Weise wird das Stichwort »Interferon« abgefragt. Auch hier erhält der Rechercheur eine Angabe, wie oft »Interferon« vorkommt:

2 2540 interferon

Jetzt gibt er den Befehl:

c 1 and 2

Das bedeutet, daß die beiden Suchbegriffe miteinander verbunden werden. Nach dem Prinzip der Booleschen Algebra (siehe Seite 31f.) liefert der Computer nun die Anzahl der Veröffentlichungen, in denen die Stichworte Krebs und Interferon vorkommen. Der Computer kann natürlich nicht beurteilen, ob in den Arbeiten, die er ausgesucht hat, auch wirklich das Thema »Behandlung von Krebs mit Interferon« vorkommt. In diesem konkreten Fall kann man davon ausgehen, daß sich die meisten Arbeiten damit beschäftigen. Bei anderen Fragestellungen kann die »Trefferquote« aber recht niedrig sein. Sehen wir uns einige Ergebnisse an, die aus einer solchen Recherche erhalten wurden (Abb. 54).

```
?  s  cancer
                 1  19063  CANCER
?  s  interferon
                 2   2540  INTERFERON
?  c  1  and  2
                 3     94  1 AND 2
```

```
The lancet . saturday 15 january 1983.
   Trown PW; Kramer MJ; Dennin RA Jr; Connell EV; Palleroni AV; Quesada J;
Gutterman JU
   Department of Immunotherapy, Hoffmann-La Roche Inc., Nutley, New Jersey.
   Lancet (ENGLAND)     ,Jan 15 1983,    1 (8316)  p81-4,     ISSN 0023-7507
Journal Code: LOS
   Languages: ENGLISH
   During the course of clinical investigation of partly purified human
leucocyte interferon (IFN) prepared at the Finnish Red Cross (PIF),
neutralising IgG antibodies to human leucocyte IFN were detected in the
sera of 3 patients with cancer. In 2 of these patients, the antibodies were
detected in serum before treatment with PIF.  In the third patient
antibodies developed during the course of treatment. Antibody titres
against six recombinant human leucocyte IFN sub-types and one recombinant
hybrid human leucocyte IFN were different in the 3 patients.


   Clinical and immunological study of beta interferon by intramuscular
route in patients with metastatic breast cancer.
   Quesada JR; Gutterman JU; Hersh EM
   Department of Clinical Immunology and Biological Therapy,  The University
of Texas.
   J Interferon Res (UNITED STATES)    ,1982,   2 (4) p593-9,  ISSN 0197-8357
   Journal Code: IJI
   Contract/Grant No.: CA 05831


   The present status .of clinical studies with interferons in cancer in
Britain.
   Priestman TJ
   Department of Clinical Oncology, Dudley Road Hospital, Birmingham, U.K.
   Philos Trans R Soc Lond ABiolU (ENGLAND)    ,Sep 24 1982,   299 (1094)
p119-24,  ISSN 0080-4622  Journal Code: P5Z
```

Abb. 54 Datenbankrecherche zum Thema Krebs

Der Rechercheur wird die selektierten Arbeiten auf den Bildschirm rufen oder aber den Befehl eingeben, daß sie vom Datenbankanbieter von Ort und Stelle auf einem Schnelldrucker zu Papier gebracht werden (dies ist meist billiger, da bei der Übertragung am Bildschirm hohe Telephonkosten und Gebühren für den Zugriff auf die Datenbank anfallen).

Wollte der Mediziner dieselbe Aufgabe mit Hilfe einer konventionellen Bibliothek lösen, müßte er tagelang suchen, und selbst dann ist es fraglich, ob er ein vollständiges Ergebnis erzielen würde. Die sogenannte Datenbankrecherche ist also ein sehr wirkungsvolles Instrument, um aus großen Datenbeständen gezielt Informationen abzurufen. Sie ist aber nur dann sinnvoll, wenn die Fragen sehr gezielt formuliert sind. Die eher allgemeinen Fragen »Neue Ergebnisse zum Thema Krebs« ergibt Zehntausende von Literaturhinweisen – eine Menge, die kaum zu bearbeiten ist.

Gegenwärtig gibt es bereits Tausende von solchen elektronischen Bibliotheken, die über die internationalen Netze der Kommunikationstechnik beinahe von jedem Ort der Welt aus ansprechbar sind. Fast täglich kommen neue Datenbanken hinzu – auch der Zuwachs an Datenbanken ist lawinenartig. Es bedarf deshalb eigens geschulter Fachleute, die wissen, mit welcher Fragestellung man zu welcher Datenbank geht, denn für eine Abfrage gilt das Prinzip »Zeit ist Geld« – einfache Recherchen kosten je nach System zwischen 50 und 300 DM. Dazu kommt das Problem, daß es häufig beträchtlichen Geschicks bedarf, um eine Frage richtig zu formulieren. Der Computer denkt nicht, er zählt nur. Außerdem gibt es weltweit zahlreiche Informationssupermärkte, die jeweils mehrere Datenbanken anbieten. Diese sogenannten »Hosts« verstehen nur eine bestimmte Abfragesprache. Wenn mehrere Hosts kontaktiert werden sollen, muß der Rechercheur nicht nur mehrere solcher Sprachen beherrschen, sondern auch weitere Details über den Aufbau der Datenbanken kennen usw.

Mit anderen Worten, das Auffinden revelanter Information ist heute bereits zu einer »Wissenschaft« geworden.

Besonderes Interesse finden neuerdings auch Datenbanken im Rechtswesen. In der Bundesrepublik ergehen pro Jahr 3 Millionen Gerichtsentscheidungen, außerdem werden in Bund und Ländern jedes Jahr 300 Gesetze, 900 Rechtsverordnungen und 5 000 Verwaltungsvorschriften erlassen. Um diese Fülle von Information in den Griff zu bekommen, begann man im Bundesministerium der Justiz 1973 mit der Entwicklung und dem Aufbau eines juristischen Informationssystems (JURIS). Zur Zeit sind an JURIS etwa 60 Be-

nützer, vorwiegend Gerichte, angeschlossen. Zunächst beschränkte
man sich auf Sozialrecht und Steuerrecht; in der Folge kamen weitere Dateien hinzu. 1982 wurde die Entwicklungsphase von JURIS
abgeschlossen.

Wir haben uns bisher mit sogenannten bibliographischen Datenbanken beschäftigt, d. h. mit solchen, die Hinweise auf Artikel in
Zeitschriften und Büchern speichern. Daneben gibt es auch Fakten-
Datenbanken, die beispielsweise Produktionsstatistiken, Preise für
Rohöl oder die Gesamtzahl der Krankenstände in einem bestimmten Zeitraum speichern. Insbesondere im Bereich Wirt-
schaftsinformation sind solche Faktensammlungen von steigender
Bedeutung. Mehr und mehr Bankinstitute gehen beispielsweise
dazu über, Börsenkurse, Devisenkurse und anderes aus Datenbanken zu beziehen.

Die weltgrößte Auskunftei, Dun & Bradstreet, speichert Informationen über insgesammt 60 Millionen Unternehmen und setzte 1982
mit ihren Dienstleistungen 3,6 Milliarden DM um.

Auch in der Verwaltung hat die Datenspeicherung mittels Computer Einzug gehalten: Das Finanzamt speichert Steuererklärungen,
die Polizei Strafmandate, die Post Adressen ... Beinahe jede Facette des Bürgers, einer Firma, einer Organisation ist auf einem Datenträger »verewigt«.

Hier taucht unwillkürlich die Frage auf, ob diese weitgehende Speicherung von Daten nicht Tür und Tor öffnet für deren mißbräuchliche Verwendung. Mit dieser Frage wollen wir uns auf den Seiten
260ff. ausführlich beschäftigen. An dieser Stelle wollen wir uns damit begnügen, aufzuzeigen, was Datenbanken sind, und ein Gefühl
für die Vielfalt der Systeme vermitteln, die schon heute verfügbar
sind.

Informationsspeicherung ist eine Basisfunktion biologischer Systeme und – so gesehen – eigentlich Milliarden von Jahren alt.
Auch die Gene der ersten Lebewesen waren Mittel zur Speicherung
von Information: Jede Zelle »liest« die genetische Information und
benützt sie, um ihren biochemischen Haushalt zu steuern. Auch jeder Lernvorgang setzt die Speicherung von Information voraus.
Das menschliche Gehirn kann etwa 10^{12} bis 10^{15} Zeichen speichern
(das ist ein Mittelwert; von verschiedenen Fachleuten durchge-
führte Schätzungen unterscheiden sich zum Teil erheblich). Das
entspricht einer Speicherdichte von einer Milliarde Zeichen pro
Kubikzentimeter. Heutige Magnetplattenspeicher erreichen demgegenüber eine effektive Speicherdichte von ca. 50 000 Zeichen pro
Kubikzentimeter und kommen damit nicht im entferntesten an die

Leistung des menschlichen Gehirns heran. Erst die modernsten optischen Speicher (siehe Seite 52) nähern sich der unteren Grenze der Speicherdichte unseres Gehirns.

Dieser Vergleich ist allerdings nur bedingt zutreffend, da das menschliche Gehirn als Informationsspeicher anders arbeitet als eine Datenbank. Durch die Fähigkeit, Assoziationen zu bilden und Informationen gemäß ihrem Sinngehalt und nicht gemäß ihrer Buchstabenfolge abzurufen, ist das Gehirn dem Computer – noch – überlegen. Aber der Mensch vergißt, die Datenbank hingegen nicht.

Vergegenwärtigen wir uns die soeben angegebenen Speicherdichten an einem konkreten Beispiel. Eine große Bibliothek habe einen Bestand von einer Million Bände. Wenn jeder Band etwa 300 Seiten hat, so ergibt das insgesamt dreihundert Millionen Seiten. Bei zweitausend Zeichen pro Seite kommen wir auf sechshundert Milliarden Zeichen. Diese Informationsmenge kann man heute auf etwa fünfhundert Videolangspielplatten speichern (siehe Seite 52). Eine riesengroße Bibliothek läßt sich also, dank moderner Technologie, in einem Aktenschrank aufbewahren. Würde man solche Videoplatten in großem Umfang herstellen, so wäre die Bibliothek nur mehr einige zehntausend DM »wert«. Es ist anzunehmen, daß die Miniaturisierung in der Zukunft noch beträchtlich zunimmt und die entsprechenden Kosten daher sinken werden.

Wir haben also eine gegenläufige Entwicklung: Auf der einen Seite wächst die von Menschen produzierte Menge an Information rasant, auf der anderen Seite steigt die Kapazität, diese maschinell zu verarbeiten, ebenso rasant an. Obwohl anzunehmen ist, daß irgendwann Grenzen für dieses Wachstum sichtbar werden, stellt sich schon jetzt die Frage, ob die Kapazität der elektronischen Datenverarbeitung ein relevantes Kriterium ist, wenn die Menschen, die diese Systeme benützen, nicht mehr in der Lage sind, die Informationsmengen insgesamt in den Griff zu bekommen.

Wir haben uns bisher mit Datenbanken beschäftigt, die für Fachleute aus Wissenschaft, Wirtschaft und Verwaltung gedacht sind. Die technischen Entwicklungen, die heute unter dem Schlagwort »Neue Medien« (siehe Seite 144) bekannt sind, machen es aber möglich, daß auch der Mann auf der Straße Datenbanken benützt. Es liegt auf der Hand, daß diese Informationssammlungen neu geschaffen werden müssen. Denn der Durchschnittsbürger ist weder gewillt, eine komplizierte Abfragesprache zu lernen, noch will er seine Anfrage in englischer Sprache stellen müssen. Außerdem kann man nicht von jedermann Fachwissen verlangen, das ihn befähigt, eine Frage richtig zu formulieren. Abgesehen davon sind die Fragen, auf die der Mann auf der Straße eine Antwort sucht, mit herkömmlichen Datenbanken nur selten zu beantworten. Dazu ein Beispiel: Wenn eine Hausfrau wissen möchte, wieviel Kilojoule Energie ein Stück Würfelzucker enthält, so ist es sinnlos, diese Frage an eine medizinische Datenbank zu stellen. Wenn man nämlich die Stichworte »Zucker« und »Energie« eingibt, wird man zwar zahlreiche Publikationen finden, die gewünschte Antwort hingegen höchstens durch Zufall. Daß ein Stück Würfelzucker etwa 65 Kilojoule hat, setzt der Wissenschafter nämlich als bekannt voraus.

Genausowenig wird eine bibliographische Datenbank Antwort auf die Frage geben, welcher Arzt in Hamburg wohl am wirkungsvollsten multiple Sklerose behandelt. Auch nach einer Auskunft, ob biologische Lebensmittel gesünder sind als konventionelle, wird man vergeblich suchen. Bestenfalls findet man Dutzende von Arbeiten über einzelne Detailaspekte zu dieser Frage, etwa, ob biologische Lebensmittel vitaminreicher sind als mit leicht löslichem Dünger gezogene.

Die Informationsbedürfnisse des Bürgers werden mit solchen Datenbanken nicht befriedigt. Es ist demnach notwendig, Informationsspeicher so aufzubereiten oder neu aufzubauen, daß sie benützerfreundlich sind und auch den Wünschen der Bevölkerung entgegenkommen. Genau das versucht man in den letzten Jahren in verschiedenen Ländern durch Experimente, etwa mit Bildschirmtext, zu erreichen. Ebenso wie eine Firma, die ein neues Produkt am Markt testen will, dieses zunächst nur einem begrenzten Käuferkreis anbietet, um zu sehen, wie es ankommt, begannen in den vergangenen Jahren zahlreiche Feldversuche etwa zum Medium »Bildschirmtext«. Eine Reihe von Informationsanbietern stellte dabei Informationen auf Abruf zur Verfügung: aktuelle Nachrichten, Informationen über Reise und Verkehr, Theater- und Konzertprogramme, Kochrezepte, Stellenangebote, Fernsprechauskünfte, Öffnungszeiten von Apotheken, Versandhauskataloge usw. Ein Großteil dieser Informationen ist schon bisher in Broschüren und Büchern verfügbar oder über Auskunftsdienste erhältlich. Die moderne Kommunikationstechnik ermöglicht es nun, über ein- und dasselbe technische Medium – wie z. B. Bildschirmtext – alle diese Informationen bereitzuhalten.

Es läßt sich unschwer voraussagen, daß uns mit der kommerziellen Einführung der Neuen Medien ein wahrer Boom an neuen Computergedächtnissen ins Haus steht.

Wenn Herr Müller bisher den Wunsch hatte, einen Gebrauchtwagen zu kaufen, mußte er in den Zeitungen das jeweilige Angebot an Annoncen Spalte für Spalte durchgehen. Wenn die zum Verkauf angebotenen Gebrauchtwagen aber in einer Datenbank verfügbar sind, so kann sich Herr Müller nun das Suchen weitgehend ersparen: Will er einen blauen Mercedes 280 SE Baujahr 1978 oder 1980 kaufen, so liefert ihm eine Annoncendatenbank nur die Angebote, die seinen Anforderungen entsprechen.

Diese Beispiele zeigen deutlich, daß Datenbanken in allen Bereichen des menschlichen Lebens eine Rolle spielen können. Im nächsten Kapitel wird beschrieben, in welche Richtung sich die Neuen Medien gegenwärtig entwickeln.

2. Neue Medien

» ... Vorschlag zur Umfunktionierung des Rundfunks: der Rundfunk ist aus einem Distributionsapparat in einen Kommunikationsapparat zu verwandeln. Der Rundfunk wäre der denkbar großartigste Kommunikationsapparat des öffentlichen Lebens, ein ungeheueres Kanalsystem ..., wenn er es verstünde, nicht nur auszusenden, sondern auch zu empfangen, also den Zuhörer nicht nur hören, sondern auch sprechen zu machen und ihn nicht zu isolieren, sondern ihn in Beziehung zu setzen«
(Bertold Brecht, 1932).

Bildschirmtext, Teletext, Telefax, Kabelfernsehen, Zweiweg-Kommunikation ... sind das die Neuen Medien? Wir wollen versuchen, in diesen Begriffswirrwarr etwas Ordnung zu bringen. Was sind eigentlich Neue Medien? Handelt es sich dabei um eine Modewelle, die wie die »Neue Küche« heute in und morgen out ist?

Medien sind gewissermaßen Mittler zur Verständigung zwischen Menschen. In jeder Form der Kommunikation sind letztlich Menschen die Sender und Empfänger von Information. Auch dann, wenn ein Mensch gegen einen Schachcomputer spielt – denn dieser Schachcomputer ist zuvor von einem Menschen programmiert worden. An dieser Tatsache ändert sich auch bei den Neuen Medien im Grundsatz kaum etwas. »Neu« sind die technischen Mittel der Kommunikation, die Anwendungsformen und vielleicht auch die Reaktionen der Menschen auf die verschiedenen Möglichkeiten, miteinander in Verbindung zu treten. »Neu« ist natürlich ein relativer Begriff, denn was heute neu genannt wird, ist morgen entweder selbstverständliches Allgemeingut oder aber in der Versenkung verschwunden.

Technisch können alle Medien nach drei Kriterien beschrieben werden: nach der Art der vermittelten Information, nach der Technologie der Übertragung und nach ihrer Organisationsform. Betrachten wir zunächst den ersten Faktor, die Art der Information. Es kann sich etwa um Sprache, Bild, Schrift, computerlesbare Daten oder um Meßwerte einer Industrieproduktion handeln. Hier sieht man schon ein Charakteristikum der Neuen Medien: Im Gegensatz zur herkömmlichen Kommunikation zwischen Menschen durch Sprache oder Schrift findet die »neue« Kommunikation vornehmlich über computerlesbare Daten statt; zumindest nehmen aber Mikroprozessoren in irgendeiner Form an der Kommunikation zwischen den einzelnen Partnern teil.

Die Technologie der Übertragung haben wir bereits näher erläutert. Sie reicht vom Telephon bis zum Satellitenfunk.

Von der Organisationsform her läßt sich unterscheiden zwischen individueller Kommunikation zweier Partner untereinander, Massenkommunikation im Stile des Rundfunks (einer an viele) und Massendialog (mehrere Gruppen treten miteinander in Verbindung). Für die »Neuen Medien« ist am ehesten letzteres charakteristisch. Bildschirmtext und interaktives Kabelfernsehen etwa ermöglichen, wie wir gleich sehen werden, die interaktive Auseinandersetzung zwischen nahezu unbegrenzt großen anonymen Gruppen von Menschen. Das Stichwort »anonym« verdeutlicht eine neue Eigenheit dieser Medien: Obwohl sie ermöglichen, eine für den einzelnen maßgeschneiderte Auskunft zu vermitteln, beruhen sie doch in hohem Maße auf Kontakten zwischen Mensch und Maschine.

Mag sein, daß jetzt immer noch nicht völlig klar ist, was »Neue Medien« sind. Versuchen wir daher, einzelne Vertreter näher zu charakterisieren:

Bildschirmtext

Bildschirmtext, abgekürzt BTx, im englischen Sprachraum auch als Interactive Videotex bezeichnet, ist ein neuartiger Informationsdienst, der zwei herkömmliche Medien miteinander verknüpft. Vereinfacht kann man sagen:

Telephon + Fernseher = Bildschirmtext.

Bildschirmtext liefert dem Benützer über das Telephon direkten Zugriff auf Informationen aus zentralen oder dezentralen Datenspeichern, die am Fernsehschirm sichtbar gemacht werden können. Während das normale Fernsehprogramm beispielsweise Nachrichten nur zu vorgegebenen Zeiten anbietet, ermöglicht Bildschirmtext, zu jeder Tages- und Nachtzeit Neuigkeiten zu einem bestimmten Thema »interaktiv« abzurufen. Interaktiv bedeutet also, daß der Benützer entscheiden kann, wann er welche Information haben möchte.

Bisher gibt es Bildschirmtext in der Bundesrepublik nur in Form von regionalen Feldversuchen (auf sie werden wir weiter unten näher eingehen). Die bundesweite Einführung war zunächst für 2. September 1983 geplant, mußte jedoch dann um mindestens ein halbes Jahr verschoben werden, da das Unternehmen IBM, das den 50-Millionen-DM-Auftrag zur Lieferung der Bildschirmtextcomputer erhalten hatte, den Zeitplan nicht einhalten konnte. Aufbau und Funktionsweise von Bildschirmtext in der Bundesrepublik Deutschland sind jedoch in den wesentlichen Grundzügen klar.

Wie wird man Benützer von Bildschirmtext? Zunächst benötigt man einen Fernsehempfänger mit Decoder und ein Telephon. Dazu gehört noch ein sogenanntes Modem, d. h. eine technische Verbindung zwischen Fernsehapparat und Telephon. Des weiteren ist eine Tastatur ähnlich der einer Schreibmaschine erforderlich. Dieses Zusatzgerät ist über ein Kabel mit dem Fernsehempfänger verbunden. Da Bildschirmtext den Kontakt zu einer Computerzentrale herstellt, benötigt jeder Benützer noch ein »Losungswort«, damit der Computer ihm seine Dienste zur Verfügung stellt (und auch die entsprechende Rechnung zusenden kann).

Nehmen wir an, diese Voraussetzungen sind erfüllt. Man wählt mit dem Telephonapparat die Nummer der Bildschirmtextzentrale an. Diese fragt über den Fernsehschirm nach der Teilnehmernummer (»Losungswort«). In der Folge wird ein Inhaltsverzeichnis angeboten, das die einzelnen Informationsspeicher auflistet, zu denen Zugang besteht. Gesetzt den Fall, jemand möchte in einer bestimmten Gegend ein Restaurant ausfindig machen. Er wird zum Auffinden der entsprechenden Angebote einem »Suchbaum« folgen: Das System bietet als Antwort auf die Fragen jeweils verschiedene Varianten, von denen man jeweils eine auswählen kann (Abb. 56). Bildschirmtext ist so aufgebaut, daß zu seiner Bedienung keine Vorkenntnisse (außer Lesen und Schreiben) notwendig sind.

Die hierarchisch gegliederte Bildschirmtextdatenbank bietet dem

Teilnehmer insgesamt vier Zugangsmöglichkeiten. Der Benützer kann das Inhalts-, das Anbieter- oder das Stichwortverzeichnis konsultieren oder – wenn er die Nummer der betreffenden Bildschirmtextseite kennt – diese auch direkt anwählen. Das alphabetische Schlagwortverzeichnis der deutschen Bundespost umfaßt fast 3 000 Begriffe. Eine Erhebung der Abrufhäufigkeiten der Bildschirmtextseiten im Rahmen der Feldversuche zeigte, daß der Bereich »Unterhaltung und Freizeit« führend ist – das Schlagwort »Spiele« steht eindeutig an der Spitze der Nennungen.

Eine andere Möglichkeit, Bildschirmtext zu benützen, ist die Übermittlung einer Nachricht an einen Bekannten. Voraussetzung dabei ist natürlich, daß dieser auch über die erforderlichen Einrichtungen verfügt. Wer ein begeisterter Briefmarkensammler ist und mit Gleichgesinnten in Kontakt sein möchte, kann eine »geschlossene Benützergruppe« ins Leben rufen, die intern Informationen austauscht, ohne daß andere Zugang haben. Darüber hinaus wird es in naher Zukunft möglich sein, via Bildschirm in einem Versandhauskatalog zu blättern, aus dem Angebot einen neuen Staubsauger auszuwählen, ihn zu bestellen und den Kaufpreis durch Eintippen einer Kennummer vom Konto elektronisch abzubuchen.

Was kostet Bildschirmtext? Das Zusatzgerät zum Fernsehapparat ist um 500 bis 800 DM erhältlich; für das von der Post zur Verfügung gestellte Modem und die Anschlußgebühr sind pro Monat 8 DM zu entrichten. Dazu kommen bei der Benützung die normalen Gebühren für den Telephonanschluß, die Zeitdauer der Benützung der Telephonleitung und die Gebühren für die Informationsdienstleistung, die von den einzelnen Anbietern festgelegt wird. Bildschirmtext soll in der Bundesrepublik Deutschland 1984 allgemein eingeführt werden. Zunächst werden in Berlin, Düsseldorf, Frankfurt, Hamburg und München die ersten Bildschirmtextzentralen eingerichtet; später folgen Stuttgart, Hannover, Nürnberg, Dortmund und Köln. Die Gebühren werden in voller Höhe erst ab 1. Juli 1986 erhoben werden.

Bildschirmtext wurde erstmals in Großbritannien unter der Bezeichnung »Prestel« erprobt. Die ersten Pläne dazu stammen aus dem Jahre 1970. Nach einigen Modellversuchen begannen 1979 Feldversuche mit 6 000 Teilnehmern aus mehreren Städten, die schon nach kurzer Zeit aus einem Angebot von 150 000 Bildschirmseiten auswählen konnten, die von 140 Anbietern zur Verfügung gestellt worden waren. Insgesamt 25 Millionen Bildschirmseiten wurden im ersten Jahr abgerufen. Zunächst hatte man geglaubt, daß der neue Dienst vorwiegend von Herrn Müller oder Frau Meier benützt werden würde. Bald stellte sich jedoch heraus, daß 70% der Anschlüsse an Büros gingen und nur 30% an Privatwohnungen (und von diesen zwei Drittel zu leitenden Angestellten, die ihre Unkosten von ihrer Firma rückerstattet erhielten). Nach der ersten Probezeit gab nur ein Viertel der privaten Haushalte an, den Dienst weiter in Anspruch nehmen zu wollen. Der anfänglichen Euphorie

Abb. 55 »Suchbaum« im Mittelalter (vermutlich 15. Jahrhundert) für Verwandtschaftsverhältnisse ...

war Enttäuschung gewichen. Man begann zu überlegen, ob der neue Dienst zu teuer sei oder zu wenig benützerfreundlich.

1977 begann auch die Deutsche Bundespost mit ersten Versuchen zu Bildschirmtext. Es folgten die ersten Feldversuche in Berlin und Düsseldorf mit je zweitausend privaten und eintausend gewerblichen Benützern. Rund 850 Anbieter hatten Anfang 1982 bereits 180 000 Seiten eingespeichert. Immer mehr Informationslieferanten bieten seither ihre Dienste auch über dieses neue Medium an. Freilich kann von diesen Feldversuchen aus noch nicht eindeutig beurteilt werden, wie Bildschirmtext mittelfristig ankommen wird. Denn anfänglich war die Benützung gratis. Auch ist zu bedenken, daß auf

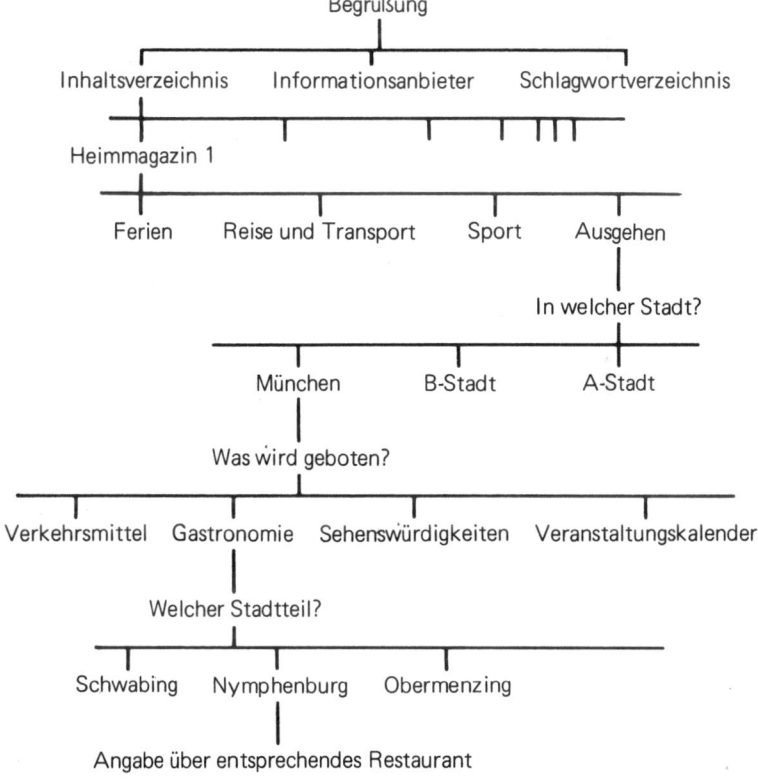

Abb. 56   ... und im 20. Jahrhundert bei Bildschirmtext

einer Bildschirmseite nur Information im Umfang eines Drittels einer Schreibmaschinenseite Platz findet. Solange keine Systeme mit höherer Auflösung eingeführt werden, ist Bildschirmtext deshalb auf eine relativ komprimierte Informationsübermittlung beschränkt. Immerhin hatte der Probebetrieb in Düsseldorf nach einem Jahr bereits 360 000 Anrufe zu verzeichnen. Die Informationsanbieter teilten sich auf Handel und Dienstleistung (50%), Parteien, Verbände, Kammern etc. (22%), Industrie (13%) und andere auf.

Was die Schnelligkeit der Einführung von Bildschirmtext betrifft, so hat man von den Erfahrungen in Großbritannien gelernt und rechnet nicht mit einer stürmischen Entwicklung. Immerhin hofft die Deutsche Bundespost bis Ende 1986 rund eine Million Teilnehmer, darunter 400 000 Privathaushalte, an das Netz angeschlossen zu haben. Manche Medienexperten halten diese Prognose für überhöht und meinen, 600 000 Teilnehmer drei Jahre nach bundesweiter Einführung seien realistischer. In jedem Fall eröffnet sich mit Bildschirmtext für Post, Gerätefirmen und Informationsanbieter ein neuer Markt. Das Beratungsunternehmen Diebold errechnete, daß Bildschirmtext in den Anfangsjahren ein Investitionsvolumen von 2 bis 3 Milliarden DM erreichen werde.

In Frankreich startete am 9. Juli 1981 in einigen Außenbezirken von Paris der erste Versuch zur französischen Variante von Bildschirmtext, »Teletel«. Dieses Projekt ist von vornherein mehr als eine gewöhnliche Bildschirmzeitung. Per Teletel kann man nicht nur Informationen abrufen, sondern es werden auch Serviceleistungen wie Berechnungen, Reservierungen und finanzielle Transaktionen angeboten.

Ein elektronisches Telephonbuch beispielsweise soll in den neunziger Jahren das gedruckte Telephonbuch ersetzen. Dies ist in Frankreich von besonderer Bedeutung, da die gedruckten Telephonbücher dort nur geringe Aktualität besitzen: Frankreich hat über 14 Millionen Telephonanschlüsse, und jedes Jahr kommen zwei Millionen hinzu. Kein Wunder, daß die Telephonauskunft ständig überlastet ist. Mit dem elektronischen Telephonbuch wird man in Zukunft nicht nur die jeweils gültigen Telephonnummern, sondern auch die Adressen abrufen können. Es genügt sogar, eine Adresse anzugeben, und man erhält die entsprechende Telephonnummer. Bedenkt man dazu noch, daß jedes Jahr zwanzig Millionen Telephonbücher gedruckt werden, wird verständlich, daß das elektronische Telephonbuch nicht nur ein neuer Service ist, sondern auch beträchtliche Einsparungen bei den Personal- und Sachkosten (150 000 Tonnen Papier pro Jahr) bringen kann.

Ein großes Anwendungsgebiet erhoffen sich die Franzosen auch durch die Einführung einer Scheckkarte, die mit einem Chip ausgerüstet ist. Das Chip fungiert als Mikrorechner und ist so klein, daß es in die Plastikkarte eingeschweißt werden kann. Die nötige Energie erhält der Rechner durch Solarzellen. Mit Hilfe einer Lesestation kann der Benützer jederzeit seinen aktuellen, in Chips gespeicherten Kontostand erfahren bzw. vom Fernsehgerät zu Hause aus mittels so einer Scheckkarte Kontoüberweisungen durchführen.

Besondere Qualität hat das kanadische System »Telidon«. Es ermöglicht eine wesentlich bessere Auflösung als die in Europa meist eingesetzten Versionen. Die erforderlichen Zusatzgeräte sind deshalb aber wesentlich teurer als etwa die für Bildschirmtext. Eine weitere Besonderheit ist, daß fast die Hälfte aller Endgeräte in Kanada keine Fernseher, sondern Mikrocomputer sind. Diese haben in Nordamerika schon in viel höherem Maß den Haushaltsbereich erobert als bei uns.

Zahlreiche Bürger wickeln dort beinahe ihren gesamten Zahlungsverkehr bargeldlos ab und erledigen auch ihre Buchhaltung über Computer.

Teletext

Mit Bildschirmtext oft verwechselt wird Videotext bzw. Teletext. Aufbau und Funktionsweise der beiden Medien unterscheiden sich aber weitgehend voneinander. Videotext ist ein elektronisches Verfahren zur Informationsübertragung, bei dem Buchstaben, Zahlen oder graphische Darstellungen in der »Austastlücke« des Fernsehsignals übertragen werden. Erinnern wir uns, was auf der Seite 121 über die Funktion der Bildschirmröhre gesagt wurde: Der Elektronenstrahl, der das Fernsehbild aus Tausenden von Einzelpunkten zusammensetzt, wandert Zeile für Zeile von links oben bis rechts unten. Der Weg von rechts unten zurück nach links oben ist die Austastlücke. In dieser Zeit bleibt der Elektronenstrahl unsichtbar. Dennoch kann dieser Zeitraum benützt werden, um Information zu übertragen – etwa 3% der Informationsmenge des Gesamtkanals. Videotextinformationen wandern also gewissermaßen als blinde Passagiere mit dem jeweils übertragenen Fernsehprogramm mit. Sie ermöglichen einfache Darstellungen am Bildschirm, aber keine Bewegungsbilder. Insgesamt kann man auf diese Weise in einer halben Minute ca. hundert Bildschirmseiten übertragen. Die Seiten werden laufend in derselben Reihenfolge ausgestrahlt. Das heißt, daß man nicht direkt auf die Seite 89 zugreifen kann, wenn das System erst bei Seite 24 ist, sondern warten muß, bis von der Seite 24 alle Seiten bis zur Seite 89 durchgespielt sind. Dadurch entstehen natürlich Wartezeiten. Auf der anderen Seite ist Videotext im Vergleich zu Bildschirmtext ein billiges Medium. Zwar ist auch ein Zusatzgerät notwendig, in das man etwa die gewünschte Seitenzahl eintippt, aber kein Telephon und kein Modem. Ein grundsätzlicher Unterschied zwischen Bildschirmtext und Videotext besteht auch darin, daß Videotext grundsätzlich nur Einwegkommunikation ermöglicht, während Bildschirmtext in beiden Richtungen, interaktiv, funktioniert.

Der Österreichische Rundfunk startete Anfang 1980 als eine der ersten europäischen Anstalten ein »Teletext«-Versuchsprogramm. In Zusammenarbeit mit dem Verband österreichischer Zeitungsherausgeber und der Austria Presse Agentur wurden Programmhinweise, Wettervorhersagen, Straßenzustandsmeldungen, Börsenkurse und aktuelle Meldungen ausgestrahlt. Die Teilnahme der Printmedien endete allerdings ein Jahr darauf. Heute wird Teletext in einer eigenen Redaktion des Österreichischen Rundfunks produziert.

In zahlreichen anderen europäischen Ländern gibt es ähnliche Versuche unter verschiedenen Bezeichnungen.

In der Bundesrepublik begannen 1981 »Videotext«-Feldversuche. Lange konnte man sich nicht einigen, ob Videotext nun Zeitung oder Rundfunk sei – nicht wenige Vertreter der Druckmedien befürchteten, der Rundfunk könnte ihnen mit Videotext ihren Markt streitig machen. Deshalb versuchten die Zeitungsverleger, die neue Bildschirmzeitung für sich zu reklamieren. Die Rundfunkanstalten dagegen argumentierten, Videotext sei integraler Bestandteil des Fernsehbildes und gehöre demnach in ihre Kompetenz. Schließlich einigte man sich auf den Kompromiß, daß fünf überregionale Zeitungen eine bestimmte Informationsmenge mitanbieten sollten.

Schätzungen zufolge wurden in der Bundesrepublik Deutschland in den letzen Jahren etwa 150 000 Videotextadapter verkauft. Die Begleitforschung zur Videotextnutzung im Feldversuch von ARD und ZDF ergab, daß vorwiegend Männer mittleren Alters das System benützen – im Durchschnitt etwa 10 Minuten pro Tag.

Einen großen Vorteil bietet Videotext für schwerhörige und taube Menschen. In Hinblick auf diese Zielgruppe wurde es auch entwickelt. Die britische BBC hatte schon Anfang der siebziger Jahre für Taube bei gewissen Sendungen Untertitel mit ausgestrahlt. Viele Zuseher waren damit aber nicht einverstanden. Nun suchte man

nach einem System, bei dem die Untertitel nur auf Wunsch einge-
blendet werden konnten. Aus diesen Entwicklungen entstand in der
Folge Videotext.

Kabelfernsehen

Während Bildschirmtext und Videotext in Europa schon relativ
weit verbreitet sind, wurde in den Vereinigten Staaten erst vor kurzem mit der Einführung solcher Systeme begonnen. Auf der anderen Seite kennen die US-Amerikaner aber schon seit langem eine
Form der Kommunikation, die für sie schon so alt ist, daß man sich
fragen kann, ob es sich dabei noch um ein »Neues Medium« handelt: das Kabelfernsehen. Im Jahre 1949 ärgerte sich ein Radio-
händler in einem Dorf in Appalachia im Bundesstaat Pennsylvania,
daß die umliegenden Berge die Empfangsqualität des Fernsehsignals aus Philadelphia beinträchtigten. Deshalb verzichteten viele
Kunden darauf, einen Fernsehapparat zu kaufen. Eines Tages kam
er auf die Idee, auf einem der Berge eine Antenne zu errichten und
von dort ein Kabel ins Dorf zu verlegen. Die Fernsehbenützer
konnten sich nun gegen eine geringe Gebühr an dieses Kabel an-
schließen und hatten fortan vorzüglichen Empfang.
In den fünfziger und sechziger Jahren breitete sich in den Vereinigten Staaten das Kabelfernsehen zunächst in den ländlichen Gebieten aus. Die neue Technik rief bald die etablierten Rundfunk-
und Fernsehanstalten auf den Plan, die um ihre Vormachtstellung
bangten. Denn sobald eine Kabelgesellschaft eine genügend große
Anzahl von Abnehmern hat, kann sie natürlich auch eigene Programme anbieten, die sie von anderswo kauft oder sogar selbst produziert. Jahrelange Rechtsstreitigkeiten waren die Folge. Erst 1968
wurde die Grundsatzentscheidung gefällt, daß das Kabelfernsehen
den Sendeanstalten Konkurrenz machen dürfe.
Heute gibt es Kabelfernsehen in fast 20 Millionen amerikanischen
Haushalten. Kabelbetreiber werben unter anderem mit dem Argument, daß sie Programme ohne Werbung anbieten (ihre Einkünfte
kommen in erster Linie aus der Vermietung der Kabelanschlüsse).
Wer jemals in den Vereinigten Staaten einen Krimi im Fernsehen
gesehen hat (wo immer dann, wenn es besonders spannend wird,
ein Werbespot folgt), der kann sich vorstellen, daß die Kabelbetreiber mit ihrem Verkaufsargument Erfolg hatten.
Da ein Kabel Dutzende von Programmen bewältigt, können die
Kabelgesellschaften von vornherein rationell kalkulieren. Dies er-

möglicht auch eine bisher nicht vermarktbare Spezialisierung: Zum einem wird es möglich, nur für eine bestimmte Region Lokalprogramme zu erzeugen, zum anderen können einzelne Kanäle Programme bestimmten Inhalts anbieten – Pogramme, bei denen rund um die Uhr Nachrichten gesendet werden oder Sendungen für Minderheiten.

Das Kabelfernsehen ermöglicht außerdem eine neue Form der Kommunikation, die wir schon beim Bildschirmtext kennengelernt haben: die Zweiwegkommunikation. Bei dieser Variante des Kabelfernsehens handelt es sich jedenfalls um ein Neues Medium. Vorreiter auf diesem Weg in eine neue Fernsehzukunft war Columbus, eine Stadt im amerikanischen Bundesstaat Ohio, wo die Firma Warner Amex im Jahre 1977 »Qube« startete.

Zum fixen Bestand des Angebots von Qube gehören 30 Fernsehprogramme. Die ersten zehn Kanäle entsprechen den Sendungen der öffentlichen und großen kommerziellen Sendestationen. Weitere Kanäle (Premium channel) sind für spezielle Programme gegen Bezahlung reserviert. Für vier Dollar und einen Knopfdruck spielt das System auf Wunsch einen Pornofilm. Neben zahlreichen Unterhaltungsprogrammen werden auch viele Dutzend Schulungskurse angeboten – von der Kurzschrift bis zur Vorbereitung der Aufnahmeprüfung zur Universität.

Großer Beliebtheit erfreut sich auch der sogenannte Community channel. Auf zehn Kanälen kann der Zuseher dabei unter anderem Lokalsendungen, Verbraucherinformationen, Sportmeldungen, Börseninformationen sowie Lebens- und Lernhilfeprogramme empfangen.

Qube besteht nicht nur aus einem Fernsehapparat und dem dazugehörigen Kabel, auch hier ist ein Zusatzgerät mit einer Reihe von Tasten notwendig – nicht nur für die Auswahl der Programme, sondern auch, um bei einer Liveübertragung auf eine Frage ans Publikum mit ja oder nein antworten zu können. Die Meinungsumfrage über Kabelfernsehen ist ein effizientes Mittel geworden, in Sekundenschnelle die Stimme des Volkes zu erfahren. Gesetzt den Fall, eine neue politische Partei hat sich etabliert und wird bei einer Talkshow über ihre Ziele befragt. Am Ende der Sendung kann der Moderator die Zuseher befragen, ob sie die neue Partei wählen würden. Sie werden aufgefordert, ihre Meinung durch Drücken der Ja- oder Nein-Taste mitzuteilen. Sekunden später erscheint das Ergebnis am Bildschirm, z. B.:

Ja-Stimmen   *20%*
Nein-Stimmen   *80%*

Natürlich benötigt die Zentrale der Kabelgesellschaft zur Bewältigung dieser Aufgaben einen Computer. Den braucht sie aber in jedem Fall, da die Kunden für jeden Film, den sie im Premium channel bestellen, und jede Dienstleistung, die sie in Anspruch nehmen,
einzeln bezahlen müssen. Die Erfassung dieser Leistungen kann
wirkungsvoll nur durch einen Rechner erfolgen. Ein Zentralcomputer kontrolliert daher alle sechs Sekunden, welcher Film gerade auf
jedem einzelnen Bildschirm läuft, und speichert die Information, so
daß sie nachher für die Abrechnung aufbereitet werden kann.
Besonders verlockend ist das Zweiweg-Kabelfernsehen für Werbe-
firmen und Meinungsforschungsinstitute. So sind in Columbus
Sendungen an der Tagesordnung, die wie folgt ablaufen: Der Bildschirm zeigt zwei Männer auf einer Geschäftsstraße, die das Schau-
fenster einer Buchhandlung betrachten. Es stellt sich heraus, daß
einer von ihnen selbst im Buchhandel tätig ist. Man beginnt über
die Vor- und Nachteile von Paperbacks im Vergleich zu Büchern
mit festem Umschlag (Hardcover) zu diskutieren. Nach kurzer Zeit
wird das Zuschauerpublikum über seine Meinung befragt, und der
Computer errechnet das wenig erstaunliche Ergebnis, daß die Bevölkerung mehr Paperbacks kauft als Hardcover. Während der Diskussion werden auch die Titel von vier neu erschienenen Büchern
genannt. Am Ende der Sendung erscheinen diese vier Bücher am
Bildschirm, mit den Nummern 1, 2, 3, 4 versehen. »Wenn Sie eines
der vier Bücher bestellen wollen«, verkündet nun der Sprecher,
»drücken Sie den entsprechenden Knopf auf Ihrem Zusatzgerät.
Der Computer wird Ihren Namen und Ihre Adresse speichern, und
die Buchhandlung wird Ihnen das Buch zusenden.«
Die ganze Sendung war von einer Buchhandlung bezahlt. Es wurde
bewußt versucht, sie so zu gestalten, daß sie nicht den Eindruck von
Werbung vermittelte.
Beiträge dieser Art standen bei Marketingmanagern, die neue Produkte testen wollten, bald hoch im Kurs. Der Zentralcomputer ermöglicht nämlich, die Resultate von Umfragen nach beliebigen Gesichtspunkten auszuwerten – nach Geschlecht, Wohnort, Beruf usw.
Kein Wunder, daß nicht wenige Kabelbenützer zu fragen begannen, welche Informationen über ihre Konsumgewohnheiten ohne
ihr Wissen verkauft wurden. Immerhin verbringt der amerikanische
Durchschnittsbürger etwa sechs Stunden täglich, also einen beträchtlichen Teil seines Privatlebens, vor der Flimmerkiste. Seine
Informationswünsche bezüglich Filmwahl, seine Meinungsäuße-
rungen bei Abstimmungen usw. lassen zahlreiche Schlüsse auf seine
politische Meinung, Weltanschauung und seine Privatsphäre zu.

Hier begegnet uns sehr deutlich die Tatsache, daß die Neuen Medien die Möglichkeit bieten, in die Privatsphäre des einzelnen einzudringen und sie damit kontrollierbar zu machen. Wer sich für diese Fragen schon jetzt näher interessiert, kann auf der Seite 251 weiterlesen.

Ergänzend sei erwähnt, daß Qube auch die bargeldlose Überweisung für den Ankauf von Gütern oder Dienstleistungen gestattet, wenn der Benützer einen entsprechenden Vertrag unterzeichnet. Außerdem ist es möglich, einen elektrischen Einbruchalarm zu installieren, der über das Kabelsystem eine Meldung an die Polizeizentrale weitergibt. Auch für medizinische Notfälle ist vorgesorgt. Die monatliche Abonnementgebühr für das Zweiweg-Kabelfernsehen beträgt etwa 25 DM. Für jedes zusätzlich gewählte Programm zahlen die Teilnehmer zwischen zwei und acht DM. Das Sicherheitssystem kann bis zu 500 DM zuzüglich einer Monatsgebühr von etwa 25 DM kosten.

Kehren wir wieder zum Einweg-Kabelfernsehen zurück. Es hätte sich in den Vereinigten Staaten kaum so rasch ausgebreitet, wenn es nicht ein gutes Geschäft wäre. Mittlerweile gibt es zahlreiche lokale Kabelnetzwerke, die – einem Spinnennetz gleich – über das ganze Bundesgebiet der USA miteinander verbunden sind. Während Fernsehanstalten, die ihre Sendungen über den Äther ans Publikum bringen, mindestens 30 Millionen Zuschauer brauchen, um ein Unterhaltungsprogramm finanzieren zu können (sie leben vorwiegend von Werbeeinnahmen, die an zahlreiche Zuseher gebunden sind), liegt diese Grenze beim Kabelfernsehen bei »nur« etwa einer Million. Charismatische protestantische Prediger waren die ersten, die diese Situation erkannten und für ihre Zwecke nutzten. Mit dem Slogan »Bete zu Gott und schicke Dollars« wurden einige von ihnen binnen kurzem Millionäre.

Rückblickend läßt sich feststellen, daß die Zahl der Kabelbenützer zunächst nicht besonders rasch anwuchs, sondern erst nach der Einführung von »Pay-TV« immer schneller wurde. Pay-TV ist eine Art Münzfernsehen. Der Zuschauer bekommt dabei Filme gegen Sonderzahlung vorgespielt. Beim Pay-TV schaltet sich der Benützer dabei entweder in ein zyklisch angebotenes Programm zu beliebiger Zeit ein oder bekommt auf Anforderung über einen Rückkanal das Programm direkt überspielt. Der Jahresumsatz übersteigt 3 Milliarden DM. Mit der Möglichkeit, Filme auf Wunsch über den heimischen Bildschirm flimmern zu lassen, sehen viele auch das Ende der Kinos gekommen.

Auch TV-Gesellschaften und Verlagshäuser fürchten die neue Kon-

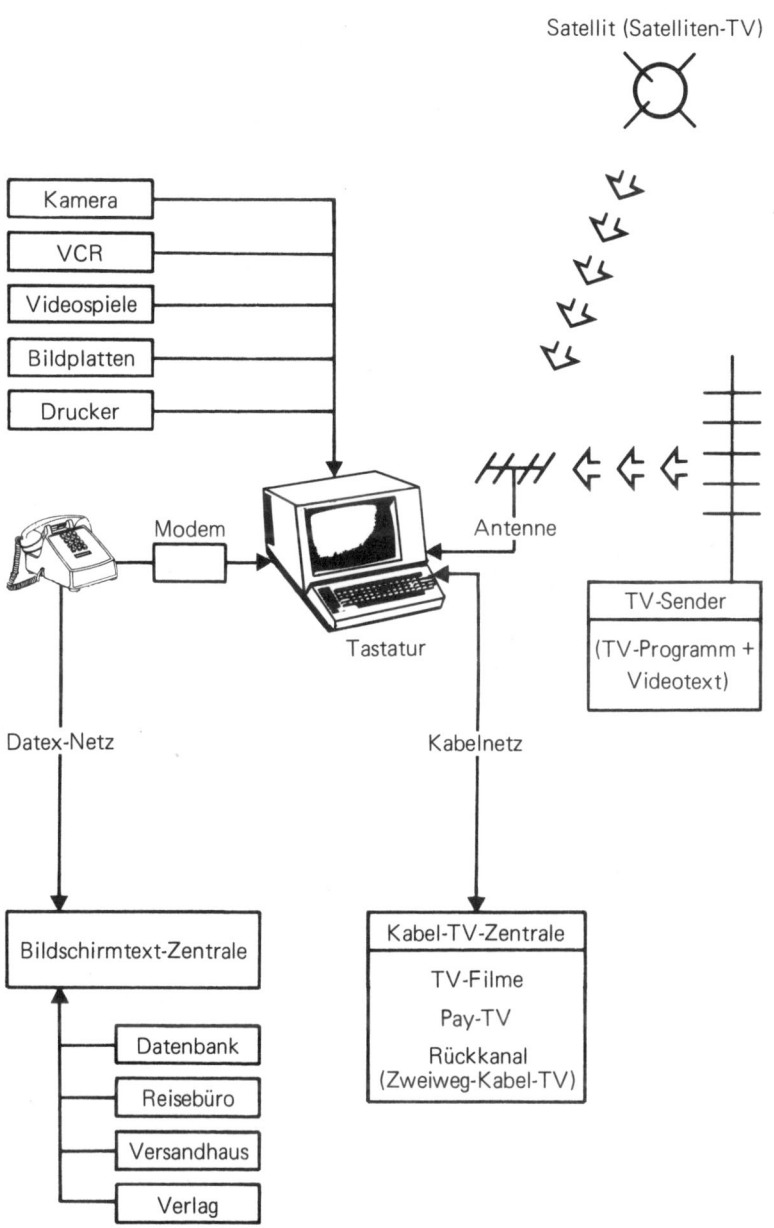

Abb. 57   Der TV-Schirm als universelle Informationsquelle

157

kurrenz. Welche Einflüsse die Neuen Medien auf die Struktur des künftigen Informationsmarktes haben könnten, werden wir auf den Seiten 233ff. näher diskutieren.

In der Bundesrepublik verlief die Entwicklung anders. Schon im Jahre 1974 wurde von der Bundesregierung eine Kommission für den Ausbau des technischen Kommunikationssystems ins Leben gerufen. Es folgten Empfehlungen für den weiteren Ausbau. Das Ergebnis: Für die Kabelkommunikation wurde angeregt, in drei Pilotprojekten neue Programmformen für Fernsehen und Hörfunk zu erproben und zu untersuchen, wie zufrieden die Teilnehmer waren. Anstatt dieser Empfehlung zu folgen, entspann sich eine heftige Diskussion in den Ländern über die Frage, wo denn die Versuche durchgeführt werden sollten. Erst zwei Jahre später kam man überein, in Berlin, Dortmund, München und Mannheim zu beginnen. Baden-Württemberg ging eigene Wege und entwickelte ein neues Modell.

Die Kabelprojekte in der Bundesrepublik Deutschland

Um die Frage der Verkabelung entstanden auch lautstarke emotionelle Kontroversen mit politischem Hintergrund. Die CDU, Zeitungsverleger, Wissenschafter und Wirtschaft waren der Ansicht, es sollten eigenständige Anstalten des öffentlichen Rechtes gegründet werden, die keine eigenen Programme herstellen, sondern Lizenzen für Programme vergeben sollten. SPD, Gewerkschaften und die Rundfunkanstalten andererseits forderten, die Versuche müßten von den Rundfunkanstalten durchgeführt werden. Pay-TV müsse grundsätzlich verboten sein. Mittlerweile regen sich Bürgerinitiativen, die Kabelkommunikation ablehnen.

Diese heftigen Diskussionen bewirkten, daß zunächst gar nichts passierte. Die SPD-Regierung war ohnehin nicht daran interessiert, das Angebot an Fernsehprogrammen auszuweiten. Nach der Übernahme der Regierungsgeschäfte durch die CDU/CSU wurden die Kabelpilotprojekte wieder verstärkt in Angriff genommen. Bundespostminister Dr. Christian Schwarz-Schilling kündigte im Februar 1983 an, für das Projekt Ludwigshafen werde die Zahl der zu verkabelnden Haushalte von 43 000 auf 136 000 erhöht, wodurch die Investitionen auf 100 Millionen DM stiegen. Auch für München würde eine Erweiterung des Projektgebietes geplant. Diese beiden Pilotversuche sind gegenwärtig am weitesten vorangeschritten.

In Berlin wollte man neben zusätzlichen Fernseh- und Hörfunkprogrammen auch interaktive Dienste einführen, die Serviceleistungen für Freizeit, Bildung und Wissenschaft anbieten. Ob das gelingt, ist allerdings fraglich.

In Ludwigshafen liefen die Dinge anders: Es wurde ein Gesetz zur Gründung einer neuen Anstalt des öffentlichen Rechts verabschiedet; bei dieser kann jedermann eine Lizenz für ein eigenes Programm beantragen. Die Anstalt hat zu prüfen, ob die vorgesehenen Sendungen mit den Richtlinien der Anstalt übereinstimmen und ob der Lizenzbewerber das nötige Geld hat, um eigene Programme zu produzieren. Werbung ist dabei erlaubt (bis zu 20% der Sendezeit), ebenso Pay-TV. Neben den Kabelversuchen wird gleichzeitig auch Bildschirmtext angeboten, um herauszufinden, ob die beiden Neuen Medien einander Konkurrenz machen oder ob eines das andere ergänzen kann.

In welcher Form Kabelfernsehen kommerziell eingeführt wird, hängt von der Medienpolitik der einzelnen Länder ab. Bis jetzt liegen unter anderem aus Niedersachsen, Hessen, Baden-Württemberg entsprechende Gesetzesentwürfe vor. Insgesamt dürfte die medienpolitische Landschaft sehr heterogen werden (außer daß die dritten Programme bundesweit über Kabel verteilt werden). Es besteht auf Bundesebene kein Konsens über die Einspeisung von Privatprogrammen. Zur Werbung finden sich in den Gesetzentwürfen verschiedene Vorgaben; sie tendieren zu einer Einschränkung auf 10 Minuten pro Stunde, allerdings ohne Interrupt-Werbung. Obwohl die CDU der Auffassung ist, zur Rundfunkfreiheit gehöre ein Rückkanal, sind sich die Juristen nicht einig, ob die dadurch ermöglichten elektronischen Abstimmungen verfassungskonform seien. Die Investitionspläne der Bundespost sehen vor, daß bis 1. Juli 1985 das volle Leistungsangebot bundesweit realisierbar ist. Für die Anschlußgebühr sind 500 DM, für die monatliche Gebühr 6 DM veranschlagt.

Neue Medien und Urheberrecht

Abschließend sei erwähnt, daß die Neuen Medien auch eine Fülle von juristischen Problemen aufwerfen. So können heute schon Millionen Europäer in den Grenzgebieten ausländische Fernsehprogramme via Kabel empfangen, ohne zusätzliche Urheberrechtsentgelte zu entrichten. Autoren und Urheberrechtsgesellschaften sahen sich deshalb um Einkünfte in beträchtlicher Höhe geprellt und begannen die Kabelgesellschaften auf Gebührenzahlung zu verklagen. Es kam zu widersprüchlichen Gerichtsurteilen: Während beispielsweise der Österreichische Oberste Gerichtshof in seinem »Feldkircher Urteil« klarstellte, daß »der Empfang eines Programms aus der Luft und seine Weiterleitung in einem Kabelnetz einer Neusendung« gleichkomme, entschieden Gesetzeshüter in der Bundesrepublik Deutschland anders: Das Kabelnetz Hamburg beispielsweise, das mehrere Tausend Einwohner mit Kabelfernsehen versorgt, ist laut einem Urteil des Oberlandesgerichtes Hamburg aus dem Jahre 1978 eine »urheberrechtlich bedeutungslose Großantennenanlage« – die Versorgung mit ausländischen Programmen bleibt demnach immer noch Empfang. Wäre die Weiterleitung der Kabel ein Akt der Sendung, argumentierten die Richter, dann müßte, strenggenommen, jede Fernsehempfangsanlage als Sender gelten. Jede Antenne empfängt nämlich Wellen aus dem Äther – und sendet sie per Kabel an das TV-Gerät. Im Fall der Heimantenne ist das Kabel ein paar Meter, bei der Kabelanlage ein paar Kilometer lang. Der Vorgang ist jedoch in beiden Fällen der gleiche. Die Folge: In mehreren Staaten beginnt man, die einzelnen Urheberrechtsgesetze und verwandte Bestimmungen zu novellieren.

3. Satelliten

Satelliten sind, wie wir schon gesehen haben (Seite 124), unbemannte Raumflugkörper, die durch Trägerraketen in die Umlaufbahn um einen Himmelskörper gebracht werden. Im folgenden befassen wir uns nur mit Satelliten, die um die Erde kreisen. Die Bedeutung dieser »Spiegel am Himmel« läßt sich erst dann ermessen, wenn man die vielfältigen Möglichkeiten ihres Einsatzes überblickt. Zur Zeit kreisen etwa 5 000 Satelliten um die Erde. Etwa 75%, so schätzt man, dienen militärischen Zwecken. Diese werden vor allem zur Beobachtung eingesetzt (Spionagesatelliten), sind seit neuestem aber auch für die aktive Kriegsführung vorgesehen (Killersatelliten). Wie wir schon mehrfach gesehen haben, waren die Militärs eine treibende Kraft bei der Entwicklung der Mikroelektronik und ihren Anwendungen. In besonderem Maß gilt das auch für die Satellitentechnik. Den Fragen der militärischen Nutzung der Mikroelektronik ist ein eigenes Kapitel gewidmet (Seite 209ff.). Im folgenden beschäftigen wir uns vorwiegend mit den Anwendungen der Satellitentechnologie für »friedliche« Zwecke. Bedenkt man, daß diese nur einen kleinen Teil des gesamten Einsatzbereichs ausmachen, könnte man zunächst vermuten, daß Satelliten, etwa in der Informations- und Kommunikationstechnik, eine eher periphere Rolle spielen. Das Gegenteil ist der Fall. »Satelliten werden unsere Gesellschaft gundlegend verändern«, urteilt James Martin in seinem Buch Telematic Society (Lit. 14).

Satelliten machen die Welt gewissermaßen zu einem Dorf. Sie ermöglichen, ja sie verlangen sogar, die durch die geschichtliche Entwicklung geschaffenen Staatsgrenzen zu überschreiten, so daß sie als entscheidende technische Voraussetzung zur Errichtung eines globalen Informationssystems angesehen werden können. Satelliten übertragen Nachrichten, Telephongespräche und Fernsehprogramme in Sekundenschnelle über den gesamten Globus. Sie erfassen Wetterbedingungen, Ernteergebnisse, umweltrelevante Daten und vieles andere für jedes Gebiet auf der Erdoberfläche.

Ebenso wie die mikroelektronischen Bauelemente ist auch die Satellitentechnik in den vergangenen Jahrzehnten laufend billiger geworden.

Das war möglich, weil die Kapazität der künstlichen Himmelskörper um ein Vielfaches zunahm: Während der erste Nachrichtensatellit mit dem Namen »Frühaufsteher« (Early Bird) gerade 240 Telephongespräche oder zwei Schwarzweißfernsehprogramme übertragen konnte, schaffen derzeit gebräuchliche Satelliten weit über zehntausend Telephongespräche bzw. vier Farbfernsehprogramme. Schon längst ist die Nachrichtenübermittlung via Satellit billiger geworden als über Richtfunk oder Kabel.

Zwei Drittel aller transozeanischen Kommunikationsverbindungen werden derzeit über INTELSAT abgewickelt. INTELSAT ist eine Abkürzung für International Telecommunications Satellite Consortium, eine 1964 gegründete internationale Vereinigung, der mittlerweile 108 Staaten angehören. Die Postverwaltungen von 17 europäischen Staaten riefen eine EUTELSAT genannte Organisation ins Leben, die ab 1983 eigene Nachrichtensatelliten einrichtet. Gewissermaßen als Konkurrenz zu INTELSAT einigten sich die Sowjetunion, Ostblockländer und einige andere Staaten 1971 auf ein Abkommen zur Installierung eines eigenen Nachrichtensatellitensystems namens INTERSPUTNIK.

Satelliten werden entweder mit Spaceshuttle, dem Raumtransporter der NASA, oder mit einer Trägerrakete in eine Erdumlaufbahn in 36 000 Kilometer Höhe über dem Äquator gebracht. Dort entfaltet sich der 3,6 Meter Durchmesser umfassende zylindrische Satellitenrumpf wie ein Teleskop. Rechnet man die aufklappbaren Antennen hinzu, ist das Gebilde fast 12 Meter groß. Beinahe der gesamte Satellitenkörper ist mit 40 000 Sonnenzellen bestückt, die dem Raumschiff eine Leistung von über 2 Kilowatt liefern.

Nachrichtensatelliten sind geostationär, d. h. sie scheinen, von der Erde aus gesehen, immer am selben Punkt über der Erdoberfläche zu »stehen« – in Wirklichkeit stehen sie natürlich nicht, sondern folgen der Erdrotation. Das bedeutet, daß einmal am Tag für etwa eine Stunde die Erde zwischen Sonne und Satellit rückt. In dieser Zeit wird der Satellit aus Nickel-Cadmium-Batterien mit Energie versorgt.

Der Satellit bleibt natürlich nicht von selbst an dem ihm zugedachten Platz im Weltraum stehen. Durch die Anziehungskraft der Erde wird seine Umlaufbahn immer kleiner; auch andere Einflüsse können Kursabweichungen bewirken. Aus diesem Grund müssen immer wieder Bahnkorrekturen durchgeführt werden. Die dafür notwendige Energie wird in Form von Raketentreibstoff beim Start des Satelliten mitgeliefert und geht nach einigen Jahren zur Neige. Die Lebensdauer von Satelliten ist deshalb begrenzt.

Der INTELSAT-VI-Satellit hat acht Triebwerke; die zwei größten sorgen dafür, ihn nach dem Start auf die richtige Position zu bringen, sechs weitere dienen der laufenden Einstellung seiner Lage. Insgesamt wiegt der Apparat fast zwei Tonnen. Während die Antennen konstant auf die Erde ausgerichtet sind, rotiert der Satellitenkörper ständig, um die Solarzellen an der Oberfläche gleichmäßig der Sonneneinstrahlung auszusetzen. Diese Rotation stellt besondere Anforderung an das Lager, das den rotierenden Rumpf vom Antennenträger trennt. Auf dem Träger sind fünf Antennen angebracht, deren größte einen Durchmesser von über 3 Metern hat. Sie müssen mit einer Genauigkeit von 0,1° ausgerichtet sein.

Wie funktioniert nun der Kontakt zwischen Erde und Satellit? Erinnern wir uns daran, daß wir Satelliten auch als »Spiegel am Himmel« bezeichnet haben. Sie empfangen Signale von der Erde in Form von elektromagnetischen Wellen und strahlen diese wieder an die Erde zurück. Kommunikationssatelliten empfangen Signale mit Frequenzen von sechs Gigahertz (GHz), verstärken die Signale, übertragen sie auf eine Frequenz von etwa vier GHz und senden sie wieder zur Erde zurück. Während die auf die Satelliten gerichteten Strahlen extrem stark gebündelt sind, verteilt der Satellit seine Informationen auf einen größeren Bereich, der auf der Erdoberfläche die Form einer Keule hat (Abb. 58).

Die aus dem Sonnenlicht bezogene Energie wird zum Umwandeln und Senden der empfangenen Signale benötigt und ist im allgemeinen nicht sehr groß. Auf der Erdoberfläche treffen deshalb nur vergleichsweise schwache Signale ein. Deshalb ist es notwendig, parabolförmige Antennen zu konstruieren, die diese Strahlung sammeln. Je nach der Sendeleistung des Satelliten und nach der Bündelung des Sendestrahls haben diese Bodenstationen einen Durchmesser zwischen einem und 30 Metern. Die eingelangten elektromagnetischen Wellen werden verstärkt und je nach dem Verwendungszweck (Fernsehen, Rundfunk, Telephongespräche) weiter umgewandelt.

Kommunikationstechnik für die Dritte Welt

Kommunikationssatelliten übernehmen nicht nur den ständig wachsenden Nachrichtenverkehr zwischen Industriestaaten, der bislang über Kabel abgewickelt wurde. In den Ländern der Dritten Welt gab es bis vor kurzem nur in Großstädten ausgebaute Telephonverbindungen; kleinere Städte und Dörfer waren höchstens über Funk erreichbar. Mit Hilfe der Satellitentechnologie können diese nun einen großen Sprung nach vorwärts machen, ohne die kostenintensive Verkabelung, Wartung von Relaisstationen etc. leisten zu müssen. Verständlich, daß vor allem in den industriell weniger entwickelten Staaten die neue Kommunikationstechnologie mit offenen Armen empfangen wird. Indien, Indonesien und einige andere Staaten sind schon längst in das Satellitenzeitalter eingestiegen. Die arabischen Staaten sind dabei, nachzufolgen: Die Mitgliedsländer der Arabischen Liga beschlossen im Jahre 1976 die Errichtung eines regionalen Kommunikationssystems über Satellit (ARABSAT). Es dürfte noch 1983 in Betrieb gehen und mit einem Schlag die Vermittlung von Telephon, Datenübertragung, Telex, Radio und Fernsehen übernehmen. Das neue Projekt soll die kulturelle Verbundenheit der arabischen Staaten unterstützen helfen. Ähnliche Motive hatten auch Indien bewogen, gemeinsam mit der UNESCO schon 1974 ein Satellitenexperiment zu beginnen. Damals wurden über 4 000 Dörfer mit Empfangsstationen ausgerüstet. Eine breite Palette von Sendungen flimmerte in der Folge bis in das entfernteste Urwalddorf. Der Schwerpunkt lag bei Informationen über Landwirtschaft. Besonderes Augenmerk wurde auch der Aufklärung über Familienplanung gewidmet. Bedenkt man, daß in den indischen Provinzen insgesamt 140 verschiedene Dialekte gesprochen werden, erkennt man die potentielle Bedeutung überregionaler Massenkommunikation als Basis für die nationale Integration Indiens.

Viel diskutiert wird – vor allem in Mitteleuropa – eine spezielle Anwendung der neuen Kommunikationstechnik: das Satellitenfernsehen. In wenigen Jahren bereits wird man hierzulande theoretisch an die 60 Fernsehprogramme aus eigener Produktion und aus den Nachbarstaaten empfangen können. Bisher gibt es in der Bundesrepublik zwei in Konkurrenz stehende Fernsehanstalten: ARD und ZDF. Alle Versuche, zusätzlich eine oder mehrere private Anstalten einzurichten, scheiterten in den vergangenen Jahren an den Einsprüchen der Politiker.

Aufgrund einer internationalen Vereinbarung ist geregelt, wie weit ein nationaler Fernsehsatellit ins Nachbarland hineinstrahlen darf. Die World Administrative Radio Conference (WARC) teilte 1979 jedem der 107 Mitgliedsstaaten fünf Frequenzkanäle zu und bestimmte die relativen Abmessungen der Sendekeulen. Die Fernsehsatelliten müssen dabei zwei Voraussetzungen erfüllen: Im gesamten Staatsgebiet, für welches gesendet wird, muß die Bildqualität einen Mindestwert überschreiten, und der Empfang von Sendungen solcher Qualität muß mit einer Antenne mit einem Durchmesser von 90 Zentimetern möglich sein. Daraus ergibt sich, daß nationale TV-Programme auch im näheren Ausland empfangen werden können. Je größer die Entfernung, um so schwächer das Signal – ein Manko, daß durch den Einsatz größerer Antennen ausgeglichen werden kann.

Wie die Zukunft des europäischen Satellitenfernsehens genau aussehen wird, ist trotz dieser Vereinbarung ungewiß. Im Jahre 1978 haben jedenfalls der damalige Bundesforschungsminister Volker Hauff und der französische Industrieminister eine Kooperationsvereinbarung für die Entwicklung und Produktion von direkt sendenden Fernsehsatelliten geschlossen. Demnach werden Frankreich und die Bundesrepublik Deutschland gemeinsam einen Direktsatelliten entwickeln, der in zwei baugleichen Typen im Jahre 1983 mit der französischen Trägerrakete ARIANE gestartet werden soll. Die Herstellung der einzelnen Bauteile soll von einem deutsch-französischen Firmenkonsortium gewährleistet werden, zu dem unter anderem Messerschmitt-Bölkow-Blohm und AEG-Telefunken gehören. Mittlerweile ist – unter anderem wegen technischen Problemen mit der Trägerrakete ARIANE – der Satellitenstart auf 1985 verschoben worden. Weitere Verzögerungen sind möglich.

Im Oktober 1982 einigten sich die deutschen Ministerpräsidenten, daß die vorgesehenen technischen Betriebsversuche der Deutschen

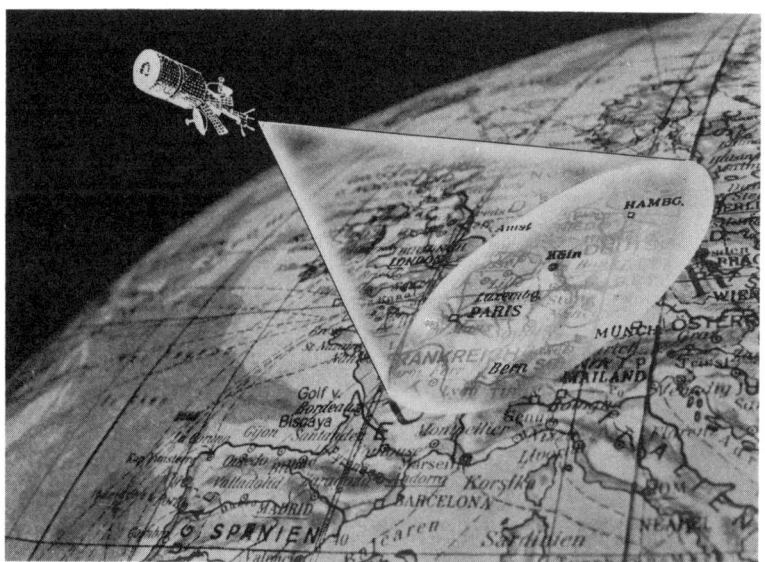

Abb. 58   Die Sendekeule eines TV-Satelliten

Bundespost grundsätzlich nur mit einem Satellitenkanal stattfinden würden, im Dauerbetrieb aber zwei Satellitenkanäle für Fernsehprogramme und ein Satellitenkanal für digital übertragene Hörfunkprogramme zur Verfügung stehen solle.
Mehrere andere europäische Länder arbeiten zur Zeit an nationalen Fernsehsatellitenprojekten. Seit die Zeitungs- und Zeitschriftenverleger, mit Axel Springer an der Spitze, eine 30%ige Beteiligung am Fernsehsatelliten von Luxemburg erreicht haben, ist das deutsche Sendemonopol – auf dem Umweg über das Ausland – möglicherweise gefährdet; die Sendekeule dieses LUXSAT würde nämlich weite Teile der Bundesrepublik überstreichen. Die öffentlich-rechtlichen Fernsehanstalten bangen als Folge dieser Entwicklung um ihren Anteil am bundesdeutschen Werbeetat. Wenn schon Satellitenprogramm, so argumentieren sie, dann unter der Hoheit des nationalen Sendemonopols. Von Frankreich und von der Bundesrepublik wird deshalb seit Jahren politischer Druck auf die luxemburgische Fernseh- und Rundfunkanstalt ausgeübt, um die Konkurrenz des LUXSAT abzuwenden. Immerhin wurde der Start bereits mehrmals verschoben; derzeit rechnet man mit 1987.
Auch die Deutsche Bundespost wäre in der Lage, den TV-Genuß via LUXSAT zu vermiesen. Sie könnte den Empfang unerwünsch-

ter Satellitensendungen unmöglich machen, indem sie genau im Frequenzbereich der Himmelssender sogenannte Richtfunkstrekken errichtet. Ein solcher Richtfunk könnte etwa für Autotelephonverkehr benützt werden. Da die Leistung von Bodensendern wesentlich höher ist als die von Satelliten, wäre damit jedes Satellitenprogramm hoffnungslos zugedeckt. Darüber hinaus sind Rundfunk- und Fernsehantennen genehmigungspflichtig. Da ohne geeignete Antennen kein Satellitenfernsehen empfangen werden kann, hat die Post also auch hier den Daumen am Drücker. Zu erwarten ist allerdings, daß die Verleger notfalls die Verfassungsrichter bemühen werden, um zu klären, ob etwa der gezielte Einsatz von Störsendern nicht gegen die Informationsfreiheit verstößt; Artikel 5, Absatz 1 des Grundgesetzes lautet: »Jeder hat das Recht, seine Meinung in Wort, Schrift und Bild zu äußern und zu vertreten und sich aus allgemein zugänglichen Quellen zu unterrichten. Die Pressefreiheit und die Freiheit der Berichterstattung durch Rundfunk und Film werden gewährleistet. Eine Zensur findet nicht statt.«
Nicht nur in der Bundesrepublik diskutiert man über den möglichen Einfluß ausländischer Fernsehprogramme. Fast alle westeuropäischen Staaten beteiligen sich an einem regelrechten Wettrennen um die Vorherrschaft am Fernsehhimmel. Kleine Länder, so wird befürchtet, könnten durch den kulturellen »Overspill« in ihrer Eigenständigkeit leiden. Das Schreckgespenst eines neuen kulturellen Kolonialismus wird heraufbeschworen. In der Schweiz und in Österreich versucht man deshalb, beim Satellitenfernsehen mitzumischen, als kulturelle Gegenwehr gewissermaßen. Kleine Länder könnten andererseits von der neuen Entwicklung sogar profitieren: Immerhin 15% der Bundesdeutschen könnten in einigen Jahren ein österreichisches Satellitenprogramm empfangen – das sind mehr als die Gesamtbevölkerung Österreichs.
Auch Kabel-TV-Gesellschaften werden sich die Satellitentechnik zunutze machen. Sie werden eine Vielzahl von ausländischen Programmen über Satellit empfangen und dann via Kabel an ihre Kunden weiterleiten. Dieses Zusammenfließen von Satelliten- und Kabelfernsehen hat in den Vereinigten Staaten schon 1975 begonnen, als die Heimkino-Gesellschaft (Home Box Office) zwei Satellitenkanäle von einem internationalen Konsortium mietete und damit ihre Programme von der Westküste bis zur Ostküste billig auf die einzelnen Kabelstationen verteilen konnte.
Allerdings besteht zwischen den TV-Satelliten der Vereinigten Staaten und jenen in Europa ein grundsätzlicher Unterschied. Die ersteren arbeiten indirekt, d. h. als Distributionssatelliten. Sie sorgen für

eine großflächige Verteilung der von der Bodenstation eingestrahlten Sendungen und benötigen deshalb vergleichsweise wenig Energie. Damit gelingt es, weite Strecken kostengünstig zu überwinden. Zum Empfang sind allerdings Parabolantennen mit mindestens sechs Metern Durchmesser erforderlich. In Europa dagegen setzte man von vornherein auf direkte Sendesatelliten, um mit vergleichsweise kleinen Antennen empfangen zu können.

INTELSAT, COMSAT und SBS als Kommunikationssupermärkte

Sehen wir uns die historische Entwicklung des Einsatzes von Satelliten in den Vereinigten Staaten noch etwas genauer an, damit deutlich wird, welche Kräfte und Argumente dabei eine Rolle spielen. Nach dem »Satellitenschock«, ausgelöst durch den Start des SPUT-NIK 1957, engagierte sich das US-Verteidigungsministerium massiv in der Weltraumtechnik. Kaum jemand dachte damals an Killersatelliten. In erster Linie wollten die Militärs die Kommunikationsmöglichkeiten zwischen ihren Stützpunkten auf der ganzen Welt verbessern. Der erste Kommunikationssatellit der NASA – TELSTAR – war noch nicht geostationär, d. h. er wanderte über den Horizont. Die Bodenstation mußte also den Sendestrahl der jeweiligen Position des Satelliten nachführen. 1963 wurde der erste geostationäre Satellit gestartet. Dem amerikanischen Volk wurde das milliardenschwere Weltraumprogramm mit der Versicherung schmackhaft gemacht, daß die neue Technik »öffentliche Dividende« abwerfen würde. Von vornherein war klar, daß die Satelliten im Kommunikationswesen ein gutes Geschäft sein würden. Unklar war, wer sich den fettesten Brocken werde sichern können. Auch heute ist darüber das letzte Wort noch nicht gesprochen – ein faszinierendes Kapitel der Wirtschaftsgeschichte, handelt es sich doch letztlich um einen Kampf zwischen zwei der größten Industriegiganten, der US-amerikanischen Telephongesellschaft ATT und dem Computerriesen IBM. Die ATT war von Anfang an bestrebt, das Satellitengeschäft an sich zu reißen, nicht zuletzt deshalb, weil sie befürchtete, daß die terrestrischen Kommunikationsdienste auf diesem Wege unterboten werden könnten. Das erste kommerzielle Kommunikationssystem, COMSAT, von der amerikanischen Bundesregierung ins Leben gerufen, sicherte 50% der Aktien der ATT und zwei weiteren Gesellschaften zu. Wie sich später zeigte, genügte dies nicht, um der amerikanischen Telephongesellschaft den notwendigen Einfluß zu sichern, und die Anteile wurden später verkauft. Für das nationale Telephongeschäft drohte allerdings keine Gefahr, da der amerikanische Kongreß die Dienste von COMSAT auf den internationalen Nachrichtenverkehr beschränkt hatte.

COMSAT errichtete in der Folge die internationale Vereinigung INTELSAT, die wir schon auf der Seite 161 erwähnt haben. COMSAT besitzt etwa 27% der Anteile und erzielt dabei einen jährlichen Gewinn von etwa 600 Millionen DM. Der amerikanische Steuerzahler jedoch erhielt nichts von den in das Weltraumprogramm investierten 200 Milliarden DM zurück. Im Gegenteil, er muß noch ein zweites Mal bezahlen: INTELSAT verlangt von COMSAT eine Gebühr für die Benützung der Telephonkanäle. COMSAT berechnet daraus einen Preis für ATT, die die Kanäle mietet. ATT gibt diese Kosten mit entsprechendem Aufschlag weiter, etwa an die Telephongesellschaft von New York. Diese wiederum lebt von den Rechnungen, die sie ihren Kunden ausstellt.

Freies Unternehmertum ist in den Vereinigten Staaten hoch im Kurs. Nixon benützte diese Mentalität, um in der Kommunikationspolitik die Open Skies Policy (»Politik des offenen Himmels«) auch für den nationalen Verkehr einzuleiten. Diese Entwicklung ermöglichte den schon beschriebenen Einstieg, etwa der Heimkino-Gesellschaft, in das Satellitengeschäft. Ein weitreichender Schritt war die Schaffung des Satellite Business System (SBS) durch IBM, COMSAT und eine Lebensversicherungsgesellschaft. Damit ist der bislang dominierenden Telephongesellschaft ATT ein gefährlicher Gegner im Kommunikationsgeschäft erwachsen. SBS verkauft Kommunikationssysteme an Unternehmen, die Niederlassungen in vielen Ländern haben. Diese können nun konzernintern telephonieren und Nachrichten austauschen, ohne jemals mit Einrichtungen der Postverwaltungen und Telephongesellschaften in Kontakt zu kommen. SBS war so konstruiert, daß nur finanzkräftige Firmen einsteigen können (die ersten Bodenstationen für das Kommunikationssystem via Satellit kosteten mehr als eine Million DM). Nichtsdestoweniger begannen mehrere multinationale Firmen, ihren gesamten internen Nachrichtenverkehr über Satelliten abzuwickeln.

Zusätzlich wurde eine völlig neue Form, Gespräche zu führen, geboren – Videokonferenzen: Eine beliebige Zahl von Teilnehmern kann dabei von jedem Ort der Welt aus nicht nur hörbar, sondern auch auf einem Bildschirm für die anderen Teilnehmer sichtbar, in Erscheinung treten. Auf diese Weise, so meint man, können Konferenzen, zumindest teilweise, überflüssig werden, für die man Teilnehmer von weit her an einem Ort zusammenrufen muß. Etwas weiter in die Zukunft blickende Techniker sehen die Zeit kommen, in der dreidimensionale, holographische Abbildungen von Personen und deren Bewegungen so in einen Konferenzraum projiziert werden, daß es den Anschein hat, sie seien tatsächlich anwesend. In den Vereinigten Staaten werden zur Zeit 100 Millionen Dollar pro Jahr für Videokonferenzen ausgegeben; dies ist etwa 1% des geschätzten möglichen Marktvolumens. So gesehen ist das Geschäft mit Videokonferenzen bisher eher eine Enttäuschung. Eine der Ursachen wird darin gesehen, daß die über Bildschirm konferierenden Manager nicht mediengeschult seien und daher einen unprofessionellen Eindruck vermittelten.

IBM begann also mittels SBS, ein weltumspannendes System für »automatisierte Büros« zu entwerfen, in dem Computer, elektronische Schreibmaschinen und Kopierer über Satellitennetzwerke miteinander in Verbindung treten. ATT zog nach und bot ähnliche Dienste an.

Diese Auseinandersetzung läuft allerdings noch an einer zweiten Front ab: Telephongesellschaften sind von der Tradition her dazu da, für Informationen aller Art Überträger zu sein. Durch gesetzliche Bestimmungen war es aber ATT bis vor kurzem untersagt, zusätzlich auch Geräte und Informationen anzubieten und damit in den Markt für elektronische Datenverarbeitung einzusteigen. Da IBM und andere nun in einen Bereich eindrangen, der bisher Telephongesellschaften vorbehalten war, versuchte ATT ihrerseits, die erwähnten gesetzlichen Schranken niederzureißen. Gegen Ende der siebziger Jahre gelang dies auch.

Wirtschaftsfachleute erwarten nun für die achtziger Jahre einen erbitterten Kampf um den rasch expandierenden Informations- und Kommunikationsmarkt.

Die beiden Giganten IBM und ATT sind natürlich nicht die einzigen, die um diesen Markt kämpfen. Auch Xerox, Texas Instruments, RCA, ITT und Exxon begannen in den letzten Jahren, in die neue Technologie zu investieren. Es ist zu erwarten, daß bisher über Papier abgewickelte Dienste in Zukunft mehr und mehr durch elektronische Datenübermittlung ersetzt werden. Mehrere Postverwaltungen bieten bereits »electronic mail«, also elektronische Briefübermittlung, an.

Damit sind aber längst nicht alle Anwendungen der Satellitentechnologie beschrieben. Ein halbwegs vollständiger Überblick würde ein eigenes Buch füllen. Wir beschränken uns daher im folgenden darauf, einige Schwerpunkte vor allem der deutschen Satellitenforschung außerhalb der Kommunikationstechnik zu beschreiben.

Mit der Verfügbarkeit des von der Europäischen Raumfahrtbehörde entwickelten Weltraumlabors SPACELAB ergeben sich neue Möglichkeiten für wissenschaftliche Experimente. Biophysikalische und physiologische Phänomene können unter Weltraumbedingungen systematisch untersucht werden. Wenn SPACELAB um die Erde kreist, kompensieren sich Anziehungskraft der Erde und Fliehkraft des umlaufenden Raumfahrzeugs beinahe vollständig, so daß nur eine sehr geringe Restschwerkraft übrigbleibt (sie beträgt nur ein Millionstel der Schwerebeschleunigung an der Erdoberfläche). Unter solchen Bedingungen ist es möglich, Wachstumsprozesse bei Kristallen zu studieren und verfahrenstechnische Experimente durchzuführen. Außerdem können das Wachstum von Pflanzen unter schwerelosen Bedingungen und der Einfluß der extraterrestrischen Strahlung auf Lebewesen geprüft werden. Man untersucht die Einflüsse auf Zentralnervensystem, Verhaltensreaktionen, Blutkreislauf und zahlreiche Stoffwechselprozesse.

Satelliten beobachten die Erde

Ein weites Anwendungsgebiet erschließt ferner die Möglichkeit, vom Satelliten aus die Erde zu beobachten. Sie führt gewissermaßen zu einer Neuentdeckung unseres Planeten. Die Fernerkundung der Erdoberfläche und der Atmosphäre kann zur Lösung zahlreicher Probleme herangezogen werden. Sie dient der Erforschung und der Überwachung der Umwelt und leistet Beiträge zur Klimaerforschung, Meteorologie und Geowissenschaft. Die Arbeiten in der Bundesrepublik konzentrieren sich zur Zeit auf die Erfassung und Inventarisierung der Landnutzung, auf die Auswertung der Daten, die von dem europäischen Wettersatelliten METEOSAT zur Erde gefunkt werden, und auf die Unterstützung der geowissenschaftlichen Grundlagenforschung.
Seit 1972 umkreisen die Erderkundungssatelliten LANDSAT I und II, seit 1978 LANDSAT III und seit 1982 LANDSAT IV die Erde. Aus einer Höhe von 900 Kilometern senden sie pausenlos Bilder unseres Planeten zur Erde. Die beiden Supermächte verkaufen bereits im großen Stil Satellitenphotos zur Bodenkartierung, für Ernteinformationen und zur Auffindung noch unentdeckter Bodenschätze an andere Staaten. In den Vereinigten Staaten wird auf diese Weise die Getreideernte mit einer Fehlerquote von maximal 5% vorausgesagt. Im Falle einer Schädlingsepidemie liefern Photos aus dem Weltraum Daten über die Ausbreitung des Ungeziefers

und ermöglichen so eine gezielte Bekämpfung.

Als im Juli 1978 weite Teile des Sudans von einer verheerenden Regenkatastrophe heimgesucht wurden und in der Folge ganze Landstriche unzugänglich waren, übermittelten die Vereinigten Staaten Informationen über die am schwersten betroffenen Dörfer und ermöglichten auf diese Weise gezielte Hilfsmaßnahmen. In Brasilien wurden mit Hilfe von Satellitenphotos bislang unentdeckte Zinnvorkommen aufgefunden.

Bisher wurden die LANDSAT-Satelliten von der US-amerikanischen Bundesregierung finanziert. Anfang 1983 empfahl das US-Handelsministerium dem Präsidenten, die Satelliten an ein privates Unternehmen zu verkaufen. Durch die kommerzielle Verwertung der vom Weltraum her aufgenommenen Photos der Erdoberfläche will man den amerikanischen Steuerzahler von der Unterstützung eines Systems entlasten, das anderen Ländern ebensolchen Nutzen bringt wie den Vereinigten Staaten. Auf der anderen Seite wird argumentiert, die LANDSAT-Satelliten hätten für die USA auch strategische Bedeutung und sollten daher unter der Obhut der Regierung verbleiben. Das letzte Wort ist diesbezüglich noch nicht gesprochen.

Der 1978 gestartete SEASAT beobachtet die Weltmeere. Wellenhöhe, Windgeschwindigkeiten und Temperatur der Wasseroberfläche werden laufend gemessen. Da manche Fische eine bestimmte Wassertemperatur bevorzugen, ermöglichen Informationen dieser Art, eine Fischereiflotte zu fischreichen Fanggebieten zu dirigieren – eine Methode, von der die Industrie schon reichlich Gebrauch macht.

Werfen wir zum Abschluß noch einen Blick in die Studie »Outlook for Space« der US-Raumfahrtbehörde NASA. Sie zeigt auf, was in etwas fernerer Zukunft technisch machbar sein wird: Wenn die Sendeleistung von Satelliten noch beträchtlich gesteigert wird, können Radios von der Größe einer Armbanduhr entwickelt werden (bei Massenproduktion zu Kosten von 20–30 DM), die Satellitensignale empfangen können. Solche Radiophone könnten auch dazu benützt werden, den Aufenthaltsort von Personen genau festzustellen (Lit. 15).

Daß eine solche Entwicklung nicht nur positive Seiten hat, liegt auf der Hand. Die eben geschilderten Prognosen mögen zur Zeit noch etwas unrealistisch klingen. Wenn wir auch heute nicht wissen, was alles in etwa zehn Jahren technisch realisiert sein wird, so können wir aber doch auf Grund der Erfahrung der letzten Jahre und Jahrzehnte sagen, daß jedenfalls die durch Satellitentechnologie bewirkten Veränderungen einschneidend sein werden. Sie sind im wahrsten Sinne des Wortes Fernwirkungen des Chip. Im folgenden kehren wir aus dem Weltraum wieder auf die Erde zurück und betrachten, wie die Mikroelektronik bereits in jedem Haushalt angewendet wird.

4. Mikroelektronik in Haushalt, Freizeit und Unterricht

Chips sind heute überall. Jeder deutsche Haushalt beherbergt heute, so schätzen Fachleute, im Durchschnitt etwa 15 Mikroprozessoren. Die meisten von ihnen bemerken wir gar nicht – die Mikroelektronik hat sich in unser Heim regelrecht eingeschlichen. Die Chips im Haushalt bleiben wohl auch deshalb weitgehend unbemerkt, weil sie sich in Produkten verstecken, die für uns keineswegs neu sind. Nähmaschinen, Kühltruhen und Mikrowellenöfen gehören seit vielen Jahren zum Inventar vieler Haushalte. Sie enthalten in der Regel mechanische Steuerungsfunktionen (Zeitschalter, Temperaturfühler etc.) – genau diese sind die Beute des Chip. Moderne Nähmaschinen beherbergen einen Mikroprozessor, der mechanische Vorgänge kontrolliert und rationalisiert. Auch programmierbare Waschmaschinen sind seit einiger Zeit auf dem Markt: Die Hausfrau gibt die Art der Wäsche an, ihr Gewicht sowie den Grad der Verschmutzung, und der Mikroprozessor wählt das geeignete Waschprogramm aus. Ein eigenes Fehlerprogramm hilft dem Servicetechniker, Pannen zu beheben. Auch der Mikrowellenherd arbeitet in zunehmendem Maße rechnergesteuert. Je nachdem, ob ein Lebensmittel aufgetaut oder bloß erwärmt werden soll, und je nach der Art des Lebensmittels wählt der Mikroprozessor unterschiedliche Programme aus.

Der Phantasie sind kaum Grenzen gesetzt, wenn man nach weiteren möglichen Anwendungen der Mikroelektronik im Haushalt sucht. Chips sind zwar hitze- und feuchtigkeitsempfindlich, aber auf der anderen Seite verläßlich und energiesparend.

Der letztgenannte Aspekt ist auch ein wesentliches Moment für ihren Einsatz in vielen Bereichen: Für den Elektroniker ist es kein Problem, in einen Heizkörper eine Steuerung einzubauen, die Außentemperatur und Heizkosten berücksichtigt und mit diesen Informationen die Heizung optimal steuert.

Integrierte Schaltkreise sind im Haushalt vor allem dort präsent, wo eine technische Verbindung zur Außenwelt besteht: bei Telephon, Radio und Fernseher. Viel eher bewußt sind uns die Erfolge der Mikroelektronik bei diesen Apparaten, etwa zur Verbesserung der Ton- bzw. Bildqualität bei mikroprozessorgesteuerten Plattenspielern oder bei programmierbaren Videorecordern. Darüber hinaus eröffnen sie Anwendungen, die wir schon bei der Beschreibung der Neuen Medien kennengelernt haben: Zusatzgeräte zum Fernsehapparat ermöglichen über Bildschirmtext Zugriff zum eigenen Bankkonto, zur Zugauskunft und auf zahlreiche Informationsspeicher. Daneben werden in zunehmendem Maße Computer angeboten, gegen die man nicht nur Schach spielen kann, sondern die auch Telephonnummern und Termine speichern sowie die Buchhaltung erledigen – die Heimcomputer. Computer und Kommunikationstechnik werden auch in diesem Bereich ineinander übergehen: Heimcomputer werden als Terminals für Bildschirmtext verwendbar sein, und Zusatzgeräte, die anfänglich nur für Bildschirmtext gedacht waren, werden als Heimcomputer fungieren. Der TV-Schirm bzw. Bildschirm wird damit zur universellen Informationsquelle (Abb. 57).

Wozu Heimcomputer?

Die Industrie versucht in den Vereinigten Staaten und in Japan bereits, dem Mann auf der Straße einzureden, daß er einen persönlichen Computer erwerben solle. Artikel in Computermagazinen mit Titeln wie »Welchen Computer soll ich kaufen?« belehren schon auf der ersten Seite, bei der Auswahl sei zu bedenken, wieviel »K« Speicher man »brauche«.
Betrachten wir ein mögliches Einsatzgebiet des Heimcomputers etwas näher. Millionen Bundesbürger sind, haben die Statistiker errechnet, übergewichtig. Unzählige Frauen möchten abspecken, nicht nur weil die Ärzte behaupten, daß eine schlanke Linie gesund sei, sondern vor allem, weil Speckfalten im Zeitalter der Hollywoodfiguren als Schönheitsfehler empfunden werden. Kein Wunder, daß das Geschäft mit Diäten zur Gewichtsabnahme blüht. Beinahe jede Ernährungsfibel enthält mehr oder weniger lange Tabellen, die über den Gehalt der einzelnen Lebensmittel an Energie, Eiweiß, Kohlenhydraten und Fetten Auskunft geben. Kaum eine Hausfrau ist jedoch gewillt, jede Zutat, die sie bei der Zubereitung der Mahlzeiten einsetzt, abzuwägen und daraufhin in der Kalorientabelle nachzuschlagen, um endlich nach mühsamem Addieren herauszufinden, ob die Mahlzeit nun zu energiereich war oder nicht. Mit Diätprogramm und Heimcomputer wird eine maßge-

schneiderte Ernährungsplanung erstmals realisierbar. Zwar muß der Ernährungsbewußte nach wie vor die Information über Art und Menge der konsumierten Nahrung in den Computer füttern, aber dafür liefert das Programm nicht nur den Energiewert des Speiseplans, sondern auch Informationen zu der Frage, ob er genügend Vitamine enthält oder ob vielleicht der Anteil an Fett zu hoch ist. Derartige Programme sind bereits erhältlich. Sie geben nicht nur dem gesunden Bürger Aufschluß, ob er sich richtig ernährt, sondern informieren auch den Zuckerkranken, wie er seine Mahlzeiten diätgerecht zusammenstellen kann. Hausfrau und Hausmann können natürlich, wenn sie computerfreundlich eingestellt sind, das Ernährungsprogramm mit einem Programm kombinieren, das die Bevorratung an Lebensmitteln in Evidenz hält und Richtlinien für die Einkaufsplanung erstellt. Von da ist es kein weiter Weg bis zur rechnerunterstützten Buchführung im Haushalt, die die Ausgaben für Lebensmittel, Energie, Haushaltsgeräte usw. laufend erfaßt.
Viele Hausfrauen der älteren Generation werden angesichts solcher Visionen vermutlich ungläubig den Kopf schütteln. Bedenken wir aber, daß gegenwärtig in den Vereinigten Staaten über 3 Millionen Heimcomputer eingesetzt werden. Für den Erwachsenen in der Bundesrepublik Deutschland sind sie vielleicht noch Fremdkörper. Die nächste Generation aber wächst mit ihnen auf.

Abb. 59   Elektronik im Haushalt

Computer zum Lernen und Spielen sind für Kinder der achtziger Jahre bereits ebenso selbstverständlich wie das Fernsehen für ihre Eltern. Allein in den USA ist der Markt für Videospiele in wenigen Jahren auf 5 Milliarden DM pro Jahr gestiegen. In Amerika, Asien und Europa kämpfen Hunderte von Firmen um Marktanteile an dieser zukunftsträchtigen Entwicklung.

Die Spielfreaks auf unserer Erde sitzen, so schätzt man, etwa 1,5 Milliarden Stunden pro Jahr vor Bildschirmen, spielen per Knopfdruck Tennis, kämpfen gegen Eindringlinge aus dem Weltall oder lösen Frage- und Antwortaufgaben. Über 10 Milliarden DM werden für diese neue Art der Entspannung pro Jahr lockergemacht. Zuwachsraten von ein paar hundert Prozent gelten als normal. Reichtümer entstehen in Jahresfrist und ersetzen Marktsegmente mit sinkender Tendenz.

Was heute in Dollarmilliarden und mehrstelligen Wachstumsraten beschrieben wird, begann vor mehr als zehn Jahren mit einer typisch amerikanischen Erfolgslegende. Ein damals 26jähriger Ingenieur aus Kalifornien hatte während seines Studiums an der Universität Utah gelegentlich die Rechenanlage der Universität zu einem Spielzeug umfunktioniert. Anstatt endlose Zahlenfolgen ließ er gemeinsam mit seinen Kollegen Raumschiffe über die Bildschirme flimmern. War damals noch ein Großrechner für die Konstruktion solcher Spiele erforderlich, kam wenige Jahre später, dank der rasant fortschreitenden Miniaturisierung, der Zeitpunkt, an dem elektronische Spiele auch für den Mann auf der Straße erschwinglich wurden. Der Ingenieur – sein Name ist Nolan Bushnell – bastelte ein Steuergerät und verband es mit einem Kleincomputer und einem Schwarzweißbildschirm. Dazu konstruierte er einen Münzeinwurf.

Das erste Computerspiel war denkbar einfach: zwei kleine weiße Balken an den Schmalseiten des Bildschirms und ein Leuchtpunkt, der als Ball fungierte. Das elektronische Pingpong war geboren. Bushnell hatte, als der erste Apparat fertig war, 100 000 DM Schulden und eine einfache Werkstatt, die er auf den Phantasienamen »Atari« getauft hatte. Damit war der Grundstein zu einem Unternehmen gelegt, das heute als eine der am schnellsten expandierenden Firmen in der Geschichte der USA gilt.

Den ersten elektronischen Spielautomaten stellte Bushnell im Buffet eines Freundes auf. Nach wenigen Stunden rief dieser an und teilte mit, daß der Apparat leider kapput sei. Bushnell überprüfte den Automaten, entdeckte aber lediglich, daß die Münzbox schon übervoll war. Drei Jahre später verkaufte er seine Firma für 60 Millionen DM an den Unterhaltungskonzern Warner Communications. Dieser lieferte zur Idee Bushnells den Vertrieb, das Marketing und das Management eines Großbetriebs. Im Jahre 1983 dürfte Warner Communications mit elektronischen Spielen einen Umsatz von 5 Milliarden DM machen.

An diesem blitzartigen Zuwachs sind nicht nur Spielautomaten beteiligt, die in Gasthäusern und Spielhallen für fette Gewinne der Besitzer sorgen, sondern vor allem auch eine andere Entwicklung der Firma Atari: ein an den Fernsehapparat anschließbares Zusatzgerät, in das man Kassetten mit verschiedenen Spielprogrammen anstecken kann. Die Grundgeräte kosten 300 DM und mehr. Die einzelnen Spiele sind dann um 100 bis 200 DM zu haben.

Eine wahre Flut von Konzentrations- und Reaktionsspielen, häufig mit kriegerischen Tendenzen, ergießt sich nunmehr in immer neuen Varianten über die ganze Welt. Ob in Tokio, Paris, Hamburg oder San Franzisko – überall stürzen sich vor allem Jugendliche in eine elektronische Scheinwelt, die ihnen Erfolgserlebnisse und Abenteuer vermittelt, welche sie im täglichen Leben vielfach vermissen. Ein Verkaufshit unter den elektronischen Spielen ist ein pillen-

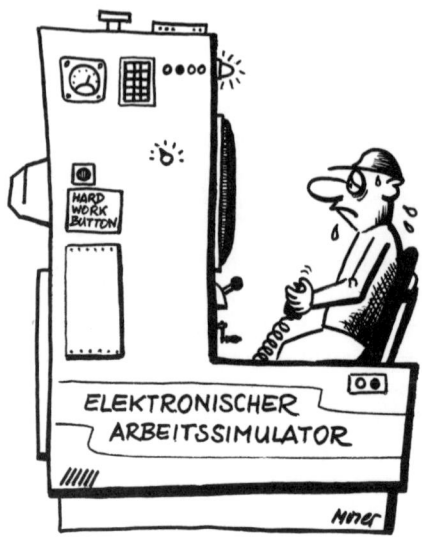

Abb. 60   Auf dem Weg in die Freizeitgesellschaft

schluckendes Mondgesicht namens PacMan, das sich durch ein Labyrinth fortbewegt und dabei von Geistern verfolgt wird. Kommen
diese auf das Mondgesicht zu, so frißt es sie auf. Wählt der Spieler
im Labyrinth einen falschen Weg, schleichen sich die Geister von
hinten an und verschlingen den PacMan. Jeder Spieler hat drei
»Leben«. Hat er eine bestimmte Zahl von Geistern vertilgt, winken
weitere »Freileben«. Da die Geister jedoch mit zunehmender Punkt-
teanzahl des Spielers immer zahlreicher und immer schneller werden, sind irgendwann doch alle Mondgesichter endgültig vernichtet. Dazu ertönt eine für die einzelnen Spieltypen charakteristische
Sphärenmusik, die Erfolg oder Mißerfolg des Spielers klangvoll untermauern.

Videospiele scheinen ein derart gutes Geschäft zu sein, daß sich die
Firmen im Kampf um Marktanteile auch der Gerichtshöfe bedienen. Die Vorgeschichte: Die US-Firma Sanders Associates paten-
tierte in den späten sechziger Jahren Schaltkreise, die einen beweglichen Punkt auf einem Bildschirm erzeugen und kontrollieren.
Magna Vox, eine Tochterfirma von Philips, kaufte die Patentrechte
und begann sodann, gegen Hersteller von Videospielen zu klagen,
weil ja auch bei letzteren Leuchtpunkte über den Bildschirm wandern. Trotz zahlreicher Einsprüche der Konkurrenten bekam
Magna Vox zunächst recht – ein Gericht entschied, daß jeder Hersteller von Videospielen Lizenzgebühren an Philips zahlen müsse.

Im Vergleich zu der spektakulären Entwicklung bei elektronischen
Spielen blieb der Einzug der Mikroelektronik in den Unterricht, zumindest in Mitteleuropa, bisher eher bescheiden. Pädagogische Anwendungen von Mikrorechnern sind heute noch nicht stark verbreitet, unter anderem weil die bislang entwickelte Software auf den
Modellen verschiedener Hersteller nur begrenzt einsatzfähig ist.
Der Entwicklungsaufwand ist selbst für einfachere Lernstrategien
beträchtlich (auch deshalb, weil im Bildungsbereich offenbar die
Nutzungsbarriere für den Einsatz von Computern höher liegt als
bei Anwendungen für Freizeitgestaltung).

In den Vereinigten Staaten bemüht man sich zur Zeit, alle Schulen
mit Computern zu versorgen. In sämtlichen Fächern, so das inte-
grative Konzept, sollen die Schüler lernen, die Methode der Informatik für Problemlösungen anzuwenden. Für amerikanische Teen-
ager ist es daher schon selbstverständlich, mit Bildschirmen und
Disketten zu hantieren und durch Frage-Antwort-Dialoge mit dem
Computer zu lernen. Mittlerweile erfanden vorausplanende Computerhersteller Lehrmaterial sogar schon für den Kindergarten:
Eine neue Computersprache, LOGO, wurde am Massachusetts In-

stitute of Technology speziell für Kinder ab 3 Jahren entwickelt. Schon im Vorschulalter sitzen die Kleinen nun vor dem Bildschirm und proben Reime, lernen Lesen und Rechnen. Einsamer Vorreiter bei der Entwicklung computerisierter Lehrprogramme war schon in den sechziger Jahren der US-Computergigant Control Data. Mit einem Aufwand von fast 2 Milliarden DM begann das Unternehmen bereits 1962, ein spezielles Lehrprogramm mit dem Namen PLATO (Programmed Logic for Automated Teaching Operations) zu entwerfen. Obwohl Control Data mit dem Software-Angebot von PLATO heute, mehr als zwanzig Jahre später, mit etwa 400 Millionen DM oder 5% des Jahresumsatzes eher bescheidene Erfolge erzielt, hoffen die Manager, daß PLATO eines Tages mehr als die Hälfte des Unternehmensgewinnes erzielen wird. Der Einsatz des elektronischen Unterrichts beschränkt sich nicht nur auf den Bereich der allgemeinbildenden Schulen; ebenso anwendbar ist er beispielsweise bei der Ausbildung von Piloten, die am Bildschirm Testflüge simulieren. Die American Airlines konnten, nachdem sie 1977 für 3 Millionen US-Dollar ein computerisiertes Pilotentraining nach dem PLATO-System installiert hatte, die Kosten für die Ausbildung von Piloten auf einen Bruchteil senken.

Beträchtlichen Absatz finden in den Vereinigten Staaten auch Computerprogramme zur Fortbildung. Sie werden nicht selten von Universitäten ausgearbeitet und über Kabelfernsehen angeboten. Diese neue Möglichkeit zu lernen kommt insbesondere bei Hausfrauen gut an, die auf diese Weise von ihrer Wohnung aus Universitätskurse absolvieren können, ohne einen Babysitter zu benötigen (siehe Seite 154).

Der Einzug des Computers in die Schule läuft natürlich nicht ohne Kontroversen ab; Kontroversen vor allem, inwieweit audiovisuelle Medien und Computerlehrprogramme vollwertiger Ersatz für Lehrer sind. Glaubten viele noch in den sechziger Jahren in überschwenglicher Begeisterung an einen ausschließlich von programmierten Medien getragenen Unterricht – »teacherproof«, also »vor dem Lehrer sicher« –, herrscht zur Zeit eine eher nüchterne Beurteilung vor.

Überlegen wir uns, in welcher Art und Weise ein Computer Lehr- und Lernprozesse unterstützen kann. Zunächst einmal ist ein Computer programmierbar, d. h. der Lernende kann mit selbst erstellten Programmen Probleme lösen; zweitens kann der Computer Programme speichern, schließlich kann er auch strukturierte Datenmengen verfügbar halten, d. h. Wissen speichern.

Der Computer nimmt somit im Lernprozeß zwei wesentliche Funktionen ein, nämlich die eines Werkzeuges (Programmieren) und die eines Mediums (Speichern und zur Verfügung stellen von Informationen). Letztere Funktion teilt er mit vielen anderen Medien wie Tonbändern, Filmen, Dias usw. Neu im Vergleich zu den audiovisuellen Unterrichtshilfen ist dagegen seine Funktion als Werkzeug. Sie ermöglicht die Anwendung von Lernstrategien, die sich in Tempo und Methode dem Lernenden anpassen.

Historisch gesehen entwickelte sich das computerunterstützte Lernen vor dem Hintergrund eines lernpsychologischen Ansatzes, bei welchem ein Lehrstoff in strukturierten Schritten dargeboten und anschließend das behaltene Wissen durch Testfragen überprüft wird. Neueren Datums ist der Einsatz des sogenannten Entdeckungsparadigmas. Ihm liegt die Vorstellung zugrunde, daß der Computer ein »verstecktes Modell« besitzt und der Lernende, während er damit arbeitet, Eigenschaften und Verhaltensweisen dieses Modells lernend entdeckt. Dieses Prinzip einer didaktischen Simulation vermittelt das Verständnis komplexer und in ihren Wirkungen zunächst nicht überschaubarer Modelle. Oft ermöglicht es den Abbau von Barrieren im Lernprozeß.

Wie sieht nun die Situation in der Bundesrepublik Deutschland bezüglich Computern in der Schule aus? Da die einzelnen Länder recht verschiedene Konzepte entwickelt haben, beschränken wir uns im folgenden auf eine Schilderung der zahlreichen Aktivitäten des Bayrischen Staatsministeriums für Unterricht und Kultus. Es führt seit 1968 Versuche über die verschiedenen Anwendungen der Datenverarbeitung im Schulbereich durch. Der Einsatz des Rechners im Unterricht erstreckte sich auf drei Bereiche: den Informatikunterricht, der seit 1969 in vielen Schularten eingeführt wurde, einen zweiten Anwendungsbereich, in dem Computer und Programme in verschiedenen Fächern als Hilfsmittel eingesetzt werden, und die Möglichkeit, den Computer mit Hilfe von Übungsprogrammen als Trainer zu verwenden. Die Erfahrungen zeigen übereinstimmend, daß das Interesse der Schüler für den Informatikunterricht groß ist und insbesondere die angebotenen Möglichkeiten des Arbeitens mit einem Rechner von Lehrern wie von Schülern in hohem Maße benützt werden. Der technische Stand der Mikrocomputer und ihre Preisentwicklung sind mittlerweile so »schulfreundlich«, daß gegenwärtig in Bayern drei Viertel aller Gymnasien und fast die Hälfte aller Realschulen wenigstens mit einem Schülerarbeitsplatz ausgestattet sind.

Durch Lernen und Spielen mit dem Computer wächst somit eine neue Generation heran, für die Mikroelektronik eine Selbstverständlichkeit ist. Gegenwärtig können wir jedoch kaum erfassen, welche Veränderungen dadurch beim Menschen hervorgerufen werden. Einen Computer benützen zu können heißt ja noch lange nicht, die Veränderungen bewältigt zu haben, die durch den Einzug der Mikroelektronik in unsere Gesellschaft in Gang gesetzt wurden. Ob Computer und Neue Medien letztlich zu einem neuen Analphabetentum führen oder ob das Bildungswesen in der Lage ist, mit dem Schritt ins Informationszeitalter mitzuziehen, wird uns noch intensiv beschäftigen (siehe Seite 278).

5. Das automatisierte Büro

Wer das Schlagwort »elektronisches Büro« hört, assoziiert Begriffe wie »Textverarbeitung«, »computerisierte Buchhaltung« und »Fernkopierer«. Alle diese Geräte sind Kinder der Mikroelektronik, ermöglicht durch das Zusammenwachsen von Computer-, Informations- und Kommunikationstechnik. Ähnliches hat sich schon in den vorangehenden Kapiteln gezeigt. Im folgenden wollen wir die Palette der Anwendungsmöglichkeiten der elektronischen Datenverarbeitung um eine Facette bereichern, die viele von uns betrifft: die Automatisierung der Verwaltung. Reichten um die Jahrhundertwende noch 20% der Beschäftigten in einem Industrieunternehmen, um die Büroarbeiten zu erledigen, fand man 1950 bereits 35% der Mitarbeiter in Büro und Verwaltung. 1985 werden etwa 50% der Arbeitskräfte in der Wirtschaft im Verwaltungs- und Informationsbereich tätig sein. Bedenkt man, daß etwa drei Viertel der in Büros anfallenden Kosten aus Lohnkosten bestehen, wird die Bedeutung der Mechanisierung im Bereich der Verwaltung augenfällig – mindestens 40% aller Büroarbeit, so schätzt die Firma Siemens, könnten automatisiert werden. Daß eine solche Entwicklung tiefgreifende Auswirkungen auf den Arbeitsmarkt hätte, ergibt sich von selbst. Ihnen ist ein eigenes Kapitel gewidmet (Seite 213ff.).
Im folgenden interessieren uns in erster Linie die technischen Möglichkeiten.
Apropos Verwaltung: Büroarbeit gibt es in der Wirtschaft, ebenso aber im öffentlichen Dienst. Die Experten sind sicher, daß auch dort bis zu 40% aller Tätigkeiten automatisierbar sind. Wenn die von verschiedenen Wirtschaftsforschungsinstituten angestellten Prognosen zutreffen, wird die Automatisierung des Büros bis 1990 weitgehend abgeschlossen sein.

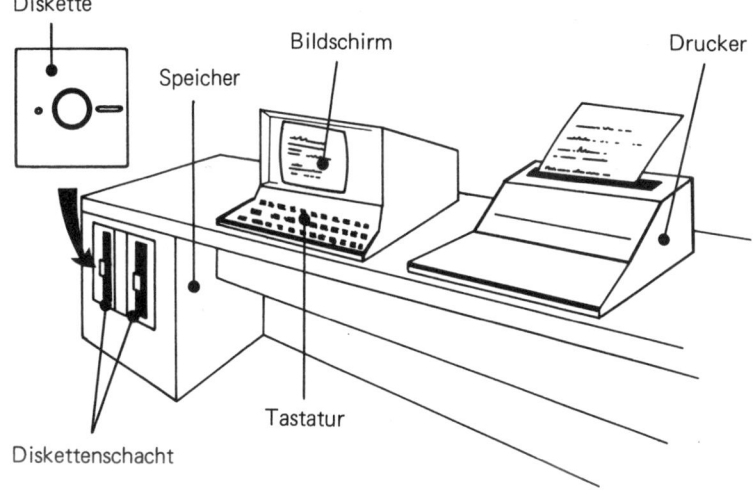

Diskette

Speicher

Bildschirm

Drucker

Diskettenschacht

Tastatur

Abb. 61   Textautomat

Kennzeichnend für die Entwicklung ist der Einzug von Textverar-
beitungsmaschinen in Büros und Schreibstuben. Man nennt sie
auch Textautomaten oder mit einer englischen Bezeichnung word
processors. In den USA dürfte ihr Marktvolumen bereits 1980
1 Milliarde Dollar überschritten haben. Schätzungen zufolge dürfte
der europäische Markt bis 1987 auf 10 Milliarden DM angewachsen sein.

Vor- und Nachteile von Textautomaten

Sehen wir uns die Veränderungen an, die solche Maschinen im Bü-
roalltag bewirken. Früher schrieb die Sekretärin auf einer klappern-
den mechanischen Schreibmaschine Briefe, die sie zuvor im steno-
graphischen Diktat aufgenommen hatte. Nicht selten bekam sie
durch die beim Tastendruck erforderlichen Anstrengungen Sehnen-
scheidenentzündungen. Anfang der siebziger Jahre tauchten die ersten elektrischen Schreibmaschinen auf. Die Büroarbeit wurde etwas leiser und angenehmer. Grundsätzlich änderte sich jedoch
nichts – vergaß die Sekretärin einen Satz, so mußte in der Regel der
Brief neu geschrieben werden. Korrekturtasten erleichterten nach-
trägliche Änderungen nur in begrenztem Ausmaß.

Auf Textautomaten wird das Umschreiben eines Briefes kinder-
leicht: Der geschriebene Text erscheint zunächst auf dem Bildschirm. Dort kann er beliebig korrigiert und redigiert werden. Sätze
können eingefügt, weggelassen werden usw. Erst wenn der Brief gelungen ist, wird durch Knopfdruck ein automatischer Drucker in
Gang gesetzt, der den Brief in wenigen Sekunden zu Papier bringt –
je nach Wunsch mit unterschiedlichem Zeilenabstand, bei fast allen
Systemen wahlweise auch im Blocksatz.
So richtig schätzen lernt man den Textautomaten, wenn ein und
derselbe Text oder nur geringfügig unterschiedliche Versionen
eines Textes an zahlreiche Adressaten geschrieben werden sollen.
Um diesen Vorgang verständlich zu machen, muß ergänzt werden,
daß eine Textverarbeitungsmaschine nicht nur aus einer Tastatur
mit Bildschirm und einem Drucker besteht, sondern auch aus einer
Speichereinheit mit in der Regel zwei Diskettenlaufwerken
(Abb. 61).
Disketten oder Floppy Disks sind magnetische Platten, auf denen
Daten digital gespeichert werden (siehe Seite 50). Auf einer Diske-
tenseite haben 100 bis 650 Schreibmaschinenseiten Platz. Das
Schreiben von Serienbriefen geht nun folgendermaßen vor sich:
Auf einer Diskette sind Name und Anschrift sowie Anrede der einzelnen Adressaten der Reihe nach gespeichert, auf der zweiten Diskette der Wortlaut des Schreibens. Textverarbeitung bedeutet, daß
auf Knopfdruck jeweils eine Adresse von der ersten Diskette abgerufen wird und mit dem Brieftext automatisch zu einem Schreiben
zusammengesetzt und ausgedruckt wird. Auf diese Weise ist es
möglich, Serienbriefe so zu gestalten, daß die Anrede nicht »Sehr
geehrte Damen und Herren«, sondern »Sehr geehrter Herr Dr.
Müller« oder »Liebe Frau Meier« heißt.
Neuerdings gibt es auch Textautomaten, die den Rechtschreib-Du-
den gespeichert haben. Jedes geschriebene Wort wird mit dem Speicher verglichen; orthographische Fehler werden automatisch korrigiert.

Auf dem Weg zu vollintegrierten Büroinformationssystemen

Eigentlich wäre es gar nicht mehr notwendig, den auf einem Textautomaten erstellten Brief zu Papier zu bringen. »Teletex«, eines
der Neuen Medien in der Bürotechnik, ist aus der Heirat zwischen
elektronischen Schreibmaschinen und Datenübermittlung per Telex (siehe Seite 106) entstanden.

Durch ein Zusatzgerät kann jeder Brief direkt vom Bildschirm über das Telexnetz weltweit an jeden Geschäftspartner versandt werden, vorausgesetzt, dieser besitzt zumindest einen Telexanschluß – im Fachjargon: »Teletex und Telex sind zueinander kompatibel.« Die Deutsche Bundespost schätzt, daß 1986 60 000 Teletex-Hauptanschlüsse installiert sein werden. Ein wesentlicher Grund für diesen Optimismus sind die vergleichsweise geringen Übertragungskosten. Über neu geschaffene Datennetzwerke (siehe Seite 128) werden Teletexbotschaften mehr als fünfzigmal schneller befördert als über Telex. Ist der Empfänger auch im Besitz eines Teletexanschlusses, so wird bei ihm ein Brief genauso ausgedruckt, als wenn ihn der Absender auf seinem Drucker zu Papier gebracht hätte.

Textverarbeitungssysteme haben nicht nur Vorteile. Leider sind Geräte verschiedener Hersteller nicht kompatibel. Teletex löst dieses Problem zwar für die Nachrichtenübermittlung, trotzdem gibt es für viele Hersteller noch Probleme. Nicht kompatibel sein heißt, daß die auf einem Wang-Terminal beschriebene Diskette höchstens unverständliches Zeichenwirrwarr ergibt, wenn sie auf einem Gerät von IBM eingelesen wird. Ebenso mußte der Autor dieses Buches erst eine Druckerei suchen, deren technische Ausrüstung sich mit den von ihm beschriebenen Philips-Disketten verträgt. Bemühungen, weltweite Standards zu entwickeln, sind bislang ebenso fehlgeschlagen wie bei Videorecordern. Wir werden also noch eine geraume Zeit mit einer Vielfalt von Systemen leben müssen. Sie wird allerdings die Einführung des elektronischen Büros nicht verhindern, sondern höchstens verlangsamen.

Mit Textverarbeitungssystemen und Teletex ist unser Büro allerdings noch lange nicht vollelektronisch. Seit einigen Jahren sind Fernkopierer am Markt, die es ermöglichen, Briefe, Dokumente, technische Zeichnungen usw. von einem an das Telephon angeschlossenen Kopiergerät zu einem beliebigen anderen zu übertragen. Die Vorlage wird dabei zeilenweise abgetastet, die entsprechenden optischen Signale (Grauwerte) werden in elektrische Impulse übersetzt und in digitaler Form zum Empfänger übermittelt. Dort müssen sie in entsprechender Weise wieder umgewandelt werden. Derzeit gibt es in der Bundesrepublik noch keine 10 000 Fernkopierer. Die Meinungen, wie weit sich dieses System der Informationsübermittlung allgemein durchsetzen werde, gehen auseinander, denn Telefax, wie man Fernkopieren auch nennt, ist nicht gerade billig.

Kopiergeräte und Textautomaten sind seit kurzem auch in neuartiger Weise kombinierbar: Moderne Vervielfältigungsmaschinen arbeiten digital, d. h. der Vorgang der Bildwiedergabe erfolgt durch punktweises Abtasten der zu reproduzierenden Flächen und Umsetzen der entsprechenden Helligkeitswerte in binäre Codierung. Koppelt man nun ein solches Kopiergerät mit einem Textautomaten, kann man einen Brief, anstatt ihn mit dem Drucker Buchstabe für Buchstabe zu Papier zu bringen, auch direkt über den Kopierer ausgeben. Ein leistungsfähiges System schafft dabei an die 100 Seiten pro Minute und ist um einiges schneller als mechanische Drucker vergleichbarer Preisklasse.

Beträchtliche Arbeitserleichterungen bieten im weiteren moderne Telephonanlagen, die sich vor allem in Großbetrieben schon längst durchgesetzt haben. Von der vereinfachten Bedingung durch Tastenwähler abgesehen, speichert der vollelektronische Telephonapparat jede Telephonnummer und wiederholt, wenn der Teilnehmer besetzt ist, die Anwahl so oft, bis die Verbindung hergestellt ist. Die Computersteuerung von Nebenstellensystemen macht nicht nur die Telephonistin weitgehend überflüssig, sondern führt auch Statistik über die Telephongespräche der Mitarbeiter (was von manchen nur mit geteilter Begeisterung akzeptiert werden dürfte).

Angesichts dieser technischen Möglichkeiten ist es nur eine Frage der Zeit, bis vollintegrierte Büroinformationssysteme auf den Markt kommen: Sie werden in einer einziger Einheit Telephon, Bildschirm, Tastatur, Drucker, Speicher und Telexanschluß beherbergen. Möglicherweise wird der Teilnehmer eines Telephongesprächs nicht nur hörbar, sondern auch am Bildschirm sichtbar sein.

Hörende und sprechende Computer

Technisch nur begrenzt machbar ist zur Zeit der Traum vieler Computertechniker und Automatisierer: die Entwicklung von Maschinen, die menschliche Sprache direkt in einen geschriebenen Text, und umgekehrt, digital gespeicherte Information in verständliche Schalleindrücke umwandeln können.

Betrachten wir zunächst Systeme zur Sprachausgabe. Sie funktionieren entweder als Ansageautomaten oder als Vorleseautomaten. Durch bestimmte technische Verfahren (Sprachkompression) ist es heute möglich, mit etwa 1 000 Bit Speicherkapazität ein Wort gut verständlich nachzubilden. Die meisten derzeit erhältlichen Geräte zur Sprachsynthese sind Ansageautomaten. So gibt es Uhren, die die Zeit sprechen können, oder Computer, wie die »Kurzweil

Reading Machine«, die Bücher laut vorlesen kann. Auch elektronische Spielzeuge können bereits »sprechen«. »Karlchen«, das Auskunftssystem der Deutschen Bundesbahn in Frankfurt, hat einen Speicher, der 5 500 Wörter in digitaler Form enthält. Ein Computerprogramm ermöglicht es, aus diesem Wortschatz vollständige Fahrplanauskünfte zusammenzustellen. Die Umwandlung in den hörbaren Text bewerkstelligt ein sogenannter Sprachsynthetisator; der menschliche Hals-, Nasen- und Rachenraum wird durch elektrische Filter nachgebildet.

Vorleseautomaten sind schwieriger zu realisieren, da sie einen viel größeren Wortschatz »beherrschen« müssen. Mit Förderung der deutschen Forschungsgemeinschaft wurde ein solches Gerät mit der Bezeichnung SYNTEX entwickelt. In den USA schätzt man, daß der Markt für Sprachverarbeitungsprodukte bis 1985 auf eine Milliarde Dollar gestiegen sein wird.

Systeme für Sprachinput dienen dazu, das gesprochene Wort ohne Schreibkraft direkt in Schriftform umzusetzen. Sie sind gewissermaßen elektronische Sekretärinnen. Die Spracherkennung wurde bislang nur für begrenzte Vokabulare von einigen hundert Wörtern und eine begrenzte Anzahl von Stimmen erreicht. Haupthindernis ist die enorme Speicherkapazität, die ein Computer benötigt, um die Vielfalt der Stimmschwankungen zu identifizieren, welche die menschliche Sprache kennzeichnen.

Schon bieten aber Hersteller von Kleincomputern Module zur Sprachsteuerung ihrer Produkte an. Damit kann insbesondere Behinderten geholfen werden, denen es bislang vielfach nicht möglich war, technische Geräte ein- und auszuschalten. So entwickelten beispielsweise Renault und Siemens ein System, das Behinderten das Autofahren erleichtert: durch gesprochene Befehle werden der Motor gestartet, die Türen geöffnet oder die Hupe betätigt. Die Erkennungssicherheit soll fast 100% betragen. Bei Massenfertigung, so schätzen die Hersteller, wird das System etwa 5 000 DM kosten.

AEG-Telefunken entwickelte ein akustisches Datenerfassungssystem für den Bereich der Unterhaltungselektronik. Jeder Benützer des Systems muß dabei zunächst ein »Erkennungsvokabular« erzeugen, indem er eine Anzahl von Befehlen als »Klassifikatoren« eingibt. Das Frequenzspektrum jedes einzelnen Wortes wird dabei vom Computer gemessen und gespeichert.

Schätzungen zufolge werden brauchbare Spracheingabegeräte Ende der achtziger Jahre marktreif sein. Dann wird man Reservierungen bei Bahnlinien, Fluggesellschaften und Hotels über das Telephonnetz direkt an einen Computer eingeben können. Erst gegen

Ende unseres Jahrhunderts, meint der Bericht »Mikroelektronik und Gesellschaft« an den Club of Rome, dürfte es möglich sein, komplexe Daten direkt in eine elektronische Schreibmaschine zu diktieren und auf diese Weise einen fehlerfreien, mit den richtigen Satzzeichen versehenen Text zu erhalten.

Während sich amerikanische und japanische Forscher gegenwärtig vor allem auf die Entwicklung von Spracheingabegeräten konzentrieren, beschäftigen sich europäische Entwicklungszentren auch mit den Möglichkeiten der automatischen Sprachübersetzung mit Hilfe von Spracherkennungsgeräten, die Zugriff zu gespeicherten Wörterverzeichnissen haben und zur Übersetzung über geeignete Programme verfügen. Mit jedem neuen Mitgliedsland, das der Europäischen Gemeinschaft beitritt, wird die Übersetzung von Konferenzen, Tagungsberichten, Richtlinien usw. teurer. Aus diesem Grund ist die Europäische Gemeinschaft sehr an der Förderung von Entwicklungsarbeiten interessiert, die ein computerisiertes oder zumindest computerunterstütztes Übersetzungssystem möglich machen. Das Saarbrücker Übersetzungssystem SUSY könnte deshalb eines Tages der Hauptdolmetscher der Europäischen Gemeinschaft werden. Ein einfaches Beispiel genügt, um die Probleme solcher automatischen Übersetzungssysteme zu verdeutlichen: Als ein dolmetschender Computer beauftragt wurde, den Satz »Der Geist ist willig, aber das Fleisch ist schwach« vom Englischen ins Russische und danach wieder ins Englische zu übersetzen, kam sinngemäß heraus: »Der Wodka ist stark, aber der Braten ist verdorben.« Begnügt man sich, einen Satz Wort für Wort zu übersetzen, kommt also in vielen Fällen Unsinn heraus – auf der anderen Seite aber ist es sehr aufwendig, wenn nicht gar unmöglich, die feinen Nuancierungen sprachlicher Ausdrucksfähigkeit zu computerisieren (was sich, wie jeder Übersetzer weiß, auch dadurch erklärt, daß viele Wendungen gar nicht exakt übersetzbar sind).

6. Mikroelektronik im Verkehr

Wir befinden uns auf dem Weg in die bargeldlose Gesellschaft. Unvorstellbare Geldsummen wandern täglich, als Folgen von Bits verkleidet, von einer Bank zur anderen. Das weltgrößte Computernetz für den internationalen Geldverkehr mit dem Namen SWIFT (Society for Worldwide Interbank Financial Telecommunications), dem gegenwärtig ca. 1 000 Banken in 43 Staaten angehören, bewältigt pro Jahr an die 100 Millionen Transaktionen. Die dazu notwendige Rechenarbeit wird von drei Computerzentren in Belgien, Holland und den Vereinigten Staaten erledigt. Da immer mehr Banken und Kreditinstitute dazu übergehen, Überweisungen bargeldlos zu tätigen, erweitert der amerikanische Computerhersteller Burroughs Corporation die Kapazität des Systems, obwohl es erst seit sechs Jahren in Betrieb ist, in beträchtlichem Ausmaß. SWIFT II dürfte etwa 1985 in Betrieb gehen.

Aber nicht nur Banken steigen im Zahlungsverkehr von Papieren auf Computer um: Beinahe alle Großfirmen sowie in zunehmendem Ausmaß auch mittlere und kleine Betriebe wickeln ihre Lohn- und Gehaltsabrechnung mittels EDV ab. Die wöchentlich ausgehändigte Lohntüte wird deshalb bald der Vergangenheit angehören. Nur teilweise bargeldlos funktioniert eine dritte Spielart des computerisierten Geldtransfers, der Geldautomat (Bankomat). Mehrere Banken und Kreditinstitute bieten ihren Kunden den neuen Service an, bei dem man rund um die Uhr bei eigens errichteten unbemannten Schaltern Geld abheben kann, sofern man eine Bankomatkarte und ein entsprechendes Losungswort in Form eines mehrziffrigen Codes eingibt.

Eine vierte Variante wird in der Bundesrepublik gerade eingeführt: die Bestellung von Waren per Bildschirmtext bei ebenso erfolgender Bezahlung des Kaufpreises. In Nordamerika ist diese Form des Einkaufens vom heimischen TV-Schirm aus längst gang und gäbe. Keine Frage, daß auch hierzulande Bargeld an Bedeutung verlieren wird – Supermärkte und Kaufhäuser werden dazu übergehen, an der Kasse nicht mehr Geldscheine zu verlangen, sondern eine Scheckkarte, mittels deren die Umbuchung des zu bezahlenden Betrags vom Konto des Käufers auf das des Unternehmens eingeleitet wird.

Chips in Kraftfahrzeugen

Auch im Reiseverkehr macht sich Mikroelektronik breit. Die Kraftfahrzeugindustrie füttert immer mehr Chips in ihre neuen Modelle. Zum einen dienen sie der Sicherheit, wie z. B. jene Mikroprozessoren, die bei Antiblockiersystemen schleuderfreies Bremsen gewährleisten. Zum anderen ermöglichen sie benzinsparendes Autofahren, indem sie den jeweiligen Kraftstoffverbrauch digital anzeigen oder diesen auf Knopfdruck optimal einstellen. Das Auto der Zukunft wird serienmäßig mit einem Fahrerinformationszentrum ausgerüstet sein, das nicht nur Fahrgeschwindigkeit und Vorratsstand im

Benzintank anzeigt, sondern auch Fragen beantwortet wie: »Wie viele Kilometer kann ich noch fahren, bis der Tank leer ist?«, »Wann werde ich an meinem Bestimmungsort ankommen, wenn ich mit derselben Geschwindigkeit, wie jetzt, weiterfahre?« Der Computer wird Zündung, Auspuffgasrückführung, Temperatur im Fahrgastraum oder auch ein Diebstahlsicherungssystem steuern. Der neueste Schrei ist der sprechende Bordcomputer. Er macht den Fahrer höflich, aber bestimmt aufmerksam: »Die rechte hintere Tür ist nicht geschlossen« oder »Das Kühlwasser kocht«. Vielleicht wird es auch einmal einen Automaten geben, der das Fahrzeug gar nicht anspringen läßt, wenn der Fahrer über den Durst getrunken hat...

Computer werden viele Reparaturarbeiten hinfällig werden lassen. Bei BMW schätzt man, daß von 1986 an nur mehr 40% des gegenwärtigen Serviceaufkommens nötig sein werden. Vom Ölwechsel abgesehen sollte dann eine Wartung nur mehr alle 50 000 Kilometer erforderlich sein. Um dieses Ziel zu erreichen, müssen die abnützbaren Teile der Kraftfahrzeuge mit Sensoren ausgerüstet sein, die laufend Daten an den Servicecomputer im Auto liefern; ein solches System ermöglicht nicht nur eine rasche Fehlerdiagnose, sondern auch Reparaturen, noch bevor ein Schaden entsteht (Lit. 16).

Mikroelektronische Bauteile werden nicht nur in Kraftfahrzeuge eingebaut. Mehrere Unternehmen haben vollelektronische Steuergeräte entwickelt, die den Verkehrsfluß messen und regeln, Lichtsignalanlagen entsprechend dem Verkehrsaufkommen jeweils dort auf grüne Welle schalten, wo es notwendig ist, oder solche, die jederzeit den Standort von Einsatzfahrzeugen in Evidenz halten, um sie auf schnellstem Wege zu einer neuen Unfallstelle dirigieren zu können.

Umstrittene Autopiloten

Besondere Bedeutung hat die Computertechnik auch im Luftverkehr gewonnen. Lotse und Pilot sind gleichermaßen von Mikroprozessoren abhängig geworden. Eine Abhängigkeit, die verhängnisvoll sein kann: In Nairobi zerschellte ein Lufthansa-Jumbo, weil im Widerspruch zu den Lichtsignalen im Cockpit die Flügelnasenklappen nicht ausgefahren waren. So angenehm es scheinen mag, daß sich der Flugkapitän genüßlich zurücklehnen kann, weil der Autopilot alle Steuerungsaufgaben übernimmt – die Piloten sind mit den neuen Systemen keineswegs zufrieden (Lit. 17). Die einen klagen über fehlerhafte Computerprogramme: Die Elektronik der Boeing 737-200 beispielsweise mißt die Windstärke und errechnet daraus, wann mit dem Sinkflug für die Landung begonnen werden soll, allerdings nicht selten falsch. Der Computer geht davon aus, daß weiter unten der Wind ebenso stark weht wie in der normalen Reiseflughöhe; ein Einheitswind, den es aber nicht gibt. Andere wiederum argwöhnen, daß bei den extremen klimatischen Bedingungen des Langstreckenfluges (minus 50 Grad Celsius, verstärkte kosmische Strahlung usw.) die überall in modernen Flugzeugen eingebauten Mikroprozessoren erhöhte Störanfälligkeit haben.

Die Folge: Phantomerscheinungen – technische Störungen, die so unerklärlich sind, daß es kein Notverfahren zur Behebung gibt – nehmen zu.

Weil gerade vom Fliegen die Rede ist: Auch in den Reisebüros geht die Zeit zu Ende, wo Angestellte mühsam Flugpläne, Kursbücher und Prospekte konsultieren müssen und anschließend telephonisch anfragen müssen, ob der nächste Flug nach Los Angeles schon ausgebucht ist. Etwa tausend Reisebüros sind gegenwärtig über das Computersystem »START« mit den EDV-Zentren der Deutschen Bundesbahn, der Lufthansa und der Touristic Union International verbunden. Nicht nur Auskünfte erscheinen auf dem Bildschirm, auch die Buchung von Reisen zu mehr als sechstausend Zielen in aller Herren Länder erfolgt über Terminals. In absehbarer Zeit wird man solche Aufgaben zumindest teilweise auch über das eigene Bildschirmtextgerät erledigen können. Soweit, so gut. Was aber passiert, wenn das Kommandozentrum von START oder SWIFT durch eine technische Panne gestört ist oder durch einen terroristischen Anschlag zerstört wird? Die Durchsicht von einigen Dutzend Büchern über Anwendungen der Mikroelektronik ergab, daß diese Frage offenbar weitgehend für überflüssig gehalten wird, denn es finden sich kaum entsprechende Hinweise. Das Problem der Pannenvorsorge wird auch in der öffentlichen Diskussion weitgehend umgangen. Bei der Besprechung der Computerkriminalität (Seite 269) werden wir auf diese Fragen zurückkommen.

7. Roboter und vollautomatische Fabriken

An der Wiege der ersten industriellen Revolution im 19. Jahrhundert stand die Dampfmaschine. Sie ersetzte menschliche und tierische Muskelkraft durch die Arbeit einer Maschine, die ihre Energie aus der Verbrennung fester oder flüssiger Treibstoffe bezog. An der

Wiege zu jener industriellen Revolution, in der wir uns gegenwärtig befinden, standen Transistor und integrierter Schaltkreis. Sie ersetzen Leistungen des menschlichen Nervensystems. Man kann beide Vorgänge als Mechanisierung und Automatisierung bezeichnen. Beide zielen im Grunde genommen darauf ab, Tätigkeiten des Menschen von geeigneten Maschinen durchzuführen zu lassen und neue Produkte zu ermöglichen, die in ihrer Leistung den Menschen in einem bestimmten Bereich übertreffen. So ermöglicht die Dampflokomotive den Transport von Gütern in einer Menge und Geschwindigkeit, wie er von Menschen ohne Hilfsmittel nicht bewerkstelligt werden könnte. Ebenso führt der Taschenrechner komplizierte Multiplikationen rascher als das menschliche Gehirn aus, und das Telephon ermöglicht die Verständigung mit Menschen in einer Entfernung jenseits der Reichweite menschlicher Stimme. Während die industrielle Revolution an Produktionsfaktoren vornehmlich Rohstoffe und Energie benötigte, tritt an deren Stelle in der mikroelektronischen Revolution die Information.

Die Wirkungen der Mechanisierung sind besonders deutlich in der Landwirtschaft zu sehen. Waren Anfang des 19. Jahrhunderts noch 70% der Bevölkerung mit der Produktion von Nahrungsmitteln beschäftigt, machen die Bauern heute nur mehr 6% der Bevölkerung Mitteleuropas aus. Wer durch die weiten, fruchtbaren Täler Kaliforniens reist, kann stundenlang an Obstplantagen vorbeifahren, ohne einen einzigen dort arbeitenden Menschen anzutreffen. Ähnlich gelang es auch in der industriellen Fertigung, menschliche Arbeitskraft durch Maschinen zu ersetzen. Schon vor Beginn des Zeitalters der Mikroelektronik hat die Rationalisierung in diesem Bereich ein hohes Ausmaß erreicht. In den Erdölraffinerien beispielsweise hat die automatische Steuerung der bei der Ölverarbeitung ablaufenden chemischen und physikalischen Prozesse schon längst die Beaufsichtigung durch Menschen ersetzt: Die Steuerung eines Heizkessels in Abhängigkeit von der Temperatur am Kopf einer Destillationssäule ist auch auf mechanischem oder elektromechanischem Weg möglich. Der Übergang von da zu mikroelektronischen Bauelementen ist bei solchen Anwendungen nur noch ein gradueller Fortschritt. Dies gilt für viele Bereiche der chemischen und pharmazeutischen Industrie, der Lebensmittelverarbeitung und für die Aufbereitung von Rohstoffen.

Von numerisch gesteuerten Werkzeugmaschinen zum intelligenten Automaten

Es wäre allerdings verwunderlich, wenn es in der industriellen Produktion nicht auch umwälzende Neuerungen gäbe, die der Mikroelektronik zu verdanken sind. Zu den spektakulärsten Errungenschaften der letzten Jahre zählt zweifellos die Entwicklung von Industrierobotern, vor allem in Japan.

Der tschechische Schriftsteller Karel Capek gebrauchte 1920 als erster die Bezeichnung Roboter. Sie leitet sich von dem tschechischen Wort für Arbeit ab. Capeks Roboter waren menschenähnliche Gebilde, durch ein geheimes Verfahren hergestellt. Er beschrieb sie als intelligente Kreaturen, die keinerlei Gefühle besitzen. Ihre Aufgabe war – in dieser Vision wie heute –, menschliche Arbeit zu ersetzen. Generationen von Science-fiction-Autoren haben seither Maschinenmenschen dargestellt. Zukunftsromane beschreiben die totale Machtergreifung durch von Menschen geschaffene Maschinen.

Im Gegensatz zu den als menschenähnlich geschilderten, furchteinflößenden Romanhelden wirken die derzeit gängigen Industrieroboter eher enttäuschend. Folgen wir gebräuchlichen Definitionen, so sind Roboter universell einsetzbare Bewegungsautomaten mit mehreren Achsen. Ihre Bewegungen sind ohne mechanischen Eingriff programmierbar und manchmal durch entsprechende Fühler (Sensoren) steuerbar. Oft sind sie mit Greiferwerkzeugen oder anderen Fertigungsmitteln ausgerüstet. Der Unterschied zwischen einfachen Automaten und Robotern ist, daß erstere immer nur ein Werkstück bearbeiten können, während Roboter durch numerische Steuerung auf verschiedene Produkte programmierbar sind. Die Steuerung der Bewegungsabläufe einer solchen Maschine erfolgt durch digital gespeicherte Information mit Hilfe eines Mikrocomputers. Die entsprechenden Programme werden auf der Basis der technisch bedingten Bewegungsabläufe bei der Erzeugung bestimmter Gegenstände formuliert und in einer geeigneten Programmiersprache niedergelegt. Die modernsten Roboter besitzen bereits in die Werkzeugmaschine integrierte Rechner, die mittels eines zusätzlichen Handgerätes programmiert werden. Auf diese Weise kann der Automat die einzelnen Bewegungsabläufe direkt »lernen«.

Roboter und mikroelektronische Steuerung ebnen den Weg zur menschenleeren Fabrik. Sie wird im an den Club of Rome adressierten Bericht »Mikroelektronik und Gesellschaft« beschrieben: »Es handelt sich dabei um vollautomatische Fabriken, die kleine

Serien unterschiedlicher Produkte auf ein und derselben Maschine herstellen können. Kleine Zeilen numerisch gesteuerter Werkzeugmaschinen, von Robotern mit Rohmaterial versorgt, werden von Minicomputern gesteuert, die ihrerseits an einen Zentralcomputer angeschlossen sind, der den Rhythmus der Produktion und des Materialnachschubs reguliert. Qualitätskontrollen und Routineinstandhaltungsarbeiten werden von Robotern erledigt. Jede Panne kann vom Hauptcomputer bewältigt werden, der den Gesamtzeitplan der Produktion neu organisiert. Der Hauptcomputer kann mit einem anderen Computer zusammengeschaltet werden, der durch die Konstruktionstechnik des computerunterstützten Designs detaillierte Konstruktionsunterlagen enthält« (Lit. 18). Solche unbemannten Produktionsstätten dürften erst in den neunziger Jahren Bedeutung erlangen. Die Einführung vollautomatischer Produktionsprozesse unter Einsatz von Mikroprozessoren steht erst am Beginn. Immerhin sind derzeit bereits mehr als 20 000 echte Roboter weltweit im Einsatz (da die Abgrenzung zwischen Robotern und einfachen Automaten Geschmacksache ist, sind diesbezügliche Zahlenangaben verschiedener Autoren auch höher oder niedriger). Die ersten Roboter wurden von der amerikanischen Firma Unimation Anfang der sechziger Jahre auf den Markt gebracht.

Sie bestanden zunächst aus mechanischen Armen und Händen, die sich mikroprozessorgesteuert bewegten und den Zusammenbau von Maschinenteilen bewältigten. Neuere Entwicklungen führten zu Robotern mit Sensoren. Mit Hilfe von Fernsehkameras können die sogenannten intelligenten Roboter auch »sehen« und damit Information als Rückmeldung zur Steuereinheit weiterleiten, die darauf mit entsprechenden Befehlen reagiert.

Welche Arbeiten verrichten die Roboter in den Fabriken? Am bekanntesten ist ihr Einsatz im Automobilbau geworden: Sie fertigen Rohkarosserie und Motoren fast ohne menschliches Zutun, sind aber auch bei der Endmontage und beim Lackieren tätig. Stahlarme schrauben Türen und montieren Räder. Roboter als Symbol für hohe Automatisierung haben mit dafür gesorgt, daß die japanische Autoindustrie den ersten Platz der Weltrangliste erobern konnte. Aber auch in der europäischen Autoindustrie haben Roboter schon längst Einzug gehalten. In den Wolfsburger VW-Werken sorgt ein 10-Milliarden-Investitionsprogramm für einen großen Sprung vorwärts in Richtung vollautomatische Fabrik. Japan ist jedoch mit weitem Abstand der weltgrößte Produzent von Robotern und wird es vermutlich noch geraume Zeit bleiben. Die Nippon-Firma Fanuc eröffnete 1981 die erste nahezu menschenleere Fabrik am Fuß des heiligen Bergs Fuji, in der Roboter Roboter bauen.

In der Bundesrepublik sind zur Zeit an die 80 Hersteller im Bereich der Montage- und Handhabungstechnik tätig. Sie erzielten 1982 einen Umsatz von 1,8 Milliarden DM (die eigentlichen Industrieroboter machen 10% davon aus). Bis 1985 erwartet man einen Umsatz von etwa 3 Milliarden DM. Dieser Zuwachs wird aber den Vorsprung der Japaner nicht wettmachen können. 1982 waren in Japan 12 000 Industrieroboter im Einsatz, in den USA und Westeuropa dagegen je 9 000.

Eines der Hindernisse für den Einsatz von Robotern ist die Tatsache, daß sie bei einer Auflage von weniger als 1 000 Stück noch nicht rentabel sind. Der Kostenverfall für mikroelektronische Bauelemente wird dieses Hindernis jedoch bald aus dem Weg räumen. Wenn die Roboterpreise von derzeit 100 000 auf etwa 20 000 DM sinken, könnte die Auslieferung solcher Automaten in den USA bis zum Jahre 1990 200 000 Stück erreichen. »In der Zukunft werden wir«, so Joe Engelberger, der »Vater des Roboters« und Gründer der Firma Unimation, »Roboter haben wie feine Damen Hüte« (Lit. 19). Hemmend wirkt aber die konservative Haltung vieler Manager, die es vorziehen, den Roboter dem traditionellen Produktionsprozeß anzupassen, anstatt diesen Prozeß so umzugestalten, daß ein Roboter optimal eingesetzt werden kann. Außerdem sind die Geräteinvestitionen in der industriellen Produktion im allgemeinen so hoch, daß man einen Fertigungsprozeß nicht einfach alle drei Jahre umstellen kann.

Verbindet man die Fähigkeiten von Robotern mit den Möglichkeiten der Telekommunikation, können auch gefährliche Arbeiten von Maschinen erledigt werden: Das Bergwerk der Zukunft wird weitgehend ohne Kumpel arbeiten. Statt dessen werden Fachkräfte in konditionierten Räumen vor Bildschirmen sitzen und die Kohleförderung durch Fernsteuerung von Maschinen bewerkstelligen. Eine solche »Telepräsenz« wird natürlich auch im Umgang mit Kernreaktoren willkommen sein. Roboter können eingesetzt werden, wo starke radioaktive Strahlen menschliche Anwesenheit lebensgefährlich machen.

Heimroboter

Die kalifornische Firma Androbot denkt bereits um Jahre voraus und konstruiert die ersten »persönlichen Roboter«. BOB (Brains On Board) ist zwar noch nicht in der Lage, eine Flasche Bier aus dem Eiskasten zu holen, aber Staubsaugen kann er bereits. Der Gründer der Firma ist niemand anders als Nolan Bushnell, den wir schon auf Seite 175 als einen der Väter der heute weltweit verbreitenden Fernsehspiele kennengelernt haben. Der nunmehr vierzigjährige Multimillionär glaubt einen ähnlichen Durchbruch wie bei den Fernsehspielen auch mit persönlichen Robotern zu schaffen, die gegenwärtig schon um 2 000 bis 4 000 DM zu haben sind. Im Herbst 1983 werden einfache Heimroboter auf Rädern, die leichte

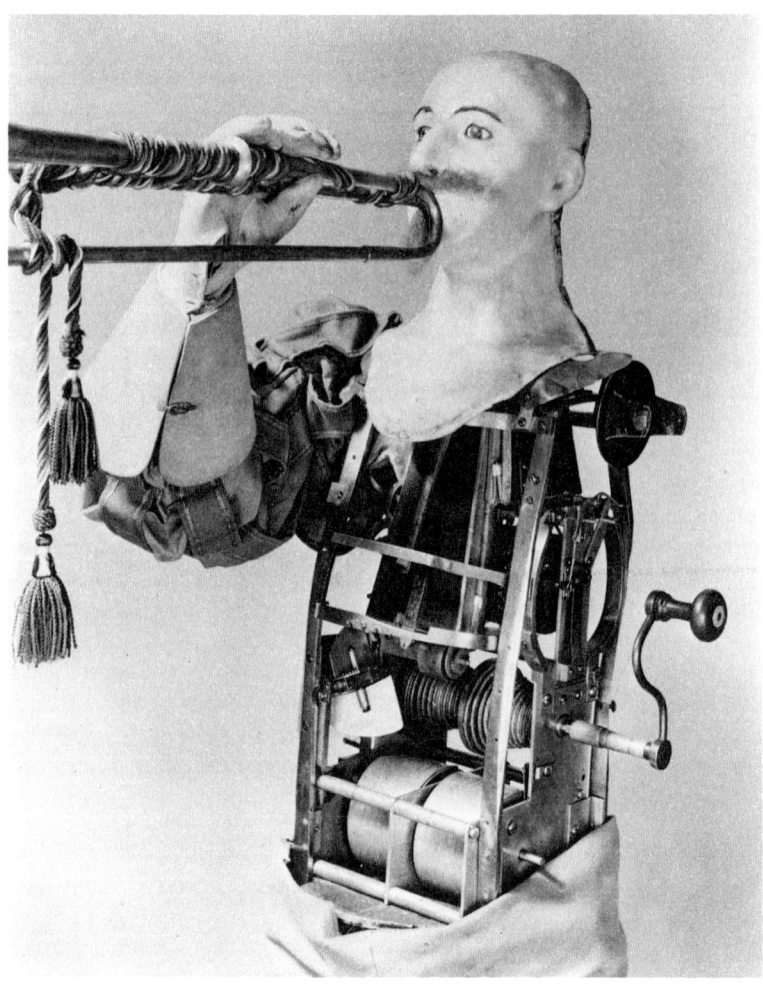

Abb. 62 Trompeter-Automat 1810 und . . .

Abb. 63   ... ein Roboter der achtziger Jahre

Gegenstände transportieren können, in US-amerikanischen Kaufhäusern erhältlich sein (Lit. 20).

Kehren wir abschließend nochmals zu den Industrierobotern zurück. Als Gründe für ihren Einsatz werden in erster Linie Rationalisierung und Humanisierung genannt. Über die Frage, in welchem Ausmaß Roboter menschliche Arbeitskräfte verdrängen, gehen die Meinungen auseinander (siehe dazu Seite 213). Die Tatsache, daß zur Zeit in der Bundesrepublik etwa 3 500 Roboter im Einsatz sind, gibt nicht zu besonderer Besorgnis Anlaß. Selbst wenn ein Roboter mehrere Arbeiter verdrängt, fällt dies insgesamt gesehen kaum ins Gewicht. Allerdings beginnen im Roboterland Japan die Gewerkschaften, die bislang den Einsatz der Fertigungsautomaten befürwortet haben, über die Fortsetzung dieser Rationalisierungspolitik kritisch nachzudenken. Dazu kommt, daß auch der zweite Aspekt des Robotereinsatzes – die Humanisierung – nicht mehr unwidersprochen ist. Zunächst war man der Meinung, daß der Einsatz von Automaten vorteilhaft sei, weil dadurch eintönige Fließbandarbeit und gesundheitsschädliches Lackieren nicht mehr von Menschen ausgeführt werden müßten. In vielen Fällen zeigt sich jedoch, daß trotzdem genügend »Dreckarbeit« übrig bleibt, die von Robotern nicht erledigt werden kann. Befragungen von Arbeitern in automatisierten Fabriken ergaben zudem, daß die neue Produktionstechnik die nervliche Belastung der Beschäftigten erhöht: Der Herstellungsprozeß läuft nunmehr nach dem Diktat des Computers ab, selbstgewählte Verschnaufpausen sind nicht mehr möglich. Mag sein, daß Unzufriedenheit bei manchen Arbeitern auch aus dem Gefühl entsteht, weitgehend überflüssig geworden zu sein.

8. Computergraphik

Die Beschreibung automatisierter Produktionsprozesse wäre unvollständig ohne die Erwähnung der graphischen Datenverarbeitung, die unter den Kürzeln CAD (Computer Aided Design) und CAM (Computer Aided Manufacturing) bekannt geworden sind. CAD bezeichnet den Versuch, Computer auch für die Formgebung, die Konstruktion und die bildhafte Darstellung von Gegenständen einzusetzen. Die US-amerikanische Flugzeugfirma McDonnell Douglas beispielsweise verwendet seit Jahren ein CAD-Verfahren, um Bewegungsabläufe von Flugkörpern zu simulieren und Statikberechnungen durchzuführen. Heute ist CAD aus den Entwicklungsabteilungen von Flugzeug- und Autoherstellern nicht mehr wegzudenken. Schätzungen zufolge soll allein der US-Umsatz im CAD-Bereich bis 1987 auf fast 40 Milliarden DM ansteigen (Lit. 21). Bedenkt man, daß auf die Konstruktion neuer Maschinen rund 30% der Gesamtzeit für ingenieurmäßige Entwurfsarbeiten verwendet werden, Tätigkeiten, die durch graphische Datenverarbeitung wesentlich vereinfacht werden können, wird das große Potential dieser neuen Technik klar.

Zunächst verstand man unter graphischer Datenverarbeitung bloß die Erstellung von Schaubildern, wie Kurven, Säulendiagrammen und Organisationsplänen mittels Rechnern. Heute bezeichnet man diese Tätigkeit meist als Computergraphik und unterscheidet sie von Bildverarbeitung und Mustererkennung. Bei der Computergraphik werden in der Regel Daten eingegeben und am Bildschirm ausgegeben, während es bei der Mustererkennung genau umgekehrt ist: Ein eingegebenes Bild wird ausgewertet, und die entsprechenden Daten werden errechnet. So geht beispielsweise das »Erkennen« von Werkstücken in der Fertigung vor sich. Bei der Bildverarbeitung wird eine Skizze eingegeben, diese jedoch gezielt verändert und hierauf als neues Bild wieder ausgegeben. Auf diese Weise lassen sich beispielsweise aus Luftaufnahmen Landkarten erzeugen.

In der Elektrotechnik verwendet man CAD zum Erstellen von Verkabelungsplänen, beim Entwurf von integrierten Schaltungen und bei der Konstruktion elektrischer Maschinen. Architekten benützen Computer zur Herstellung perspektivischer Zeichnungen, zur Planung von Gebäuden und für baustatische Berechnungen. Im Maschinenbau werden Fertigungszeichnungen, das Design von Karosserien und die Optimierung des Verschnitts von Blech durch graphische Datenverarbeitung gelöst. Wirtschaftswissenschafter setzen sie bei der Erstellung von Trendanalysen, der Darstellung von Marketingvorgängen und in der Netzplantechnik ein.

Auch für Heimcomputer gibt es bereits eigene Graphikprogramme zur optischen Darstellung etwa von Wirtschaftsstatistiken um ca. 500 DM zu kaufen.

Graphische Datenverarbeitung eignet sich auch vorzüglich, um Vorgänge zu simulieren. Simulation heißt, durch die Eingabe und Veränderung von Parametern Situationen und Entwicklungen nachzuahmen. Einfache Simulierprogramme bieten den Benützern auf dem Bildschirm beispielsweise eine Tabelle an, in die er Daten eintragen kann – etwa Einkaufs- und Verkaufspreise, Umsätze, Erträge und Kosten. Der Rechner verknüpft sie durch vorprogrammierte Formeln und erstellt die entsprechenden Summen als Vergleichswerte. Ein Manager kann nun auf einfache Weise herausfinden, wie sich zum Beispiel die Handelsspanne bei Erhöhung des Verkaufspreises änderte oder wie sich die Erträge bei Anschaffung einer neuen Maschine entwickelten.

Moderne Geräte zur graphischen Datenverarbeitung bieten zur Dateneingabe nicht nur eine Tastatur, sondern Leuchtstifte an, die wie Kugelschreiber aussehen, aber durch ein Kabel mit dem Terminal verbunden sind. Mit diesen kann man direkt auf dem Bildschirm zeichnen. Es ist zu erwarten, daß diese Technik in absehbarer Zeit auch für Bildschirmtext eingesetzt wird: Anstatt durch das Drücken einer Taste aus drei am Bildschirm angebotenen Varianten eine auszuwählen, wird es möglich sein, mit einem Zeiger die gewünschte Variante am Bildschirm zu bezeichnen.

CAM beruht auf dem Prinzip, alle Details technischer Planungen und Zeichnungen eines Bauteiles, die zuvor durch graphische Datenverarbeitung im Computer gespeichert wurden, auch für die Vorbereitung und die eigentliche Herstellung zu nutzen. Die Kombination von CAD und CAM ermöglicht also sowohl automatische Planung als auch automatische Steuerung des Fertigungsverfahrens. CAM ist somit nicht gleichbedeutend mit »automatischer Fabrik«. CAM dient zur direkten Übernahme des Arbeitsprogrammes für numerisch gesteuerte Maschinen aus den in der Planung ermittelten Details.

Die Möglichkeiten für den Einsatz von Computergraphik gehen über Planung und Fertigung in der Industrie weit hinaus. Immer häufiger werden Trickfilme mit Hilfe von graphischer Datenverarbeitung erstellt. George Lukas, der Produzent des Kassenschlagers »Krieg der Sterne«, hat seinen Erfolgsfilm nicht in Hollywood, sondern in einem Büro in der Nähe von San Franzisko geschaffen. Dort sind in einem Computerlaboratorium einige der besten EDV-Graphiker der Vereinigten Staaten versammelt. Sie produzieren technische Gebilde, Städte und Landschaften, die es in Wirklichkeit nicht gibt. Der Computerfilm ist eine logische Weiterentwicklung der graphischen Datenverarbeitung. Hatte man zunächst Standbilder mit Hilfe spezieller Computerprogramme erzeugt, geht man nun einen Schritt weiter und simuliert durch gezielte Variationen einzelner Parameter Bewegungsabläufe. Was das für die Produktion von Trickfilmen bedeutet, liegt auf der Hand: Während bei der bisher üblichen Arbeitsweise für jede Sekunde Film mindestens 25 nur geringfügig unterschiedliche Bildunterlagen von Hand erstellt werden mußten, genügt nun das Zeichnen einiger weniger Bilder aus der benötigten Folge. Der Computer erstellt die dazwischen liegenden Teile von Bewegungsabläufen automatisch.

Weiten Einsatz findet die Computergraphik auch in der amerikanischen TV-Werbung. Schon jetzt können wirklichkeitsnahe Bewegungsabläufe per Computer wesentlich billiger hergestellt werden als Spots, die nach herkömmlicher Methode wirklich gefilmt werden.

Die Darstellung bewegter Bilder ist nicht nur zweidimensional, sondern auch als Raumbild möglich. Zur Zeit benötigt man aber selbst in den größten Computersystemen mehrere Minuten Rechenzeit pro Bild. Daraus ergibt sich, daß eine hundertprozentige Realanimation heute aus kommerziellen Gründen noch nicht machbar ist.

Auch die visuelle Darstellung dreidimensionaler Abbildungen ist technisch noch ein Problem – wenn man von Pseudoeffekten wie den sogenannten 3-D-Postkarten absieht. Rüdiger Hartwig von der Universität Heidelberg entwickelte ein echtes dreidimensionales Darstellungsverfahren. Er verzichtet dabei auf Bildschirm und Elektronenröhren. Statt dessen verwendet er einen Laserstrahl, der auf eine rotierende, spiralförmige Plastikscheibe auffällt. Diese dreht sich mit etwa 50 Umdrehungen pro Sekunde im Kreis und ist für den Betrachter unsichtbar. Das Auffallen des Laserstrahls auf die Plastikoberfläche erzeugt einen sichtbaren Lichtpunkt. Durch diese Anordnung ist der Lichtpunkt nicht wie bei herkömmlichen Bildschirmen nur zweidimensional ablenkbar, sondern – je nach der Position der Kunststoffhelix – auch in die Tiefe.

Von der Planung über die Fertigung zur Werbung – überall hat, wie wir gesehen haben, die Mikroelektronik Neues gebracht. Wenn dieser Überblick auch bei weitem nicht vollständig ist, gibt er doch einen Eindruck von der Vielfalt der Anwendungen. Einer Vielfalt, die faszinierend ist. Aber auch einer Vielfalt, die in so mannigfacher Weise die Struktur unseres heutigen Wirtschaftslebens ändert, daß in der Zukunft, zumindest in Staaten mit freien Wirtschaftssystemen, nur solche Hersteller überleben dürften, die durch flexible Anpassung an sich rasch ändernde Marktbedingungen reagieren oder durch ständige Innovation versuchen, der Konkurrenz immer um eine Nasenlänge voraus zu sein.

9. Mikroelektronik in Wissenschaft und Kunst

Manche Disziplinen der modernen Naturwissenschaft sind durch die Errungenschaften der Mikroelektronik überhaupt erst möglich geworden, etwa die Voraussage der chemischen Reaktivität neuer Molekülstrukturen durch Computer. In allen Bereichen der Wissenschaft haben Chips jedoch bewirkt, bereits bestehende Geräte besser, genauer oder handlicher zu machen, oder sie haben zusätzliche Dienstleistungen ermöglicht, wie z. B. die automatische statistische Auswertung von Versuchsergebnissen eines Analysegerätes. Ähnliches gilt für die Kunst. Computergraphik und elektronische Musik sind völlig neue Werkzeuge für den Künstler des ausgehenden zwanzigsten Jahrhunderts. Aber auch der traditionelle Kulturbetrieb hängt immer mehr von der modernen Elektronik ab – denken wir nur daran, wie stark der gegenwärtige Opern- und Konzertbetrieb mit Schallplattenindustrie, Hörfunk- und Fernsehübertragungen verquickt ist. Abgesehen davon hat sich die Mikroelektronik in Bereichen wie z. B. der Bühnentechnik etabliert, ohne daß der Theaterbesucher davon etwas bemerkt. Im folgenden wollen wir aus der Vielfalt der bereits realisierten Anwendungen einige Beispiele herausgreifen.

Autoanalyser, Computertomographen und Diagnosecomputer

Betrachten wir zunächst Anwendungen in der Wissenschaft. Theoretische Physik und Chemie sowie viele Bereiche der Atomphysik sind ohne Unterstützung schneller Rechner nicht mehr denkbar. An allen großen Universitäten gibt es riesige Computerzentren: Der Chemiker errechnet dort dreidimensionale Molekülstrukturen, der Epidemiologe untersucht den Zusammenhang zwischen Herzinfarkt und bestimmten Ernährungsfaktoren durch den Vergleich großer Bevölkerungskollektive, der Psychologe wertet Gehirnstrombilder per Computer aus, und der Hochenergiephysiker sagt mit Hilfe des Computers die Eigenschaften neuer Elementarteilchen voraus.
Auch das Labor des Chemikers ist bereits voll von Mikroprozessoren. Waagen mit Digitalanzeige, Gaschromatographen mit rechnergesteuerter Meßtechnik und automatischer Auswertung der gemessenen Signale, sogenannte Autoanalyser, automatische Analysengeräte, die in chemischen Laboratorien die simultane Bestimmung mehrerer Parameter in Blutproben durchführen . . ., die Aufzählung läßt sich beliebig fortsetzen.
Betrachten wir die medizinischen Wissenschaften etwas näher. Fast sämtliche modernen Diagnoseverfahren bedienen sich elektronischer Hilfsmittel. Die wohl spektakulärste Entwicklung ist ein Ungetüm namens Computertomograph, ein Gerät, das derzeit als Aushängeschild für jedes Krankenhaus dient, das als modern gelten

will. Weltweit sind bereits etwa 3 000 Computertomographen im Einsatz, und mehr als zehnmal soviel Patienten werden täglich mit diesem elektronisch verfeinerten Röntgenapparat von allen Seiten durchleuchtet. Abgesehen davon, daß der Nutzen der Erkennung von Krebs und anderen Erkrankungen in einem sehr frühen Stadium finanziell wohl kaum quantifizierbar ist, stellt die Computertomographie auch vom medizinischen Standpunkt aus eine diagnostische Revolution dar. Ihre Vorläufer, die Röntgenapparate, konnten im wesentlichen nur Knochengewebe und Luft bildlich unterscheiden, während einzelne Gewebearten, Fett und Wasser im Röntgenbild immer nur verschwommen erschienen. Das kommt daher, weil die Unterschiede in der Absorption von Röntgenstrahlen zwischen einzelnen Gewebearten so gering sind, daß sie im Röntgenbild nicht aufgelöst werden. Gewebsveränderungen, vor allem Tumoren, blieben für Röntgenologen deshalb bis vor kurzem ungreifbar. Überdies wurden in klassischen Röntgenbildern, beispielsweise bei einer Lungenaufnahme, Rücken, Lunge, Wirbelsäule und Herz übereinander projiziert, wodurch geringfügige Veränderungen häufig verwischt erschienen.

Die neuen Scanner – so werden die Geräte auch genannt – bilden nicht den gesamten Kopf, den gesamten Brustkasten oder die

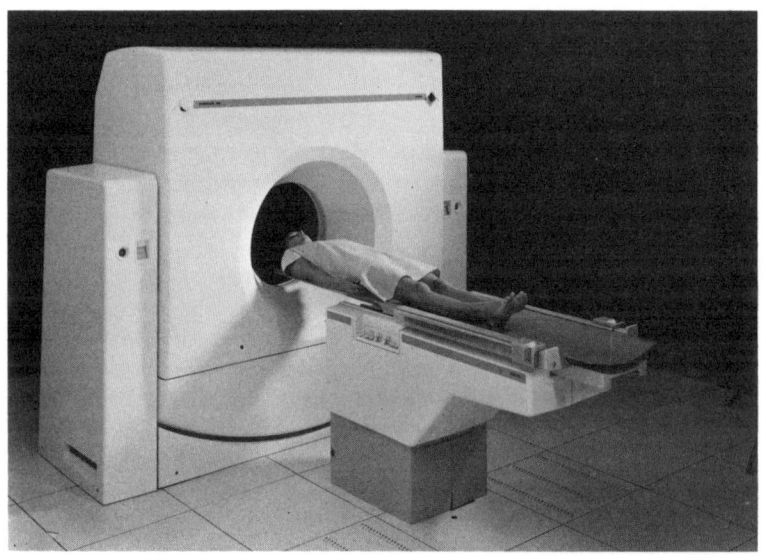

Abb. 64 Computer-Tomographie

Bauchregion insgesamt und auf einmal ab, sondern arbeiten nach einem Salamiprinzip. Sie beschränken sich jeweils auf dünne, scheibenförmige Querschnitte, die sie aber nicht nur einmal inspizieren, sondern nacheinander von allen Seiten.

Konkret gesagt, rotiert die Strahlenquelle im Computertomographen rund um den Körper und vermißt dabei jeweils eine dünne Scheibe. Auf der gegenüberliegenden Seite registrieren Detektoren, wieviel Strahlung vom durchleuchteten Gewebe absorbiert wurde. Bis ein ganzer Umlauf um den Körper vollzogen ist, entstehen auf diese Weise zahlreiche Einzelbefunde, die nun an einen Computer weitergeleitet werden. Dieser errechnet in Sekundenschnelle das exakte Bild jeder Körperscheibe. Für jeden Punkt in ihr ermittelt er die wahre Dichte. Diese Resultate setzt er dann in unterschiedliche Grauwerte um, die ein gestochen scharfes Bild von unserem Körperinneren liefern. Was das bedeutet, zeigt die Praxis einer Gehirnuntersuchung: Früher setzten Röntgendiagnosen unseres Denkorganes voraus, die Flüssigkeitsräume im Gehirn teilweise auszupumpen und mit Luft zu füllen. Zusätzlich mußten über die Halsschlagader hundert Milliliter Röntgenkontrastmittel eingespritzt werden – nicht nur eine äußerst schmerzhafte, sondern auch nicht ungefährliche Angelegenheit. Der Computertomograph schafft unvergleichlich genauere Resultate schmerzlos in wenigen Sekunden. Es können damit nicht nur Gehirntumoren in einem frühen, viel leichter heilbaren Stadium erkannt werden, auch Gehirnblutungen, die zu den häufigsten Unfallverletzungen gehören, sind blitzschnell im Bild erfaßbar und dadurch in vielen Fällen chirurgisch zu behandeln. Ein neues Anwendungsgebiet könnte sich demnächst ferner aus einer weiteren Steigerung der Aufnahmegeschwindigkeit ergeben: Mittels extrem schneller Tomographen wird man in Bruchteilen von Sekunden sowohl räumliche Lage als auch Ausdehnung eines Herzinfarktes bestimmen können.

Noch vor zwanzig Jahren waren solche Diagnosegeräte, die immerhin etwa 1 Million DM kosten und auch im Betrieb sehr teuer sind, noch vollkommen undenkbar. Schon Anfang der sechziger Jahre hatte ein amerikanischer Neurologe mit einem einfachen Modell-Scanner demonstriert, was ein Computertomograph alles bewerkstelligen könnte. Die Reaktion war damals niederschmetternd: Radiologen entrüsteten sich über diese »Fopperei«. Hersteller von Röntgenapparaten wiesen dem Forscher die Tür, nachdem sie überschlagsmäßig berechnet hatten, so ein Gerät müsse weit mehr als 500 000 DM kosten. Sie taten dem Pionier unrecht. 1979 erhielt ein Mitarbeiter der Firma EMI, des Führers in dieser Branche, für die

Entwicklung der Computertomographie den Nobelpreis für Medizin.

Wer sich jemals auf einer modernen Intensivstation umsieht, dem wird klar, daß mikroelektronische Technik auch aus der Behandlung von Krankheiten nicht mehr wegzudenken ist. Computergesteuerte Elektrokardiographen verfolgen rund um die Uhr die Herzschlagtätigkeit bewußtloser Patienten und melden Abweichungen automatisch durch einen Summton im Zimmer des Arztes oder der Krankenschwester. Zahlreiche Körperfunktionen können auf diese Weise laufend überwacht werden – ein entscheidender Fortschritt, wenn man bedenkt, daß im Kampf der Ärzte um Leben und Tod Sekunden oft eine entscheidende Rolle spielen.

Damit ist das vollelektronische Krankenhaus der Zukunft jedoch noch keineswegs erschöpfend beschrieben. An vielen Kliniken sind integrierte Krankenhausinformationssysteme im Aufbau. So stellt das Wiener Allgemeine Medizinische Informationssystem WAMIS für die medizinische Forschung patientenbezogene Informationen bereit, die heute rund 360 000 Patienten und über 500 000 Krankengeschichten umfaßt. Diese Daten stehen jederzeit auf Abruf zur Verfügung. Sie sind gewissermaßen der computerisierte Erfahrungsschatz der Wiener Medizinischen Schule.

Eine weitere Spielart moderner Rechentechnik ist die Computerdiagnose. Sie ist vor allem in den Vereinigten Staaten en vogue. Ein Patient, z. B. mit Magenbeschwerden, führt dabei einen Dialog mit dem Computer, der ungefähr so aussehen könnte:

Computer: Hier spricht der diagnostische Computer. Ich werde jetzt einige Fragen an Sie richten, kann aber nur einfache Antworten verstehen. Sie können somit nur durch Drücken der Ja- oder Nein-Taste Auskunft geben. Wenn Sie eine Frage nicht verstanden haben, dann drücken Sie die Taste mit dem Fragezeichen. Haben Sie bis jetzt alles verstanden? Drücken Sie einen der Knöpfe.

Patient: Ja.

Computer: Danke. Ist einer der Gründe, warum Sie einen Arzt besuchen, Schmerz in der Magengegend?

Patient: Ja.

Computer: War dieser Schmerz anhaltend, seit er begann? Drücken Sie einen der Knöpfe.

Patient: Nein.

Computer: Sie haben also Tage oder Wochen gehabt, an denen Sie völlig schmerzfrei waren?

Patient: Ja.

Computer: Haben Sie den Eindruck, daß der Schmerz irgendwie

mit dem Essen zu tun hat. Drücken Sie Ja oder Nein.

Patient: ?

Computer: Ich versuche herauszufinden, ob dieser Schmerz, den Sie haben, in irgendeiner Weise durch Lebensmittel verursacht wird, die Sie essen. Wenn Sie den Eindruck haben, daß der Magenschmerz irgendwie mit dem Essen zu tun hat, drücken Sie Ja, ansonsten Nein.

Patient: Ja.

Computer: Wenn Sie diese Schmerzen verspüren, wird er durch Verdauungstabletten gebessert? Drücken Sie Ja oder Nein.

Patient: Ja.

Computer: Kommt es vor, daß Sie dieser Schmerz am frühen Morgen aus dem Schlaf weckt? Drücken Sie eine Taste.

Patient: Nein.

Dieser Dialog setzt sich eine ganze Weile fort. Aus dem vom Computer ermittelten Ergebnis dieses Frage-und-Antwort-Spiels lassen sich in den meisten Fällen bestimmte Krankheiten ausschließen bzw. bestimmte Diagnosen wahrscheinlich machen. Der Arzt kann danach durch gezielte Untersuchungen den Verdacht des Computers erhärten.

Die Methode der Computerdiagnostik bedeutet für den Arzt auch Zeitersparnis. Man könnte meinen, daß viele Patienten sich weigern würden, sich mit einer Maschine statt mit einem Menschen zu unterhalten. Mehreren Untersuchungen zufolge scheint das Gegenteil der Fall zu sein – viele Patienten ziehen die Computerdiagnose dem Arztgespräch vor, weil »der Computer immer freundlich ist« und »weil er mehr Zeit hat als der Arzt«.

Unbestritten ist die Bedeutung der Computerdiagnostik für die medizinische Betreuung von Kranken in schwer zugänglichen Regionen. So begann die amerikanische Weltraumbehörde bereits in den siebziger Jahren, über Satellitenkommunikation die Gesundheitsversorgung in entlegenen Gegenden Alaskas zu verbessern. Patienten können sich seither über Bildschirm mit Fachärzten unterhalten, die Tausende von Kilometern entfernt sind. Gehirnstrombilder werden ebenso übermittelt wie Daten zu Körpertemperatur, Blutdruck usw. Auf diese Weise können von einem Facharzt Medikamente verschrieben und Therapien verordnet werden, die an Ort und Stelle von einem praktischen Arzt oder ausgebildetem Sanitätspersonal durchgeführt werden.

Erinnern wir uns, was auf der Seite 101 gesagt wurde – viele technische Neuerungen zielen darauf ab, die menschlichen Sinnesorgane, vor allem Auge und Ohr, technisch nachzubilden. Diese Bestrebungen kommen heute wieder der Therapie zugute. Für mehr als 20 000 schwer gehörgeschädigte oder taube Deutsche besteht seit kurzem konkrete Hoffnung, in absehbarer Zeit wieder Schalleindrücke wahrnehmen und vielleicht sogar menschliche Sprache verstehen zu können; in den meisten Fällen, auch bei vollständiger Innenohrertaubung, bleibt nämlich ein Rest von 20% der Zellen des Gehörnervs funktionsfähig. Durch gezielte elektrische Reizung dieser Nervenfasern ist es möglich, Höreindrücke dem Gehirn zuzuleiten. Die Idee zu dieser Art von Hörbehelf ist nicht neu. Schon vor zwei Jahrhunderten elektrisierte der italienische Physiker Alessandro Volta menschliche Versuchskaninchen im Ohr. Seine Opfer hörten jedoch nur unartikuliertes Gekreisch. Heute geht man differenzierter ans Werk. Durch einen Chirurgen wird eine flexible Plastikschiene in das Innenohr eingeschoben, dort, wo der in das Gehirn führende akustische Nerv endet. Auf der Schiene sitzen der Reihe nach bis zu sechzehn Minikontakte. Jeder dieser Kontakte berührt einen Teil der zahllosen Nervenfasern des Hörnerves, die entlang der sogenannten Schnecke im Innenohr aufgefächert sind und die – wie die Saiten eines Klaviers – jeweils auf bestimmte Tonfrequenzen ansprechen. Ein Hauptproblem dabei ist, daß die Schallwellen, die über das menschliche Ohr im Gehirn in Musik und Sprache übersetzt werden, nicht ohne entsprechende Umwandlung als elektrische Impulse dem Hörnerv angeboten werden können. Dieser meldet nämlich akustische Botschaften in Form eines kompliziert verschlüsselten Codes ins Gehirn. Das selektive Reizen von Nervenfasern mit codierten Impulsmustern ist wiederum eine Aufgabe, die ohne die Entwicklung winziger integrierter Schaltkreise nicht möglich gewesen wäre. Die ersten Elektroden für taube Ohren sind bereits erhältlich. Sie kosten mit 15 000 DM etwa soviel wie ein Herzschrittmacher.

Pläne für ähnlich arbeitende Prothesen für das menschliche Auge haben wir bereits auf Seite 90 erwähnt. Doch damit nicht genug. Mehrere Forschergruppen bemühen sich zur Zeit, durch selektive Reizung von Muskeln Gelähmte wieder beweglich zu machen. Daß sich Muskelfasern kontrahieren, wenn man sie elektrisiert, ist schon lange bekannt. Das Zusammenspiel zahlreicher Muskeln bei einfachen Handbewegungen – etwa dem Ergreifen eines Glases – technisch nachzuahmen ist eine Aufgabe, die ohne Computer nicht zu bewerkstelligen ist. Erste Versuche mit Tetraplegikern (Gelähmte an allen·vier Gliedmaßen) in den Vereinigten Staaten verliefen vielversprechend. Hauchdünne Stahldrähte werden mit speziellen Nadeln zu den einzelnen Muskeln geführt und dort mit einem feinen Widerhaken befestigt. Auf diese Weise können Patienten, die zuvor weitgehend bewegungsunfähig waren, wieder einfache Handgriffe ausführen. Um Behinderungen durch die zahlreichen Elektroden zu vermeiden, experimentiert man mit gezielter Reizung auf drahtlosem Wege.

Die Geschichte der elektronischen Musik

Wenden wir uns nun den mittlerweile zahllosen Versuchen zu, die moderne Technik für künstlerische Zwecke einzusetzen. Damit sind nicht die Medien zur Speicherung und Übermittlung traditioneller Kunstformen gemeint, wie Schallplatte, Bildplatte, Tonband, Videoband, Photographie, Funk oder Fernsehen. Es sei in diesem Zusammenhang nur an die für einen Mozart oder Rembrandt gewiß undenkbare weltweite Verbreitung künstlerischer Kompositionen in Konservenform aufmerksam gemacht, die zweifellos beträchtliche Auswirkungen auf das Kulturleben des Abendlandes, aber auch der restlichen Welt hat.

Die bildgebenden Möglichkeiten des Computers haben wir schon auf den Seiten 196–199 kennengelernt; wir wählen daher im folgenden aus den vielfältigen Produkten der Computerkunst diejenigen aus, die sich der Vermittlung akustischer Eindrücke widmen. Die moderne elektronische Musik hat – wie erstaunlich dies auch klingen mag – eine lange Vorgeschichte. Elisha Gray (der zwei Stunden nach Bell sein Telephonpatent einreichte) konstruierte 1876 ein elektroharmonisches Piano, und 1911 baute ein Italiener eine »Geräuschorgel«, die Jahre später in Paris einem größeren Publikum vorgeführt wurde. Denken wir weiter an die zwanziger Jahre, an Leon Theremin und sein Ätherophon, an Friedrich Trautmann und vor allem an Jörg Mager. Er versuchte, den berühmt gewordenen Gedanken Ferrucio Busonis zu realisieren, in welchem zum Ausdruck gebracht wird, daß unser ganzes System von Tonarten nur einen kleinen Teil der »ewigen« Harmonie darstellt, und bereits 1938 sah der französische Komponist Edgar Varèse voraus: »Ich bin mir sicher, daß eine Zeit kommen wird, in der der Komponist zuerst seine Partitur graphisch realisiert und sie nachher automatisch auf eine Maschine überträgt, die dann die getreue Wiedergabe des musikalischen Gehalts an den Zuhörer vornimmt« (Lit. 22).

In den frühen fünfziger Jahren begann eine Zeit lebhaften Experimentierens mit elektronischer Musik. Darunter ist eine Musik zu verstehen, deren Klänge ausschließlich durch elektroakustische Mittel erzeugt und mit den technischen Möglichkeiten des Magnetophons bearbeitet werden. Dabei läßt sich unterscheiden zwischen Geräten zur Schallerzeugung (Tongeneratoren), Geräten zur Schallverarbeitung (Filter) und Geräten zur Schallspeicherung (Tonband). Mit diesen technischen Mitteln ausgerüstet, schuf der französische Komponist Pierre Schaeffer seine »musique concrète«, und Herbert Eisert gründete im Kölner Funkhaus das erste Studio für elektronische Musik. Man sah im strukturellen Komponieren und Hören eine Variante zukünftiger Musik, in der es weder Haupt- noch Nebenstimmen gibt, keine Melodie mit Begleitung und kein Thema. »Die Faszination ging so weit«, meint Milko Kelemen rückblickend, »daß man schon davon sprach, es sei »aus« mit der Instrumentalmusik, weil man in der Zukunft nur noch elektronisch komponieren werde« (Lit. 22).

Die wichtigsten Arbeitsprozesse der ersten elektronischen Komponisten bestanden darin, in einer Art Klangsynthese, durch additive Überlagerung verschiedener Schwingungskomponenten, von einfachen Strukturen zu Komplexen höherer Ordnung zu gelangen und diese dann in einem weiteren Arbeitsgang mit Hilfe von Tonbandmaschinen zu zeitlich-horizontalen Strukturtypen zu ordnen. Mit dem von Robert Moog 1964 entwickelten Spannungssteuerungssystem wurde eine neue Phase in der Realisation elektronischer Musik eingeleitet. Sogenannte Funktionsgeneratoren, die Sinusschwingungen, Rechteckschwingungen und andere erzeugen und komplizierte Klangspektren ermöglichen, führten zur »Prozeßkomposition«. Durch das Zusammenwirken von verschiedenen Funktionsgeneratoren werden Töne, Klangtypen und Strukturgruppen erzeugt, die eine musikalische Modulation ermöglichen, die über die eigentliche diskrete Schwingungsform der Generatoren hinausgeht. Experimentierfreudige Musiker arbeiteten fortan in sogenannten Analogen Studios. Zunächst bediente man sich ausschließlich verschiedener Schwingungsfunktionen periodischen Ursprungs. Um aber definierte Tonhöhen oder Lautstärken als Sequenzen nichtperiodischer Art programmieren zu können, bediente man sich sogenannter Sequenzer. Mit Einrichtungen dieser Art kann man einzelne Spannungsschritte speichern und damit für die Steuerung eines beliebigen musikalischen Parameters heranziehen.

Hier geht die elektronische Musik in die Computermusik über, da die dafür erforderliche Programmiertechnik Mikroprozessoren benötigt. Versucht man die heutigen Anwendungsformen des Computers im Musikschaffen zu analysieren, kann man drei Bereiche unterscheiden: Computer als Speicher- und Steuereinrichtung in Verbindung mit einem Analogen Studio, Computer als informationsverarbeitende Einrichtung zur Lösung kompositionstheoretischer Problemstellungen und Computer als »direct synthesizer«, d. h. der Computer synthetitisiert nach eingegebenen Daten und operationellen Regeln die einzelnen Klangstrukturen selbst (Lit. 23).

Betrachten wir eine Stilform der neuen Musik etwas näher, die sogenannte Klangfarbenkomposition. Sie vermittelt keine melodischen, rhythmischen oder strukturellen Veränderungen; die ausschließliche Wahrnehmung der Klangfarbenverschiebung etwa zu Beginn des Cellokonzertes von Ligeti wird am gleichsam auf Null gestellten Parameter Tonhöhe eines Klanges ermöglicht. Die »schönste Kritik meines Lebens« nannte Ligeti die gänzlich ablehnende Besprechung einer seiner Kompositionen in einer deutschen Tageszeitung: »Alles steht ja völlig still; während der zu einer Ewigkeit gedehnten neun Minuten, die das Stück dauert, geschieht überhaupt nichts.« Ligeti fand, dieser Kritiker habe als einziger erfaßt, was er tatsächlich komponiert hatte (Lit. 24).

Trotz der Vielfalt der Ausdrucksformen neuer Musik findet die Auseinandersetzung mit ihr beinahe unter Ausschluß der Öffentlichkeit statt. Der musikalische Horizont des Durchschnittsbürgers reicht nach wie vor von Bach bis Wagner. Der Musik der Gegenwart steht er eher ablehnend gegenüber. Pierre Schaeffer: »Diese Entfesselung von Geräuschen, dieser totale Gegensatz zu all den gewohnten Eigenschaften der Musik, als da sind Harmonie und Kontrapunkt, sanfte Anmut und Subtilität, Ausdruck und Gefühl – das ist sie wohl, die Musik der Zeit; einer Zeit, die selbst brutal ist und aus den Fugen, einer Zeit des Atoms und der Rakete, der Gewalt und des rasenden Tempos: entfesselte Elemente auch sie« (Lit. 25).

Jede Kultur und jede Epoche hat ihre Musik. Sie wird zum einen durch die Instrumente determiniert, die sie hervorbringen – aus Rinde, Schnüren und Fell gefertigte Instrumente bringen andere Töne hervor als ein Klavier. Zum anderen ist sie Ausdrucksform des jeweiligen Bewußtseinshorizonts. Ob die Computermusik überdauert und in der künftigen Informationsgesellschaft als adäquate Kunstform von der Bevölkerung akzeptiert wird, werden allerdings – frühestens – unsere Kinder wissen.

10. Chips im Wettrüsten der Supermächte

Spätestens seit US-Präsident Ronald Reagan im Frühjahr 1983 eine neue Verteidigungsdoktrin verkündete, die Vereinigten Staaten mit Hilfe mikroprozessorgesteuerter, hochenergetischer Laserwaffen für feindliche Raketengeschosse unverwundbar zu machen, wird schlagartig die gewaltige Bedeutung mikroelektronischer Technik für die Kriegsführung im ausgehenden zwanzigsten Jahrhundert deutlich. Gänzlich verfehlt wäre es zu meinen, die Militärs hätten die von friedlichen Wissenschaftlern entwickelte Halbleitertechnologie aufgegriffen, um sie für neue Waffensysteme einzusetzen. Im Gegenteil: Gerade hier zeigt sich, wie zutreffend der Satz »Der Krieg ist der Vater aller Dinge« ist – seit je war die Waffenindustrie treibende Kraft für die Entwicklung, die uns (in den Augen der Militärs als Nebenprodukt) die Informationsrevolution beschert hat.

Einige Beispiele sollen das untermauern (siehe auch Seite 286). Mehrere Mikroelektronikfirmen im kalifornischen Silicon Valley waren früher für ein führendes Unternehmen der amerikanischen Rüstungsindustrie – die Fairchild Computer Corporation – tätig. Das erste Konzept des integrierten Schaltkreises geht auf Pläne der britischen Radarabwehr im Jahre 1952 zurück. Einer der Väter des Computers, Herman Goldstine, ist der Auffassung, daß der Bedarf der US-Militärs nach treffsicheren Geschossen der primäre Antrieb für die Entwicklung moderner Rechenmaschinen gewesen sei (Lit. 26). Ein einfaches Rechenexempel soll dies verdeutlichen: Zu berechnen sei die Flughöhe a einer Rakete für 100 Sekunden Antriebszeit in Zeitschritten von 0,1 Sekunden. Das Verhältnis der Startmasse M der Rakete zur Gasmasse m, die pro Sekunde aus der Antriebsdüse ausgestoßen wird, soll in fünfzehn Schritten, die Antriebsgeschwindigkeit der Antriebsgase in 71 Schritten variiert werden. Es sind also insgesamt 1 065 Flugbahnen zu berechnen. Für jede Flugbahn sind 1 000 Höhenschritte vorgesehen. Demnach müssen also insgesamt 1 065 000 Höhenwerte ermittelt werden. Zur Lösung der Aufgabe werden sowohl die Änderungen der Schwerkraft mit dem Abstand vom Erdmittelpunkt wie auch der Luftwiderstand vernachlässigt. Es ergibt sich eine Differentialgleichung, zu deren Lösung insgesamt 150 Millionen Rechenschritte ausgeführt werden müssen. Ein leistungsfähiger Rechner wäre damit einige Stunden beschäftigt, eine Tischrechenmaschine allerdings Jahrzehnte. Die Entwicklung präzisionsgesteuerter Geschosse ist also ohne leistungsfähige Computer undenkbar.

Ergänzend sei noch angeführt, daß gegenwärtig etwa 100 Milliarden DM pro Jahr für militärische Forschung und Entwicklung ausgegeben werden. In den Vereinigten Staaten und wahrscheinlich auch in der UdSSR dient mehr als die Hälfte der staatlich finanzierten Forschung militärischen Zwecken (Lit. 27). Weltweit werden ca. 40% der Forschungsmittel in militärische Forschung gesteckt. Fast eine halbe Million der besten Naturwissenschafter und Ingenieure sind auf diesen Gebieten tätig – fast die Hälfte der wissenschaftlichen Intelligentsia.

Betrachten wir nun einige Anwendungsgebiete der Mikroelektronik im Militärwesen etwas näher. Die in den letzten Jahrzehnten von beiden Supermächten verfolgten strategischen Konzepte beruhen auf dem Gleichgewicht des atomaren Schreckens – beide Supermächte sind in der Lage, den Gegner vielhundertfach auszulöschen. Ein erheblicher Teil der strategischen nuklearen Gefechtsköpfe ist auf militärische Ziele und auf Großstädte gerichtet. Die Zielgenauigkeit moderner amerikanischer Interkontinentalraketen beträgt gegenwärtig »nur« etwa 200 Meter; sie wird bei künftig entwickelten Systemen sicherlich noch gesteigert werden – mit Radarzielanflugsystemen ausgestattete MX-Raketen könnten die Trefferstreuung bis auf einige Dutzend Meter schrumpfen lassen.

Die in den letzten Jahren entwickelten sogenannten Marschflugkörper sind ein strategisches Kernwaffensystem höchster Treffsicherheit, die fast ausschließlich durch mikroelektronische Technik möglich wurden. Die Geschosse besitzen einen Bordcomputer, der das Terrain unter dem Flugkörper abtastet und mit einem vorprogrammierten Flugkurs laufend vergleicht. Kursabweichungen werden automatisch korrigiert. Die Leitsysteme für die Zielpositionierung wurden mit Hilfe von Landkarten erstellt, die aus Satellitenphotos gefertigt sind. Solche Marschflugkörper (englisch cruise missiles), die aus der Luft, von Schiffen oder vom Boden gestartet werden können, fliegen mit Überschallgeschwindigkeit in nur etwa 100 Meter Höhe, entgehen daher in der Regel der Radarüberwachung und können kaum geortet und zerstört werden. Amerikanische Bomber sind in der Lage, bis zu zwei Dutzend dieser computergesteuerten Raketen mit sich zu führen.

Um solche intelligente Bomben ausfindig zu machen, sind Frühwarnsysteme etwa vom Typ AWACS notwendig, die von Radarflugzeugen aus bewegliche Ziele in Nähe der Erdoberfläche ausmachen. Die Entwicklungskosten für eine einzige AWACS-Maschine der USA betrugen 3 Milliarden DM. So kostspielig und effizient diese Warneinrichtungen sein mögen, viele Experten sind der Ansicht, daß sie im Kriegsfalle sehr bald zerstört und damit wirkungslos wären.

Besonders interessant erscheint den Generälen die Weiterentwicklung des automatisierten Gefechtsfeldes. Schon 1969 prophezeite der US-General William Westmoreland: »Mir schwebt eine neue Schlachtordnung vor.« Dabei würde der Feind von elektronischen Sensoren ausgemacht, von Computern anvisiert, von lasergesteuerten Lenkgeschossen verfolgt und getroffen werden. Informationen zu diesem Thema werden von den Militärs so streng geheimgehalten, daß alles, was zu diesem Thema publiziert ist, mit Vorsicht betrachtet werden sollte. Diese Aussage gilt eigentlich für dieses ganze Kapitel – die Weltöffentlichkeit hat keine Ahnung, welche neuen Waffensysteme in den Hexenküchen der Militärs gerade ausgekocht werden. Das, was wir wissen, ist allerdings schon erschreckend genug.

Übrigens: Je mehr sich die Supermächte auf computergesteuerte Warnsysteme verlassen, desto größer wird die Gefahr eines durch Zufall ausgelösten Vernichtungskrieges. Mehrmals war bereits in den Medien von diesbezüglichen Fehlalarmen die Rede. Angesichts dieser Tatsache bleibt wohl nicht viel mehr übrig, als auf das Funktionieren der Chips zu vertrauen ...

Abb. 65   Killersatelliten ...

Auf Seite 160 haben wir schon die Bedeutung der Satellitentechnik für die kriegerischen Pläne der Russen und Amerikaner erörtert. Ein Großteil der Himmelsspione dient militärischen Zwecken. 70% der militärischen Kommunikationsverbindungen der USA laufen über geostationäre Satelliten. Bislang hatten diese eine eher passive Rolle: Sie leiteten Telephongespräche weiter oder funkten Photos von gegnerischen Raketensilos zur Erde. Die Militärstrategen visieren für das 21. Jahrhundert aber bereits eine Entwicklung an, die den Krieg der Sterne grausame Wirklichkeit werden lassen könnte. In den USA wird gegenwärtig die Entwicklung von Raketenabwehrsystemen im Weltraum forciert, die mit Laserstrahlen und Antiraketen-Raketen Sicherheit vor feindlicher Bedrohung gewährleisten sollen. Dieser Plan ist eine radikale Abkehr von dem im Jahre 1972 abgeschlossenen SALT-I-Vertrag, in dem die Zahl der Antiraketensysteme auf zwei pro Supermacht begrenzt wurde. Damals verfocht man noch gemeinsam die Doktrin der gegenseitigen nuklearen Abschreckung. In dem Moment, in dem einer der Gegner eine wirksame Abwehrmaßnahme entwickelt hat, ist dieses Gleichgewicht, von dem viele meinen, es hätte uns seit nunmehr fast vier Jahrzehnten den Weltfrieden bewahrt, gestört.

Das Konzept der Raketenabwehr mittels Laserstrahlen ist im Prinzip einfach. Da sich Laserstrahlen mit Lichtgeschwindigkeit ausbreiten, können sie – aus dem Weltraum ausgesandt – jede Rakete, die sich vom feindlichen Territorium aus erhebt, in Bruchteilen von Sekunden zerstören, vorausgesetzt sie treffen auf den Millimeter genau und sind so energiereich, daß sie über Zehntausende von Kilometern hinweg Metalle zerschmelzen können. Beide Anforderungen, meinen die Experten, können in diesem Jahrtausend nicht mehr erfüllt werden. Die Techniker wissen gegenwärtig nicht, wie sie die gewaltigen benötigten Energiemengen im Weltraum erzeugen sollen. Selbst wenn diese Probleme gelöst wären – es bedarf nicht viel Phantasie, um sich auszumalen, daß dann in den Himmel gerichtete Laserkanonen stationiert werden könnten, die ebenjene Satelliten automatisch abschießen könnten, die für die vermeintlich sichere Abwehr zuständig sind. Nicht umsonst arbeiten die Sowjetrussen seit geraumer Zeit auch an Killersatelliten, die sich an ihre Kollegen im Weltraum heranmachen und dann eine Sprengladung zünden. Ob wir es wollen oder nicht – der Rüstungswettlauf geht weiter.

III. Teil
Mikroelektronik und Gesellschaft

1. Mikroelektronik und Arbeitslosigkeit

»Ich kann vielleicht den historischen Hintergrund der gegenwärtigen Situation erläutern, wenn ich sage, daß die erste industrielle Revolution, die Revolution der ›finsteren satanischen Fabriken‹, die Entwertung des menschlichen Armes durch die Konkurrenz der Maschinerie war. Es gibt keinen Stundenlohn eines US-Erdarbeiters, der niedrig genug wäre, mit der Arbeit eines Dampfschaufelbaggers zu konkurrieren. Die moderne industrielle Revolution ist in ähnlicher Weise dazu bestimmt, das menschliche Gehirn zu entwerten, wenigstens in einfacheren und mehr routinemäßigen Entscheidungen.
Natürlich, gerade wie der gelernte Zimmermann, der gelernte Mechaniker, der gelernte Schneider in gewissem Grade die erste industrielle Revolution überlebt haben, können der erfahrene Wissenschafter und der erfahrene Verwaltungsbeamte die zweite überleben. Wenn man sich jedoch die zweite Revolution abgeschlossen denkt, hat das durchschnittliche menschliche Wesen mit mittelmäßigen oder noch geringeren Kenntnissen nichts zu verkaufen, was für irgend jemanden das Geld wert wäre.«
Norbert Wiener (1963)

11% Arbeitslose in den Staaten der Europäischen Gemeinschaft, 30% Jugendliche ohne Anstellung in manchen Gebieten – Zahlen, die wenig aussagen über die Einzelschicksale der Betroffenen, aber um so deutlicher das Ausmaß der Wirtschaftskrise sichtbar werden lassen, in der wir uns gegenwärtig befinden. Ein Jahrzehnt nach der Veröffentlichung des Berichtes »Grenzen des Wachstums« an den Club of Rome hat sich in der Öffentlichkeit die Erkenntnis durchgesetzt, daß die fetten Jahre stetigen Wirtschaftswachstums von über 6% p.a. vorbei sind. Vielen Menschen wird zunehmend klar, daß die gegenwärtige Krise der Weltwirtschaft mehr als nur ein vorübergehendes Phänomen auf der Straße zu noch größerem Reich-

213

tum sein könnte. Die industrialisierten Länder sind zur Zeit mit Problemen konfrontiert, die seit den dreißiger Jahren unbekannt waren. Das internationale System, das sie selbst geschaffen hatten (etwa die Weltwährungsordnung), ist aus dem Gleichgewicht geraten.

Zuvor hatte es eine Periode nie gekannten wirtschaftlichen Wachstums gegeben. Es brachte für die meisten Bürger der Industrieländer materiellen Wohlstand, eine gerechtere Einkommensverteilung und technischen Fortschritt. Angetrieben durch eine starke Nachfrage, schufen die reichen Länder eine mächtige Industriemaschinerie, die von reichlichen und billigen Öllieferungen in Schwung gehalten wurde. Bei einem Ölpreis von etwas über einem Dollar pro Barrel war ein Wachstum des Energieverbrauchs zwischen 6% und 10% pro Jahr möglich. Dies verhalf zu Wachstum, brachte aber auch Zügellosigkeit und Verschwendung.

In den frühen siebziger Jahren wurde offensichtlich, daß sich das Füllhorn wirtschaftlichen Wachstums zur Büchse der Pandora gewandelt hatte. Das gegen Ende des Zweiten Weltkrieges in Bretton-Woods geschaffene Weltwährungssystem brach zusammen. Schlechte Wetterverhältnisse und verheerende Ernteausfälle brachten nicht nur den Entwicklungsländern empfindliche materielle Einbußen. Bald nachdem die Organisation erdölexportierender Staaten, OPEC, 1973 den Preis für Rohöl um das Vierfache über das bisherige Niveau angehoben hatte, setzte eine Rezession ein, von der wir uns heute noch nicht erholt haben. Wirtschaftsfachleute streiten seither über die Ursachen des Niedergangs. Publikumswirksam wurden die Ölproduzenten beschuldigt, Urheber der Krise zu sein. Je nach politischer Einstellung machte man auch ein ausuferndes Sozialsystem, staatlichen Dirigismus oder die bösen Japaner dafür verantwortlich, daß die Konkurrenzfähigkeit vieler Produkte aus dem EG-Raum zurückging.

Die steigende Arbeitslosigkeit, so folgerte man weiter, sei eine direkte Folge der wirtschaftlichen Rezession. Eher im Hintergrund blieb zunächst die Erklärung, daß Rationalisierungsmaßnahmen und damit bewirkte Produktivitätssteigerungen in vielen Bereichen der Industrie Arbeitskräfte ganz einfach überflüssig gemacht hatten. Als die Japaner Ende der siebziger Jahre mit ihrer Exportoffensive bei Kraftfahrzeugen einen Einbruch in westliche Märkte schafften und in der Folge Photos von weitgehend menschenleeren, robotergesteuerten Fabriken des Fernen Ostens durch die Medien wanderten, war man erstaunt und verwirrt. Einleuchtend schien, daß die Japaner billiger verkaufen konnten, weil sie rationeller pro-

duzierten (und sicherlich weil sie auch heute noch niedrigere Löhne bezahlen). Ein Roboter, so erfuhr man, ersetzt eine bis mehrere Arbeitskräfte. Während die Öffentlichkeit gebannt auf das Rationalisierungswunder Japan blickte, versäumte sie wahrzunehmen, daß auch die europäische Industrie, in geringerem Ausmaß, die Automatisierung der Produktionsprozesse vorangetrieben hatte. Erst zu Beginn der achtziger Jahre begann man sich für die Auswirkungen der mikroelektronischen Technik auf den Arbeitsmarkt zu interessieren. Es wurden zahlreiche Studien erarbeitet, welche die Auswirkungen der modernen Computer-, Informations- und Kommunikationstechnik auf die Beschäftigungssituation untersuchten. Unternehmen, die auf Robotertechnik umgestellt hatten, wurden als Fallstudien durchleuchtet. Naturgemäß erhielt man dabei recht unterschiedliche Resultate. Es zeigte sich, daß durch den Einzug der Mikroelektronik in den Fabrikationsprozeß die menschliche Arbeitskraft nicht einfach durch den Roboter abgelöst wird, sondern daß es sich dabei um ein komplexes Phänomen handelt, das eine völlig neue Organisation der Herstellungsprozesse erforderlich macht und neue Arten des Wertzuwachses schafft.
Ungleich schwieriger als in Einzelfällen ist es, die Auswirkungen auf einen Wirtschaftszweig oder die Wirtschaft insgesamt zu beurteilen. Dementsprechend streiten sich auch die Wirtschaftsfachleute, ob bzw. welchen Anteil die Mikroelektronik an der gegenwärtigen Arbeitslosigkeit hat oder an künftiger Arbeitslosigkeit haben könnte. Von Untersuchungen einzelner Firmen abgesehen, läßt sich die Problematik von verschiedenen Gesichtspunkten her betrach-

Abb. 66 Bei der letzten Geschäftsbesprechung kamen wir überein, den Betrieb zu automatisieren. Der Prozeß ist beinahe abgeschlossen ...

ten: Man untersucht die Entwicklung in einzelnen Sektoren, etwa der Büroautomation, dem Druckereigewerbe oder der Autoindustrie. Andererseits kann man fragen, wie sich die Anforderungen an die Qualifikation der Arbeitnehmer durch Einführung von Computern und Robotern ändern. Es genügt allerdings nicht, allein die Entwicklung etwa in der Bundesrepublik Deutschland zu beurteilen. Die durch die Mikroelektronik ausgelöste Rationalisierungswelle hat auch im internationalen Wettbewerb Strukturänderungen gebracht – denken wir etwa an den jahrelangen Rückgang der schweizerischen und deutschen Uhrenproduktion als Folge des Importbooms von Digitaluhren aus dem Fernen Osten. Wir wollen im folgenden, entsprechend den angeführten Aspekten, eine differenzierte Beurteilung der Arbeitsplatzproblematik versuchen.

Schreibkräfte und Textautomaten

Deutlich merkbare Einflüsse auf die Arbeitsplatzsituation wird zweifelsohne die Automatisierung im Bereich Büro und Verwaltung haben. Die Produktivität der Büroarbeit wird steigen. Zwar dürften wohl kaum Büros entstehen, in denen Roboter die Arbeit verrichten und die Menschen wegrationalisiert werden. Immerhin sind in der Wirtschaft aber bis zu 40% der gesamten Bürotätigkeit für die elektronische Datenverarbeitung geeignet. Auch das bedeutet aber noch nicht notwendigerweise, daß fast die Hälfte aller Schreibkräfte und Sachbearbeiter überflüssig werden. Denn auch die Aufgaben nehmen laufend zu. Fraglich ist also nur, ob der Verwaltungsaufwand schneller oder langsamer wächst als die durch EDV ermöglichten Einsparungen.

Einer Untersuchung des Genfer International Labour Office zufolge wird die Informationsrevolution, kurzfristig gesehen, den größten sozioökonomischen Effekt im Verwaltungsbereich haben. Dieser ist nämlich im Vergleich zum Produktionsbereich unterkapitalisiert: Auf den Arbeitsplatz des typischen Büroangestellten in den Industriestaaten entfallen nur etwa 4 000 DM Kostenaufwand, während er für Fabrikarbeiter bis zu zwanzigmal teurer ist. Man schätzt, daß in der Zukunft Büroangestellte technische Geräte bedienen werden, die fünfmal soviel kosten wie gegenwärtig. Dadurch dürfte die Produktivität im Verwaltungssektor wesentlich stärker steigen als bisher; während in den siebziger Jahren die Zahl der Büroangestellten um 45% zunahm, deren Produktivität aber nur um 4%, erreichten Industriearbeiter im Durchschnitt mit einer

6%igen Zunahme an Personal eine Steigerung der Produktivität um 80%. Studien verschiedener Hersteller und Wirtschaftsforschungsinstitute ergaben, daß beim Übergang von konventionellen Schreibmaschinen auf Textautomaten ein Produktivitätszuwachs von 100 bis 200% erwartet werden kann. Da die Kosten für Textautomaten ständig sinken, die für Schreibkräfte aber weiter ansteigen, ist es nur eine Frage der Zeit, bis weite Bereiche der Wirtschaft ihre Verwaltungstätigkeit computerisiert haben: In den Vereinigten Staaten sind derzeit schon etwa 1 Million Textautomaten in Gebrauch. Die jährliche Zuwachsrate beträgt ungefähr 30%.

Bürocomputer werden aber nicht nur zum Schreiben von Briefen, sondern auch für Buchhaltung und als Datenbank verwendet. Die großen Elektronikhersteller bemühen sich deshalb, Modelle auf den Markt zu bringen, die alle diese Teilbereiche abdecken können. Nach Schätzungen deutscher Gewerkschaften sind von diesem Umschichtungsprozeß 2 der 5 Millionen Schreibkräfte in der Bundesrepublik Deutschland direkt betroffen.

Was bedeutet nun die Einführung der elektronischen Datenverarbeitung in die Verwaltung? Die Arbeit mit Textautomaten wirkt sich auf das Qualifikationsniveau von Sekretärinnen in zweifacher Hinsicht aus: Einmal führt sie zu einer Änderung der Arbeitseinteilung, etwa zur Aufspaltung in Schreibarbeit und Verwaltungsarbeit. Zum anderen macht sie bei der Schreibkraft andere Sachkenntnisse erforderlich. Fallstudien haben gezeigt, daß erfahrene Sekretärinnen in der Einführung von Textverarbeitungsgeräten eine Abwertung ihrer Arbeit sehen; häufig setzen sie ihrer Einführung emotionellen Widerstand entgegen. Jüngere Schreibkräfte dagegen empfinden sie eher als Aufwertung.

In größeren Betrieben wird es zur Einrichtung eigener Textverarbeitungsabteilungen kommen – dort können die Geräte intensiver genützt werden als im herkömmlichen Sekretariat. Alternativ dazu ist auch eine dezentralisierte Organisationsform denkbar, bei der die Textverarbeitungsgeräte in den schon bestehenden Abteilungen aufgestellt werden und bei der es eine nicht so strenge Trennung zwischen Sachbearbeitung und Korrespondenz gibt.

Wir haben bisher nur den Teil der Büroautomatisierung betrachtet, der sich mit Schreibtätigkeit befaßt. Moderne Büroverbundsysteme ermöglichen aber zusätzlich schnellere und effizientere Kommunikation sowie neue Formen der Speicherung und des gezielten Abrufes von Information. Wieweit die zahlreichen Möglichkeiten der neuen Technik genützt werden, wird sich von Fall zu Fall unterscheiden. Noch ist nicht klar, welche materiellen, organisatorischen, sozialen und emotionellen Faktoren die Einrichtung solcher Verbundsysteme in der Praxis behindern werden. Ebensowenig weiß man, wie sich das Ausmaß der Büroarbeit in Zukunft entwikkeln wird. Deshalb ist es auch gegenwärtig kaum möglich, den künftigen Bedarf an Arbeitskräften in der Verwaltung abzuschätzen. Wahrscheinlich ist aber, daß tiefgreifende Umschichtungen stattfinden und daher in jedem Fall hohe Anforderungen an die Flexibilität der Mitarbeiter gestellt werden. Nicht zuletzt werden auch die Gewerkschaften ihren Einfluß geltend machen.

Letzteres kann man deutlich in einem anderen Bereich demonstrieren: dem Druckereiwesen. Bis vor wenigen Jahren wurde in Zeitungs- und Buchdruckereien mit Bleisatz gearbeitet. Die dabei verwendeten Setzmaschinen sind seit Jahrzehnten beinahe unverändert. Jede Zeile wird in Blei gegossen, und die einzelnen Zeilen werden hierauf in der richtigen Reihenfolge zu Absätzen zusammengestellt – ein langwieriger und arbeitsintensiver Prozeß. Bei großen Tageszeitungen waren dafür bis zweihundert Arbeitskräfte erforderlich. Heute erfolgt die Texterfassung ähnlich wie bei Textautomaten an einem Bildschirmterminal mit Tastatur. Der auf Magnetband oder Magnetplatte gespeicherte Inhalt wird am Bildschirm korrigiert, formatiert und bei modernen Computersatzmaschinen auch umbrochen. Der fertige Text wird hierauf vom Computer abgerufen und in einer Belichtungsanlage auf einen Film übertragen. Dieser wird dann zur Herstellung der Druckplatten verwendet. Wurde früher ein Artikel bis zu viermal getippt, gibt es jetzt nur mehr zwei Arbeitsstufen: das Schreiben des Textes und das Redigieren. Das ermöglicht, daß die Arbeit von Schriftsetzern von angelernten Schreibkräften ausgeführt werden kann. Gerade in der Zeitungsindustrie haben die betroffenen Berufsgruppen aber eine traditionell starke Position. Infolgedessen kam es in den siebziger Jahren in einigen Ländern bei der Einführung des Computersatzes zu Auseinandersetzungen. Im Jahre 1979 konnte die Londoner Times elf Monate lang nicht erscheinen, weil ein Konflikt zwischen Management und Gewerkschaft bei der Einführung des Computersatzes zum Streik geführt hatte.

Von 1970 bis 1976 hatte die Zahl der Drucker und Schriftsetzer in der Bundesrepublik Deutschland um 30% abgenommen. 1978 kam es zu größeren Auseinandersetzungen über die Frage einer niedrigeren Einstufung der von ihrer traditionellen Tätigkeit verdrängten Setzer. Schließlich einigte man sich, den Facharbeitern eine achtjährige Arbeitsplatzgarantie einzuräumen sowie eine auf sechs Jahre befristete Garantie ihrer Löhne auf dem damaligen Niveau.

In den Vereinigten Staaten hingegen führte beispielsweise die Washington Post den Computersatz gegen den Protest der Gewerkschaften ein. Als hierauf die Arbeiter in Streik traten, übernahmen 25 Manager die Arbeit von 125 Setzern.

Nebenbei bemerkt: Die Tatsache, daß die Texterfassung für das vorliegende Buch nicht von einem Schriftsetzer, sondern im Büro des Autors erfolgte, bedeutet für die Druckerei, die dieses Buch herstellt, daß überhaupt keine Schriftsetzer mehr benötigt werden.

Daß die Einführung des Computersatzes Arbeitskräfte wegrationalisiert, ist also kaum bestreitbar. Die neue Technik ermöglicht darüber hinaus, Ausgaben einer Zeitung in verschiedenen Ländern gleichzeitig zu drucken, weil der Text aus einer Computersatzmaschine via Telephonleitung in eine andere überspielt werden kann. Die Financial Times beispielsweise erscheint in London und in Frankfurt, die International Herald Tribune in London und Paris. Daneben erleichtert der Computer auch die Anzeigenbearbeitung. Schließlich wird die Mikroprozessorsteuerung Motor für die Entwicklung neuer Druckverfahren, etwa des Tintenstrahldruckes, sein.

In der Praxis zeigt sich aber, daß nicht alles so einfach funktioniert, wie es in der Theorie aussieht. Gerade Tageszeitungen leben nicht zuletzt davon, daß sie jeden Tag verläßlich erscheinen müssen. Keine Frage, daß auch Computer störanfällig sind. So kann es vorkommen, daß sie an besonders heißen Tagen bei ungenügender Klimatisierung ihren Geist aufgeben. Für den Zeitungsmacher bedeutet dies eine Katastrophe. Dazu kommt, daß gegenwärtig der Umbruch in den meisten Fällen nicht automatisch erfolgt, sondern noch durch Zerschneiden und Montieren des belichteten Filmes. Offenbar ist die Technik zum Umbruch am Bildschirm noch nicht ausgereift.

Betrachten wir nun die Auswirkungen von Robotern auf die Personalsituation in der Fertigung. Eine Studie über die Einführung von Robotern in fünf Unternehmen in der Bundesrepublik Deutschland ergab, daß insgesamt 46 Arbeitnehmer auf nicht qualifizierten Arbeitsplätzen davon betroffen waren – sieben wurden überflüssig, 38 mußten umlernen und ein neuer kam hinzu. Eine andere Studie über den Einsatz von 40 Robotern bei einem Kraftfahrzeughersteller führte zu dem Ergebnis, daß jeder Roboter im Durchschnitt vier Arbeitnehmer verdrängte, aber einen neuen Arbeitsplatz schuf. Da gegenwärtig hierzulande nur einige tausend echte Roboter tätig sind, macht sich dieser Effekt für den gesamten Arbeitsmarkt noch kaum bemerkbar.

Der Einsatz von Robotern bedingt die Abschaffung monotoner Tätigkeiten. Auch gesundheitsschädliche Arbeiten, wie das Spritzlakkieren, können vorteilhaft von Automaten erledigt werden. Die Tatsache, daß ein Roboter bei derzeitigen Preisen zum halben Stundenlohn eines Arbeiters werkt, führt ebenso wie im Druckereigewerbe deshalb zwingend zu einer Einsparung der menschlichen Arbeitskraft. In den Vereinigten Staaten erwartet man, daß bis 1990 5% der Industriearbeiter durch mikroprozessorgesteuerte Automaten wegrationalisiert werden.

So gesehen ist es verwunderlich, daß in Japan, dem Land der Roboter, das Voranschreiten der Automatisierung in der Fertigung offenbar ohne Proteste der Gewerkschaften über die Bühne geht. Dieser Umstand erklärt sich zumindest teilweise aus der Tatsache, daß dort in den größeren Firmen alle Jobs (zumindest für Männer) auf Lebenszeit garantiert werden. Dazu kommt, daß es in Japan lange Zeit hindurch einen ungedeckten Bedarf an Arbeitskräften gab, die ungelernte Tätigkeiten ausführen. Die niedrige Geburtenrate wird ferner dazu beitragen, daß in den nächsten Jahrzehnten in Japan weniger Menschen in den Arbeitsprozeß eintreten als heute. Trotzdem dürfte die Automatisierung am Arbeitsmarkt Japans nicht unbemerkt vorübergehen.

Auf der anderen Seite gibt es Fachleute, die unter anderem aus Analogieschlüssen die Behauptung ableiten, Roboter würden neue Arbeitsplätze schaffen. Sie weisen darauf hin, daß zu Anfang des 19. Jahrhunderts in Großbritannien Arbeiter gegen die Einführung automatischer Textilmaschinen streikten, aber die Zahl der in dieser Sparte Beschäftigten im Verlauf jenes Jahrhunderts zunahm. Die Zahl der im Eisenbahnwesen Arbeitenden stieg von 1850 bis 1900 auf das Zehnfache, obwohl anfangs behauptet worden war, die neue Technik werde Arbeitskräfte vernichten. Dementsprechend sei die gegenwärtig hohe Arbeitslosigkeit nicht eine Folge der Automatisierung durch mikroelektronische Technik, sondern verursacht durch die weltweite Rezession. Der russische Wirtschaftswissenschafter Kondratjew zeigte, daß Wirtschaftswachstum und Rezession in einem jeweils etwa 50 Jahre dauernden Rhythmus einander abwechseln. Seit Anfang des 19. Jahrhunderts hätten bahnbrechende technische Neuerungen jedesmal einen Boom nach sich gezogen. Ähnliches könne man nun auch als Folge der Einführung der Mikroelektronik erwarten.

Wie dem auch sei – wir müssen unterscheiden zwischen Bereichen, in denen ein und dasselbe Produktionsvolumen von immer weniger Menschen erzeugt wird, und solchen, wo zwar rationalisiert wird,

gleichzeitig aber neuer Bedarf an Arbeitskräften entsteht. Banken und Versicherungen wären ohne Mikroelektronik und Computer nicht in der Lage gewesen, das überdurchschnittliche Wachstum des Arbeitsvolumens während der letzten zwanzig Jahre zu bewältigen.
Andererseits ermöglichte die Rationalisierung traditioneller Tätigkeiten, wie Kontoführung etc., daß beispielsweise Banken und Kreditinstitute mehr als früher neue Dienstleistungen anbieten konnten (von der Anlageberatung bis zu Hinweisen über energiesparende Investitionen). Dafür sind vermehrt Arbeitskräfte notwendig – der Rationalisierungseffekt mikroelektronischer Technik bleibt demnach in Grenzen, wenn man die Entwicklung der Beschäftigtenzahl im Bankwesen insgesamt ansieht.
Ein Blick in die Geschichte zeigt, daß sich die Struktur der Beschäftigung nicht erst seit kurzem drastisch verändert (Abb. 67). Waren vor hundert Jahren noch 43% der deutschen Erwerbstätigen in der Landwirtschaft tätig, so sind es heute nur noch knapp 6%. Der Anteil des Dienstleistungsbereichs im selben Zeitraum stieg um mehr als das Dreifache an, und im produzierenden Gewerbe sind um ein Drittel mehr Arbeitnehmer beschäftigt als 1883. Damit verbinden sich Phänomene wie Landflucht, Slumbildung in den Großstädten und Bürokratisierung der Gesellschaft. Immer gab es schmerzhafte Wandlungsprozesse – vom Aufstand der Weber in der ersten Hälfte des 19. Jahrhunderts bis zur heute stattfindenden Freisetzung von Arbeitnehmern, etwa im Druckgewerbe. Es scheint allerdings, daß

Prozent der Beschäftigten

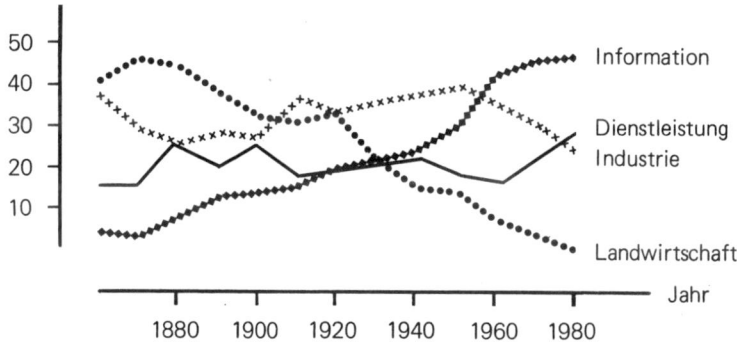

Abb. 67   Änderung in der Beschäftigtenstruktur in den USA in den letzten 100 Jahren

221

der Wandel heute wesentlich rascher vor sich geht als zur Zeit der ersten industriellen Revolution oder, mit anderen Worten, daß viel weniger Zeit bleibt, sich auf neue Situationen einzustellen. Angesichts der gegenwärtigen Wirtschaftslage steht deshalb zu befürchten, daß Politiker, Unternehmer und Gewerkschafter es immer schwerer haben werden, den technischen Fortschritt auch zu einem sozialen werden zu lassen.

Automatisierung und Qualifikationsniveau

Wir erwähnten schon, daß die Rationalisierung in erster Linie Arbeitskräfte mit niedriger Qualifikation trifft. Dies führt uns zur Erkenntnis, daß sich die Mikroelektronik auf Arbeitsplätze je nach dem Ausbildungsniveau, das sie erfordern, unterschiedlich auswirkt. Auch hier sind die Folgen differenziert zu werten. So meint John Evans vom Europäischen Gewerkschaftsinstitut in Brüssel: »Einerseits wird eine bestimmte Anzahl von Arbeitsplätzen überhaupt eliminiert, bei anderen wird die erforderliche fachliche Qualifikation gesenkt. Andererseits wird jedoch bei bestimmten Kategorien von Arbeitsplätzen die fachliche Qualifikation angehoben. Diese drei Effekte – Arbeitsplatzverlust, berufliche Abwertung und fachliche Aufwertung – sind Teile des Anpassungsprozesses« (Lit. 28).

Die berufliche Abwertung ergibt sich logisch aus der Natur automatisierbarer Prozesse. Vorwiegend solche Arbeitsgänge lassen sich mechanisieren, die aus repetitiven Tätigkeiten bestehen. Fachlich wenig qualifizierte Berufe sind zunächst durch die Mechanisierung von Produktionsverfahren entstanden und werden nun, in der zweiten industriellen Revolution, wieder überflüssig. Gemeint ist vor allem die Massenproduktion von Gütern am Fließband. Schätzungen zufolge führen etwa 33% der männlichen und 46% der weiblichen Arbeitnehmer solche repetitiven Arbeiten von geringem Verantwortungsgrad aus. 11% der Männer und 40% der Frauen verrichten einfache Hilfsarbeiten. Genau um diese Tätigkeiten geht es bei der Automatisierung durch computergesteuerte Maschinen.

Eine andere Situation ergibt sich aus der Entwicklung numerisch computergesteuerter Werkzeugmaschinen. Darunter versteht man Maschinen, die von einem Computer entsprechend einem bestimmten Programm gesteuert werden. Sie leisten Arbeiten, die herkömmlich von Fachkräften ausgeführt werden und die gerade in der Werkzeugmaschinenbranche traditionsgemäß ein hohes Ansehen genießen. Ihre Tätigkeit erfordert umfangreiche Fachkenntnisse und eine entsprechend lange Ausbildungszeit. Sie arbeiten bei der Planung und Herstellung eines Werkstücks mit, überwachen die Einstellung der Maschine und passen sie an die jeweils erforderlichen Bedingungen an. Die Kenntnisse des Facharbeiters werden nun durch Systemanalytiker in ihre logischen Bestandteile zerlegt. Computer werden dann so programmiert, daß sie die Maschine in ähnlicher Weise überwachen und steuern, wie es der Facharbeiter getan hätte. Der Facharbeiter wird durch den Systemspezialisten ersetzt, der aber nicht eine einzige Werkzeugmaschine überwacht, sondern ein einziges Mal ein Programm schreibt, das dann für beliebig viele Maschinen zur Steuerung dienen kann.

Versuchen wir, die Fachkenntnisse zu analysieren, die durch den Einzug der Mikroelektronik in erhöhtem Maße gefragt sind. Es sind dies Computerfachkenntnisse, die zunächst in jenen Fabriken benötigt werden, die bei ihren Herstellungsverfahren Mikroprozessoren einsetzen wollen, dann natürlich auch bei Herstellern von Computern, Textautomaten usw. Schließlich ist auch der rasch wachsende Sektor der Computerdienstleistungen zu nennen, der Beratung, Service und innovative Entwicklungen einschließt (Schätzungen zufolge dürfte das weltweite Marktvolumen für Computerdienstleistungen 1986 53 Milliarden US-Dollar betragen). Dabei sind vor allem Kenntnisse im Bereich der Elektronik, Logik, Systemanalytik und Software erforderlich.

In Norwegen und Schweden wurden Facharbeiter in Schulungskursen mit der neuen Technik vertraut gemacht; sie erlangten dadurch Positionen mit einem höheren Qualifikationsniveau. Ältere Arbeitskräfte sind dabei naturgemäß härter getroffen als jüngere, weil es ihnen im allgemeinen schwerer fällt, sich umzustellen. In solchen Fällen versuchen Gewerkschaften häufig, eine Frühpensionierung unter Beibehaltung des Einkommensniveaus zu erreichen, um soziale Härten zu vermeiden.

Obwohl die Arbeitslosigkeit insgesamt eher steigt, wächst dessenungeachtet der Bedarf an computerorientierten Fachkräften. Allein in der Bundesrepublik Deutschland könnten wahrscheinlich mehrere zehntausend Programmierer und Systemanalytiker sofort eine Anstellung finden.

Klaus Haefner von der Universität Bremen versucht, die Qualifikation von Arbeitskräften im Informationszeitalter je nach dem Maß der Abhängigkeit des einzelnen von der Informationstechnik einzuteilen (Lit. 29). Er unterscheidet »Autonome«, »Substituierbare« und »Unberechenbare«. Die Autonomen sind, so Haefner, jene, denen es weiterhin gelingt, ihren Beruf im großen und ganzen ohne Informationstechnik auszuführen. Sie sind von Auswirkungen der Mikroelektronik nicht unmittelbar betroffen. Dem Typus nach verrichten sie komplexe Aufgaben oder solche, die wenig reproduzierbare Bewegungsabläufe erfordern. Typische Autonome sind etwa Landwirte.

Zu den Substituierbaren zählt Haefner alle jene, die durch die Mikroelektronik wegrationalisiert werden. Eventuell verbleiben am alten Arbeitsplatz noch manche Kontroll- und Überwachungsfunktionen. Substituierbare sind etwa Bankangestellte, Bürohilfskräfte und Metallverformer.

Es bleiben Berufe wie Unternehmer, Ingenieure und Lehrer, Berufe mit komplexen Tätigkeiten, die stark an zwischenmenschlicher Kommunikation orientiert sind. Sie zählen zu den Unberechenbaren. Sie sind nicht autonom, weil sie die Informationstechnik intensiv nutzen. Die Tätigkeit mancher Unberechenbarer führt allerdings unter Umständen dazu, daß immer komplexere Prozesse immer besser verstanden werden und dadurch von der Automation erfaßt werden. Auf diese Weise werden manche Unberechenbare substituierbar. Mit anderen Worten, zwischen den drei Gruppen gibt es natürlich auch Wechsler, so zwischen dem Bereich der Unberechenbaren und dem der Autonomen: Personen, die sich als Unberechenbare überfordert oder unzufrieden fühlen und als Autonome leben wollen. Dazu gehören heute schon viele Intellektuelle,

Abb. 68   Karl Steinbuch

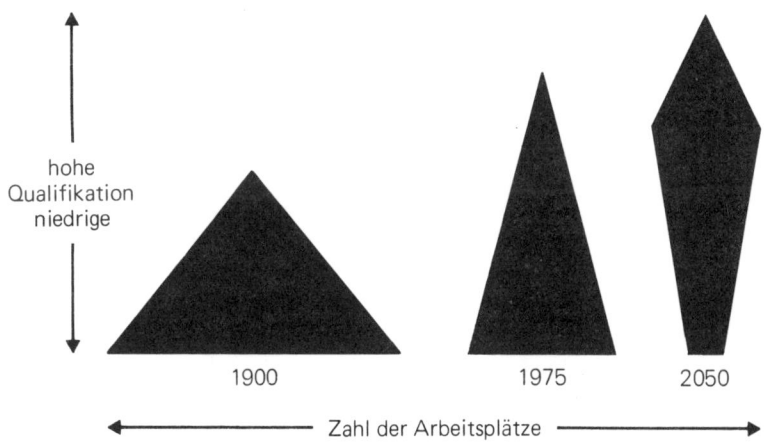

hohe
Qualifikation
niedrige

1900   1975   2050

◄─────── Zahl der Arbeitsplätze ───────►

Abb. 69 Vermutliche Veränderungen der Qualifikationsstruktur in der Zeit
von 1900 bis 2050 (nach K. Steinbuch)

die ein »alternatives« Leben auf dem Lande einer hochspezialisier-
ten Tätigkeit in der Wirtschaft vorziehen.
Bei der skizzierten Einteilung fällt auf, daß derzeit kein breites Feld
neuer Tätigkeiten für die Substituierbaren existiert oder angeboten
wird. Wohl gäbe es im Bereich der sozialen Arbeiten gerade heute
genügend Aufgaben. Unklar ist jedoch, wie die Verlagerung – vom
Fließbandarbeiter zum Krankenpfleger – vollzogen werden könnte.
Welche Folgerungen sich aus dieser Betrachtungsweise für das Bildungswesen ergeben, wird etwas ausführlicher auf den Seiten 278ff.
diskutiert.
Zu ähnlichen Schlußfolgerungen kommt Karl Steinbuch. Er pro-
phezeit, daß alles, was durch eindeutig formulierbare Regeln, durch
Routinen und durch Computerprogramme geschaffen werden
kann, früher oder später eine Sache der Automaten sein werde. Dabei dürfte sehr viel mehr programmierbar sein, als man sich gegenwärtig vorstellen kann. Daraus folgt, so Steinbuch, daß die Gesamtzahl der Arbeitsplätze deutlich abnehmen, die Zahl der schwach
Qualifizierten besonders rasch sinken, die Anforderungen an die
Höchstqualifizierten aber ständig steigen werde. Die Qualifikationsstruktur dürfte sich demnach merklich ändern (Abb. 69,
Lit. 30).

Bringt Arbeitszeitverkürzung die Lösung?

Wenn nun die Gesamtzahl der Arbeitsplätze abnimmt, so bedeutet dies im Grunde genommen, daß immer weniger Menschen arbeiten müssen. Aus diesem Argument leiten viele die Forderung nach einer generellen Arbeitszeitverkürzung ab. Es sei besser, so meinen sie, möglichst alle Menschen statt 40 nur 30 Stunden in der Woche arbeiten zu lassen, statt bei gleichbleibender Arbeitszeit etwa 20% der Arbeitsfähigen als Arbeitslose unterstützen zu müssen. Aus dem vorhin Dargelegten ergibt sich aber, daß man das Arbeitsplatzproblem nicht ohne weiteres auf diesen einfachen Nenner bringen kann, da es in erster Linie strukturelle Verschiebungen sind, die die gegenwärtige Beschäftigungssituation charakterisieren. Eine generelle Verkürzung der Arbeitszeit allein ist daher keine Lösung des gordischen Knotens. Wohl aber wird es notwendig sein, in manchen Bereichen zu flexibleren Regelungen überzugehen (Job sharing, gleitender Übergang in den Ruhestand und ähnliches). Wenn überhaupt Arbeitszeitverkürzung, so hätte sie zur Voraussetzung, daß sie international eingeführt wird. Denn gerade heute kämpfen die Unternehmen auf den Exportmärkten um höhere Absätze und wollen daher international konkurrenzfähig sein. Arbeitszeitverkürzung, so die Unternehmer, würde aber genau diese Konkurrenzfähigkeit schwächen.

Was Arbeitszeitverkürzung anlangt, schieben sich die einzelnen Staaten gegenseitig den schwarzen Peter zu – niemand will mit der Verkürzung der Arbeitszeit beginnen. Dennoch ist anzunehmen, daß zumindest in einigen westeuropäischen Staaten die Jahresarbeitszeit in den kommenden Jahren stufenweise gesenkt wird.

Dies bringt uns zum dritten Aspekt dieses Kapitels, den Strukturänderungen auf internationaler Ebene. Auch vor diesem Problem stehen wir nicht zum erstenmal (siehe Seite 189).

Der internationale Wettlauf findet heute auf mehreren Ebenen statt. Betrachten wir die rasch expandierende Elektronikindustrie. Schätzungen zufolge wird der Weltelektronikmarkt in den späten achtziger Jahren das gigantische Volumen von 600 Milliarden Mark erreichen. Die US-Amerikaner standen an der Wiege des elektronischen Zeitalters und waren auch von Anfang an in der kommerziellen Entwicklung führend. Die Raumfahrtprojekte der NASA, Rüstungs- und Computerindustrie sorgten für die notwendige Unterstützung. Die Japaner begannen in den sechziger Jahren zu erkennen, daß die Mikroelektronik eine Schlüsseltechnologie der Zukunft sein werde, und versuchten, hinter einem durch Handelshemmnisse errichteten Schutzwall ihren Rückstand gegenüber den Vereinigten Staaten aufzuholen. Motor für diese Entwicklung waren dort die von der Konsumelektronik ausgelöste Nachfrage und zielgerichtete Unterstützung durch die öffentliche Hand. Mitte der siebziger Jahre ergriffen die Söhne Nippons in der Weiterentwicklung der Halbleitertechnik die Initiative. Die amerikanische Halbleiterindustrie, die ein Vierteljahrhundert lang die Mikroelektronik souverän dominiert hatte, wurde erstmals von einem Einbruch der japanischen Herausforderer getroffen. Binnen Kürze steigerten letztere ihren zunächst kleinen Marktanteil bei 16-K-Chips auf 40%. Zumindest auf dem Markt für integrierte Schaltungen sehr hoher Integrationsdichte sind die Europäer dagegen im Rückstand gegenüber den USA und Japan. Anstelle eines koordinierten Vorgehens gibt man finanzielle Unterstützung für das Überleben lahmer Enten, die entweder aus eigener Unfähigkeit oder aufgrund äußerer Bedingungen unfähig waren, sich dem technischen Fortschritt anzupassen. Oft werden, kritisiert der italienische Wirtschaftsforscher Bruno Lamborghini, Betrieben von den Behörden entwicklungshemmende Beschränkungen und Bestimmungen auferlegt, ohne daß man mittel- oder langfristige Richtlinien erstellt. Es gebe kein umfassendes Leitbild des Gesellschaftstyps, zu dem die gelenkte Entwicklung der Mikroelektronik und anderer neuer Technologien führen soll (Lit. 31). Zwar bemüht man sich innerhalb der Europäischen Gemeinschaft um Standardisierung; ein großzügiges Forschungsprogramm zur Unterstützung der europäischen Informationsindustrie ist schon Ende der siebziger Jahre angelaufen; dennoch bleibt fraglich, ob es Westeuropa gelingt, auf den längst abgefahrenen Zug noch aufzuspringen.

Haben schon die Industrieländer mit Ausnahme der Vereinigten Staaten und Japans einen schweren Stand im Kampf um den künftigen Informationsmarkt, befinden sich die Entwicklungsländer auf verlorenem Posten. Sie werden im Technologiewettlauf der gegenwärtigen industriellen Revolution vollends zurückgelassen. Die Nord-Süd-Probleme nehmen zu.

Angesichts dieser tiefgreifenden Probleme verwundert es nicht, wenn auf lange Sicht denkende Wirtschaftsfachleute zu einer Reform der internationalen Ordnung rufen. So urteilt der an den Club of Rome gerichtete Rio-Bericht: »Die gegenwärtige Krise der Weltwirtschaft und in den Beziehungen zwischen den Nationen ist eine Krise der internationalen Strukturen. Womit sich beide Welten auseinandersetzen müssen, ist ein in den Fundamenten krankes System, das nicht durch eine schnelle wirtschaftliche Erste-Hilfe-Ak-

tion geheilt werden kann. Marginale Änderungen werden nicht ausreichen. Erforderlich sind grundlegende institutionelle Reformen, die auf der Erkenntnis gemeinsamer Interessen und gegenseitiger Beziehungen einer zunehmend interdependenten Welt basieren« (Lit. 32).
Ohne eine Verbesserung der Situation der Weltwirtschaft ist eine globale Verringerung der Arbeitslosigkeit kaum denkbar. Deshalb sind Maßnahmen auf nationaler wie auf internationaler Ebene erforderlich. Angesichts bisheriger Erfahrungen ist es aber zweifelhaft, daß der dafür nötige Konsens gefunden werden kann.

2. Mikroelektronik und Wirtschaft

USA, Japan und Europa im Wettlauf um den Mikroelektronikmarkt der Zukunft

Mikroelektronik ist eine Schlüsseltechnologie der Zukunft.
Wer auf diesem Sektor in Forschung und Entwicklung führt, kann auf lange Sicht mit einem wirtschaftlichen Wachstum von mindestens 15% pro Jahr rechnen.
Wem wird dieser Markt gehören? Um es auf einen einfachen Nenner zu bringen: Der Löwenanteil wird auf die USA, Japan und Westeuropa entfallen, im einzelnen wird die führende Position je nach Anwendungsbereich einer der drei Industrieblöcke innehaben.
Betrachten wir im folgenden einige Prognosen. Die Produktion elektronischer Geräte dürfte sich demnach 1985 wie folgt aufteilen (Abb. 70): Westeuropa und die Vereinigten Staaten liegen mit über 150 Milliarden US-Dollar etwa gleich, gefolgt von Japan mit etwa 86 und der restlichen Welt mit etwa 45 Milliarden US-Dollar (zählt man militärische Anwendungen hinzu, führen die Vereinigten Staaten noch vor Westeuropa). Bei dem Vergleich zwischen den USA und Westeuropa ist zu bedenken, daß Westeuropa rund 400 Millionen Einwohner hat, die USA aber nur 56% und Japan 30% davon. In der Wertung nach Pro-Kopf-Produktion führen daher die Vereinigten Staaten vor Japan und Westeuropa. Auch aus dem höheren Bruttosozialproduktanteil relativ zum Bevölkerungsanteil ergibt sich, daß die USA in der Technisierung gegenüber Westeuropa, und hier besonders gegenüber den südeuropäischen Ländern, voraus sind.

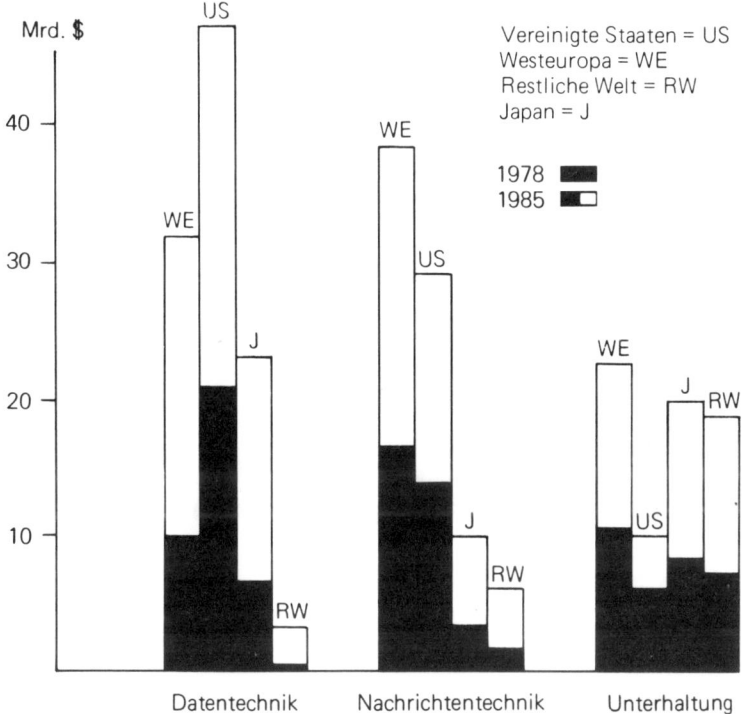

Mrd. $

Vereinigte Staaten = US
Westeuropa = WE
Restliche Welt = RW
Japan = J

1978 ■
1985 ■□

Datentechnik   Nachrichtentechnik   Unterhaltung

Abb. 70   Produktion elektronischer Geräte 1978 und 1985 (nach Anwendungs-
branchen)

In der Datentechnik ist die Geräteproduktion in den USA – auch
absolut gesehen – fast doppelt so hoch wie in Westeuropa. Das erklärt sich in erster Linie aus den starken Impulsen, die Weltraum-
fahrt und Militärtechnik in den Vereinigten Staaten gegeben haben
(siehe Seite 124). In der Nachrichtentechnik jedoch macht sich die
größere Bevölkerungszahl Europas bemerkbar – der Produktions-
wert elektronischer Geräte liegt in diesem Bereich in Europa über
demjenigen der USA.
Im Unterhaltungssektor führen Westeuropa und Japan vor den
Vereinigten Staaten. Die Gründe dafür sind teilweise historischer
Natur: Während sich das Schwergewicht in den Vereinigten Staaten auf die Entwicklung großer Systeme legte, entstand im Europa
der Nachkriegszeit eine Art Individualtechnik. Dem Computerpro-
grammierer der Neuen Welt entspricht der Radiobastler der fünfzi-

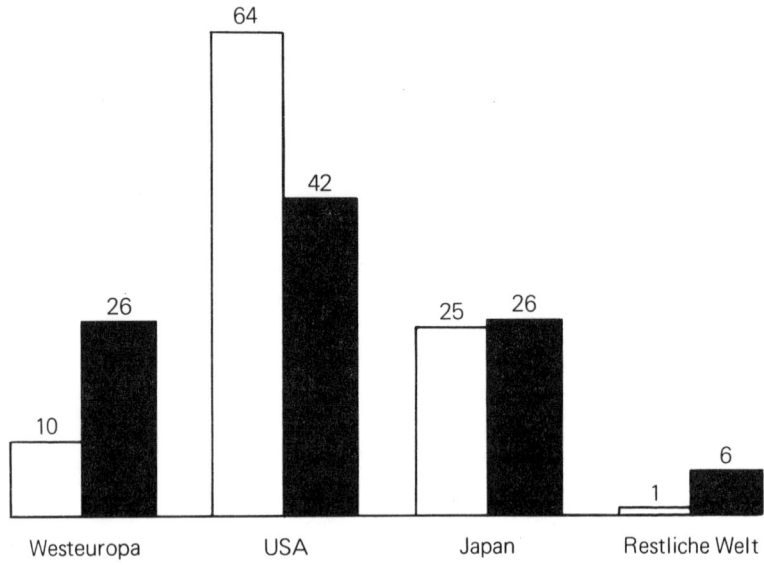

| 64 | | | |

Abb. 71 Produktion und Verbrauch an integrierten Schaltkreisen 1980 (in %)
Produktion: weiße Säulen, Verbrauch: schwarze Säulen

ger Jahre in Europa. Die Vorrangstellung Japans in der Freizeitge-
räteindustrie wiederum scheint vor allem durch die Photoindustrie
zustande gekommen zu sein.

Sehen wir uns nun die Verhältnisse für einen wichtigen mikroelektronischen Baustein, nämlich integrierte Schaltungen, an (Abb. 71).
Demnach führten 1980 die USA in der Produktion mit 64% mit großem Abstand vor Japan (25%) und Westeuropa (10%). Im Verbrauch ist dagegen das Verhältnis zwischen den USA und Westeuropa bzw. Japan ungefähr 1,6 zu 1. Die zukünftige Marktaufteilung
wird in hohem Maße davon abhängen, ob es den Japanern gelingt,
ihre Konkurrenz bei der Entwicklung und Vermarktung höchstinte-
grierter Schaltkreise zu überrunden.

Unternehmen schließen sich zusammen

Zahlreiche Experten erwarten einen Siegeszug der japanischen Industrie, denn sie konzentriert beträchtliche Mittel auf mikroelektronische Entwicklungen und hat gegenüber den USA auf diesem Sek-

tor bemerkenswert aufgeholt. Aber auch in den Vereinigten Staaten hat man bereits reagiert. Um Mehrgeleisigkeiten in der Grundlagenforschung zu vermeiden, schloß sich eine stattliche Anzahl von Unternehmen zu einem Konsortium zusammen. Dazu gehören Control Data Corp., Digital Equipment Corp., Honeywell, NCR-Corp., National Semiconductor Corp., Sperry-Corp. und andere. Das Ziel dieser Kooperation liegt bei der Finanzierung langfristiger Entwicklungsprojekte.

IBM, der weltgrößte Computerhersteller, übernahm vor kurzem für 250 Millionen Dollar vorerst 12% der Aktien des innovativsten Halbleiterproduzenten der Vereinigten Staaten, der INTEL-Corporation, und sicherte sich gleichzeitig eine Option auf insgesamt 30%. Der Telephongigant ATT (60 Milliarden Dollar Umsatz pro Jahr) kündigte ferner Anfang 1983 an, auf dem Gebiet des öffentlichen Fernmeldewesens in Zukunft eng mit dem holländischen Philips-Konzern zusammenzuarbeiten. Geplant ist eine gemeinsame Tochtergesellschaft, die moderne Telephonvermittlungstechnik auf internationalen Märkten außerhalb der USA an den Mann bringen soll. Der Weltmarkt ist also kräftig in Bewegung. Bedauerlicherweise haben deutsche Firmen diesbezüglich in letzter Zeit wenig von sich hören lassen. Fachleute befürchten, daß beispielsweise Siemens in der Halbleitertechnologie in den achtziger Jahren ins Hintertreffen geraten könnte.

Neben solchen spektakulären Zusammenschlüssen bleibt die rückwärts- und vorwärtsgerichtete Integration verschiedener Unternehmen eher unbemerkt. Hersteller von Fertigwaren expandieren durch Übernahme von Halbleiterfirmen in den Bereich der Mikrobauteile. Der Ersatz mechanischer Teile durch mikroelektronische Schaltkreise verschiebt nämlich den Wertzuwachs in Richtung auf die letzteren. Durch Rückwärtsintegration wollen Firmen nun einen Teil des verlorengegangenen Wertzuwachses wiedererlangen, daneben spielen aber auch strategische Überlegungen eine Rolle.

Auf der anderen Seite beginnen Mikroelektronikunternehmen, in den Markt für Geräte und Fertigwaren einzudringen, vorwiegend in der Datenverarbeitung und Unterhaltungselektronik. Diese Tendenz zeigt eindeutig einen Trend zunehmender Machtkonzentration der Komponentenhersteller.

Zuweilen erhält der Technologiewettlauf auch politische Dimensionen. Bereits seit längerem versuchen die Vereinigten Staaten, den Export von Technologie und Know-how in die Sowjetunion möglichst gering zu halten. Neuerdings treffen die Exportverbote auch europäische Firmen. Dies mußte beispielsweise die Forschungsstelle für Informationswissenschaft und künstliche Intelligenz der Hamburger Universität erleben, als sie ein Schreiben des kalifornischen Information Science Institute erhielt, in dem mitgeteilt wurde, die neuentwickelte Programmiersprache INTERLISP könne außerhalb der Vereinigten Staaten nicht ausgeliefert werden (Lit. 33).

Angesichts dieser Entwicklungen versuchen auch die Europäer, sich zusammenzuschließen – nationale Eigenbröteleien und Probleme der Standardisierung haben jedoch Fortschritte bisher weitgehend verhindert. Symbolisch für den geringen Erfolg europäischer Zusammenarbeit ist die Entwicklung der europäischen Trägerrakete ARIANE. An die 2 Milliarden DM investierten die elf Mitgliedstaaten der europäischen Weltraumbehörde ESA in dieses Projekt, das jenem der NASA Konkurrenz machen soll. Aber der Start mußte mehrmals verschoben werden, und schließlich mißglückte er zweimal.

Häufig wird die Schuld an mangelnder innereuropäischer Koordination den Franzosen in die Schuhe geschoben. Diese sind bestrebt, in der Informationsindustrie in Europa die erste Geige zu spielen; die Gründung eines Weltzentrums der Informationstechnik in Paris zeugt von diesem Geist.

Selbst wenn die europäische Informationsindustrie in den nächsten Jahren vermehrt zusammenarbeitet, wird sie möglicherweise das Nachsehen haben: Zu den Firmenzusammenschlüssen in Japan und den USA gesellte sich 1982 eine amerikanisch-japanische Forschungsachse. Ohne viel Aufsehen einigte man sich in Tokio auf Empfehlungen bezüglich des Wettbewerbs und will japanische bzw. amerikanische Firmen an den nationalen Förderungsmitteln für technologische Projekte wechselseitig teilhaben lassen. Diesem bemerkenswerten Versuch folgte eine Sensation: Der Computerriese IBM ersuchte beim japanischen Wirtschaftministerium MITI um Zulassung zum nationalen Forschungsverbund für die Entwicklung der fünften Computergeneration (siehe Seite 96). Obwohl japanische IBM-Konkurrenten in Kalifornien wegen angeblicher Industriespionage bei IBM vor Gericht standen, entschloß sich der Weltmarktführer bei Großcomputern in Abkehr von der bisherigen Politik zur Kooperation. Die Japaner fühlten sich geschmeichelt und vermeinten, in den neuen Entwicklungen eine Anerkennung ihrer technologischen Spitzenposition zu sehen. Solche Forschungsabsprachen haben allerdings auch handfeste wirtschaftliche Hintergründe: Man versucht damit, einen befürchteten Vernichtungswettbewerb in den neunziger Jahren abzuwenden.

Der Kampf um den Medienmarkt der Zukunft

Auch in anderen Wirtschaftsbereichen steht ein harter Wettbewerb bevor. Versuchen wir, am Beispiel der Massenmedien drei Fronten herauszugreifen: die derzeit noch weitgehend monopolistischen Rundfunk- und Fernsehanstalten und ihre Konkurrenten, der Kampf der Druckmedien gegen elektronische Medien und der Verdrängungswettbewerb zwischen verschiedenen Formen der Informationsspeicherung.

Während beispielsweise in Frankreich und Italien das Rundfunkmonopol bereits durchbrochen ist, ist es in der Bundesrepublik Deutschland zwar umstritten, zeigt aber noch kräftige Lebenszeichen. Unterirdisch wühlen jedoch bereits Kabel-TV-Gesellschaften, und am Himmel warten Satelliten, um mit Konkurrenzprogrammen die Medienlandschaft zu bereichern. Auch gewissermaßen im eigenen Hause ist ein Nebenbuhler erwachsen: Bildschirmtext.

Die Finanzierung des staatlichen Rundfunks und Fernsehens steht im wesentlichen auf zwei Beinen. Das eine sind die Gebühren der Teilnehmer, das andere Werbeeinnahmen. Seitdem es in Großbritannien kommerzielles Fernsehen gibt, schrumpfte die Nutzung von BBC beträchtlich. Politiker haben es in der Folge immer schwerer, notwendige Erhöhungen der Teilnehmergebühren durchzustehen.

Die Werbeeinnahmen des Fernsehens wiederum werden durch die Neuen Medien in unterschiedlicher Weise tangiert. Werbung in Bildschirmtext wird vor allem durch ihren hohen Aktualitätsgrad von großem Interesse sein. Zunächst dürfte sich dies in der Bundesrepublik nur auf regionale Märkte auswirken und daher die Werbeeinnahmen beispielsweise des ZDF, die vorwiegend überregional ausgerichtet sind, wenig berühren. Ähnliches gilt für lokales Kabelfernsehen. Dagegen werden das überregionale Kabelfernsehen und das Satellitenfernsehen jedenfalls Rückwirkungen auf die Finanzlage des ZDF haben. Entscheidend wird sein, ob den Neuen Medien die gleichen Werbebeschränkungen (20-Uhr-Grenze, 20-Minuten-Limit etc.) auferlegt werden. Ist dies nicht der Fall, wird der Wettbewerb zweifellos zu Ungunsten des ZDF ausgehen.

Seit der Erfindung des Buchdruckes ist Papier das vorrangige Medium im Informationswesen. Als in der ersten Hälfte des zwanzigsten Jahrhunderts das Radio populär wurde, sahen manche Zeitgenossen darin bereits den Untergang der Zeitung. Auch beim Einführen des Fernsehens wurde diese Prognose wiederum gestellt. Sie hat sich bis heute nicht bewahrheitet – die Auflagen stiegen ununterbrochen weiter (bei Tageszeitungen von 1970 bis 1980 um 20%). Angesichts dieses Erfolgs könnte man meinen, Zeitungen, Zeitschriften und Bücher würden auch die Herausforderung durch die Neuen Medien bestehen. Aber die Verleger bezweifeln dies in zunehmendem Maße. Von den täglich etwa 313 Minuten, die der erwachsene Bürger im Durchschnitt auf Medienkonsum verwendet, entfallen nur 38 Minuten auf Zeitungen und Zeitschriften, 15 Minuten auf Bücher, 260 Minuten jedoch auf Radio und Fernsehen. Daß sich dieses Verhältnis in der Zukunft zu Ungunsten der Druckmedien verschieben wird, ist aus mehreren Gründen wahrscheinlich. Zum einen sind die Druckmedien zu langsam geworden. Vom Bekanntwerden einer Nachricht bis zum Eintreffen beim Empfänger vergehen bei der Zeitung etwa sechs Stunden, bei Fachzeitschriften Wochen und bei Büchern Monate. Elektronische Medien dagegen ermöglichen, an jedem Ort der Welt – sogar im Weltraum – »live« anwesend zu sein. Zum zweiten sind Druckmedien an alphabetisches Ordnen und konventionelles Registrieren gebunden. Das gezielte Auffinden von Informationen ist bei elektronischer Einspeicherung demgegenüber effizienter (siehe Seite 135ff.). Dazu kommt, daß die Druckmedien immer teurer werden, während die elektronischen Medien ihre Preise senken: »Papier ist die Achillesferse der gedruckten Medien«, so Dietrich Ratzke (Lit. 34). Weltweit werden pro Jahr etwa 25 Millionen Tonnen Zeitungspapier produziert, ein enormer Verbrauch an Energie und Rohstoffen.

Ähnlich wie die Fernsehanstalten leben Zeitungs- und Zeitschriftenverleger vom Verkauf ihrer Produkte und von Werbung (manche allerdings können sich nur durch Subventionen am Leben erhalten). Wenn es ihnen gelingt, ihre Produkte auch erfolgreich über Bildschirmtext anzubieten, wird eine neue Einnahmequelle eröffnet. Vor allem bei den Inseraten wird Bildschirmtext den Druckmedien einen kräftigen Happen wegnehmen.

Die Zukunft des Mediums Papier ist also einigermaßen düster. Die vergleichsweise besten Aussichten werden noch dem Buch eingeräumt. Der deutsche Durchschnittshaushalt gibt zur Zeit monatlich etwa 55 DM für elektronische Medien, 46 DM für Lesemedien und davon 19 DM für Bücher aus. 65% der Bevölkerung meinen, nach fünf Jahren ebenso häufig Bücher lesen oder nutzen zu wollen wie derzeit (Lit. 35).

Die zukünftige Mediennutzung wird aber nicht allein von wirtschaftlichen Randbedingungen abhängen: Auch emotionale Faktoren spielen eine Rolle. Mit dem Besitz und der Nutzung von Zeitungen, Zeitschriften und Buch, so Klaus Brepohl vom Institut der deutschen Wirtschaft in Köln, seien gleichzeitig »Prestige und gefühlsmäßige Bindungen im Spiel« (Lit. 36). Sie seien noch immer Medien besonderer Art. Es sei allerdings unbekannt, ob auch die nächste Generation, die mit den elektronischen Medien groß wird, noch so starke Bindungen habe werde.

Jedenfalls wird viel davon abhängen, ob es den Verlegern gelingt, als Informationsanbieter auch bei den Neuen Medien einen festen Platz zu erringen.

Zur Speicherung von Information werden in Zukunft elektronische Mittel eine immer größere Rolle spielen, vor allem auch im Haushalt. Gegenwärtig sind in der Bundesrepublik fast zwei Millionen Videorecorder in Gebrauch. Trotz einer für den Markt schädlichen Systemvielfalt hat sich die neue Speichertechnik durchgesetzt. In den nächsten Jahren werden immer kleinere Videokassetten auf den Markt kommen; der Wirrwarr nichtkompatibler Ausführungen wird vermutlich bestehen bleiben. Dank sinkender Preise scheint jedoch die Nutzung im breiten Maßstab gesichert. Eher schleppend verläuft dagegen die Einführung der Bildplatte und der Laserdisk. Beides sind optische Informationsträger hoher Speicherdichte. Über ihren künftigen Marktanteil gibt es sehr unterschiedliche Prognosen. Nennenswerte Bedeutung dürften sie erst in den neunziger Jahren bekommen. Gemeinsam mit dem Kabelfernsehen und Pay-TV gefährden sie voraussichtlich die Zukunft des Kinofilmes. Die Vielfalt der technischen Möglichkeiten zur Speicherung und Vermittlung von Information und die komplexen wirtschaftlichen Zusammenhänge sowie beträchtliche Unsicherheit hinsichtlich ihrer Akzeptanz durch die Bevölkerung bereiten den Marktforschern bei ihren Prognosen erhebliches Kopfzerbrechen. Wir haben uns deshalb begnügt, in vereinfachter Form Zusammenhänge und mögliche Entwicklungen aufzuzeigen.

Giganten am Weltmarkt

Es begann mit den Fuggern, einem schwäbischen Geschlecht, das bis ins 14. Jahrhundert zurückverfolgt werden kann. Im Zeitalter der Renaissance bauten sie riesige Unternehmungen auf, die mit Fug und Recht als Vorläufer der heutigen transnationalen Konzerne, auch Multis genannt, angesehen werden können. Sie handelten mit Textilien, Metallen und Gewürzen, sie verarbeiteten Metalle, und – sie beeinflußten die Politik. So sicherte Anton Fugger die Wahl Karls V. mit einer Spende von 275 000 Gulden an dessen

Bruder Ferdinand und damit eine Pension für den Erzbischof von Mainz. Als sich die Hanse wenig später bei den kaiserlichen Steuerbehörden über Monopolpraktiken der Fugger beschwerten und Kaiser Karl zu vergessen haben schien, wer seine Wahl gesichert hatte, intervenierte Jakob Fugger mit einem Schreiben. Die Beschwerden wurden abgewiesen.

Auch heute, und mehr denn je, sitzen transnationale Konzerne an den Schalthebeln der Macht. Die größten von ihnen im Bereich der Mikroelektronik und ihrer Anwendung wollen wir kurz beschreiben.

ATT, die US-amerikanische Telephongesellschaft, ist zwar (noch) kein multinationaler Konzern, dafür aber mit einem Jahresumsatz von etwa 60 Milliarden Dollar nicht nur mit Abstand das größte Unternehmen seiner Branche, sondern gemeinsam mit dem Öl-giganten Exxon das größte Unternehmen überhaupt. Über 1 Million Beschäftigte arbeiten für ATT. Das Vermögen des Konzerns wird auf 140 Milliarden Dollar geschätzt und besteht aus 90% aller Telephonleitungen in den USA, aus Schalterzentralen, Werkhallen und Forschungslabors. Nicht mehr lange: Nach dem von den amerikanischen Justizbehörden angestrengten größten Anti-Trust-Prozeß aller Zeiten wird der Mammutkonzern auf einen Rumpf und sieben regionale Telephonbetriebsgesellschaften aufgespalten. Gleichzeitig wird das ATT-Monopol auf Informationsüberträgerfunktionen abgeschafft. Dafür kann sich ATT in Zukunft auch auf dem Sektor Computer- und Informationsindustrie breitmachen. Was wie eine Entmachtung auf Anordnung der Staatsgewalt aussieht, könnte aber bewirken, daß die geschrumpfte ATT wie Phönix aus der Asche steigt: Da ATT neben Kommunikationsnetzen nun auch Telephonapparate und Informationsdienstleistungen anbieten kann, prophezeien manche Fachleute für die neunziger Jahre gigantische Gewinne.

Platz sieben in der Weltrangliste der größten Unternehmen nimmt International Business Machines ein, besser unter den drei Buchstaben IBM bekannt. Nüchterne Zahlen – 300 000 Beschäftigte, 34 Milliarden Dollar Umsatz 1982 – sagen nichts über die eigentliche Vormachtstellung des Unternehmens aus. IBM hat im Bereich der Computertechnik de facto weltweit ein Monopol. Mit Ausnahme von Japan, wo der Marktanteil von IBM nur etwa 25% beträgt, ist IBM bei Großrechnern in allen Ländern mit haushohem Abstand Marktführer. IBM kann sich leisten, 1 Milliarde US-Dollar pro Jahr für Forschung und Entwicklung auszugeben; wenn es nötig ist, werden Beträge dieser Größenordnung innerhalb von zwei Wochen am Kapitalmarkt aufgetrieben, um blitzartig eine Investition zu tätigen. Trotz seiner Größe hat sich IBM eine erstaunliche Flexibilität bewahrt.

Ähnlich wie im Falle von ATT lief in den Vereinigten Staaten während der siebziger Jahre ein Anti-Trust-Verfahren gegen IBM wegen angeblicher Monopolpraktiken. Anfang 1982 wurde es eingestellt. Die Staatsanwaltschaft hatte kapituliert. Die Fortführung des kostspieligen Verfahrens, so die Begründung für die Einstellung, sei sinnlos, da sich die Marktsituationen ständig änderten und Beweise für Monopolpraktiken nicht zweifelsfrei erbracht werden könnten. Nur angedeutet wurde ein weiterer Grund: Selbst wenn IBM verurteilt worden wäre, hätte es wohl niemand zustande gebracht, den Computerriesen so in Teile aufzuspalten, daß dabei lebensfähige Einheiten übriggeblieben wären.

Auch bei der Europäischen Komission läuft seit einiger Zeit eine Monopolklage gegen IBM. Aufgeschreckt durch den an den französischen Staatspräsidenten adressierten Nora-Minc-Bericht über die Informatisierung der Gesellschaft, sehen die EG-Behörden in IBM den Hauptrivalen für den Aufbau einer europäischen Informationsindustrie. IBM dagegen argumentiert, sie sei genausogut auch eine europäische Firma wie Siemens oder Philips. IBM beschäftigt in Europa über hunderttausend Angestellte. Von 1979 bis 1982 investierte IBM 1,8 Milliarden US-Dollar in europäische Niederlassungen.

Von aufsehenerregenden Skandalen, die Konzernen wie Nestlé oder Hoffmann-La Roche Imageverlust auf Jahre hinaus brachten, ist IBM bisher verschont geblieben. Von dem Unternehmen, das IBM in der Weltrangliste auf Platz 8 folgt, kann man dies nicht sagen. Die International Telephone and Telegraph Corp., ITT, ist für viele der Inbegriff des »bösen Multis« geworden. Über 400 000 Angestellte erwirtschaften einen Jahresumsatz von 20 Milliarden US-Dollar; nicht nur im Telephongeschäft – ITT engagiert(e) sich auch im Hotelgewerbe (Sheraton Hotels), bei der Autovermietung (Avis) und in anderen Sparten, die mit dem ursprünglichen Unternehmensziel wenig zu tun haben. Gegründet 1920 durch Sosthenes Behn, machte ITT von vornherein durch harte Geschäftspraktiken von sich reden. Kurz nach der Beendigung eines Anti-Trust-Verfahrens mit nachfolgender Aufteilung des Konzerns machte ITT Schlagzeilen in aller Welt: Eine geheime Aktennotiz war an die Öffentlichkeit gelangt, die Zusammenhänge zwischen der für ITT günstigen Beilegung des Verfahrens und massiver finanzieller Unterstützung der republikanischen Partei aufzeigten. Zur selben Zeit sah ITT seine Geschäftsinteressen durch den neuen chilenischen Staatspräsident Salvador Allende gefährdet und unterstützte finanziell die Machenschaften des CIA. Dies war der Anlaß für US-Senator Church, multinationale Konzerne als »fünfte Kolonne in der internationalen Politik« zu bezeichnen (Lit. 37). Die Allende-Affäre entfachte Diskussionen über die Rolle multinationaler Konzerne. Demonstranten marschierten in den Straßen von Rom, Paris und Stockholm, und die Bezeichnung »Multi« bekam einen abfälligen Beigeschmack.

Weder der Volkszorn noch staatlicher Dirigismus werden aber den künftigen Machtzuwachs multinationaler Konzerne wirksam beschneiden können: Immer noch sind Regierungen an nationale Interessen gebunden – die oftmals demonstrierte Handlungsunfähigkeit der Vereinten Nationen ist ein beredtes Beispiel dafür. Supranationale Unternehmen sind in vieler Hinsicht Merkmal einer Entwicklung, die Internationalismus und das Verständnis der Welt als einer Einheit an die Stelle der Pflege nationaler Eigeninteressen setzen. Computer-, Informations- und Kommunikationstechnik sind gleichzeitig Substrat und Motor dieser Entwicklung.

3. Hemmende Faktoren

Nicht nur Broschüren von Computerherstellern, auch Sachbücher über Informations- und Kommunikationstechnik begeistern sich an den zahlreichen Anwendungsmöglichkeiten der Mikroelektronik. In einer Zeit, in der Technikkritik und Wissenschaftsfeindlichkeit populär sind, bilden sie gleichsam eine Insel der Seligen, auf welcher beinahe ungehemmter Fortschrittsglaube dominiert – ähnlich den aus den fünfziger Jahren erinnerlichen Verheißungen, die friedliche Nutzung der Kernenergie werde demnächst die Endlösung der Energieprobleme bringen.

Berauscht von dem technisch Machbaren, übersieht man nur zu leicht, welche Hindernisse technischer, wirtschaftlicher und sozialpolitischer Natur sich der Entwicklung in den Weg stellen können. Auf den folgenden Seiten wollen wir uns den Faktoren widmen, die auf die Ausbreitung der Mikroelektronik hemmend wirken.

Monopole als Bremse

Wie wir schon mehrfach gesehen haben, ist für das anbrechende Informationszeitalter das Zusammenwachsen von Informations- und

Kommunikationstechnik charakteristisch. Vor allem in Europa steht aber nahezu alles, was mit elektronischer Kommunikation zu tun hat, unter monopolistischer Kontrolle – Rundfunk, Post und Telephon sind zentral gesteuerte Machtblöcke; ihre Haltung wird für die Schnelligkeit der Realisierung des technischen Fortschritts maßgeblich sein. Fernmeldeindustrie und die entsprechenden Gerätehersteller haben gegenwärtig den am schnellsten steigenden Bedarf an mikroelektronischen Produkten. Trotzdem hält Juan F. Rada die »Trägheit der Postverwaltungen für den wichtigsten technischen Hemmschuh bei der Einführung von Informationstechnik im Bereich der Telekommunikation« (Lit. 38). Der Grund hierfür sei weniger sturer Konservatismus als vielmehr das wirtschaftliche Faktum, daß zur Errichtung von Kommunikationsnetzen Milliardeninvestitionen notwendig sind, die sich erst durch jahrelangen Gebrauch amortisieren müssen, bis es wirtschaftlich sinnvoll ist, auf modernere Systeme umzusteigen. Dies gilt natürlich nicht nur für Post und Telephon, sondern in allen Wirtschaftsbereichen für die Einführung von Innovationen, die umfangreiche Investitionen erfordern. Der wirtschaftliche Zwang zur Amortisation führt nicht selten zu entscheidenden Wettbewerbsnachteilen: Die japanischen Stahl- und Autoindustrien leiteten in den sechziger und siebziger Jahren – früher als in Europa und den Vereinigten Staaten – einen Rationalisierungsschub ein, der ihnen ungeahnte Exporterfolge auf dem Weltmarkt einbrachte. Mag sein, daß man in den Industriestaaten zu sehr auf fetten Gewinnen saß und deshalb die Offensive aus dem Fernen Osten einfach verschlafen hatte. Trotzdem können auch innovativ gestimmte Konzernherren nicht an den Gesetzmäßigkeiten vorbei, die langfristige Kapitalinvestitionen begleiten. In manchen Fällen ist es kaum möglich, zutreffend vorauszusagen, wann der Zeitpunkt für eine Neuinvestition fällig ist. Denken wir an den Ausbau der Kabelnetze in vielen europäischen Ländern: Ist es sinnvoll, schon 1983 Milliarden in den Aufbau eines Netzwerkes zu investieren, das noch mit herkömmlichen Kupferleitungen arbeitet, wenn schon in wenigen Jahren die Glasfasertechnik wirtschaftlich rentabel sein wird, die eine ähnlich revolutionäre Neuerung im Kommunikationswesen ist wie die Einführung integrierter Schaltkreise in die Halbleitertechnik? Vom technischen Standpunkt mag es sinnvoll scheinen, auf die Marktreife der Glasfasertechnik zu warten; andererseits steht das Kabelfernsehen in gewisser Konkurrenz zum Satellitenfernsehen. Auch in der Wirtschaft gilt das Prinzip »Wer zu erst kommt, mahlt zuerst« – zu warten bedeutet deshalb nicht selten Marktverlust.

Die Einführung mikroelektronischer Technik im Kommunikationswesen wird aber nicht nur von Entscheidungen der Monopolver-
waltungen beeinflußt, sondern die technische Entwicklung wird
über kurz oder lang das monopolistische Prinzip obsolet machen.
Im 16. Jahrhundert als kaiserliches Regal geschaffen, verliert die
Posthoheit des Staates im Zeitalter der Telematik ihren historisch
bedingten Sinn. »Die derzeitige zentralistisch-monopolistische
Kontrolle der Telekommunikation durch das Bundespostministe-
rium und die Rundfunkanstalten«, fordert daher Klaus Haefner,
»ist abzulösen durch eine öffentliche und demokratische direkte
Aufsicht bei gleichzeitiger Liberalisierung der Zugangsmöglichkeiten zum Netz für die verschiedenen Gruppen der Gesellschaft«
(Lit. 39). Es sei nicht länger akzeptabel, daß die Kontrolle der Telekommunikation durch Gremien erfolge, die letztlich außerhalb der
parlamentarischen und demokratischen Einflußnahme liegen. Es
bestehe die Gefahr, daß die technische Möglichkeit einer zukunfts-
orientieren Integration der Informationstechnik in die Telekommu-
nikationsnetze nicht engagiert verfolgt werde, da industrielle Experimente und Pilotvorhaben an der Genehmigungspflicht durch die
Deutsche Bundespost zu scheitern drohten.
Soferne die Bundespost keine drastischen Marktverzerrungen un-
terstützt, könnte im Ringen um die Schlüsselpositionen in der In-
formationswirtschaft der neunziger Jahre auch die mittelständische
Industrie einen wichtigen Platz erobern. Natürlich sind die großen
Medienkonzerne und Rundfunkanstalten nicht daran interessiert,
daß Herstellung und Verteilung von Information durch eine Vielfalt von Anbietern erfolgen. Aber sowohl Rundfunkmonopol als
auch die restriktive Politik der Vergabe von Übertragungsfrequen-
zen und Kanälen durch die Deutsche Bundespost, werden angesichts der informationstechnologischen Entwicklung, meint Haefner, einen Streit vor dem Bundesverfassungsgericht nicht überdau-
ern.
In den Vereinigten Staaten sind diesbezüglich die Weichen schon
gestellt: Durch zwei schicksalsschwere Entscheidungen der US-An-
titrustbehörde im Verfahren gegen den Computerriesen IBM und
die amerikanische Telephongesellschaft ATT wurden die traditionellen gesetzlichen Grenzen zwischen Informationsproduzenten
und Verteilern von Information verwischt. Freies Unternehmertum
ist in den Vereinigten Staaten noch allemal wichtiger als staatlich-
dirigistische Wirtschaftspolitik.

Aber auch andere technische Bremsen werden den Siegeszug des Chip beeinflussen: Die Entwicklung benützerfreundlicher Software hält nicht mit der Markteinführung neuer Hardware Schritt. Ein Computer ohne Programm aber ist wie ein Auto ohne Treibstoff. Zum Erstellen solcher Programme sind eigens geschulte Techniker erforderlich, die es nicht in genügender Zahl gibt. Schätzungen zufolge übersteigt die Nachfrage an Programmierern in den USA das Angebot um mindestens 50 000 Personen. Ähnliches gilt für Westeuropa.

Ein weiteres Problem ist die mangelnde Kompatibilität der Systeme. Ebenso wie die Systemvielfalt bei Videorecordern den Markterfolg von Geräten zur Fernsehaufzeichnung insgesamt beinträchtigte, wird auch in vielen anderen Bereichen das »Nicht-miteinander-reden-Können« von Computern und Anwendungsprogrammen die Realisierung von Innovationen behindern. Zwar ist im Bereich großer Rechenanlagen durch die weltweite Vorrangstellung von IBM eine spezielle Situation gegeben – IBM ist in der Lage, das System design zu diktieren, aber bei Heimcomputern oder Textautomaten ist eine wesentlich größere Vielfalt der Anbieter gegeben. Verständlich, daß viele Hersteller gar nicht daran interessiert sind, daß ihre Produkte mit der Konkurrenz kompatibel sind, wollen sie doch, daß sich ihr Firmenstandard allgemein durchsetzt. Fraglich ist aber, ob diese Politik langfristig sinnvoll ist. Die Tatsache, daß die Disketten, auf die dieses Buch »geschrieben« wurde, nur von solchen Druckereien verarbeitet werden können, die mit Geräten desselben Herstellers arbeiten, ist durchaus in der Lage, potentielle Käufer an der Umstellung auf EDV-Systeme zu hindern. Es ist zwar möglich, durch Übersetzungsprogramme (»interfaces«) Kompatibilität zu erreichen; aber auch hier ist der Engpaß der Softwareentwicklung deutlich spürbar.

Ein Lichtblick zeichnet sich allerdings ab: Führende Hersteller mikroelektronischer Bauelemente in den USA, ATT und mehrere Computerhersteller entschieden sich, in Zukunft das Betriebssystem UNIX zu verwenden. Auch IBM scheint interessiert zu sein. Dadurch könnte die Systemvielfalt eingeschränkt werden.

Auch bei wissenschaftlichen Datenbanken ist die Vielfalt eher ein Ausbreitungshindernis. Bedenken wir, daß die Abfrage solcher Informationsspeicher eine genaue Kenntnis ihres Aufbaues erfordert, daß aber ein in der Forschung tätiger Wissenschaftler kaum in der Lage ist, diese Systeme in den Griff zu bekommen, so wird verständlich, daß Vielfalt auch abschreckend sein kann. Auf den ersten Blick scheint es zwar belanglos, daß beispielsweise der Suchbefehl in jeder Datenbank anders lautet. Aber wer bestrebt ist, bei Literaturrecherchen Vollständigkeit zu erzielen, muß in der Regel auf Datenbanken verschiedener Anbieter zugreifen und somit mehrere Abfragesprachen beherrschen – ein in der Praxis ungemein lästiges Hindernis.

Wenn Computer zusammenbrechen . . .

Eine weitere Schwierigkeit ist, daß elektronisch gespeicherte Informationen bislang nicht die Gültigkeit von Dokumenten besitzen. In manchen Bereichen ist es daher notwendig, bei der Umstellung auf EDV-Speicherung parallel dazu eine konventionelle Ablage weiterzuführen. Häufig wird auch aus Sicherheitsgründen eine solche Doppelgeleisigkeit gewählt. Computer sind auf eine intakte Stromversorgung angewiesen, sie können sonst »zusammenbrechen«. Daten können versehentlich oder absichtlich gelöscht werden usw. Die Störanfälligkeit von EDV-Systemen kann sich somit als beträchtliches Hemmnis erweisen. Einer Studie zufolge könnte 1988 der wirtschaftliche Verlust durch Fehler in Computersystemen 8 Milliarden DM für ganz Europa betragen. Etwa 40% der Verluste gehen zu Lasten fehlerhafter Daten, die in die Systeme gefüttert wurden; ein Drittel resultiert aus Ausfällen und Funktionsfehlern der Ausrüstung. 15% werden ungeeigneten Programmen zugeschrieben, Diebstahl und Sabotage sind für den Rest verantwortlich (siehe Seite 169). Je stärker die elektronische Speicherung und Vermittlung von Informationen Platz greift, um so deutlicher wird auch die Verletzbarkeit der Systeme werden. Fraglich ist, ob Hersteller und Anwender für Pannen aller Art vorgesorgt haben. Wahrscheinlich wird erst die zunehmende Erfahrung mit dem Gebrauch der neuen Technik bisher noch nicht erfaßte Schattenseiten aufzeigen. Werden heute Unfälle in Kernreaktoren in den Medien breit dargestellt, ist es denkbar, daß in den neunziger Jahren Meldungen wie »Attentat auf Bankcomputer – Zehntausende von Konten gelöscht« für Aufregung sorgen. Vor allem Fehler, die nicht aus der Technik selbst, sondern aus ihrer mangelhaften oder mißbräuchlichen Anwendung resultieren, könnten für die Fortentwicklung der Mikroelektronik Barrieren errichten, wie wir es in den letzten Jahren beim Ausbau der Kernkraftwerke erlebt haben.
De facto erweist sich schon heute der Einfluß der Mikroelektronik

auf die Struktur des Arbeitsmarktes als Hemmnis. Ebenso wie der Unternehmer seine Entscheidungen immer im Konflikt zwischen technisch Möglichem und wirtschaftlich Sinnvollem getroffen hat, besteht auch für die Gesellschaft insgesamt der Widerspruch zwischen technischer und sozialer Realität.

Die Rolle der Unternehmer und der Gewerkschaften

Der Einfluß der Gewerkschaften auf Zeitpunkt und Begleitumstände der Einführung des Computersatzes in das Druckereigewerbe illustriert die Bedeutung gesellschaftspolitischer Kräfte als hemmender Faktoren. Viele Gewerkschaften reagieren auf Innovationen defensiv und versuchen, die Interessen ihrer Mitglieder auch dann noch zu verteidigen, wenn die Entscheidungen längst gefallen sind. Die neuen, durch Informations- und Kommunikationstechnik geschaffenen Strukturen verlangen auch von den Gewerkschaften erhöhte Flexibilität. Wenn neue Technologien die Art der Tätigkeiten verändern und zwischen einzelnen Sektoren zur Notwendigkeit der Umschulung auf neue Arbeitsplätze führen, verschwimmen auch die Grenzen zwischen den Fachgewerkschaften. Dazu kommt, daß sich die Gewerkschaften zunehmend des Rates der Fachleute bedienen müssen, um die Auswirkungen der neuen Technologien erfassen zu können. In Norwegen versucht man diesbezüglich neue Wege zu gehen: So wurde 1975 zwischen dem Gewerkschaftsverband und den Arbeitgeberorganisationen ein Abkommen unterzeichnet, das die Vorgangsweise bei der Einführug computerisierter Systeme regelt. Die Unternehmerseite soll demnach die Gewerkschaften so früh wie möglich über geplante Veränderungen informieren und sie in den Planungsprozeß miteinbeziehen. Der Belegschaft wurde das Recht eingeräumt, eigene Fachvertreter zu wählen, die eine entsprechende technische Ausbildung erhalten. Sie sind mittlerweile als sogenannte Datenbetriebsräte bekannt geworden. Auch in der Bundesrepublik Deutschland sind es in erster Linie die Betriebsräte, durch die sich die Gewerkschaften Informationen und Einfluß bei der Einführung neuer Technologien verschaffen.
Auch die Mentalität der Unternehmer kann sich als Barriere erweisen. Da die Einführung der mikroelektronischen Technik häufig nicht einfach darin besteht, eine Maschine gegen eine andere auszutauschen, sondern weil mikroprozessorgesteuerte Automatisierung in vielen Fällen eine grundlegende Neugestaltung des Produktions-

243

ablaufes erfordert, stehen viele Firmen der neuen Technik skeptisch gegenüber. Untersuchungen haben darüber hinaus gezeigt, daß viele von ihnen über die Anwendungsmöglichkeiten nicht ausreichend informiert sind. Die strukturverändernde Wirkung trifft sie aber ebenso wie die Arbeitnehmer. Betrachten wir ein konkretes Beispiel: Große Handelsketten bemühen sich seit Jahren, Abrechnung und Lagerverwaltung zu computerisieren. In jedem Supermarkt finden sich heute bereits Hunderte von Produkten mit einem Strichcode, der bestimmte Produktinformationen verschlüsselt enthält, die mit Scannern bei der Kasse abgerufen werden. Für Handelsfirmen ergeben sich damit neue Möglichkeiten einer effizienten Betriebsführung. Sie können aber nur auf das neue System umstellen, wenn die Hersteller gewillt sind, auf ihren Produkten diese Strichcodes anzubringen. Für die Produzenten bringt der Strichcode zunächst gar keinen Vorteil – im Gegenteil. Er schafft Handelsfirmen einen Informationsvorteil und wirkt sich deshalb für die Produzenten sogar nachteilig aus: Im Lebensmittelhandel etwa steht eine Vielfalt von Produzenten einigen wenigen riesigen Handelsketten gegenüber. Die Nachfragemacht des Handels wird durch EDV-Systeme noch beträchtlich verstärkt. Kein Wunder, daß Unternehmer und Wirtschaftsverbände gegen diese Entwicklung Sturm laufen.

Nicht nur für Politiker, Gewerkschafter und Unternehmer, auch für den einfachen Bürger, der überlegt, ob er Bildschirmtext benützen soll, wirkt sich mangelnde Kenntnis der Chancen und Gefahren mikroelektronischer Technik entwicklungshemmend aus. Wie wir später noch sehen werden, hat das Bildungswesen die Herausforderung durch die Informationstechnik beinahe nicht zur Kenntnis genommen. Der Informationsstand der Bevölkerung mit Hinblick auf die zukünftige Entwicklung des Informations- und Kommunikationswesens ist mangelhaft. Wie immer, wenn der Mensch etwas nicht durchschaut, macht sich leicht Angst breit. Systemen, die auf Veränderung abzielen, bringt man Widerstand entgegen, wenn man nicht weiß, wohin sie führen.

4. Mikroelektronik und Dritte Welt

Die Satellitentechnik macht unsere Welt zu einem Dorf: Ein weltumspannendes Spinnennetz elektronischer Nachrichtenverbindungen ermöglicht es, daß Nachrichten in Sekundenschnelle über den gesamten Globus wandern. Das Informationszeitalter leitet, sym-

bolhaft gesehen, auch eine Phase der Weltmodelle ein. Die Suche
der Vereinten Nationen nach einer Reform der internationalen
Ordnung, Nord-Süd-Kommissionen und nicht zuletzt die Berichte
des Club of Rome zeigen das wachsende Bewußtsein von einer
Erde, die als Einheit gesehen werden muß – die Zukunft der Industrieländer kann nicht mehr betrachtet werden, ohne den Entwicklungen in den Ländern der Dritten Welt Aufmerksamkeit zu schenken, und die Probleme der Entwicklungsländer werfen ihre Schatten auch auf die industrialisierten Staaten.

Im 19. Jahrhundert begannen die Arbeiter in Europa um ihre
Rechte zu kämpfen. Die sozialistische Bewegung markierte das
Ende des Feudalismus und den Beginn der Gewerkschaftsbewe-
gung. Unter dem Banner des Sozialismus versuchte man, die Kluft
zwischen arm und reich zu verringern. Ging es damals um soziale
Unterschiede zwischen Bevölkerungsgruppen innerhalb einzelner
Staaten, stehen heute die Konflikte zwischen armen und reichen
Ländern stellvertretend für eine neue Variante im Streben nach sozialer Gerechtigkeit. Im folgenden wollen wir versuchen zu fragen,
wie die Mikroelektronik diese Entwicklung beeinflußt. Sie ändert,
wie wir schon gesehen haben, die Wirtschafts- und Gesellschaftsstruktur der Industriestaaten in grundlegendem Maße. Sie ändert
auch das Wettbewerbsverhältnis zwischen den industrialisierten
Ländern, und zwar zwischen den Staaten, die mit der Entwicklung
der Mikroelektronik Schritt halten können, und denen, die den Zug
versäumen. Ehemalige Imperien wie etwa Großbritannien können
so zu Entwicklungsländern der Zukunft werden, während gegenwärtig unterentwickelte Länder wie Indien, China oder Brasilien
möglicherweise den Sprung ins Informationszeitalter schaffen.

Um es gleich vorwegzunehmen: Die moderne Informations- und
Kommunikationstechnik wird aller Voraussicht nach die Kluft zwischen armen und reichen Ländern weiter vertiefen. Die Beratungs-
firma Diebold schätzt den Anteil der Vereinigten Staaten, Japans
und Westeuropas am Weltbestand der Datenverarbeitungsgeräte
wertmäßig auf ca. 80%. Einige westliche Großbanken verfügen zur
Zeit über mehr Computerkapazität als ganz Indien. Die Entwicklungsländer machen nur etwa 10% des weltweiten Umsatzes an
Fernmeldeeinrichtungen. Der globale Elektronikmarkt entspricht
etwa dem Bruttonationalprodukt von Afrika. Ähnliches gilt für die
Informationsversorgung: In den industrialisierten Staaten gibt es,
gemessen an der Bevölkerungszahl, fast zwanzigmal mehr Fernseh-
geräte pro Kopf der Bevölkerung als in den Ländern der Dritten
Welt. Die Auflage an Tageszeitungen pro tausend Einwohner be-

trägt in den Industriestaaten 312, in den Entwicklungsländern dagegen nur 29 (Abb. 72). 83% der Weltproduktion entfallen auf die Industriestaaten. Je stärker die Infrastruktur der Wirtschaft von der Elektronik abhängig wird, um so schärfer treten diese Mißverhältnisse zutage. Sofern die mikroelektronische Technik in der Dritten Welt überhaupt Einzug hält, kommt sie wenigen zugute: »Die Vielfalt der elektronischen Geräte und Produkte erreicht wahrscheinlich nur eine winzige Minderheit, nämlich die städtische Oberschicht und Teile der Mittelschicht. Die überwältigende Mehrheit der Bevölkerung kennt weder die Auswirkungen noch die Vorteile dieser Geräte. Während man sich in den Industriestaaten auf die Integration Tausender von Komponenten pro Chip zubewegt, hat in Afrika nur eine von achtzehn Personen ein Radio. Die Transistorrevolution, die vor fast dreißig Jahren die Entwicklung der heutigen Elektronik einleitete, hat dort noch nicht einmal angefangen« (Lit. 40).

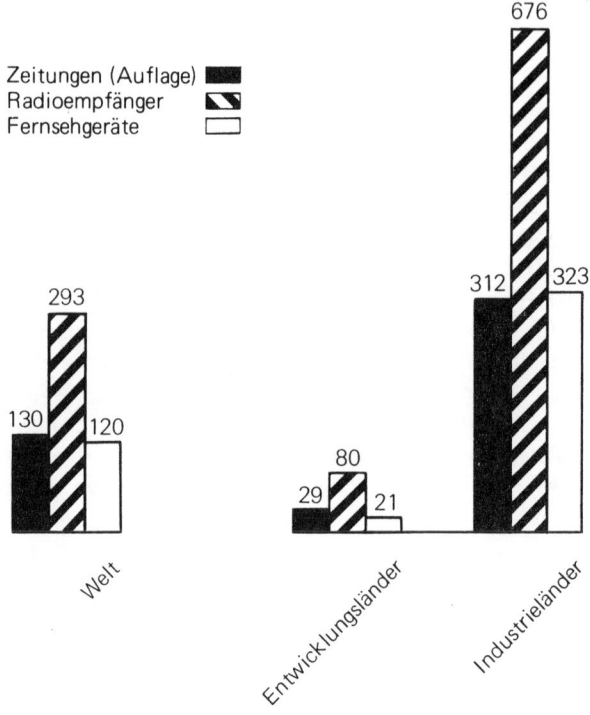

Abb. 72   Verbreitung verschiedener Medien (Anzahl pro 1 000 Einwohner)

An den Schaltstellen der Informationsmacht

Schon in der Vergangenheit spielte die Geopolitik des Informationstransfers eine entscheidende Rolle. Im Reich Alexanders des Großen und im Römischen Reich war ein gut funktionierendes Kommunikationssystem Rückgrat der Machterhaltung und Machtentfaltung. Auch der Kapitalismus der Kolonialzeit war zum guten Teil ein wohldurchdachtes Informationssystem. Die im 19. Jahrhundert entstehenden Kommunikationsnetzwerke wuchsen aus dem imperialen System hervor und waren gleichzeitig eine entscheidende Stütze für die Entwicklung des internationalen Kapitalismus. Dieselben Nationen, die den Transport von Gütern über die Kontinente hinweg kontrollierten, besaßen auch die ersten Netzwerke, um Informationen über Telex und Zeitungen in der Welt zu verbreiten. Europa und später auch Amerika waren und sind die Kommandozentren dieses informationellen Netzwerkes.

1835 baute der Franzose Charles Havas die erste Nachrichtenagentur auf. Zwei seiner Angestellten, Paul Julius Reuter und Bernhard Wolff, gründeten wenig später ähnliche Büros in Großbritannien und Deutschland. Heute bringen die vier größten Nachrichtenagenturen der Welt etwa 30 Millionen Worte pro Tag in Umlauf (Abb. 73).

Agentur	Zahl der Benützer (Presse)	Zahl der täglich verbreiteten Wörter
AP (USA)	1 300	17 Mio.
UPI (USA)	7 079	11 Mio.
REUTERS (GB)	6 500	1,5 Mio.
AFP (F)	12 000	3,25 Mio.
TASS (UdSSR)	13 000	—
DPA (BRD)	—	115 000

Abb. 73   Informationsproduktion durch Nachrichtenagenturen

Die mit Abstand größten Büros sind Associated Press und United Press International, beide in den Vereinigten Staaten beheimatet. Nahezu alles, was in den Massenmedien an internationalen Neuigkeiten verbreitet wird, ist zuvor durch das Filter der US-amerikanischen Presseagenturen gegangen. Nur eine Handvoll überregionaler Tageszeitungen kann sich heute noch ein internationales Netz von Korrespondenten leisten. Die Zeitungen der Entwicklungsländer sind weitgehend von den Nachrichten abhängig, die sie von den Agenturen der Weltmächte erhalten. Wenn eine indische Zeitung über ein Ereignis in Brasilien berichtet, so ist diese mit an Sicherheit grenzender Wahrscheinlichkeit über eine britische, französische oder US-amerikanische Agentur gelaufen. Die Weltsicht und Beurteilungsweise der Westeuropäer und Nordamerikaner wird somit millionenfach in die Länder der Dritten Welt exportiert. Auch die Auswahl der Nachrichten spiegelt Positionen des Abendlandes wider. Der Großteil der Meldungen beschäftigt sich mit Neuigkeiten aus den Industriestaaten. Die Entwicklungsländer kommen höchstens dann ins Bild, wenn über Katastrophen zu berichten ist oder über Skurrilitäten aller Art. Die ganze Welt unterliegt somit dem Sensationsjournalismus westlicher Prägung; daß die sowjetische Nachrichtenagentur TASS dieses Bild mit Politpropaganda bereichert, ändert die Aussage nur unwesentlich. Zwar versucht die Agentur Inter Press Service seit 1964, ein neues Konzept der Berichterstattung über die Länder der Dritten Welt zu verbreiten, und seit 1976 existiert ein sogenannter Non Aligned Newspool, der 85 Nationen umfaßt und die Belange der Entwicklungsländer stärker zur Geltung bringen will. Die Reichweite dieser Nachrichtenmedien ist jedoch begrenzt.

Zu der Abhängigkeit der Welt von den Vereinigten Staaten im Bereich der Computerindustrie gesellt sich also auch deren informationelle Dominanz. Dazu kommt das internationale Diktat US-amerikanischer Lebensart, durch Coca-Cola, Blue Jeans und McDonalds symbolisiert. Sie wird noch akzentuiert durch eine absolute Vorrangstellung in der Filmindustrie und der Werbung. Das seit 1920 bestehende Kartell der Filmgesellschaften aus Hollywood dominiert sogar ein wirtschaftlich starkes Land wie Kanada: Die US-amerikanische Gesellschaft Paramount besitzt drei Viertel aller kanadischen Kinos. Zahlreiche Versuche, eine kanadische Filmkultur aufzubauen, schlugen fehl.

Werbung ist, historisch gesehen, ein wichtiger Motor auf dem Weg der Medien aus ihrer Abhängigkeit von Regierungen und Parteien gewesen. Das Anzeigengeschäft war somit die Basis objektiver Berichterstattung. Diese Entwicklung vollzog sich jedoch fast ausschließlich in den Industrieländern. Heute dominiert die US-Werbeindustrie in der ganzen Welt: Die zwölf größten Werbeagenturen der Vereinigten Staaten sind genau dieselben wie die zwölf größten Werbeagenturen der Welt. Auch in der Bundesrepublik Deutschland, in Frankreich und Großbritannien gehört etwa die Hälfte der großen Werbeagenturen US-amerikanischen Firmen, wie McCann-

Erickson, Ogilvy, Benson&Mather etc.

Diese Zahlen zeigen zweierlei: Zum einen verlagert sich die informationelle Dominanz, die bis zum Zweiten Weltkrieg in den Händen Westeuropas lag, in die Vereinigten Staaten. Zum anderen ermöglicht die moderne Informations- und Kommunikationstechnologie, diese Dominanz noch weiter auszubauen; nicht nur weil die weltgrößten Computerhersteller und Elektronikfirmen in den USA beheimatet sind – Amerika liefert auch seine Weltanschauung mit. Die Kontrolle der Satellitentechnologie eröffnet den Vereinigten Staaten noch weitere, bisher ungeahnte Möglichkeiten (sie werden auch von der Sowjetunion bereits weidlich ausgenützt): Die Himmelsspione LANDSAT I bis IV beobachten Tag und Nacht jeden Fleck dieser Erde, sammeln Daten, prospektieren Bodenschätze und funken diese Informationen zu den Bodenstationen. Amerikanische Firmen können unter Berufung auf den »Freedom of Information Act« Zugang zu diesen Informationen bekommen; die Regierungen der beobachteten Länder haben kein Recht darauf. Wenn heute ein Staat, aus welchen Gründen auch immer, den Fund neuer Bodenschätze oder den Zustand seiner Ernte geheimhalten will, so werden diese Pläne von LANDSAT durchkreuzt.

Freier und ausgeglichener Informationsfluß?

Die Problematik des grenzüberschreitenden Datenflusses ist deshalb mittlerweile zu einem politisch heißen Thema geworden. Es war der finnische Staatspräsident Kekkonen, der im Mai 1973 mit einer flammenden Rede die Bewegung zur Schaffung einer neuen internationalen Informationsordnung in Gang setzte: »Weltweit gesehen ist der Informationsfluß zwischen den Staaten in einem großen Ausmaß eine Einbahnstraße«, so der Politiker (Lit. 41). Ebenso wie im 19. Jahrhundert in Europa die Pressefreiheit erkämpft werden mußte, begann man nun nach »freiem und ausgeglichenem Fluß der Information« zu rufen. Ein Komitee der UNESCO unter dem Vorsitz von Sean McBride bewirkte, daß die Problematik fortan auch auf der Ebene der Vereinten Nationen diskutiert wurde. Im Jahre 1978 wurde anläßlich einer UNESCO-Konferenz eine Deklaration über die Massenmedien verabschiedet, die den schon erwähnten Slogan »free and balanced flow of information« zur UN-Doktrin erhoben. Über diese Phrase ist seither viel gesagt und geschrieben worden. Ihr auffallendstes Merkmal ist, daß sie widersprüchlich ist: Wenn nämlich der internationale Datenfluß vollkommen frei ist, dann ist er, wie wir gesehen haben, keineswegs ausgeglichen. Will man vom heutigen Zustand zu einem ausgeglichenen Informationsfluß kommen, ist es offensichtlich notwendig, durch entsprechende Regulative diese Freiheit einzuschränken. Das Konzept setzt außerdem voraus, daß die Idee der Pressefreiheit auch in den Ländern der Dritten Welt Fuß faßt – eine Entwicklung, die zahlreiche Staaten der Dritten Welt um jeden Preis verhindern möchten. Die Diskussion zeigt aber, daß weltweit ein Bewußtseinsbildungsprozeß eingesetzt hat. Er ist weder abgeschlossen, noch läßt sich gegenwärtig abschätzen, ob er in der Lage ist, der aktuellen, informationellen Dominanz des Westens Wirksames entgegenzusetzen.

Die Entwicklungsländer sind darüber hinaus in ihrer gesamten wirtschaftlichen Entwicklung von der Mikroelektronik betroffen. Das wettbewerbsintensive Klima, in dem sich die Elektronikindustrie entwickelt, verlangt effiziente Produktions- und Marketingstrategien. Dies führte in den sechziger und siebziger Jahren dazu, daß man zum Zusammenbauen der mikroelektronischen Komponenten und anderer Waren vielfach Unternehmen in Billiglohnländern gründete. Seit etwa 1978 geht jedoch die Tendenz dahin, das Assembling wieder in den Industriestaaten selbst durchzuführen. Dies vor allem deshalb, weil niedrige Lohnkosten heute weniger bedeutend sind als früher – im Zeitalter der Automatisierung ist der Arbeiter nicht mehr die billigste Arbeitskraft. Gleichzeitig zog man Auslandsbetriebe aus den mittlerweile teuer gewordenen asiatischen Ländern wie Hongkong und Singapur ab und baute sie in Ländern wie Thailand und den Philippinen wieder auf. Die zunehmende Miniaturisierung wird aber insgesamt zu einem Rückfluß der Fertigungsstätten in die Industriestaaten führen. Kostete eine typische Produktionsstraße für integrierte Schaltkreise 1965 etwa 1 Million US-Dollar, mußte man 1980 bereits mit 40 bis 50 Millionen rechnen. Der steigende Kapitalanteil bei gleichzeitig relativ sinkendem Lohnkostenanteil dürfte also die Polarisierung der internationalen Arbeitsteilung zuungunsten der Entwicklungsländer verstärken.

In dem Maße, in dem wirtschaftliche Vorteile mehr und mehr durch Wissenschaft und Technik als durch Rohstoffe, Energie und geographische Lage bestimmt werden, verschiebt sich die Struktur der Wertschöpfung. Entscheidend sind weniger die Kosten von Rohstoffen und Energie, sondern letztlich das eingesetzte Knowhow. Bedenkt man die massiven Diskrepanzen zwischen Nord und Süd im Bereich der wissenschaftlich-technischen Entwicklung – der

Anteil der Entwicklungsländer an den insgesamt in der Welt ausgegebenen Mitteln für Wissenschaft und Technik beträgt nur etwa 3%, so wird diese Verschiebung der Wertschöpfung die Kluft zwischen den Nationen weiter vergrößern. Dieser Trend wird auch die sozialen Spannungen in den Entwicklungsländern selbst verschärfen. Dem EDV-Techniker steht der Fellache gegenüber, der nicht lesen und schreiben kann, dem computerbewaffneten Verwaltungsbeamten der hungernde Slumbewohner. »Nutzen die Entwicklungsländer die Informationstechnik als importierte Großtechnologie, so entziehen sie zum einen ihren Bürgern die Möglichkeit, sich selbst kognitive Fähigkeiten anzueignen, die ja dann bereits entbehrlich sind, bevor sie im Volk vermittelt werden. Damit werden ›organische‹ kulturelle Entwicklungen abgeschnitten« (Lit. 42). Unter diesen Umständen, meint Klaus Haefner, sind Verzweiflungstaten der Entwicklungsländer und ihrer Bürger zunehmend wahrscheinlich. Ein Embargo sei weder realisierbar, noch würde es an der Situation Grundlegendes ändern. Es komme vielmehr darauf an, eine dezentrale Informationstechnik so einzuführen, daß sie an der Basis genutzt werden kann. Es werde der gemeinsamen Anstrengung der Industriestaaten und der Entwicklungsländer bedürfen, um die Entwicklung in diese Richtung zu lenken.

5. Steht »1984« vor der Tür?

Die Mikroelektronik hat sich in Wirtschaft und Gesellschaft bereits überall eingenistet. Die schleichende Eroberung nahezu sämtlicher Bereiche unserer Zivilisation ist da und dort ins Bewußtsein der Öffentlichkeit gedrungen; das wahre Ausmaß der Einflüsse mikroelektronischer Technik ist den meisten aber nicht voll bewußt – wir wissen indes instinktiv, daß diese Änderungen schon jetzt tiefgreifend sind und demnächst noch einschneidender als jetzt ans Tageslicht treten werden. Daraus entsteht der mehr oder weniger unbewußte Eindruck, einer Entwicklung ausgesetzt zu sein, die man nicht im Griff hat. Kein Wunder, daß sich unterschwellig Angst breitmacht. Unterschwellige Angst vor einer Entwicklung, die wir nicht mehr steuern können, weil wir weder wissen, wohin wir uns bewegen, noch den Hebel kennen, der als Steuer wirken könnte; Angst auch vor einer technischen Entwicklung, deren Eigendynamik den Menschen zum Sklaven dieser Technik machen könnte, obwohl er doch angetreten war, sie sich dienstbar zu machen; Angst schließlich vor einer computerisierten Welt, die so perfekt ist, daß sie Abenteuer nur noch in der Phantasie zuläßt (computergesteuert natürlich, wie etwa bei elektronischen Spielen), aber gleichzeitig so gefühlsleer, daß die Frage nach dem Sinn des Lebens zu mathematischen Berechnungen über die Lebensdauer von Maschinenmenschen pervertiert wird.

Wem das in Science-fiction-Filmen gemalte Bild vom Kampf des Menschen gegen eine übermächtige intelligente Maschine und von dem totalen Sieg der letzteren zu wirklichkeitsfern scheint, dem mag die viel greifbarere Variante eines neuen Totalitarismus apokalyptische Visionen entlocken, bei der eine neue Klasse von Herrschenden den Computer zur Unterjochung der Bevölkerung mißbraucht. Das Schreckgespenst des Großen Bruders, von dem englischen Schriftsteller George Orwell bereits 1948 gezeichnet, ist heute zumindest technisch machbar. Angeregt von Berichten über das Sowjetsystem und den Hitlerstaat, zeichnete Orwell eine lebensfeindliche Welt, in der Apparate über die Menschen und in der ein Großer Bruder über die gesamte Menschheit herrscht. »Der Roman 1984, als Warnung gedacht und als Satire geschrieben«, schreibt

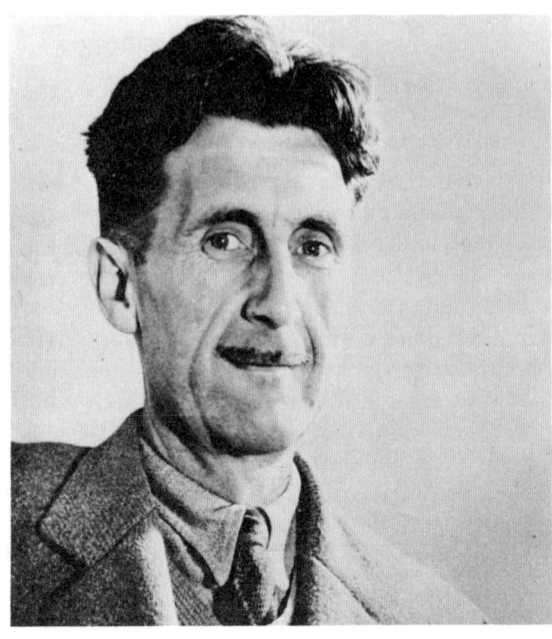

Abb. 74
George Orwell
(1903 – 1950)

der Spiegel,»war zur Chiffre geworden für alles, was die Welt an Totalitarismus und Personenüberwachung, an Gesinnungsterror und Bürokratie, an amtlicher Verlogenheit und Manipulation der geschichtlichen Wahrheit, an psychischen Schrecknissen und verletzter Menschenwürde, an Vernichtung von Liberalität und Persönlichkeit, Liebe oder Religion erfunden hat« (Lit. 43).

Als George Orwell seine »Utopie in Form eines Romanes« in der Abgeschiedenheit einer kleinen Insel vor der Westküste Schottlands niederschrieb, versuchte er aufzuzeigen, wohin die totalitären Ideen mancher Zeitgenossen führen würden: »Mit fast tödlicher Sicherheit«, so Orwell,»bewegen wir uns auf ein Zeitalter totalitärer Diktatur zu, ein Zeitalter, in dem Gedankenfreiheit zunächst eine Todsünde und später ein leerer abstrakter Begriff sein wird; das selbständig denkende Individuum wird ausgelöscht werden.«

Die Kontrollierbarkeit des Bürgers

Die Technik hat Orwell längst überholt. Daten jedes Bürgers, zumindest in der industrialisierten Welt, sind in Dutzenden von Datenbanken gespeichert. Die Methoden, Personen zu überwachen, sind viel ausgeklügelter als die Gedankenpolizei des Großen Bruders. Die elektronische Kontrolle des Menschen findet nicht nur in der Intensivstation, sondern auch im täglichen Leben statt. Damit sind nicht so sehr Radarfallen gemeint, die Verkehrssünder entlarven, oder Fernsehmonitoren, die in Kaufhäusern Ladendiebe aufspüren. Das Kontrollpotential ergibt sich mittelbar schon aus der Tatsache, daß der Bürger von der Wiege bis zum Grab datenmäßig erfaßt wird und die Möglichkeit besteht, diese Datenbestände miteinander zu koppeln – heute mehr denn je ist Wissen gleichbedeutend mit Macht.

Die staatliche Verwaltung besitzt heute Möglichkeiten zur Kontrolle, von denen ein Hitler oder Stalin nur träumen konnte. Offen eingesetzt werden sie zur Zeit gegen Terroristen und deren Helfershelfer. Ein kleiner Schritt genügt – und sie lassen sich auf unliebsame Minderheiten ausdehnen. »Sollte es tatsächlich zu einer neuen Revolution in Wirtschaft und Gesellschaft kommen«, urteilt Alexander King von der Internationalen Föderation der Institute für Höhere Studien in Paris,»dann haben ihre Agenten bereits in allen Bereichen der Wirtschaft und Gesellschaft ihre Zellen etabliert; immer noch unauffällig, unterwandern sie die gesamte Gesellschaftsstruktur« (Lit. 44).

Oder, in der Vision George Orwells:

»In der Ferne glitt ein Helikopter zwischen den Dächern herunter, brummte einen Augenblick wie eine Schmeißfliege und strich dann in einem Bogen wieder ab. Es war die Polizeistreife, die den Leuten in die Fenster schaute. Die Streifen waren jedoch nicht schlimm. Zu fürchten war nur die Gedankenpolizei. Hinter Winstons Rücken schwatzte die leise Stimme aus dem Televisor noch immer von Roheisen und von der weit über das gesteckte Ziel hinausgehenden Erfüllung des neunten Dreijahresplans. Der Televisor war gleichzeitig Empfangs- und Sendegerät. Jedes von Winston verursachte Geräusch, das über ein ganz leises Flüstern hinausging, wurde von ihm registriert. Außerdem konnte Winston, solange er in dem von der Metallplatte beherrschten Sichtfeld blieb, nicht nur gehört, sondern auch gesehen werden. Es bestand natürlich keine Möglichkeit festzustellen, ob man in einem gegebenen Augenblick gerade überwacht wurde. Wie oft und nach welchem System die Gedankenpolizei sich in einen Privatapparat einschaltete, blieb der Mutmaßung überlassen. Es war sogar möglich, daß jeder einzelne ständig überwacht wurde. Auf alle Fälle aber konnte sie sich, wenn sie es wollte, jederzeit in einen Apparat einschalten. Man mußte in der Annahme leben – und man stellte sich tatsächlich darauf instinktiv ein, daß jedes Geräusch, das man machte, mitgehört und, außer in der Dunkelheit, jede Bewegung beobachtet wurde« (Lit. 45).

Abb. 75   1984 . . .

Der Televisor George Orwells ist Sinnbild der Allgegenwart des Großen Bruders, der den Staat Ozeanien beherrscht. Überwachungsgeräte dieser Art sind heute im Prinzip hunderttausendfach verwirklicht – in Banken, Kaufhäusern, vor Hauseinfahrten usw. Ansatzweise findet sich der Televisor auch beim Zweiweg-Kabelfernsehen und bei Bildschirmtext: Ein zu Verrechnungszwecken installierter Zentralcomputer registriert jeden Film, den der Benützer von Pay-TV auf Knopfdruck bestellt, und jeden Informationswunsch, den der Bildschirmtextkunde abruft. Setzt man die Zweiweg-Kommunikation für Meinungsumfragen ein, so wird auch die politische Ansicht des Bürgers aktenkundig (es wird zwar versichert, daß solche Daten im Computer »anonymisiert« würden – eine personenbezogene Speicherung ist allerdings jederzeit möglich und bedeutet zumindest eine beträchtliche Versuchung, sie bei geeigneter Gelegenheit auch einzusetzen). In den Vereinigten Staaten erwägen Kabelgesellschaften, auf Wunsch in jedem Haushalt einen Fernsehmonitor zu installieren, damit Dialoge, die bislang als Frage und Antwort über Knopfdruck stattfanden, »lebendiger« werden. Auf diese Weise wäre es möglich, etwa bei einer Talkshow einen beliebigen Zuseher einzublenden. Der einzige wesentliche Unterschied zum Orwellschen Televisor bliebe, daß dieser Tag und Nacht eingeschaltet ist – ob es der Bürger will oder nicht. Wir hingegen können den Fernsehapparat noch allemal abdrehen. Andererseits besteht aber kaum ein Zweifel, daß die elektronische Datenverarbeitung ein starker Motor für die weitere Bürokratisierung unserer Gesellschaft ist und damit letztlich einen Zuwachs an Macht für den Staat bedeutet. Klaus Lenk, Professor für Verwaltungswissenschaft an der Universität Oldenburg, hält die weitere Bürokratisierung der Gesellschaft mit Hilfe der Mikroelektronik für unaufhaltsam. Die Verwundbarkeit der Gesellschaft infolge technischer Risiken, so Lenk, lasse keine andere Wahl, denn die enorme Größe und Komplexität vieler automatisierter Informationssysteme sei zugleich Ursache für technische Verwundbarkeit. Viele Systeme mit hochgradiger Interdependenz wurden entwickelt, ohne daß man vorher die Frage beantwortete, wieviel Schutz vor einem Riesenbetrug oder einem bewaffneten Angriff erforderlich und wieviel Redundanz nötig seien, damit das Netz oder ein Teil von ihm erforderlichenfalls wieder in Betrieb genommen werden kann. Daß moderne Technik vielfach auch eine straffe polizeiliche Überwachung erfordert, ist durch die Diskussion um Kernkraftwerke (Schlagwort »Atomstaat«) hinlänglich klargeworden. Die Informationstechnik, so Lenk weiter, liefere nun die geeignete Technologie für die Stabilisierung der Gesellschaft und für die Expansion bürokratischer Macht. »Die bislang festzustellenden Auswirkungen der Informationstechnik kulminieren zweifellos in der Erhöhung des Wirkungsgrades großer Organisationen sowie in besseren Gelegenheiten zur Überwachung des Verhaltens von Individuen und sozialen Systemen, sowohl innerhalb als auch außerhalb von Organisationen. Hinzu kommt die wachsende Fähigkeit, künftiges Verhalten von Individuen und sozialen Systemen vorwegzunehmen oder vorherzusagen, wodurch diese leichter manipulierbar werden« (Lit. 46).

Das Zukunftsbild einer total verwalteten und damit kontrollierten Gesellschaft ist also nicht zu weit hergeholt. Das Netzwerk der modernen Informations- und Kommunikationstechnik kann dabei mit einem externen Nervensystem verglichen werden, in dem Sensoren und Monitoren ständig Impulse an die Kontrollzentren abgeben. Es geht dabei nicht so sehr um die Informationstechnik an sich, als vielmehr um ihren Einsatz gemäß den Vorstellungen der staatlichen Bürokratie. Beschäftigte sich die bürokratische Verwaltung bislang vorwiegend mit wirtschaftlichen Fragen und sozialer Sicherheit, dehnt sie nun, dank informationstechnischer Hilfsmittel, ihren Tätigkeitsbereich auf praktisch alle Aspekte des gesellschaftlichen Lebens aus. »Ausgehend vom Bildungswesen auf der einen Seite, von der Polizei und personenbezogenen sozialen Diensten auf der anderen, durchdringt sie langsam den Vorgang der Sozialisierung des Individuums« (Lit. 47). Was nicht bedeutet, daß die Informationstechnik aus sich heraus das Entstehen einer von Verwaltungsapparaten beherrschten Gesellschaft bewirkt. Sie erschwert hingegen den Widerstand gegen eine solche Entwicklung – Gegenkräfte haben es schon heute schwerer, sich Gehör zu verschaffen.

Technik-Elite und Proles

Die Überwachung ist nur eine, wenn auch wichtige, Facette in Orwells Zukunftsroman. Auch der Teilung der Gesellschaft in eine Kaste von Wissenden und die große Masse der Proles widmet er eine Beschreibung, die zu denken gibt.

Es ist unschwer vorzustellen, daß Technik und Wissenschaft des 20. Jahrhunderts zu einer Elite führen, die allein diese Technik durchschaut und damit die Funktion – allerdings ganz anderen Inhalts – der Priesterkasten erhält, die in den alten Hochkulturen Geheimlehren pflegten, die für den gewöhnlichen Sterblichen unzugänglich waren.

Die Programmiersprachen des Computerfachmanns bekommen für den, der sie nicht verstehen und interpretieren kann, ebenso den Charakter einer Geheimwissenschaft wie das von Fachausdrücken durchsetzte Vokabular der Spezialisten aus allen Wissenschaftsdisziplinen, vor dem der Laie hilflos kapitulieren muß.

Zugegeben, man braucht nicht die Theorie der Mikroelektronik zu verstehen, um ein Konzert im Fernsehen genießen zu können; aber wenn sich fast alle Gebrauchsgegenstände des täglichen Lebens in »schwarze Kästen« verwandelt haben und wenn das technologische Niveau derjenigen, die diese Geräte entwickeln, das Begriffsvermögen derer übersteigt, die sie benützen, dann ist die Teilung der Gesellschaft in zwei Lager beinahe unumgänglich.

Die Unwissenden, von George Orwell Proles genannt, sind in seinem Roman sogar freier als die Wissenden. Denn: »Die große Mehrheit der Proles hatte nicht einmal einen Televisor in ihrer Wohnung. Selbst die gewöhnliche Polizei mischte sich nur sehr wenig in ihre Angelegenheiten« (Lit. 45). Die Partei Ozeaniens erhob natürlich Anspruch darauf, die Proles aus der Knechtschaft des Kapitalismus befreit zu haben, aber gleichzeitig lehrte sie, die Proles seien von Natur aus minderwertige Geschöpfe, die durch die Anwendung von einigen wenigen einfachen Verordnungen wie die Tiere in Zaum gehalten werden müßten. Sich selbst überlassen wie das Vieh, waren sie zu einem ihnen offenbar natürlichen Lebensstil einer Art alter Überlieferung zurückgekehrt. Winston Smith, dessen verzweifelten Kampf gegen den Großen Bruder »1984« beschreibt, hoffte daher auf die Proles. Wenn es überhaupt eine Hoffnung gab, so dachte er, so mußte sie einfach bei den Proles liegen, denn nur dort, in diesen unbeachtet durcheinander wimmelnden Massen, die 85% der Bevölkerung Ozeaniens ausmachten, konnte jemals die Kraft entstehen, die Partei zu zerschlagen.

Ähnlich wie die Diskussion um Kernkraftwerke in der Bundesrepublik Deutschland zu bürgerkriegsähnlichen Auseinandersetzungen geführt hat und ähnlich wie fragwürdige Experimente der Gentechnologie in den Vereinigten Staaten Bürgerinitiativen und um Ethik besorgte Wissenschaftler auf den Plan gerufen haben, kann eine neue Maschinenstürmerei auch den Computer treffen. Die instinktive und emotionell getönte Abwehr, die mit einem Schlagwort als »Technikfeindlichkeit« beschrieben wird, ist heute kein Reservat kritischer Intellektueller. Die grüne Bewegung agiert aus einem dunklen Bewußtsein heraus, daß die moderne Technik, zunächst als Hilfsmittel angepriesen, zu einer neuen Unterjochung führen kann, jedenfalls aber so rasant fortschreitet, daß der Gesellschaft keine

Zeit bleibt, in der sozialen Entwicklung mit den durch die Technik hervorgerufenen Änderungen in Wirtschaft und Gesellschaft Schritt zu halten. Dies zeigt die Verzögerung, mit der auf eine technische Neuerung soziale Reaktionen folgen: Die Machbarkeit von Kernkraftwerken war schon in den fünfziger Jahren bekannt. Erst zwanzig Jahre später ist die Diskussion um Kernkraftwerke so ins allgemeine Bewußtsein eingedrungen, daß sie Wahlen beeinflußt. Schon längst hat sich herumgesprochen, was mit Hilfe der Mikroelektronik alles machbar ist. Aber die Reaktion läßt auf sich warten. Es scheint so, als ob informationstechnische Industrie noch jahrelang ungehindert Zeit haben wird, die Informatisierung unseres Lebens voranzutreiben. Dann aber könnte es zu spät sein, das Rad der Entwicklung zurückzudrehen. Die Optimisten vertrauen zwar auf das Verantwortungsbewußtsein derer, die die technische Entwicklung vorantreiben und für den Schutz vor allfälligem Mißbrauch vorsorgen. Die Pessimisten hingegen argumentieren, daß die Versuchung, die neuen Machtinstrumente zu gebrauchen, sowie die Dynamik der Entwicklung der Systeme, immer vernetzter und damit weniger durchschaubar zu werden, über kurz oder lang zum Untergang der sogenannten freien Gesellschaftsordnungen führen werde.

Informationsverarbeitung und Sprache

Über die Vision eines Überwachungsstaates und den Gedanken zu einer neuen Priesterkaste von Eingeweihten hinaus hat George Orwell noch eine weitere Entwicklung logisch zu Ende gedacht: Die Bedeutung, die eine formalisierte Sprache hat. So sagt Syme, Winstons Arbeitskollege im Wahrheitsministerium:»Die Revolution ist vollzogen, wenn die Sprache geschaffen ist.« Er meint damit die neue Sprache, die kein anderes Ziel hat, als die Reichweite des Gedankens zu verkürzen. Syme muß es wissen, ist er doch mit der Abfassung eines Wörterbuches für »Neusprech« beschäftigt.»Es ist eine herrliche Sache, dieses Ausmerzen von Worten. Natürlich besteht der große Leerlauf hauptsächlich bei den Zeit- und Eigenschaftswörtern, aber es gibt auch Hunderte von Hauptwörtern, die ebensogut abgeschafft werden können. Es handelt sich nicht nur um die sinnverwandten Worte, sondern auch um Worte, die den jeweils entgegengesetzten Begriff wiedergeben.« So sei von dem Gegensatzpaar gut – schlecht ein Teil unnötig. Statt »schlecht« könne man auch »ungut« sagen, oder statt »vorzüglich« als Steigerungsform von »gut« ließe sich auch »plusgut« oder »doppelplusgut«

setzen. Syme denkt weiter:»Wie könnte ein Leitsatz wie ›Freiheit ist Sklaverei‹ bestehen bleiben, wenn der Begriff ›Freiheit‹ aufgehoben ist. Das ganze Reich des Denkens wird anders sein. Es wird überhaupt kein Denken mehr geben, wenigstens was wir heute darunter verstehen«(Lit. 45).

Computer zwingen zu einer formalisierten Sprache.»1984«vor Augen, warnt Karl Steinbuch davor, daß die Computer in der Informationsverarbeitung zur Verwendung von Kunstsprachen zwingen – sie akzeptieren keine Vagheiten, und sie verstehen keine Wortspiele. Dazu komme, so Steinbuch, ein heute schon vielfach geübter semantischer Betrug, bei dem Worte der umgangssprachlichen Bedeutung entkleidet und in einem listig geplanten Sinne anders verwendet würden. Orwell illustriert das am Beispiel des Wortes»Freiheit«für eine tatsächlich ausgeübte Sklaverei – der dann alle zujubeln, weil sie Freiheit genannt wird. Freiheit bedeutet heute in der Sowjetunion etwas ganz anderes als hierzulande. Wer weiß, was Freiheit morgen oder übermorgen bedeuten wird? Kennzeichnend für Orwells»Neusprech«ist nicht nur eine auf Verarmung an Phantasie abzielende Vereinfachung der Sprache, sondern auch das Umdeuten von Begriffen und Löschen von Information. Während es heute in totalitären Staaten schwerfällt, die lobende Erwähnung von Politikern, die als Verräter in Ungnade fallen, von heute auf morgen aus Nachschlagewerken zu entfernen, ist dies für computerisierte Informationssysteme kein Problem. Ein elektronisches Lexikon, das über Bildschirmtext in jeden Haushalt geliefert werden kann, vermittelt einerseits den jeweils aktuellsten Stand, kann aber auch jederzeit im Sinne Orwells»umgeschrieben«werden. Nicht wenige Verleger von Büchern und Zeitschriften erwägen ernsthaft, vom Papier als Informationsträger ab- und zum Electronic publishing überzugehen. Die neuesten Nachrichten würden dann nicht mehr durch ein kompliziertes Verteilungssystem mit Flugzeugen, Lastwagen und Kolporteuren in jeden Winkel unseres Landes verteilt, sondern auf Knopfdruck aus einer Datenbank abgerufen und am Bildschirm abgebildet bzw. über einen Drucker doch noch zu Papier gebracht. Wissenschafter gehen diesen Weg als erste: Weil das Publizieren in Fachzeitschriften mit kleiner Auflage zu teuer geworden ist, experimentiert man derzeit in Großbritannien mit Publikationen, die eigentlich keine mehr sind. Der Forscher füttert seine neuen Ergebnisse in die Datenbank. Dort liegen sie für jedermann abrufbereit. Wenn sich niemand dafür interessiert, so argumentiert man, wären sie auch das Papier nicht wert gewesen, auf dem sie heute noch gedruckt werden.

Wenn auch die Informationsexpansion nach wie vor ein Anwachsen der Berge an produziertem Papier bewirkt, läßt sich dennoch bereits heute ein Übergang zur elektronischen Speicherung von Information feststellen. Diese neue informationelle Umwelt bringt in mancher Hinsicht Vorteile, ermöglicht aber andererseits die Verwirklichung Orwellscher Visionen.

6. Datenbanken und Privatsphäre

»Möglichkeiten von Angriffen auf die Menschenwürde finden sich bereits in den Strukturen der Elektronik angelegt. Die moderne Informationstechnologie lädt geradezu ein, die örtlich und sachlich gezogenen Grenzen ihrer Anwendung aufzuheben, die Enge und Isoliertheit von Ressorts aufzulösen, innerstaatliche und nationale Grenzen zu überwinden und Wissen in immer größer werdenden Speichern zu sammeln. Die Grenzenlosigkeit der Informationsverarbeitung würde es gestatten, das Individuum auf seinem gesamten Lebensweg zu begleiten, von ihm laufend Momentaufnahmen, Ganzbilder und Profile zu einer Persönlichkeit zu liefern, es in allen Lebensbereichen, Lebensformen, Lebensäußerungen zu registrieren, zu beobachten, zu überwachen und die so gewonnenen Daten ohne die Gnade des Vergessens ständig präsent zu behalten. Die Gefahren des großen Bruders sind nicht mehr bloß Literatur. Sie sind nach dem heutigen Standpunkt der Technik real.«

Horst Herold, ehemals Präsident des Bundeskriminalamtes

Im Jahre 1979 probte das Bundeskriminalamt erstmals Computerfahndung in der Praxis. Gesucht wurden Terroristen der Rote Armee Fraktion. Man ging von der Annahme aus, daß die Terroristen Rechnungen für Strom und Telephon ihrer unter falschem Namen gemieteten Wohnungen aus Sicherheitsgründen bar bezahlten, da eine Überweisung von Konto zu Konto Fahndungshinweise liefern könnte. Die Namen der barzahlenden Kunden sind natürlich auf den Magnetbändern der Elektrizitätswerke und der Post gespeichert. Die Fahnder begannen diese Magnetbänder mit anderen Datenspeichern elektronisch abzugleichen, etwa mit der Einwohnermeldekartei, den Daten der Kfz-Zulassungsstelle und anderen. Bei einem solchen Vorgang »notiert« der Computer die Personalangaben des Barzahlerbandes, die sich auch auf anderen Bändern finden, spuckt aber auch die Fehlanzeigen aus. Mit dieser Methode

wurden die Kriminalbeamten damals blitzartig fündig: Von
18 000 Barzahlern blieben nach dem elektronischen Abgleich nur
zwei Namen übrig; einer davon war der Tarnname des RAF-Terro-
risten Rolf Heißler, der eine Stunde später verhaftet wurde.
Anfang 1980 wollte man dasselbe Verfahren auch in Hamburg anwenden, als Beobachtungen darauf hindeuteten, daß die Terroristen auch in der Hansestadt geheime Wohnungen unterhielten. Das
Bundeskriminalamt erwirkte durch richterlichen Beschluß beim
Hamburger Elektrizitätswerk die Herausgabe des Magnetbandes
mit den Namen der barzahlenden Stromkunden. Wenig später jedoch wurde die Computeraktion wegen Bedenken in Hinblick auf
den Datenschutz gestoppt (Lit. 48).
Nichtsdestoweniger sind die Möglichkeiten der Computerfahndung
nun klar zutage getreten. Einige wenige logische Annahmen und
die entsprechenden auf Magnetband gespeicherten Dateien (die mit
Terroristen nichts zu tun haben) genügten, um mittels EDV einen
Volltreffer zu landen.

Die Dateien der Polizei

Die französische Regierung beschloß 1982 die Errichtung einer Datenbank mit Informationen über staatsfeindliche Elemente. Sie soll
insgesamt gegen 60 000 Eintragungen enthalten. Die französische
Staatspolizei versuchte, mißtrauisch gewordene Bürger mit dem
Hinweis zu beruhigen, die neue Datei sei keineswegs so monströs
und weitgehend wie die Terroristendatei des deutschen Bundeskriminalamtes, PIOS. Darin sind nicht nur Einzelheiten über Personen gespeichert, die nachweislich terroristischen Aktivitäten nach-
gehen, sondern auch Angaben über Personen enthalten, bei denen
eine Verbindung zum Terrorismus zwar vermutet wird, aber kein
konkreter Verdacht im Sinne der Strafprozeßordnung besteht. Wer
durch Zufall oder unbeabsichtigt Kontakt mit Angehörigen des terroristischen Umfeldes hat, auch jemand, der sich kritisch mit den
Formen der staatlichen Terrorismusbekämpfung auseinandersetzt,
kann registriert werden. Dies sei »überaus bedenklich«, urteilt der
frühere Bundesbeauftragte für den Datenschutz, Hans Peter Bull, in
seinem vierten Tätigkeitsbericht (Lit. 49). Kein Wunder, daß die
Datei Anlaß zu vielfältiger datenschutzrechtlicher Kritik gab, auch
was die Anwendung betrifft. Bull: »Leider wird aber trotz der Män-
gel von PIOS solchen Behörden, die keinen unmittelbaren Zugriff
auf PIOS haben, Auskunft aus diesem System erteilt.« Insgesamt

enthält die EDV-Kartei 150 000 Personendatensätze. 20% davon wurden allerdings nach Beanstandungen des Datenschutzbeauftragten gelöscht.

Mag sein, daß viele Bürger der Auffassung sind, die Bekämpfung anarchistischer Elemente erfordere besondere Maßnahmen. Andererseits zeigt die Entwicklung von PIOS in den vergangenen Jahren, wie rasch solche Sammelaktionen auf ganz andere Gebiete ausgedehnt werden: Mittlerweile gibt es beim BKA die Dateien PIOS-Rauschgift, die Arbeitsdatei PIOS-Landfriedensbruch und verwandte Straftaten, die Arbeitsdatei PIOS-Staatsgefährdung, die Arbeitsdatei PIOS-Landesverrat und die Arbeitsdatei PIOS-Waffen. 1982 wurde ferner die Datei TESCH eingerichtet, die der Auswertung extremistischen und terroristischen Schriftgutes dienen soll. »So gesehen ist es sicher nicht falsch«, so Bull in seinem fünften Tätigkeitsbericht (Lit. 50), »zu behaupten, daß das eigentliche Computerzeitalter im Bereich der Polizeibehörden erst richtig beginnt. Allen gegenteiligen Appellen zum Trotz scheint ›Kommissar Computer‹ erst am Beginn seiner Tätigkeit zu stehen. Unbehagen herrscht über diese Entwicklung nicht nur bei Datenschützern, sondern vielfach bei der Polizei selbst.« Die größte Sorge bereitet in diesem Zusammenhang dem Datenschützer auch das im Aufbau befindliche zentrale Verkehrsinformationssystem ZEVIS, weil es den Anschluß von Polizeibehörden ermöglicht. In ZEVIS werden alle Daten des zentral geführten Kraftfahrzeugbestandes, die Personalien der im Verkehrszentralregister Eingetragenen und die Angaben über entzogene oder versagte bzw. zurückgegebene Fahrausweise aufgenommen. Das System ermöglicht es, ohne besonderen Aufwand unter dem Namen einer Person nach ihrer aktuellen Anschrift oder den auf sie zugelassenen Fahrzeugen zu fragen. Dadurch wird es möglich, die Datei mit ihrem Bestand an etwa 30 Millionen Bürgern wie ein Bundesadreßregister zu verwenden. Ein solches ist aber in der Diskussion um ein Personalausweisgesetz vom Deutschen Bundestag ausdrücklich abgelehnt worden. Nun scheint es auf Umwegen doch Realität zu werden.

Nicht nur auf Bundes-, sondern auch auf Landesebene werden immer mehr Dateien angelegt. In der Regel erfährt die Öffentlichkeit nur durch Zufall davon.

Ende 1982 wurde bekannt, daß Polizeibeamte in Hannover eine Punkerkartei führten. Staatsschutzbeamte begründeten diese Sammelaktion mit dem Argument, die bunten Gesichter seien bei Demonstrationen häufig aufgefallen. Durch illegalen Mitschnitt des Polizeifunks entdeckte man ferner, daß Zivilfahnder während einer

Informationsveranstaltung zur Lagerung von Atommüll Autonummern von Atomkraftgegnern notierten und sie an die Polizeizentrale weitermeldeten.

Als der BKA-Ingenieur Bernd Rainer Schmidt aus Protest gegen die Überwachungsaktivitäten des BKA »auspackte«, wurde über Fernsehen und Presse bekannt, wie die Polizei mit versteckten Videokameras Demonstrationen überwacht und wie die Fahndung per Computer und digitale Bildspeicherung in der Praxis läuft. Im April 1983 kam ein entsprechender Dokumentarfilm »Alles unter Kontrolle« in die deutschen Kinos – gerade als die umstrittene bundesweite Volkszählung stattfinden sollte, die das Datenschutzbewußtsein des Mannes und der Frau auf der Straße erstmals ganz erwachen ließ.

Wie viele Dateien bei Staatspolizei, Verwaltung und Auskunfteien existieren, ist nicht genau bekannt. Etwa 1 200 EDV-Register wurden von öffentlichen Stellen des Bundes bisher gemeldet. Um über entsprechende Aktivitäten auf Landesebene Näheres zu erfahren, fragte der Autor im Januar 1983 bei sämtlichen für die Registrierung von Dateien zuständigen Instanzen schriftlich an. In den meisten Fällen wurde die Auskunft erteilt, es sei lediglich möglich, in das Dateienregister Einsicht zu nehmen; ein vollständiger Auszug könne nicht übermittelt werden. Aus Berlin, Bayern, Bremen und Schleswig-Holstein langten entsprechende Register ein. Allein die Aufzählung der in Bayern gemeldeten Dateien füllt an die 350 Seiten. Sie umfaßt Schülerdateien, Beteiligte an den Verfahren nach dem Flurbereinigungsgesetz, Tumorpatienten und ihre Hausärzte, Arbeitnehmer, deren Gehör überprüft wurde, Beteiligte und deren Bevollmächtigte an Scheidungsverfahren, Versicherungsnehmer und viele andere.

Die Behörden des Landes und der Kommunen in Hessen meldeten 1982 bereits 7 036 Dateien, Darmstadt dagegen nur 43 – ein auffälliger Unterschied, aus dem der hessische Datenschutzbeauftragte Spiros Simitis den Verdacht ableitete, daß zahlreiche Dateien nicht gemeldet würden. Die Wahrscheinlichkeit, daß solche Lücken entdeckt werden, ist sehr gering, zumal da die Datenschutzbeauftragten nur mit größter Mühe in der Lage sind, die gemeldeten Dateien einigermaßen zu kontrollieren: Der Bundesbeauftragte für den Datenschutz hat gegenwärtig knapp zwanzig Angestellte zur Verfügung, um die Einhaltung des Datenschutzes zu überwachen – angesichts der 300 000 Beamten allein im Bundesdienst ein eher hoffnungsloses Unterfangen. Die Bundesrepublik Deutschland hat zwar ein vergleichsweise strenges Datenschutzgesetz, doch weiß niemand, wie oft es stillschweigend ignoriert wird, und schon jetzt mehren sich Stimmen, die Datenschutz als Hemmnis für die Ausbreitung der Informationstechnik anprangern.

Wohin der beinahe ungehemmte Umgang mit Dateien führen kann, zeigt das Beispiel der Vereinigten Staaten, wo schon in den sechziger Jahren Überwachung und Kontrolle mittels EDV in großem Umfang praktiziert wurde. Der Grundstein für die amerikanische Dossier-Gesellschaft wurde bereits in der Zwischenkriegszeit gelegt, als sich die US-Bundesregierung mit der Computerisierung des Steuer- und Wohlfahrtswesens zu befassen begann. Seit dieser Zeit lockt man immer mehr Information aus dem Bürger heraus und speichert sie. Datenerhebungen der Bundesbehörden beschäftigen sich mit Sozialversicherung und Krankenversorgung, mit Wohnungsfinanzierung, Raumordnung und öffentlichem Gesundheitsdienst; Statistisches Bundesamt, Verteidigungsministerium, Arbeitsvermittlungsstellen usw. legten Datenbanken an. Dazu kommen unabsehbare Mengen an Untersuchungsmaterial, die von Nachrichten und Abhördiensten zusammengetragen wurden. Harvard-Professor Arthur R. Miller faßt diese Entwicklung zusammen: »Im gleichen Maße, wie die Informationsspeicherung billiger und besser wurde, vergrößerten sich der Appetit der Behörden auf Daten und die Neigung, Aktenmaterial zu zentralisieren und zu vergleichen. Einer Art Parkinsonschem Gesetz gehorchend, folgte auf die technische Verbesserung der Datenbearbeitung eine Tendenz, sich mit den gespeicherten Daten intensiver zu beschäftigen und sie eingehend zu analysieren. Dies wiederum hatte zur Folge, daß die verschiedenen Bereiche, aus denen man Daten sammelte, immer zahlreicher wurden und auf diese Weise aus dem einzelnen immer persönlichere Informationen herausgeholt werden ... Die neuen Informationstechniken haben scheinbar einen neuen sozialen Virus ins Leben gerufen, den Erreger der ›Datenmanie‹« (Lit. 51).

Die Möglichkeit, ein Superdatenzentrum zu schaffen, in dem für jedermann eine von der Wiege bis zum Grabe reichende Personalakte erstellt und über ein nationales Leitungsnetz einem weiten Kreis zur Benutzung zugänglich gemacht werden kann, wurde bereits Ende der sechziger Jahre in den USA diskutiert. Es gab Grund genug, die Bedrohung der Privatsphäre durch Datenbanken und Dossiers ernst zu nehmen. So stellte sich heraus, daß die Armee der Vereinigten Staaten systematisch die legalen politischen Aktivitäten verschiedener Personengruppen überwacht sowie Vorfallberichte über Einzelpersonen und Akten über eine ganze Reihe durchaus zulässiger Protestaktionen führte. Die von der Armee gesammelten

Informationen, die auch anderen Behörden zugänglich sind, werden über Telex verbreitet und sind in jedem größeren Truppenzentrum der Vereinigten Staaten verfügbar.

Die Entwicklung der Datenschutzgesetze

Mitte der sechziger Jahre schickte sich das US-Finanzministerium an, das Informationswesen der Regierungsbehörden zu vereinheitlichen, und machte den Vorschlag, eine einzige Bundesdatenzentrale mit der Bezeichnung »National Data Center« zu schaffen. Man wollte damit der Verwaltung einen großen Teil ihrer Datenverarbeitungsaufgaben abnehmen und die verstreut liegenden Datenbestände zentralisieren. Als dieser Vorschlag bekannt wurde, setzte ein Sturm der Entrüstung ein. Man war bei diesem Vorschlag von dem Gedanken einer effizienteren Verwaltung ausgegangen, hatte aber völlig übersehen, daß ein solches nationales Datenzentrum potentiell einen schwerwiegenden Eingriff in die Privatsphäre darstellen würde. Von da nahm die Datenschutzdiskussion ihren Ausgang. Es kam zwar nicht zu dem nationalen Datenzentrum, aber der Aufbau immer neuer Informationsspeicher ging munter weiter. Ebensoviel Beachtung wie der Vorschlag zur Errichtung eines Datenzentrums fanden die Wirkungen, die sich durch das Einholen von Kreditinformationen für die Privatsphäre ergeben: Kreditkäufe sind in den Industriestaaten immer mehr fester Bestandteil des Wirtschaftslebens geworden. Informationen über die Kreditwürdigkeit von Personen und Firmen sind bei allen Geldgeschäften eine wertvolle Ware. Große Kreditauskunfteien in den Vereinigten Staaten verfügen über einen Mitarbeiterstab von Tausenden von Untersuchungskräften und führen Aufzeichnungen über an die 50 Millionen Menschen. Sie arbeiten für Versicherungsgesellschaften, Arbeitgeber und andere. Häufig bedienen sie sich sogenannter Außendienstinvestigatoren, die bei Nachbarn und Bekannten Informationen über Status und Ruf eines Menschen zusammentragen. Was dabei herauskommen kann, zeigt ein tatsächlich erteilter Bericht, der von der Retail Credit Company erstellt und später bei einer Ausschußsitzung des Repräsentantenhauses über Verletzungen der Privatsphäre vorgelegt wurde. Der in diesem Bericht Betroffene, ein Oberstleutnant der Armee, wurde so charakterisiert: »Ein leicht aufbrausender, ungehobelter Mann, der seinen Rang mißbraucht und nicht als gefestigte Persönlichkeit betrachtet werden kann. Man weiß, daß er in der Nachbarschaft umherschweifte und auf Vieh schoß, das Bauern gehörte, die ihre Weidefläche von der Armee gepachtet hatten.« Es braucht nicht angemerkt zu werden, daß die Betroffenen fast nie erfahren, daß solche Kommentare gegeben, festgehalten und verbreitet werden.

Dossierähnliche Daten über Personengruppen können nicht nur für Kreditauskünfte, sondern für eine Reihe von gewerblichen Zwecken ausgenützt werden. So kann man eine Liste von Konsumenten mit bestimmten Charakteristiken erstellen, die sich vielleicht für ein bestimmtes Produkt interessieren. Ein New Yorker Buchhändler verkaufte Listen mit Namen und Anschriften von Frauen, von denen er erfahren hatte, sie seien Abonnenten eines mit EDV arbeitenden Bekanntschafts-Anbahnungsinstituts. Computerisierte Adressenlisten werden immer häufiger für Werbezwecke eingesetzt. Wer einen Wagen oder einen Fernsehapparat kauft, eine Zeitung abonniert oder eine wohltätige Spende macht, Mitglied eines Clubs wird oder Reklamegutscheine einsendet, der ist auch mit Sicherheit auf je einer Liste festgehalten.

Die ersten legislativen Maßnahmen zum Datenschutz in den Vereinigten Staaten waren Gesetze gegen mißbräuchliche Kreditauskunft. Mit diesem Gesetz wollte man die Betroffenen vor einer ungenauen Berichterstattung bewahren und ihre Privatsphäre schützen. Das Gesetz räumt dem einzelnen Zugang zu den ihn betreffenden Daten ein und ermöglicht ihm damit, sich von deren Richtigkeit zu überzeugen und sie eventuell anzufechten. Um den Schutz der Persönlichkeitssphäre des Betroffenen zu sichern, dürfen die Kreditauskunfteien ihre gesammelten Informationen nur mehr für die im Gesetz genannten Zwecke verwenden. Die Vereinigten Staaten hatten damit als eines der ersten Länder die Aufgabe des Datenschutzes als einen zentralen Punkt moderner Gesellschaftspolitik erkannt und begonnen, entsprechende Gesetzesvorschriften zu erlassen.

Das erste umfassende Gesetzwerk, das sich ausschließlich auf die automatische Verarbeitung personenbezogener Daten im öffentlichen und privaten Bereich bezieht, trat im Jahre 1973 in Schweden in Kraft.

In der Bundesrepublik Deutschland wurde der erste Referentenentwurf zu einem Bundesdatenschutzgesetz im Mai 1973 vom damaligen Kabinett verabschiedet. Nach langwierigen Verfahren wurde es am 1. Februar 1977 im Bundesgesetzblatt verkündet. Die Anforderungen des Datenschutzes sollen gemäß dem Gesetz im wesentlichen durch folgende Prinzipien garantiert werden:

Alle Institutionen, die personenbezogene Daten speichern, müssen dies mitteilen (Benachrichtigungspflicht).

Jeder Betroffene hat das Recht, einen Auszug aus seinem Dossier zu erhalten (Auskunftspflicht).

Jede Institution, die personenbezogene Daten speichert, darf dies nur unter Beachtung der Anforderungen, die in der Anlage zum Gesetz niedergelegt sind (Sicherungspflicht).

Durch das Bundesdatenschutzgesetz wird bundeseinheitlich die Verarbeitung personenbezogener Daten durch Behörden und private Stellen geregelt. Darüber hinaus gibt es Landesdatenschutzgesetze, die im einzelnen mehr oder weniger voneinander abweichen. Die meisten Datenschutzgesetze gehen davon aus, daß die Öffentlichkeit keinen Grund zur Beunruhigung hätte, wenn die Personen, über welche Daten festgehalten werden, selbst die Richtigkeit der sie betreffenden Informationen kontrollieren könnten und über die Verwendung der Daten zumindest in der Mehrzahl der Fälle laufend informiert würden. Meistens gelten diese Gesetze nur für automatisch verarbeitete Daten, schließen jedoch zum Teil auch konventionell archivierte Informationen mit ein. Daß die Gesetzgebung auf diese Weise einer wachsenden Gefährdung der Privatsphäre Einhalt gebieten könne, urteilt Klaus Lenk, Professor für Verwaltungswissenschaft an der Universität Oldenburg, sei zu bezweifeln. Im Hinblick auf die USA sei die These aufgestellt worden, daß ein nur auf der Einräumung von Individualrechten beruhendes Datenschutzkonzept dem Trend zur massenhaften Überwachung von Personen eher Vorschub leiste als ihn verhindere. Erste Erfah-

Abb. 76   Klaus Lenk

267

rungen bei der Durchführung der Datenschutzgesetze zeigten bald, daß diese häufig Widersprüche zu anderen Rechtsnormen aufwiesen. Von neuem entflammte die Debatte darüber, welches Maß an Geheimhaltung zum Schutz der lebenswichtigen Interessen eines Landes und seiner Machtstruktur notwendig ist; auch Widersprüche zwischen Datenschutz und dem Grundsatz der Informationsfreiheit traten zutage. Daneben zeigte sich, daß es nicht nur um den Schutz der Privatsphäre geht, sondern um das Verhältnis zwischen Individuum und Staat. Lenk:»Worum es geht, ist der Machtzuwachs von Bürokratien, sowohl der staatlichen als auch des privaten Sektors, auf Kosten des Individuums, und zwar durch das Sammeln von Informationen mittels direkter Beobachtung und intensiver Informationsspeicherung« (Lit. 52).

Eine potentielle Schwäche jedes Datenschutzgesetzes liegt auch in der allgemein bekannten Tatsache begründet, daß jedes Gesetz nur so gut ist, wie die Kontrolle zu seiner Einhaltung. Es wurde bereits erwähnt, daß die Kontrolle der Anwendung des Datenschutzgesetzes angesichts des Ausuferns von Datenspeicherung schwierig, wenn nicht gar unmöglich ist. Dazu schreibt der Datenschutzexperte Thome:»In der Praxis besteht das Problem, daß eine Überwachung einer korrekten Anwendung von Programmen zur Verarbeitung personenbezogener Daten nur dann möglich ist, wenn ein Prüfer die Programme Befehl für Befehl gegenüber der Vorgabe kontrolliert und außerdem überprüft, ob die Programme in ihrem Zusammenhang richtig eingesetzt werden. Dies ist in der Praxis selbstverständlich mit vernünftigen Mitteln kaum realisierbar. Gleichwohl gibt es Anwendungsfälle, wo kein anderes Verfahren hinreichend sicher ist« (Lit. 53).

Vielfach wird den Datenschutzbeauftragten sogar die Kontrolle verwehrt. Der medizinische Zentralcomputer der Bundeswehr speichert insgesamt 180 Millionen Urkunden und erteilt pro Jahr 55 000 Auskünfte. Als Bull nachprüfen wollte, was für Auskünfte das sind und an wen sie erteilt werden, erhielt er eine Abfuhr. Die Bonner Behörden und das Bundesverteidigungsministerium verweigerten die Kontrolle mit dem Argument, es fehle der »Dateibezug«. Ein kaum stichhaltiger Grund, da das Vorhandensein einer elektronischen Datei gar nicht bestritten wird. Ferner wurde eingewendet, die ärztliche Schweigepflicht könnte durch die Kontrolltätigkeit verletzt werden (Lit. 54).

Computerkriminalität

Wie wenig kontrollierbar der Umgang mit EDV-gespeicherten Daten ist, zeigen dokumentierte Fälle von Computerkriminalität. L. Benn Lewis, Angestellter einer großen Bank der USA, stellte zwischen 1979 und 1981 gefälschte Wechsel in der Höhe von etwa 50 Millionen DM aus, indem er das Computerprogramm zum Geldtransfer zwischen den Zweigstellen der Bank geschickt ausnützte. Um den einseitigen Geldfluß zu kaschieren, erfand Lewis nicht existierende Kredite. Es dauerte zwei Jahre, bis der Vorgang entdeckt wurde. Mit Hilfe eines im Klassenzimmer aufgestellten Computerterminals gelang es halbwüchsigen Studenten, sich in ein kanadisches Netzwerk von Datenspeichern einzuschalten. Geld wurde nicht abgehoben, aber eine große Anzahl von Daten wurden gelöscht. Mike Hansen, 32, Computerexperte und EDV-Berater, besuchte eines Tages die Computeranlage einer Bank, für die er zuvor gearbeitet hatte, und verschaffte sich den Code für den elektronischen Geldtransfer von einem Bankkonto auf ein anderes und den Code, der zu telephonischen Anordnungen berechtigte. Wenig später gab er sich am Telephon als Vizepräsident einer internationalen Firma aus und verwendete die Codes, um über 20 Millionen DM auf das Konto eines sowjetischen Diamantenverkäufers bei der Wozchod Bank in Zürich überweisen zu lassen. Wenig später flog der Computerfachmann in die Schweiz. Kaum war die Geldsumme dort eingetroffen, ließ er sich den Gegenwert in Diamanten – insgesamt fast 9 000 Karat – aushändigen. Unbehelligt kehrte Hansen in die Vereinigten Staaten zurück; er hatte sein Ziel erreicht: Der Beweis war erbracht, daß das perfekte Computerverbrechen möglich ist. Nun wandte er sich an einen Rechtsanwalt – Hansen war ursprünglich nur an diesem Beweis interessiert und beabsichtigte, die Diamanten an die US-Bank zu retournieren. Der Anwalt allerdings verständigte das FBI. Dieses mußte feststellen, daß der Betrug bei der Bank noch gar nicht aufgefallen war. Kurze Zeit später wurde Hansen verhaftet.

Schätzungen, wieviel Geld auf solche und ähnliche Weise pro Jahr veruntreut wird, bewegen sich zwischen 200 Millionen und 6 Milliarden DM pro Jahr allein für die Vereinigten Staaten.

»In den letzten Jahren«, resümiert Ulrich Sieber, Experte für Computerkriminalität (Lit. 55), »traten vor allem Computermanipulation, Computerspionage und Softwarediebstahl, Computersabotage, der sogenannte Zeitdiebstahl sowie das Begehen allgemeiner

Wirtschaftsdelikte mittels Computer in den Vordergrund. Kindergeld-Manipulationen, Gehaltsverdoppelung durch Programm- und Stammdatenänderungen, Bilanzfälschungen, Kontostandserhöhungen im Bankcomputer, Softwarediebstähle mit Hilfe von speziellen Computerprogrammen, Brandanschläge auf EDV-Anlagen sowie Manipulationen und Spionage im Wege der Datenfernverarbeitung sind nur einige Beispiele der bisher aufgedeckten Fälle.«

Zuweilen werden nur Details des Computerprogramms raffiniert manipuliert: Die gesamten Abrechnungen des Devisengeldhandels der Herstatt-Bank wurden über einen Kleincomputer erfaßt und anschließend an den Zentralrechner der Bank übertragen. Zur Vertuschung von Devisenspekulationsgeschäften erreichten Mitarbeiter dieser Bank durch das Drücken einer eigenen Abbruchtaste, daß die Daten einzelner Devisengeschäfte nicht an den Zentralcomputer weitergeleitet wurden. Auf diese Weise konnten sie dem Kunden eine ordnungsgemäße Bestätigung des Geschäftes aushändigen, ohne daß dieses jedoch buchungsmäßig erfaßt wurde. Insgesamt sollen dabei Beträge von mehreren Milliarden DM nicht oder nicht ordnungsgemäß gebucht worden sein. Dies war möglich, obwohl das Programm des Kleincomputers zur Vermeidung von Mißbräuchen vorgesehen hatte, daß in dem Moment, indem die »Abbruchtaste« gedrückt wurde, das Wort »Abbruch« auf das vom Computer erstellte Abrechungsformular gedruckt wurde. Die Täter verhinderten dies dadurch, daß sie das Abrechnungsformular nach seiner Fertigstellung, aber noch vor dem Drücken der Abbruchtaste aus der Anlage entnahmen, so daß das Wort »Abbruch« nicht auf das Formular, sondern auf die leere Walze gedruckt wurde.

Kennzeichnend für Computerkriminalität sind die vergleichsweise hohen Schadenssummen. Sie bewegen sich im Durchschnitt zwischen 200 000 und 300 000 DM pro Fall, in den USA rechnet man durchschnittlich mit 1,7 Millionen Dollar.

Den Schaden, der jährlich in der Bundesrepublik durch Manipulationen bei der elektronischen Datenverarbeitung angerichtet wird, schätzen Experten auf insgesamt 15 Milliarden DM. Diese Beispiele zeigen, daß Computer offensichtlich nicht vor verbrecherischen Manipulationen sicher sind. Ebenso wenig sicher sind sie wahrscheinlich auch vor Sabotage (wie sich im französischen Toulouse zeigte, wo Computerstürmer nächtens die EDV-Anlage von Honeywell-Bull zerstörten) oder Naturkatastrophen. Zwar sollte für jedes Datenzentrum ein Katastrophenplan existieren; wie gut dieser die Anlage absichert, ist ungewiß (zum Wesen solcher Pläne gehört ja, daß sie nicht veröffentlicht werden).

Möglicherweise muß es erst zu entsprechenden Katastrophen kommen, bis Sicherheitsvorkehrungen im notwendigen Ausmaß vorgesehen werden.

Der Schutz von Computern und den in ihm gespeicherten Daten wird um so wichtiger, je mehr Informationen automationsgestützt verarbeitet werden. Probleme bestehen aber nicht nur auf nationaler Ebene: Datenschutzgesetze sind unzulänglich, wenn sie sich nur auf eine einzelne Nation beschränken. Solange der grenzüberschreitende Datenfluß nicht durch ein Gesetz geregelt und seine Einhaltung kontrolliert werden kann, wird es immer möglich sein, das Verbot der Speicherung von Daten durch die Verlagerung einer entsprechenden Datenbank in ein Land, in dem es kein entsprechendes Gesetz gibt, zu umgehen.

Ebenso wie eine Personaldatei die Privatsphäre des einzelnen bedroht, greifen die Überwachung durch Satelliten und der rasch anwachsende Informationsfluß zwischen den Niederlassungen von transnationalen Konzernen in die Souveränität einzelner Staaten ein. Eine umgreifende Lösung dieses Problems ist ebensowenig in Sicht wie ein Konzept zu seiner Realisierung.

Die Revolte gegen die Volkszählung 1983

Obwohl das Thema Datenschutz schon seit Jahren in das Bewußtsein der Öffentlichkeit eingedrungen ist, nahm der Bürger die potentielle Bedrohung seiner Privatsphäre durch Datenbanken lange Zeit widerspruchslos zur Kenntnis. Erst die für 27. April 1983 geplante Volks-, Berufs-, Wohnungs- und Arbeitsstättenzählung führte bundesweit zu einem Aufruhr, mit dem kaum jemand gerechnet hatte. Die Massenbewegung hatte nach der Aufführung eines Theaterstückes über Personalinformationssysteme in der Hamburger Hochschule für Bildende Künste im Dezember 1982 begonnen. Damals entstand die erste westdeutsche Initiative für Volkszählungsboykott. Innerhalb von Wochen bildeten sich mehr als 500 Boykottinitiativen. Aus den Keimzellen des Protests, die sich in Hamburg und Berlin gebildet hatten, kommentierte der Spiegel, erwuchs ein »international beachteter Modellfall bürgerlichen Ungehorsams« (Lit. 56). Die einen agitierten für eine Verweigerung der Volkszählung, andere wiederum gaben Tips heraus, wie man durch falsche Angaben oder nicht sachgerechtes Ausfüllen der Fragebögen die Statistiker an der Nase herumführen könne. Bereits im März orteten Umfragen, daß mehr als 50% der Westdeutschen Mißtrauen gegen die Befragung hegten. Widerstand bildete sich vor allem gegen den umstrittenen »Melderegisterabgleich«, der nicht nur dazu dient, die Meldedateien zu aktualisieren, sondern auch organisatorische Voraussetzung für die Schaffung eines computergerechten Personalausweises ist.

Doch es kam anders. Zum erstenmal in der Geschichte der Bundesrepublik Deutschland stoppte das Bundesverfassungsgericht ein vom Parlament einmütig verabschiedetes Gesetz. Das bedeutet, daß die Volkszählung frühestens 1984 stattfindet, und dies wahrscheinlich in modifizierter Form. Zu erwarten ist eine Neukonzeption des Fragebogens und eine Beschränkung der Weitergabe der erhobenen Daten. Denkbar ist natürlich auch, daß die Volkszählung insgesamt abgeblasen wird, wie dies in Holland infolge von Boykottbewegungen 1981 der Fall war.

Jedenfalls wird Datenschutz nach der Volkszählungsdiskussion 1983 hierzulande ein heißes Eisen bleiben. Das Risiko eines übermäßigen Anwachsens sozialer Kontrolle durch den Staat ist jedoch selbst durch eine Abschaffung der Volkszählung nicht beseitigt, denn es hätten sich, so Klaus Brunnstein, Professor für Anwendungen der Informatik an der Universität Hamburg, von Öffentlichkeit und Politik kaum bemerkt, wahre Datendschungel entwickelt. Adalbert Todlech, Professor für öffentliches Recht in Darmstadt, sekundiert:»Gegenüber der technisch vermittelten Situation, daß derjenige, der Zugang zur Zentraleinheit von Datenverarbeitungsanlagen und deren Datenspeichern besitzt, nahezu unkontrolliert alle Schutzvorschriften umgehen kann, ist Vertrauen auf die durchschnittliche Rechtmäßigkeit von Behördenverhalten eine für die Freiheitsspielräume der zukünftigen Generation tödliche Fehlhaltung« (Lit. 57).

7. Die Informationslawine – eine neue Form der Umweltverschmutzung?

Das wissenschaftlich-technische Wissen der Menschheit verdoppelt sich alle paar Jahre. Die Informationsflut nimmt ungeahnte Ausmaße an. Eine Ebbe ist nicht in Sicht. Die Tatsache, daß Information als Ware zunehmende Bedeutung erlangt, während die Bedeutung materieller Güter vergleichsweise geringer wird, zieht sich wie ein roter Faden durch dieses Buch. Nachdem wir von verschiedenen Seiten her die Frage diskutiert haben, welche Auswirkungen die Mikroelektronik auf die menschliche Gesellschaft hat, ist es nun an der Zeit, zu erörtern, welche Konsequenzen infolge der Überschwemmung des Menschen mit Informationen zu erwarten sind. Zunächst einmal hat die moderne Informations- und Kommunikationstechnik zweifellos den Vorteil, daß große Mengen an Wissen jederzeit gezielt abrufbar sind. Dies gilt nicht nur für den Wissenschafter, der statt tagelangem Stöbern in der Bibliothek von einer Datenbank in Sekundenschnelle Auskunft erhält, sondern auch für Herrn Meier, der von seinem Fernsehgerät aus jederzeit über Bildschirmtext Daten abrufen kann. Soweit es sich also um die quantitative Bewältigung von Information handelt, ist die telematische Revolution sicherlich ein Fortschritt.

Anders sieht eine qualitative Betrachtung aus. Nehmen wir an, wir wollten wissen, ob für den Urlaub in Mallorca noch ein Zimmer frei ist; wenn die Bildschirmtextzentrale aber nur die Verfügbarkeit von Hotels auf Ibiza vermittelt, so erhalten wir eine Information, die für uns weitgehend wertlos ist. Ebenso werden wir nicht zufrieden sein, wenn wir eine medizinische Datenbank befragen, ob etwa in der Krebsforschung ein Durchbruch erzielt wurde, und die Antwort erhalten, daß in den letzten zwei Monaten Hunderte von Publikationen zum Thema Krebs erschienen sind. Die Bewertung der Wichtigkeit einer Information nimmt der Computer niemandem ab. Schon deshalb nicht, weil die Wertigkeit von Information in hohem Maße subjektiven Charakter hat.

So gesehen, birgt die Informationsüberflutung die Gefahr in sich, daß der Mensch in zunehmende Orientierungslosigkeit gerät, weil er nicht in der Lage ist, angebotene Wissensmengen zu verarbeiten, und deshalb nicht herausfinden kann, was nun wichtig ist und was nicht. Allein das Fernsehen liefert dem Bürger viel mehr Information, als er bewußt bewältigen kann. Die Informationsproduzenten, so Karl Steinbuch, seien ständig in Versuchung, Fakten und Probleme so darzustellen, als hätten sie selbst diese tatsächlich verstanden, als wäre die Welt nicht tiefer als ihre Darstellung. Sie unterstützten den jeweiligen Trend, einen für einen historischen Moment typischen Komplex von Vorurteilen und Irrtümern. Schließlich hätten die Informanten in den Massenmedien die einzigartige Position, daß sie praktisch keine Verantwortung für die Folgen ihres Tuns tragen. Wenn eine pharmazeutische Firma ein neues Präparat auf den Markt bringen möchte, muß sie erst in umständlichen Prüfverfahren seine Unschädlichkeit beweisen. Für den Journalisten gibt es keine äquivalente Kontrollinstanz. Man kann nun argumentieren, daß die Presse- und Informationsfreiheit für die Erhaltung der demokratischen Staatsform wichtiger sei als die Nachteile, die sich aus beabsichtigtem oder unbeabsichtigtem Mißbrauch dieser Freiheit ergeben. Das bedeutet aber nichts anderes, als daß wir in Kauf nehmen müssen, daß die zur Lebensorientierung notwendigen – meist unsensationellen – Informationen durch sensationell verpackten, kurzlebigen Unsinn verdrängt werden. Das Auto hat eine Reihe von Möglichkeiten und Annehmlichkeiten gebracht, gleichzeitig aber auch zur Verschmutzung unserer Umwelt beigetragen. Die industrielle Landwirtschaft hat Nahrungsmittel zum erstenmal in der Geschichte der gemäßigten Klimazonen im Überfluß verfügbar gemacht, gleichzeitig aber das ökologische Gleichgewicht gestört, das natürliche Landschaftsbild tiefgreifend beeinflußt und zahllose gesundheitlich bedenkliche Substanzen über die ganze Erde verstreut. Ähnlich ist es auch mit der Informationsindustrie: Sie eröffnet eine (schöne?) neue Welt, verursacht aber gleichzeitig eine neue Form von Umweltverschmutzung.

Fehlinformation und Falschinformation

Versucht man, die menschliche Umwelt zu charakterisieren, kann man zwischen der physischen Umwelt, gewissermaßen der äußeren Schale, und der informationellen Umwelt unterscheiden. Auch letztere, die innere Schale, kann mit schädlichen Inhalten angereichert werden. Durch ein Zuviel an Information, das zum Verständnis eines Zusammenhanges nicht benötigt wird, oder aber durch Fehlinformation. Ersteres entspricht in der physischen Umwelt dem Abfall, der uns zwar stört, aber die Umwelt nicht eigentlich vergiftet. Fehlinformation dagegen entspricht den das ökologische Gleichgewicht störenden Einflüssen und solchen, die die physische Gesundheit des Menschen beeinträchtigen.
Klaus Haefner versteht Fehlinformation als solche, die das Verstehen behindert oder verhindert: Falschinformation verweise auf unrichtige Bezüge zwischen existierender Information, auf bewußt produzierte Nonsensinformation und destruktive Information. Angesichts einer drastisch zunehmenden Informationsproduktion sieht Haefner eine künftig steigende Informationsverschmutzung als ernste Konsequenz. Sie betreffe alle Bereiche menschlichen Handelns.
Durch die Analogie mit der physischen Umweltverschmutzung scheint zunächst klar, was mit Informationsverschmutzung gemeint ist. Bei genauerer Betrachtung jedoch zeigt sich, daß die Beurteilung, was nun eine »saubere« Informationsumwelt sei und was eine

»unsaubere«, von subjektiven Werturteilen, politischer Weltanschauung etc. bestimmt wird. Die Informationsumwelt westlicher Prägung mag vielleicht einem Nordamerikaner sauber erscheinen, im Persien eines Khomeini ist sie es hingegen ganz und gar nicht. Dazu kommt, daß es sich ebenso wie bei der Kontamination durch chemische Substanzen nicht bloß um die Wirkung eines einzelnen Faktors handelt, sondern um das Zusammenwirken zahlreicher Einflüsse, die – jeder für sich genommen – unter Umständen unproblematisch sind.

Wenn wir diese Parallele zwischen materieller und informationeller Verschmutzung akzeptieren und vor diesem Hintergrund beobachten, womit sich Umweltschützer, alternative Gruppen und Grüne beschäftigen, so fällt auf, daß dem materiellen Bereich große Aufmerksamkeit geschenkt wird, die viel subtilere, schleichende Form der Vergiftung unserer Umwelt durch Informationsschmutz hingegen weitgehend unbeachtet bleibt. Über kurz oder lang wird sich das zweifellos ändern. Ökologen der neunziger Jahre werden vielleicht weniger die chemische Industrie aufs Korn nehmen, als vielmehr die Informationsproduzenten.

War bisher Erzeugung von Information auf traditionelle Berufsgruppen (Schriftsteller, Journalisten) beschränkt und die Verteilung auf herkömmliche Medien (Zeitung, Radio, Fernsehen), treten nun neue Anbieter und Verteilungsformen von Information in neuer Form auf den Plan. Als vor einigen Jahren in Italien und Frankreich das Rundfunk- und Fernsehmonopol abgeschafft wurde, wuchsen lokale Sender aus dem Boden wie die Pilze. Politisch motivierte Gruppen, Firmenverbände, Vertreter von Minderheiten und Geschäftemacher aller Art begannen Neuigkeiten, Werbung und brutale Sexfilme in erschreckender Menge über den Äther zu schikken. Sosehr eine Entwicklung zu begrüßen ist, in welcher sich einzelne Gruppen in der Gesellschaft artikulieren können, so bedenklich ist sie, wenn sie in unkontrollierten Wildwuchs ausartet.

Vereinsamung und Flucht in Scheinwelten

Neben der Qualität des Medienangebotes spielt auch die Quantität des Medienkonsums eine beträchtliche Rolle. Kinder und Jugendliche in der Bundesrepublik Deutschland sehen täglich im Durchschnitt etwa 2 Stunden und 20 Minuten fern. Untersuchungen zeigen eine Korrelation zwischen Verhaltensstörungen bei Kindern und ausgedehntem Fernsehkonsum. In manchen Fällen kommt es zu einer exzessiven Nutzung des Medienangebotes, die auch als »Fernsehsucht« bezeichnet wird – das Gegenstück zur Informationsüberflutung gewissermaßen. Vielseher sind phantasiearm und besitzen ein verzerrtes Bild der sozialen Wirklichkeit. »Das Abschneiden von direkter persönlicher Kommunikation bedeutet psychische und soziale Verarmung. Verweigerung von personaler Kommunikation kränkt, macht krank« (Lit. 42). Je mehr sich der Mensch in Kontakten mit der Außenwelt bloß mit Maschinen beschäftigt anstatt mit Menschen, desto größer wird die Isolation des Individuums (manche Autoren bezeichnen sie als »Kommunikationsisolation«).

Die vermehrte Auseinandersetzung mit Produkten der Mikroelektronik führt zum Aufbau einer regelrechten Scheinwelt: Die Einführung des Fernsehens hat zur Folge gehabt, daß wir heute gewissermaßen in zwei Welten leben, in der realen und in der durch die Medien produzierten. Je leichter der Zugriff zu verschiedenartigen Informationen auf technischem Wege wird, um so einfacher wird es für den einzelnen sein, sich in Zukunft seine eigene Medienwelt aufzubauen.

Der durchschlagende Erfolg von elektronischen Spielen zeigt, daß es für viele offenbar ein Wunsch ist, in fiktive Welten zu flüchten. Wer einmal gelernt hat, mit Videowaffen zu treffen, genießt den lautstarken Zerfall bewohnter Galaxien und damit ein Erfolgserlebnis, das er im Leben sonst nicht bekommen kann. Die Produzenten von Videospielen verkaufen so für eine Münze einen simplen Flucht- und Agressionsmechanismus. Von einer undurchschaubaren, für den einzelnen unsteuerbaren und unüberblickbaren Umgebung flüchtet sich der Mensch in eine Scheinwelt, in der das Geschehen mit Hilfe eines Steuerknüppels total zu kontrollieren ist. Wer in der Realität keine Erfolgserlebnisse hat, sucht sie in der Fiktion – besonders Arbeitslose gehören zu den treuesten Stammkunden der Spielhallen.

Charakteristisch für diese Scheinwelten ist, daß sie von Bildern leben. Wer in sie flüchtet, braucht weder Abstraktionsvermögen noch Logik. Der zunehmende Konsum bildlicher Infomation macht damit, so Karl Steinbuch, einen wichtigen Schritt der kulturellen Entwicklung des Menschen – die Fähigkeit zur Abstraktion und zur sprachlichen Codierung – wieder rückgängig.

Andererseits werden viele die Neuen Medien kreativ nutzen. Sie werden Computerprogramme schreiben, um am Bildschirm geometrische Farbenspiele zu genießen. Sie werden neue Spiele erfinden und via Fernsehen gegen einen Konkurrenten antreten, der

Abb. 77   Vision des Fernsehens gegen Ende des 19. Jahrhunderts

sich vielleicht in einem anderen Erdteil befindet. Der Computer ist zweifellos auch ein Werkzeug, um sich schöpferisch zu betätigen. Musikliebhaber können die Sphärenharmonien erklingen lassen, die Johannes Kepler bei der Berechnung der Planetenbahnen bewegten. Neue Kunstformen werden ebenso entstehen wie neue Varianten der Kommunikation. Anhänger eines bestimmten Hobbys können sich via Bildschirm verständigen, auch wenn sie über die ganze Erde verstreut leben und damit virtuelle Dörfer schaffen, in denen Gleichgesinnte miteinander verkehren. Auch die Politik könnte von der Informatisierung hautnah betroffen werden. Wenn jeder Haushalt mit einem Terminal ausgerüstet und dieser an ein nationales Netz angeschlossen ist, wird es möglich, elektronische Bürgerbefragungen durchzuführen, um der Regierung die Meinungsbildung zu erleichtern oder um sogar einen neuen Präsidenten zu wählen. Politiker könnten dies benützen, um eine neue Form der Bürgernähe anzupreisen. Fraglich ist allerdings, ob eine solche aktive politische Teilnahme an Abstimmungen per Knopfdruck den bestehenden Machtstrukturen nicht mehr nützen würde als den Bürgern selbst. Denn immerhin blieben es die Machthaber, welche die Fragen stellen und damit auch die Antwortmöglichkeiten vorschreiben. Dadurch könnte man politische Diskussionen sogar eher abwürgen, als sie anzuregen. Dennoch ist es natürlich möglich, durch ein »elektronisches Rathaus« eine neue Form der Basisdemokratie zu verwirklichen. Wie so oft wird letztlich entscheidend sein, wie die Individuen die neuen Systeme benützen. Wenn sich nur engagierte Minderheiten an der Meinungsbildung per Fernsehschirm beteiligen, wird eine öffentliche Meinung vorgetäuscht, die es in Wirklichkeit vielleicht gar nicht gibt – eine neue politische Gefahr, die allerdings nicht den Neuen Medien anzulasten ist, sondern deren Gebrauch durch den Menschen.

8. Die Krise im Bildungswesen

Die langfristig wohl schwerwiegendste Herausforderung der mikroelektronischen Technik betrifft Bildung und Ausbildung. In dem Maße, in dem elektronische Medien, Speicherung und Verarbeitung von Information zunehmen und Computer mehr und mehr in der Lage sind, intelligente Leistungen zu vollbringen, werden einerseits traditionelle Bildungsinhalte in Frage gestellt, andererseits aber neue Anforderungen an Lehrende und Lernende gestellt.

Das Erlernen der 4 Grundrechnungsarten gehört heute noch zur unabdingbaren Voraussetzung für die Erlangung des Schulabschlusses. Etwa 300 Schulstunden werden aufgewendet, um Addieren, Subtrahieren, Multiplizieren und Dividieren einigermaßen zu beherrschen. Die Kosten für diese Ausbildung sind dreißigmal höher als die eines Taschenrechners – setzt man die Kosten pro Kind und Schulstunde mit 2 DM ein, kann man den Aufwand zum Erlernen der Grundrechnungsarten mit 600 DM veranschlagen; ein einfacher Taschenrechner ist um weniger als 20 DM zu haben. Werden sich die Schüler nicht zunehmend fragen, warum sie sich mit komplizierten Kalkulationen herumschlagen müssen, wenn sie dieselbe Aufgabe mit einem Taschenrechner viel schneller und einfacher erledigen können? Es geht hier keineswegs darum, der Abschaffung des Kopfrechnens das Wort zu reden – es geht vielmehr um die Frage, mit welchen Argumenten die Beibehaltung solcher Lernziele angesichts der Computertechnik begründet werden sollte. Das gilt nicht bloß für das Kopfrechnen. In absehbarer Zeit wird man sich die Frage stellen, ob es noch notwendig ist, die komplizierten Regeln der Rechtschreibung zu lernen, wenn es leistungsfähige Maschinen gibt, die eine gesprochene Passage unmittelbar in einen orthographisch richtig geschriebenen Text verwandeln. Wie soll der Lehrer der achtziger Jahre die junge Generation dazu motivieren, Kopfrechnen und Rechtschreibung als wichtig und notwendig zu erachten? Zahlt es sich aus, einen Facharbeiter mit hohem finanziellen Aufwand auszubilden, wenn seine Arbeitskraft später doppelt so teuer ist wie die eines Roboters?
Gewiß, Mathematik besteht nicht allein aus Lösungen arithmetischer Aufgaben, Literatur ist weit mehr als Beherrschung der Rechtschreibung, Bildung insgesamt ist nicht gleichzusetzen mit »handwerklichen«, mechanisierbaren Fähigkeiten; aber eben weil in unserem Bildungssystem häufig die Vermittlung der letzteren im Vordergrund steht, wird es gerade durch die Leistungen der Computer nun in Frage gestellt.
Wir befinden uns in einer Krise des Bildungswesens – und das nicht in erster Linie wegen der Mikroelektronik; die Krise wird dadurch nur besonders deutlich gemacht. Es wird wenig nützen, weiterhin bloß Ideale eines historisch bedingten Allgemeinwissens zu predigen. Sie sind ohnehin schon weitgehend in Vergessenheit geraten.
Die moderne Informations- und Kommunikationstechnik erfordert Kenntnisse und Fähigkeiten, die durch das herkömmliche Bildungswesen nicht vermittelt werden. Klaus Haefner:»In der über-

Abb. 78 Computerunterricht (französische Zeichnung, 19. Jahrhundert)

wiegenden Mehrheit sind die Absolventen des deutschen Bildungswesens Analphabeten in Hinblick auf Grundkenntnisse in technischer Informationsverarbeitung. Sie wissen weder, was ein Algo-
rithmus ist, noch können sie Daten und Datenstrukturen charakterisieren. Ihnen ist die Digitaltechnik genauso unbekannt, wie es die
Grundprinzipien der Telekommunikation sind. Sie haben keine
Vorstellung von der Schnelligkeit heutiger Computer. Sie kennen
keine Programmiersprache, die es ihnen erlauben würde, einen
Computer unmittelbar zu nutzen« (Lit. 1).
Die meisten Schüler und Studenten werden erst außerhalb ihres Bil-
dungsganges mit der elektronischen Datenverarbeitung konfrontiert. Sie erfahren im Selbststudium, wie man programmiert, besuchen Kurse von Computerfirmen. Spätestens an ihrem Arbeitsplatz
(so sie einen gefunden haben) werden sie mit der neuen Technik
konfrontiert und müssen diese zu gebrauchen lernen. Eine Schule,
die sich mit der Lebensweise von Landschildkröten intensiver auseinandersetzt als mit der Funktionsweise eines Computers, ist keine
Vorbereitung für das Leben im nächsten Jahrtausend.
Schule und Hochschule werden ihr zurückhaltendes Verhältnis zur
Informationstechnik, meint Haefner, wohl auch in den nächsten
Jahren nicht verändern. Die heutigen Lehrer haben keine Ausbildung für den Umgang mit der Informationstechnik, und die Einführung neuer Unterrichtssysteme läuft auf dem freien Markt viel

280

schneller als die Neugestaltung von Lehrplänen, deren Erstellung total verbürokratisiert ist.

Selbst wenn sich Schule und Universitäten bereits umgestellt hätten und die Mikroelektronik samt ihren Auswirkungen zum Pflichtgegenstand aller Ausbildungsgänge gehörte, könnte sich keiner zur Ruhe setzen – zu schnell schreitet die Entwicklung voran. So gesehen, bleibt als eine der wichtigsten Anforderungen an Bildung und Ausbildung eigentlich die Vermittlung des Bewußtseins, daß wir alle mehr denn je dazu aufgerufen sind, das ganze Leben lang zu lernen. Wer nicht bereit und nicht flexibel genug ist, sich weiterzubilden und sich auf neue Situationen einzustellen, wird ebenso Schiffbruch erleiden wie ein Auswanderer, der in ein fremdes Land reist, aber nicht gewillt ist, die Sprache seiner Einwohner zu erlernen.

Die Vernachlässigung des Sinnbezugs

Aber: Mit dem Erlernen der Programmiertechnik oder systemanalytischer Fähigkeiten wäre es nicht getan. Die Bewältigung der Her-

Abb. 79   Computerunterricht in US-Kindergarten

Abb. 80   Klaus Haefner

ausforderung erfordert »Prozeßdenken«, Phantasie, Kreativität, Kapazität zur Problemlösung und Durchhaltevermögen. Wenn jetzt alle nur auf computergerechtes Denkvermögen starren (so notwendig es auch sein mag), wird sich die Situation nicht wesentlich ändern. Oder, anders herum: Eben weil unser Bildungssystem Phantasie, Kreativität usw. nicht ausreichend schult, haben wir Schwierigkeiten, die Probleme der Welt von heute sowie die Möglichkeiten und Gefahren der Mikroelektronik zu erfassen und zu bewältigen. Die im Bildungswesen notwendigen Umstellungen beziehen sich aber nicht nur auf das Erlangen neuer Wissensinhalte und die Beherrschung neuer Fähigkeiten – auch Grundwerte des heutigen Gesellschaftssystems beginnen sich zu wandeln. Wie der Computer immer weitere Bereiche der Informationsverarbeitung übernimmt, so verringert sich die Nachfrage nach manchen geistigen Leistungen des Menschen, weil sie zunehmend durch Maschinen ersetzt werden können. Diese Entwicklung beginnt an den Grundfesten der Leistungsgesellschaft zu rütteln. Sie beruht seit je auf dem Prinzip, daß jeder nach dem Beitrag vergütet wird, den er zum Ganzen liefert. Das reine Leistungsprinzip als Bewertungskriterium im Beruf ist im Bereich der körperlich motorischen Leistung des Menschen schon heute weitgehend überholt. Es wird sich in absehbarer

Zeit auch im Bereich der Informationsverarbeitungsleistung als in hohem Maße hinfällig erweisen.

Ähnlich wie heute in nie geahntem Ausmaß Sport betrieben wird, nicht zuletzt, um einen Mangel an körperlicher Betätigung (der früher durch die Arbeit geleistet wurde) auszugleichen, wird man sich in Zukunft vermehrt mit Quiz- und Denkspielen beschäftigen, um das menschliche Hirn, das im Berufsleben nicht mehr ausgelastet ist, zu beschäftigen. Eine solche neue Form von Sport wird aber Sinnleere und Unzufriedenheit des Menschen nur ungenügend kompensieren können – wer keine Arbeit hat oder aber in seiner Arbeit keinen Lebensinhalt mehr erblicken kann, wird die Frage nach dem Sinn seiner Existenz neu überdenken. Die Überlegenheit der Informationstechnik wird dazu noch einen Verlust an Selbstwertgefühl erzeugen. Der Facharbeiter muß erkennen, daß die mikroprozessorgesteuerte Maschine genauer arbeitet als er selbst. Die Sekretärin muß zusehen, wie der Textautomat Briefe zehnmal schneller und schöner schreibt, als sie es vermochte. Der Chemiker muß erkennen, daß viele seiner Fähigkeiten einem Rechenprogramm unterlegen sind. Auch der Weltmeister im Schachspielen wird verzweifeln, wenn er schließlich gegen einen Computer verliert.

Das Bildungswesen sieht sich also einer mehrfachen Herausforderung gegenüber: Zum einen ist es aufgerufen, Informatik und kybernetisches Denken zu vermitteln und auf die Konfrontation mit neuen Techniken vorzubereiten.

Gleichzeitig muß es aber der Entfaltung der (noch) zutiefst menschlichen und neuen sozialen Fähigkeiten mehr als bisher Augenmerk schenken. Erst dann könnte die Angst, von Maschinen überrollt zu werden, einem neuen Selbstwertgefühl des Menschen weichen. Genauso wie Kultur mehr ist als die Summe aller technischen Hilfsmittel zu ihrer Entfaltung, ist auch Lernen mehr als bloße Informationsverarbeitung. »Wir sind der Meinung, daß die meisten Schwierigkeiten in heutigen Lernprozessen auf die Vernachlässigung des Sinnbezuges zurückzuführen sind ... Lernen, als Verbesserung der Fähigkeit verstanden, auf neue Situationen zu reagieren oder mit uns nicht vertrauten Ereignissen fertigzuwerden, erfordert ein umfangreiches Reservoir an Bezügen. Wenn die Sinnbezüge eingeschränkt werden, erhöht sich die Wahrscheinlichkeit, durch einen Schock zum Lernen gezwungen zu werden, denn der Schock läßt sich als plötzlich auftretendes Ereignis definieren, das außerhalb der uns bekannten Bezüge stattfindet« (Lit. 58).

Weil die Entwicklung rascher denn je voranschreitet, wird es auch mehr denn je notwendig sein, antizipatorisch zu lernen, d. h. die Fähigkeit zu erlangen, sich neuen, möglicherweise nie zuvor dagewesenen Situationen zu stellen. Die Gegenwart ist in der Begriffswelt der Zukunft zu sehen, und nicht die Zukunft in der Begriffswelt der Gegenwart.

In der Praxis ist davon leider recht wenig zu bemerken. Die Gesellschaft neigt dazu, abzuwarten, bis eine Krise sie zwingt, sich umzustellen (»Lernen durch Schock«). So war es auch bisher: Hungerkatastrophen bewirkten in der Folge Lebensmittelbevorratung, Seuchen stimulierten die Forschung, um deren Ursachen zu ergründen, usw. Heute jedoch ist die Situation in fataler Weise anders: Lernen durch Schock birgt im Zeitalter der Atombombe das Risiko irreversibler Folgen.

Wir müssen daher, anders als früher, als Individuum und als Gesellschaft innovativ lernen. Ob uns das gelingen wird?

Endzeit oder Zeitenwende – ein Epilog in Fragen

Eine paradoxe Welt? Satten Magens genießen wir – die Überflußgesellschaft – bisher ungekannten materiellen Wohlstand. Statt geistiger Entfaltung aber macht sich Orientierungslosigkeit breit, Symptom kultureller und spiritueller Entwurzelung. Segensreicher Fortschritt dank moderner Technik? Auf der Suche nach einem neuen Sinn des Lebens flüchten die einen zu Drogen und Sekten, andere berauschen sich angesichts immer effizienterer Maschinen. Nicht wenige resignieren und verströmen in gedankenloser Weinseligkeit. Übrig bleiben Aussteiger und Eremiten.

Eine ungleiche Welt? Weder Kapitalisten noch Kommunisten konnten verhindern, daß mehr Menschen als je zuvor hungern und daß die Kluft zwischen arm und reich breiter wird statt schmäler. An Versuchen zur Abhilfe hat es nicht gefehlt, siehe die rote, die grüne und die »Kulturrevolution«. Am Nord-Süd-Problem hat sich aber grundsätzlich kaum etwas geändert. Wenig beachtet, aber um so erfolgreicher – allerdings in anderem Sinn – entwickelt sich zur Zeit die Informationsrevolution: Kaum dem Joch des Kolonialismus entronnen, driften die Länder der Dritten Welt – aber auch zahlreiche Industriestaaten – in eine neue Abhängigkeit. Sie ist diesmal bedingt durch die informationelle Dominanz des Westens, vor allem der Vereinigten Staaten im Verein mit wenigen transnationalen Unternehmen. American way of life – Universal-»Kultur« des 21. Jahrhunderts?

Eine verrückte Welt? Politiker in Ost und West loben das Gleichgewicht atomarer Abschreckung als Garant des Friedens. Im Volk aber geht Angst um, bewußt oder unbewußt. Angst vor einem gewaltsamen Ende unserer auf einem Fundament aus intelligenten Bomben ruhenden Zivilisation. Trotz SALT und Friedensbewegung geht das Wettrüsten weiter. »Es scheint mir«, schrieb Max Born, »daß der Versuch der Natur, auf dieser Erde ein denkendes Wesen hervorzubringen, gescheitert ist.«

Was hat das alles mit Mikroelektronik zu tun? Meiner Ansicht nach sehr viel. Ich will versuchen, nach den eher beschreibenden Teilen dieses Buches in der Folge aus persönlicher Sicht kritische Anmerkungen zu einigen grundlegenden Problemen im Zusammenhang mit Computern, Robotern und Neuen Medien anzufügen.

Mikroelektronik erhöht die Kriegsgefahr

Beginnen wir mit der Kriegsindustrie, oder – in Neusprech – der Verteidigungsindustrie (als die ersten Computer gebaut wurden, hieß das US-Verteidigungsministerium noch Kriegsministerium). Ihr »verdanken« wir fast alle modernen Hochtechnologien, darunter vor allem die Atomtechnik, Raketen- und Satellitentechnik sowie Computer- und Kommunikationstechnik. Glaube niemand, Satelliten seien entwickelt worden, damit alle Welt eine Rede des US-Präsidenten live verfolgen könne; oder Computer seien gebaut worden, damit Firmenchefs ihre Lohnverrechnung automatisieren können. Nein: Der erste britische Röhrencomputer COLOSSUS I wurde konstruiert, um den Geheimcode der deutschen Wehrmacht entschlüsseln zu helfen. Die ENIAC-Maschine (siehe Seite 68) diente in erster Linie der Berechnung der Flugbahnen von Bomben und Raketen. Satelliten werden auch heute noch fast ausschließlich militärisch genutzt.

So gesehen, handelt dieses Buch vorwiegend von Nebenprodukten der Forschung im Dienste des Militärs: »Wir sitzen wie Hunde unter dem Tisch, an denen die ökonomischen und militärischen Herrschaften sich satt essen, und freuen uns, wenn ein Knochen für uns abfällt« (Lit. 60).

Wer nun der Auffassung ist, die zivile Nutzung der Mikroelektronik bringe der Menschheit deutliche Fortschritte, könnte argumentieren, die ganze Entwicklung hätte letztlich doch Sinn gehabt. Ich halte diesen Gedankengang für falsch. Denn erstens lösen Computer nicht menschliche Probleme (dies wäre Voraussetzung für echten Fortschritt), und zweitens besteht dank Mikroprozessoren die eminente Gefahr, daß die These vom Gleichgewicht des Schreckens hinfällig wird.

Nehmen wir an, das angebliche nukleare Gleichgewicht zwischen USA und UdSSR habe bisher zur Erhaltung einer Koexistenz ohne weltweiten Konflikt beigetragen. Wenn sich nun infolge weiterer technischer Entwicklungen dieses Gleichgewicht zu einer Seite hin verschiebt, dann müßte die Gefahr eines Weltkriegs steigen.

Genau das scheint gegenwärtig der Fall zu sein. Folgen wir zur Erklärung des Sachverhalts einer Analyse von Frank Barnaby, dem ehemaligen Direktor des Stockholmer Internationalen Instituts für Friedensforschung (Lit. 61): Die Zielgenauigkeit sowjetischer und US-amerikanischer ballistischer Interkontinentalraketen (ICBM = Intercontinental Ballistic Missiles) wird durch Verbesserungen im Computer des Raketenleitsystems laufend erhöht. Die Folge: Präzis gesteuerte ICBMs können gegnerische ICBMs schon in ihren gehärteten Silos zerstören. Wenn alle strategischen Nukleargefechtsköpfe genügend Zielgenauigkeit besitzen, um selbst massiv verbunkerte Objekte zu bedrohen, dann wird, so Barnaby, die Politik der gegenseitigen atomaren Abschreckung endgültig tot sein. Bleiben noch die Atom-U-Boote als nicht eingerechneter Faktor. Aber wenn schließlich eine Seite ernsthaft den Schaden begrenzen kann, den solche U-Boote als Vergeltung anzurichten imstande wären, dann wird die Versuchung groß, einen alles entscheidenden atomaren Erstschlag zu führen (siehe auch Seite 210).

Angst vor der Wissenschaft

Aus diesen Überlegungen resultiert unter anderem eine für unser Thema bedeutsame Aussage: Wenn es zu einem atomaren Erstschlag kommen sollte, so basieren die dafür verantwortlichen strategischen Überlegungen mit hoher Wahrscheinlichkeit auf vermeintlich überlegener mikroelektronischer Technik. In fataler Weise wäre Mikroelektronik auch mit im Spiel, wenn es zu einem nuklearen Desaster infolge eines »Computerirrtums« kommen sollte.

Unsere Zukunft liegt also in hohem Maße in den Händen derjenigen Wissenschafter und Techniker, die die Mikroelektronik weiterentwickeln. Hier taucht unwillkürlich die Frage nach der Verantwortung auf, die diese Menschen haben.

Die Angst vor einem totalen Vernichtungskrieg scheint mir eine der Wurzeln der gegenwärtigen Sinnkrise zu sein. Verfolgt man diese Angst zu ihren Urhebern weiter, kann man, wie Joseph Weizenbaum einen Artikel überschrieb, »Angst vor der Wissenschaft« bekommen (Lit. 62).

Bei aller Gefahr, die Verallgemeinerungen mit sich bringen – ich fürchte, daß die Angst vor der Wissenschaft heute das Vertrauen in sie zu Recht überwiegt. Wissenschaftsfeindlichkeit und Technikkritik sind zu Recht en vogue. Häufig sind sie übertrieben, nicht selten

äußern sie sich am falschen Platz. Deswegen kann man sie jedoch nicht zurückweisen und meinen, der wertfrei Forschende sei bloß eine Ausnahme. Vielfach dürfte er allerdings gar nicht voraussehen, wohin seine Arbeit führt (wußte Einstein 1920, daß seine Entdekkungen zu Hiroshima führen würden?). Dennoch: Selbst wenn die Folgen einer Entwicklung zunächst nicht vorausehbar sind, scheint mir, daß sich viele Wissenschafter für diese Fragen gar nicht interessieren (oder erst dann, wenn Folgen nicht mehr rückgängig zu machen sind). Früher mag dies nicht so wichtig gewesen sein. Aber angesichts der durch die Wissenschaft verliehenen Macht, als menschliche Rasse Selbstmord zu begehen, läßt sich die Problematik nicht mehr wegdiskutieren. Schon gar nicht mit dem Hinweis, Laien (und auch Journalisten) verstünden nichts von Wissenschaft, denn: »Solange man den Laien für nicht ausreichend qualifiziert hält, ein Gefühl der Angst vor der Wissenschaft empfinden zu können, sollte man von ihm auch kein blindes Vertrauen in die Wissenschaft verlangen« (Lit. 63).
Verfehlt wäre es allerdings, der Wissenschaft alle Schuld in die Schuhe zu schieben. Was kann der Datenbankexperte dafür, daß machtbesessene Politiker seine Technik benützen, um den Bürger besser kontrollieren zu können? Was kann der Physiker dafür, der Laser in der Medizin nutzbringend einsetzen will, wenn Militärstrategen seine Entwicklungen für Waffensysteme benützen? Trotzdem: Rund 40% aller in der Forschung überhaupt beschäftigten Wissenschafter arbeiten für die militärische Industrie, darüber hin-

aus tun es viele, ohne davon zu wissen. Grund genug für Mißtrauen.

Eine weitere Ursache für die Sinnkrise unserer Zeit haben wir schon auf Seite 135 kennengelernt: Die gegenwärtige Informationsexplosion beschert uns Nachrichten in einer Menge, die der einzelne nicht mehr verarbeiten kann. Genausowenig hat er einen Maßstab, der zu beurteilen hilft, aus der Vielfalt des Angebots die für die Zukunft wichtigen Informationen herauszusuchen. Immer schwieriger wird es, zutreffende Fakten von Desinformation zu unterscheiden. Ein beispielloses Durcheinander von zum Teil widersprüchlichen Behauptungen erhöht die Orientierungslosigkeit. Als die breite Masse noch an Gott glaubte (ich unterstelle, daß dies heute in Mitteleuropa immer weniger der Fall ist), half die Bibel als Wegweiser; intakte Familien vermittelten Geborgenheit; Traditionen gewährten Halt. Von dem alten benediktinischen Leitspruch »ora et labora« (bete und arbeite) ist der erste Teil weitgehend vergessen, der zweite, die Erfüllung des Lebens durch Arbeit, wird bald hinfällig sein.

Liest man, diese Entwicklung vor Augen, was Friedrich Nietzsche vor bald hundert Jahren über das Heraufkommen des Nihilismus schrieb, kann man den »Wahrsagevogel-Geist« nur bewundern: »Unsere ganze europäische Kultur bewegt sich ... wie auf eine Katastrophe los: unruhig, gewaltsam, überstürzt; einem Strome ähnlich, der ans Ende will, der sich nicht mehr besinnt, der Furcht davor hat, sich zu besinnen« (Lit. 64). Nihilismus bedeutet für Nietzsche, daß »die obersten Werte sich entwerten. Es fehlt das Ziel, es fehlt die Antwort auf das ›Warum‹«.

Damit ist, so meine ich, unsere heutige Situation treffend beschrieben.

Lösen Computer menschliche Probleme?

Nichtsdestoweniger verkünden Werbemanager, Techniker und wohlmeinende Optimisten, Computer und andere technische Geräte seien entwickelt worden, um uns bei der Lösung unserer Probleme zu helfen. Welcher Probleme denn? Trotz moderner Technik, trotz Computer, Roboter und Neuer Medien ist die Armut gestiegen. Die Mediziner haben zwar die Säuglingssterblichkeit herabgesetzt und viele akute Krankheiten heilbar gemacht, aber gleichzeitig durch ihre Erfolge neue Probleme geschaffen, in Teilen der Welt eine Übervölkerung ermöglicht, die Armut verschärft. Die

Zahl der Scheidungen, Selbstmorde und mancher Geisteskrankheiten steigt. Glaubt jemand ernsthaft, Computer könnten Probleme dieser Kategorie lösen helfen? Ich behaupte nicht, daß Technik keinen Nutzen hat. Schon gar nicht bin ich dafür, sie abzuschaffen. Denn wenn ihr Einsatz nicht hilft, unsere Probleme zu lösen, dann dürfte der Verzicht auf sie ebensowenig helfen. Technik dient dazu, Waren aller Art (auch Information) zu produzieren, zu verarbeiten und zu verteilen. Uns hat sie enormen Wohlstand gebracht und die Basis für ungeahnte Entfaltungsmöglichkeiten. Wir haben sie aber vielfach nicht richtig, nicht maßvoll genützt. Wir haben uns statt dessen in einen regelrechten Rauschzustand versetzen lassen. Das einer Götzenanbetung vergleichbare Verhältnis zum Auto, dem Inbegriff der vergangenen industriellen Revolution, weicht einer ebensolchen Verehrung des Computers, dem Symbol der Mikrorevolution.

Der Mensch – Herr der Technik?

Er ist es, behaupten die einen. Denn immer noch sei es der Mensch, der ein Auto startet oder einen Computer programmiert. Die Technik füge sich bedingungslos seinem Willen.
So schön es klingt, ich fürchte, es ist nicht nur zu oberflächlich, sondern sogar falsch gesehen. Der Mensch schaltet den Computer ein und aus, sicherlich. Aber damit Computer funktionieren sollen, muß sich der Mensch auch ihren Gesetzen unterwerfen: Er muß eine maschinengerechte Sprache sprechen, seine Wünsche auf solche beschränken, die formalisierbar sind, ein Problem auf diejenigen Teilaspekte reduzieren, die das Programm »beherrscht«. In Summe: die Anpassung des Menschen an eine von Computereigenschaften bestimmte künstliche Welt. Wenn Computer in der Ausbildung versagen, dann ändern wir eben das Erziehungssystem, damit Maschinen den Unterricht übernehmen.
Mit anderen Worten: Der Mensch wird auf das System Computer programmiert und nicht der Computer auf das System Mensch. Für das anbrechende Informationszeitalter befürchte ich daher, daß nicht nur Technik und Produktion, sondern auch das soziale Leben zum konditionierten Reflex auf die Eigendynamik der Informationstechnik herabsinkt.
Bisher habe ich Computer, Roboter und Neue Medien als moderne Technik angesprochen; dies deshalb, weil ich die erwähnten Probleme für grundlegend in der Auseinandersetzung des Menschen mit der Technik halte. In der Folge möchte ich versuchen zu diffe-

renzieren. Zunächst gilt es, nochmals die Probleme zusammenzufassen, die sich in Anbetracht der Anwendungen der Mikroelektronik am heutigen Stand der marktreifen Technik stellen. Dann aber
scheint es notwendig, einen Blick in die Zukunft zu werfen und zu
fragen, was denn die Computer von morgen und übermorgen bringen könnten.

Mikroelektronik erzeugt und vernichtet Arbeitsplätze. Ich persön-
lich glaube, daß der arbeitssparende Effekt überwiegen wird. In
diesem Fall wird es entweder immer mehr Arbeitslose geben, oder
die Menschen werden insgesamt weniger arbeiten – oder beides. Jedenfalls werden diejenigen besonders betroffen sein, die nicht fähig
oder nicht willens sind, sich anzupassen, um immer wieder neu zu
lernen.

Das enorme Ausmaß der Beschäftigung mit technischen Systemen
bei gleichzeitiger Vernachlässigung humaner und sozialer Aufgaben führt zu Vereinsamung und Orientierungslosigkeit. Die Tech-

Abb. 82   Der Computer – ein Zauberlehrling?

nik der Speicherung und Verarbeitung von Information läuft darüber hinaus auf eine Bedrohung der Privatsphäre hinaus. Die Macht des Staates wächst auf Kosten der Autonomie des Individuums. Datenschutzgesetze, die nur auf die Wahrung von Individualrechten abstellen, sind nicht geeignet, dieser Umverteilung der Informationsmacht entgegenzutreten.

Die ungleiche Verteilung informationeller Ressourcen in globaler Hinsicht fördert die Entstehung neuer internationaler Machtstrukturen mit quasi-kolonialistischen Tendenzen.

Die Weiterentwicklung der Mikroelektronik im Rahmen des militärisch-industriellen Komplexes schließlich erhöht die Gefahr eines weltweiten Nuklearkrieges.

Selbst wenn sich einige dieser Thesen als unzutreffend erweisen sollten – jedes einzelne der genannten Probleme ist schwierig genug zu lösen. Es sieht aber so aus, als ob infolge der Weiterentwicklung der Computertechnik neue Aspekte hinzukämen:

Computer, Gehirn und Denken

Die »Philosophen« des Informationszeitalters, die Kybernetiker, meinen, geistige Vorgänge durch informationelle Strukturen erklären zu können. In diesem Sinne meinte Martin Heidegger, es bedürfe keiner Prophetie, um zu erkennen, daß die sich einrichtenden Wissenschaften alsbald von der neuen Grundwissenschaft bestimmt und gesteuert werden würden, die Kybernetik heißt.
Schon 1958 schrieben Herbert A. Simon und Alan Newell, führende Forscher über künstliche Intelligenz in den USA, es gebe nunmehr in der Welt Maschinen, die denken, lernen und schöpferisch tätig sind. Darüber hinaus wachse ihre Fähigkeit auf diesen Gebieten zunehmend, bis – in absehbarer Zeit – der Bereich von Problemen, die sie bearbeiten können, sich mit dem Bereich decken werde, der bis jetzt dem menschlichen Denken allein vorbehalten war. Viktor Michailowitsch Gluschkow, Direktor des Kiewer Instituts für Kybernetik und Lenin-Preisträger, formuliert mindestens ebenso deutlich: »Es gibt praktisch überhaupt keine Grenze für die Anwendung von Automatisierungsmitteln in der geistigen Tätigkeit des Menschen« (Lit. 65). Mit dem vollen Übergang des menschlichen Intellekts in den Computer, so der sowjetische Wissenschafter, würden auch seine Emotionen, Gefühle, Wünsche, sogar das Selbstbewußtsein und das Ich übertragen. Während Menschen weiterhin sterblich blieben, würden die in Maschinen eingepflanzten »Computer-Ichs« praktisch ewig leben.

Um keine Mißverständnisse aufkommen zu lassen: Die Urheber der obigen Zitate sind keineswegs Science-fiction-Autoren, sondern ernstzunehmende Forscher.

Ich halte ihre Entwicklungsabsichten und die Tatsache, daß sie aktiv verfolgt werden, als charakteristisch für den Irrsinn unserer Zeit. Andererseits wurde und wird versucht, prinzipielle Unterschiede zwischen dem Gehirn und dem Computer darzustellen. Dies dürfte, so meine ich, nicht gelingen. Denn Gehirnprozesse lassen sich in Maschinen nachbilden. Fraglich ist aber, ob es bei solchen Vergleichen auf das Gehirn ankommt oder das Denken. Wenn letzteres entscheidend ist, sind Vergleiche zwischen Gehirn und Computer belanglos, denn sie setzen sämtlich das Denken voraus. Das Denken »gründet letztlich in sich selbst und kann nur auf sich selbst zurückgeführt werden. Ein Vergleich mit einem Computer wird von diesem Standpunkt aus hinfällig und läßt sich nicht durchführen« (Lit. 66).

Mit anderen Argumenten kommen Metamathematiker zu ähnlichen Schlüssen. Sie beziehen sich auf die Fähigkeit zur Selbstwahrnehmung. Nehmen wir an, ein Computer besitze diese Fähigkeit. Er würde nicht nur sich zusehen, wie er elementare Rechenoperationen ausführt, sondern auch deren Ergebnisse prüfen; in der Folge die von ihnen bewirkten Änderungen im Speicher. Selbstbeobachtung bedeutet, diese Änderungen laufend zu überwachen. Muster in den Änderungen eines Satzes von Datenstrukturen würden in der nächsten Ebene abgespeichert. Die dort erkennbaren Muster müßten von einer nächsthöheren Ebene überwacht werden usw. »Das riecht ganz verdächtig nach infinitem Regreß: einer endlosen Hierarchie von Strukturen, deren jede die Veränderungen auf der nächstliegenden Ebene überwacht« (Lit. 67).

Ein anderer Aspekt dieser Diskussion kreist um das klassische Halteproblem aus der Berechenbarkeitstheorie: Kann es je ein Computerprogramm geben, das in der Lage ist, andere Programme vor dem Laufen zu überprüfen und zuverlässig festzustellen, ob sie in Endlosschleifen geraten oder nicht, d. h. nie mehr zum Halten kommen? Die Mathematiker Kurt Gödel und Alan Turing lieferten den Beweis, daß dies nicht möglich sei. Selbstwahrnehmung scheint demnach eine singuläre Eigenschaft des menschlichen Bewußtseins zu sein.

»Erkenne dich selbst«, stand am Eingang zum Apollo-Tempel in Delphi. Sind wir in unserer – für alles und jedes materielle Beweise fordernden – Zeit wieder dort angelangt? Im Sinne eines Ausspruchs des englischen Physikers Arthur Eddington: »Wir haben an den Gestaden des Unbekannten eine sonderbare Fußspur entdeckt. Wir haben tiefgründige Theorien, eine nach der anderen, ersonnen, um ihren Ursprung aufzuklären. Schließlich ist es uns gelungen, das Wesen zu rekonstruieren, von dem die Fußspur herrührt. Und siehe – es ist unsere eigene.«

Ein Blick in die Zukunft

Ich kann mir vorstellen, daß manche Leser nach den kritischen Ausführungen der letzten Seiten praktikable Lösungen für die Probleme unserer Zeit vermissen. Darauf kann ich – in Anlehnung an Sokrates – nur erwidern, daß ich weiß, daß ich sie nicht kenne; zwar ist sicher, daß die mikroelektronische Revolution hier und heute stattfindet. Aber völlig ungewiß scheint mir die Antwort auf die Frage, wohin sie uns führt. Ich behaupte, daß wir die Probleme, die sich uns an der Schwelle ins Informationszeitalter stellen, noch gar nicht erfassen.

Trotzdem ergeben sich aus den schon heute sichtbaren Auswirkungen, die Computer, Roboter und Neue Medien gegenwärtig hervorrufen, einige Schlußfolgerungen: Ich meine, die Menschen sollten sich stärker auf die menschlichen Aspekte ihrer individuellen und kollektiven Existenz besinnen, der Entfaltung des Einzelmenschen den Vorrang geben vor einem Wildwuchs von Heimcomputern, der Verständigung von Mensch zu Mensch mehr Bedeutung einräumen als der zwischen Mensch und Maschine. Im Sinne des spanischen Sprichworts »Tantas lenguas hablas, tantas personas eres« (etwa: Wie viele Sprachen du sprichst, so viele Personen stellst du dar) könnten wir auf Übersetzungscomputer getrost verzichten.

Im Zeitalter der Kommunikationstechnik sind wir ferner aufgerufen, die Erde als Einheit zu begreifen, mit anderen Worten, ein Gefühl globaler Verantwortung zu entwickeln und mit ihm eine neue Ethik.

Um für die Zukunft und ihre Aufgaben gerüstet zu sein, ist vor allem das Bildungswesen tiefgreifend zu reformieren. Die Betonung des Trainings intellektueller Fähigkeiten (den Aufgaben der linken Gehirnhälfte entsprechend) ist abzulösen durch ein ausgewogenes Entwickeln des intellektuellen und kreativen, künstlerischen Könnens. Als essentielle Lehrinhalte sind Ökologie, Kybernetik, Informatik und Medienerziehung in die Curricula aufzunehmen. Antizipatorisches und innovatives Lernen (siehe Seite 284) sollten verstärkt und lebenslang geübt werden.

Schließlich sind die Begriffe Arbeit und Freizeit neu zu überdenken und zu gestalten. Nicht mehr volle Arbeit für alle (im Sinne der Erzeugung von Konsumgütern) heißt noch lange nicht, daß es nicht für alle trotzdem Beschäftigung gibt. Im sozialen Bereich ist auch weiterhin – vielleicht mehr denn je – zu tun. Ich befürchte allerdings, daß in der künftigen Freizeitgesellschaft Tätigkeiten vom Typus der elektronischen Spiele für viele attraktiver sein werden als Sozialdienst oder kreative Entfaltung.

Wir stehen alle vor einer tiefer werdenden Kluft zwischen der steigenden Komplexität der Welt und der nur schleppenden Entwicklung unserer eigenen Fähigkeiten. Informationsflut behindert umfassende Bildung, Maschinendenken schöpferische Intelligenz. Wenn Mensch und Gesellschaft zu träge sind, um vorausschauend einen tiefgreifenden Wandel herbeizuführen, dann dürfte es schlecht um unsere Zukunft stehen; Strukturkosmetik, vorsichtiges Lavieren oder kritikloser Zweckoptimismus sind jedenfalls fehl am Platz. In neuer Weise gilt, was Albert Einstein schon vor Jahrzehnten sagte: »Wir brauchen eine wesentlich neue Denkart, wenn die Menschheit am Leben bleiben soll.«

Literaturverzeichnis

Lit. 1   KLAUS HAEFNER, Der »Große Bruder« Econ Verlag 1980, S. 19
Lit. 2   KARL STEINBUCH, Maßlos informiert   W. Goldmann Verlag 1978, S. 99
Lit. 3   KLAUS LENK, in: Auf Gedeih und Verderb   Europaverlag 1982, S. 326
Lit. 4   siehe Lit. 3, S. 316
Lit. 5   siehe Lit. 2, S. 142
Lit. 6   JOSEPH WEIZENBAUM, Die Macht der Computer und die Ohnmacht der Vernunft   Suhrkamp Verlag 1976
Lit. 7   siehe Lit. 2, S. 22
Lit. 8   siehe Lit. 1, S. 28
Lit. 9   WILLIAM S. DAVIS, Information Processing Systems   Addison-Wesley Publ. Comp. 1981, S. 147
Lit. 10 zitiert nach: Stephanie Yanchinski, And now – the biochip   New Scientist, 14. 1. 1982, S. 68
Lit. 11 siehe Lit. 10, S. 70
Lit. 12 KURT SATTELBERG, Vom Elektron zur Elektronik   AT Verlag (Aarau, Schweiz) 1982, S. 248
Lit. 13 siehe Lit. 3, S. 3o6
Lit. 14 JAMES MARTIN, Telematic Society   Prentice-Hall, Inc. 1981, S. 110
Lit. 15 siehe Lit. 14, S. 118
Lit. 16 Financial Times, 13. 4. 1983, S. 24
Lit. 17 Der Spiegel Nr. 8, 1983, S. 200   Die Zeit Nr. 17, 1983, S. 66
Lit. 18 BRUNO LAMBORGHINI, in: Auf Gedeih und Verderb Europaverlag 1982, S. 154
Lit. 19 zitiert nach: John Bell, We'll have robots like ladies have hats   New Scientist, 24. 2. 1983, S. 528
Lit. 20 Time, 7. 3. 1983, S. 46
Lit. 21 zitiert nach: John Bell, Designers get the picture   New Scientist, 24. 3. 1983, S. 815
Lit. 22 MILKO KELEMEN, Klanglabyrinthe   Piper Verlag 1981, S. 98
Lit. 23 DIRK REITH, in: Reflexionen über Musik heute   Schott Verlag 1981, S. 102
Lit. 24 zitiert nach: Wolfgang Hufschmidt, in: Reflexionen über Musik heute, Schott Verlag 1981, S. 150
Lit. 25 PIERRE SCHAEFFER, Musique Concrète   Ernst Klett Verlag 1974, S. 12
Lit. 26 HERMAN H. GOLDSTINE, The Computer from Pascal to von Neumann   Princeton University Press 1972, S. 72

Lit. 27 FRANK BARNABY, in: Auf Gedeih und Verderb   Europaverlag
1982, S. 258

Lit. 28 JOHN EVANS, in: Auf Gedeih und Verderb   Europaverlag 1982, S.
171

Lit. 29 siehe Lit. 1, S. 172

Lit. 30 siehe Lit. 2, S. 327

Lit. 31 siehe Lit. 18, S. 139

Lit. 32 JAN TINBERGEN (Hrsg.), Wir haben nur eine
Zukunft   Westdeutscher Verlag 1976, S. 31

Lit. 33 Der Spiegel, Nr. 6, 1983, S. 71

Lit. 34 DIETRICH RATZKE, Handbuch der Neuen Medien   Deutsche
Verlags-Anstalt 1982, S. 303

Lit. 35 siehe Lit. 34, S. 313

Lit. 36 KLAUS BREPOHL, Telematik   Lübbe Verlag 1982, S. 261

Lit. 37 ALEX AMDSON, Private Power   Abacus (London) 1981, S. 66

Lit. 38 JUAN F. RADA, The impact of micro-electronics   International
Labour Office 1980, S. 61

Lit. 39 siehe Lit. 1, S. 161

Lit. 40 JUAN F. RADA, in: Auf Gedeih und Verderb   Europaverlag 1982, S.
227

Lit. 41 zitiert nach: ANTHONY SMITH, The Geopolitics of Information
Oxford University Press 1980, S. 57

Lit. 42 siehe Lit. 34, S. 429

Lit. 43 Der Spiegel, Nr. 1, 1983, S. 19

Lit. 44 ALEXANDER KING, in: Auf Gedeih und Verderb   Europaverlag
1982, S. 12

Lit. 45 GEORGE ORWELL, 1984   Ullstein Verlag 1982

Lit. 46 siehe Lit. 3, S. 324

Lit. 47 siehe Lit. 3, S. 326

Lit. 48 Der Spiegel, Nr. 47, 1982, S. 130

Lit. 49 Vierter Tätigkeitsbericht des Bundesbeauftragten für den
Datenschutz   Bonn 1982, S. 22

Lit. 50 Fünfter Tätigkeitsbericht des Bundesbeauftragten für den
Datenschutz   Bonn 1983, S. 87

Lit. 51 ARTHUR R. MILLER, Der Einbruch in die Privatsphäre
Luchterhand Verlag 1973, S. 27

Lit. 52 siehe Lit. 3, S. 299

Lit. 53 RAINER THOME, Datenschutz   Franz Vahlen Verlag 1979, S. 71

Lit. 54 Die Zeit, 28. 1. 1983, S. 11

Lit. 55 ULRICH SIEBER: Gefahr und Abwehr der Computerkriminalität
Betriebs-Berater, 30. 8. 1982, S. 1433

Lit. 56 Der Spiegel, Nr. 16, 1983, S. 17

Lit. 57 zitiert nach: JÜRGEN TAEGER (Hrsg.), Die Volkszählung   Rowohlt
Taschenbuchverlag 1983, S. 92

Lit. 58 AURELIO PECCEI (Hrsg.), Zukunftschance Lernen   W. Goldmann
Verlag 1980, S. 50

Lit. 59 siehe Lit. 58, S. 92

Lit. 60 JOSEPH WEIZENBAUM, in: Schöne elektronische Welt   Rowohlt
Taschenbuchverlag 1982, S. 164

Lit. 61 FRANK BARNABY, in: Schöne elektronische Welt   Rowohlt
Taschenbuchverlag 1982, S. 146 f.

298

Lit. 62   siehe Lit. 60, S. 28
Lit. 63   siehe Lit. 60, S. 29
Lit. 64   siehe Lit. 2, S. 278
Lit. 65   GENNADI W. MAXIMOWITSCH, Kybernetik, Computer,
           Gesellschaft   VEB Verlag Technik (Berlin) 1974, S. 239
Lit. 66   BERNARDO J. GUT, Informationstheorie und
           Erkenntnislehre   Philosophisch-Anthroposophischer Verlag am
           Goetheanum 1971, S. 98
Lit. 67   DOUGLAS R. HOFSTADTER, Metamagikum   Spektrum der
           Wissenschaft, Nr. 9, 1982, S. 10 f.

Verzeichnis der Quellen und der weiterführenden Literatur

Anm.: Nachfolgend sind Quellenangaben vorwiegend neueren Datums, geordnet nach thematischen Gruppen, in alphabetischer Reihenfolge aufgelistet

COMPUTER- UND INFORMATIONSTECHNIK

ADVISORY COUNCIL FOR APPLIED RESEARCH AND DEVELOPMENT Information Technology Her Majesty's Stationery Office (London) 1980

ANTEBI E. La grande épopée de l'électronique Editions Hologramme 1982

ASSOCIATION INTERNATIONALE DONNEES POUR LE DEVELOPPEMENT Six pays faces à l'informatisation La documentation française (Paris) 1979

BENESCH H., BUSSE D., TWIEHAUS J. und WEITZEL W. Der Schlüssel zur Computer-Praxis Econ-Verlag (Düsseldorf, Wien) 1981

CAPRON H.L. und WILLIAMS B.K. Computers and Data Processing The Benjamin/Cummings Publishing Company (Menlo Park, California) 1982

COMMITTEE ON SCIENCE AND TECHNOLOGY Information and Telecommunications – an Overview of Issues, Technologies, and Applications U.S. Government Printing Office (Washington) 1981

EATON J. und SMITHERS J. This is it – A Manager's Guide to Information Technology Philip Allan (Oxford) 1982

FAWCETTE J. ADA Tackles Software Bottleneck High Technology Feb. 1982, S. 49 – 54

FORESTER T. The Microelectronics Revolution Basil Blackwell (Oxford) 1980

FRIEDRICH et. al. The Computer Moves In Time, 3. 1. 1983, S. 6 – 27

HARTMANN K. Kompatibilität in der Computertechnik Neue Zürcher Zeitung, 24. 2. 1982, S. 35

KATZAN H. Introduction to Programming Languages Auerbach Publishers Inc. (Philadelphia) 1973

LIBRARY OF CONGRESS An Age of Innovation McGraw-Hill, Inc. (New York) 1981

LU C. Microcomputers: the Second Wave High Technology Sep./Oct. 1982, S. 36 – 52

LUKOFF H. From Dits to Bits: A personal history of the electronic computer Robotics Press (Portland, Oregon) 1979

MARSH P. The Silicon Chip Book Abacus (London) 1981

N.N. Ersetzt die Speicherplatte den Mikrofilm? Neue Zürcher Zeitung, 1. 9. 1982

N.N. Spracherkennung bald ein Milliardengeschäft Blick durch die Wirtschaft, 22. 11. 1982

NAGEL K. DV Aktuell 1980 – Trends, Tabellen, Entscheidungshilfen für Datenverarbeitung und Informatik R. Oldenbourg (München, Wien) 1980
PÜTZ J. Einführung in die Elektronik Fischer Taschenbuch Verlag 1978
SCHULZE H.H. rororo Lexikon zur Datenverarbeitung Rowohlt Taschenbuch Verlag 1978
SIEBER N. und LEIDHOLD H. Einführung in die Datenverarbeitung Akademie-Verlag (Berlin) 1978
SPIESS W.E. und RHEINGANS F.G. Einführung in das Programmieren in Fortran Walter de Gruyter (Berlin, New York) 1977

COMPUTER DER ZUKUNFT

DAHMEN H. Bis zur fünften Generation ist der Weg noch weit Online 9/82, S. 40 – 43
FREIHERR G. The Problems and Promises of Artificial Intelligence Research Resources Reporter, Sept.1979 Volume III, No.9, S. 1 – 6
HERMAN R. Computers on the Road to Intelligence New Scientist, 5. 8. 1982, S. 358 – 361
HUWYLER S. und SEIFRITZ W. Kommt der Bio-Chip? Neue Zürcher Zeitung, 11. 2. 1981, S. 33
INSTITUTE FOR NEW GENERATION COMPUTER TECHNOLOGY Outline of Research and Development Plans for Fifth Generation Computer Systems Japan Information Processing Development Center (Tokyo) May 1982
MARSH P. The Race of the Thinking Machine New Scientist, 8. 7. 1982, S. 85 – 87
N.N. Artificial Intelligence: The Next Revolution Stanford University News Service, 4. 11. 1982
N.N. Casting Light on Superfast Computing The Economist, 26. 2. 1983, S. 89 – 90
N.N. Fünfte Generation Der Spiegel, Nr.6, 1983, S. 71 – 74
N.N. Expert Systems: When a Machine Thinks Like an Expert Stanford University News Service, 4. 11. 1982
OSTROFF J. Biochips Venture Feb. 1983, S. 65 – 68
PARKER E. und KING R. New Channels for Microchips New Scientist, 14. 10. 1982, S. 105 – 108
SCHIFF J. Wege zum denkenden Computer Süddeutsche Zeitung, 28. 4. 1983, S. 29
SMITH D. und MILLER D. Computing at the Speed of Light New Scientist, 21. 2. 1980, S. 554 – 556
URBAN M. Noch keine Grenze für den Computer Süddeutsche Zeitung, 11. 11. 1982, S. 27

TELEKOMMUNIKATION, NEUE MEDIEN

BLÜTHMANN H. Angriff aus dem All Die Zeit (Dossier) 6. 3. 1981, S. 9 – 13
BOLTON T. The Perception and Potential Adoption of Channel 2000: Implications for Diffusion Theory and Videotex Technology OCLC, Inc. (Columbus, Ohio) 1981

301

BOLTON W.TH. und HARNISH TH.D. A Lesson in Interactive Television Programming: The Home Book Club Res. Dep. OCLC (Columbus, Ohio) 1980

BRODY H. Telephones Fly High High Technology Sep./Oct. 1982, S. 26 – 29

COMMISSION OF THE EUROPEAN COMMUNITIES The Impact of New Technologies on Publishing K.G.Saur (London-München-New York-Paris) 1980

DENIS-LEMPEREUR J. La télévision par satellite avant l'heure Science et Vie, Aug. 1982, Nr. 779, S. 80 – 83

DITTEL V., MANZ F. und PÜTZ J. Televisionen VGS 1978

ELIAS D. Telekommunikation in der Bundesrepublik Deutschland 1982 R.v.Decker's Verlag, G. Schenck (Heidelberg, Hamburg) 1982

EURICH C. Das verkabelte Leben Rowohlt 1980

FOX B. Video Games: Philips takes on the world New Scientist, 14. 10. 1982, S. 97

GLOWINSKI A. Télécommunications objectif 2000 Dunod (Paris) 1980

GREENWALD J. New Bells Are Ringing Time, 25. 10. 1982, S. 43

HOFFMANN W. Im Amt weniger radikal – Der neue Postminister Die Zeit, 15. 10. 1982, S.27

INTERNATIONAL TELECOMMUNICATION UNION Telecommunication Journal Volume 49, Feb. 1982

JARREN O., PIEPER D. und VOWE G. Zum Verhältnis von Fachinformation und Massenkommunikation bei der inhaltlichen Ausgestaltung von »Neuen Medien« Berlin 1980

KANZOW J. BIGFON – alle Fernmeldedienste auf einer Glasfaser Josef Keller GmbH & Co. Verlags-KG (Starnberg) 1981

KUNZ J. Medienrevolution Fritz Molden (Wien-München-Zürich-Innsbruck) 1980

MARSH P. Industry eyes America's weather satellites New Scientist, 3. 2. 1983, S. 308

N.N. Bildschirmtext – Computerwissen für alle? Der Spiegel, Nr.5, 1983, S. 80 – 85

N.N. Bildschirmtext: Beschreibung und Anwendungsmöglichkeiten Deutsche Bundespost 1977

N.N. Dawn of the Electronic Newspaper New Scientist, 13. 5. 1982, S. 424 – 426

N.N. La TV demain Science et Vie, Dez. 1982, N. 141

N.N. Langfristig falsch (Verkabelung) Der Spiegel, Nr. 5, 1983, S. 86 – 87

N.N. Satellitenrundfunk Media Perspektiven Nr. 12, 1982

N.N. Telecommunications Business Week, 11. 10. 1982, S. 44 – 51

POPP F.L. Kabel-TV: Streit um Künstlerentgelt Wissenschaftlicher Literaturdienst (Österreichische Hochschulzeitung) Nr. 11, 1982

RADEMACHER H. Boom im Orbit Umschau 82, Heft 11, S. 346

RATZKE D. Handbuch der Neuen Medien DVA (Stuttgart) 1982

SCHAUER H. und TAUBER M.J. Kommunikationstechnologien R. Oldenbourg (Wien-München) 1982

VON HASE K. Stellungnahmen zur Medienpolitik ZDF Schriftenreihe, Heft 23, 1980

WICKLEIN J. Electronic Nightmare The Viking Press (New York) 1981

MIKROELEKTRONIK, VERSCHIEDENE ANWENDUNGEN

FOX B.   Satellite TV Starts the Ultimate Craze   New Scientist, 9. 9. 1982, S. 680 – 683

GARFIELD E.   Citation Indexing – Its Theory and Application in Science, Technology, and Humanities   John Wiley & Sons (New York) 1979

HEIMANN W.   Der Einsatz von Digitalrechnern in Wissenschaft und Technik   Regelungstechnik, Nr. 8, 1958, S. 294 – 298

JESANI B.   How Satellites Promote the Arms Race   New Scientist, 11. 11. 1982, S. 346 – 348

JOYCE C.   Reagan's Ray Guns Are Decades Away   New Scientist, 31. 3. 1983, S. 871

KÄFER G.   Datenverarbeitung im Rechtswesen   Siemens-Zeitschrift 57, Heft 2, 1983, S. 12 – 15

LERNER M.A.   A »Star Wars« Defense   Newsweek, 4. 4. 1983, S. 16 – 18

MACONIE R. und CUNNINGHAM C.   Computers Unveil the Shape of Melody   New Scientist, 22. 4. 1982, S. 206 – 209

MARSH P.   Only the Rich Become Richer in Space   New Scientist, 19. 8. 1982, S. 472 – 473

N.N.   Instrumentation '83,   Chemical and Engineering News,   21. 3. 1983, S. 25 – 70

N.N.   Les espions sont en orbite   Science et Vie, Nr. 6, 1982, S. 80

N.N.   Military Chips and Other Chips   News Report, Oct. 1982, S. 13 – 16

N.N.   Schawlow Skeptical of Laser Defense Against ICBMs   Stanford University News Service, 24. 3. 1983

N.N.   »Wechsel in der Grundstrategie der USA«   Der Spiegel, Nr. 14, 1983, S. 120 – 123

REESE M.   Rethinking the Unthinkable   Newsweek, 4. 4. 1983, S. 14 – 16

VON RANDOW T.   Mit Laser-Strahlen durch das Weltall   Die Zeit, 1. 4. 1983, S. 6

MIKROELEKTRONIK UND AUTOMATISIERUNG

CORNEISSEN I.   Der Aufmarsch der Roboter   Manager-Magazin, 4/83, S. 104 – 107

CROSS M.   Lasers Add a Third Dimension to Graphics   New Scientist, 11. 11. 1982, S. 358

CUSUMANO M.   Robot Steps Out of the Factory   New Scientist, 6. 1. 1983, S. 31 – 32

FAFLICK P.   Here Come the Robots   Time, 7. 3. 1983, S. 46

FRISCH F.   Einarmige Monteure   Die Zeit, 15. 4. 1983, S. 76

GINZBERG E.   Der Einbruch der Maschinen in die Arbeitwelt   Spektrum der Wissenschaft, November 1982, S. 26

GINZBERG E.   The Mechanization of Work   Scientific American, September 1982, No. 3, S. 38 – 47

GIULIANO V.   The Mechanization of Office Work   Scientific American 1982, No. 3, S. 124 – 135

GOTTSCHALL D.   Im Griff der Helfer   Manager-Magazin, 4/83, S. 108 – 112

GOTTSCHALL D.   »Uns bleibt der Dreck«   Manager-Magazin, 4/83, S. 114 – 123

HALL D. My Life With Robots New Scientist, 17. 2. 1983, S. 468 – 470
JENKIN P. »The Unemployed Cannot Blame Automation« New Scientist, 24. 2. 1983, S. 526 – 527
JENKINS C. und SHERMAN B. The Collapse of Work Eyre Methuen (London) 1979
N.N. Computergrafik II CHIP Special 12 Vogel-Verlag (Würzburg) o.J.
SLEIGH J., BOATWRIGHT B., IRWIN P. und STANYON R. The Manpower Implications of Micro-electronic Technology Her Majesty's Stationery Office (London) 1979

MIKROELEKTRONIK UND WIRTSCHAFT

BECKER H. Allianz der Giganten Die Zeit, 17. 12. 1982
BÖSSENECKER H. Siemens wird sitzengelassen Die Zeit, 28. 1. 1983, S. 21
CASSANI K. IBM in Europe's Future Montpellier 1982
COMMISSION ON TRANSNATIONAL CORPORATIONS Studies on the Effect of the Operations and Practices of Transnational Corporations United Nations, Economic and Social Council 1982
EGLAU H.O. Kampf der Giganten ECON, 1982
GAUL R. Wettlauf um die Chips Die Zeit, 5. 3. 1982, S.23
GREGORY G. Japan Challenges the Computer Giant New Scientist, 6. 1. 1983, S. 28 – 30
GRIFFITHS J. The Tiny Computers That Watch Over Cars Financial Times, 13. 4. 1983, S. 24
JÖDE R. Bürocomputer: Die Auslese beginnt morgen Online, No. 8, 1982, S.40 – 44
MADSEN A. Private Power Abacus (London) 1981
N.N. AT&T Announces Plan to Restructure into Seven Regional Units Information Hotline, Vol. 14, Nr. 4, 1982, S. 1
N.N. AT&T Antitrust Settlement to Transform Communications Industry Information Hotline, Vol. 14, Nr. 3, 1982, S. 1
N.N. Computer White Paper Japan Information Processing Development Center 1981
N.N. Das blaue Wunder Computer Magazin, No. 4, 1983, S. 20 – 32
N.N. Europe's High-Tech Struggle Newsweek, 28. 3. 1983, S. 8 – 11
N.N. France is Disconnected in an AT&T-Philips Link Business Week, 11. 10. 1982, S. 34
N.N. Großes Marktpotential für Mikrocomputer Computerwoche, 28. 1. 1983, S. 39
N.N. Japan Electronics Almanac 1982 Dempa Publications Inc. (Tokyo) 1982
N.N. La guerre des »puces«: une bataille de géants Science et Vie, No.6, 1982, S. 73
N.N. Why IBM Suit Was Dropped Information Hotline, Vol. 14, Nr. 4, 1982, S. 1
N.N. Wie eine Epidemie (Computer) Der Spiegel, Nr. 16, 1983, S. 67 – 71
ROPER C. French Flock to Computer Centre New Scientist, 10. 2. 1983, S. 358 – 361

SAMPSON A.   The Sovereign State – The Secret History of ITT   Coronet Books (London) 1973
SNODDY R. und HALL W.   The Rise and Rise of the »Information Factories«   Financial Times, 13. 4. 1983, S. 14
SOBEL R.   IBM – Colossus in Transition   Times Books 1981
SOMA, J.   The Computer Industry   D.C. Heath and Company 1978
TINBERGEN J. (Hrsg.)   Wir haben nur eine Zukunft   Westdeutscher Verlag 1976

MIKROELEKTRONIK UND GESELLSCHAFT

BARRON I.   The Future with Microelectronics   Open University Press (London) 1979
BESSANT J.R., BOWEN J.A.E., Dickson K.E. und MARSH J.   The Impact of Microelectronics   Frances Pinter (London) 1981
BÖLSCHE J.   Der Weg in den Überwachungsstaat   Rowohlt 1979
BULL H.P.   Der Staat – nur ein datengieriger Riese?   Die Zeit, 15. 4. 1983, S. 56
BUNDESMINISTERIUM FÜR WISSENSCHAFT UND FORSCHUNG   Mikroelektronik   Springer-Verlag (Wien, New York) 1981
FEICHTLBAUER H.   Der Computer macht's möglich   Styria (Graz, Wien, Köln) 1978
GÜNTHER J.   Großer Bruder oder Demokratie am Bildschirm   Wilhelm Braumüller (Wien) 1982
HAEFNER K.   Die neue Bildungskrise   Birkhäuser (Basel) 1982
HOUSE OF LORDS   New Information Technologies   Her Majesty's Stationery Office (London) 1980
HOWE I.   Enigmas of Power?   The New Republic, 10. 1. 1983, S. 27 – 31
JOYCE C. und WINGERSON L.   Can We Adjust to Computer Culture   New Scientist, 14. 4. 1983, S 72
LARGE P.   Die Mikro-Revolution   Girardet (Essen) 1982
N.N.   Der Bürger und seine Daten   Bonn-Bad Godesberg 1979
N.N.   L'informatique aujourd'hui   Le Monde dossiers et documents, Nr. 9, 1982
N.N.   Many Voices – One World   Kogan Page (London) 1980
N.N.   »Ohne Drohgebärde, ohne Angst«   Der Spiegel, Nr. 16, 1983, S. 17 – 27
N.N.   »Löschung der Tatspuren programmiert«   Der Spiegel, Nr. 15, 1983, S. 116 – 127
N.N.   Schweifende Rebellen   Der Spiegel, Nr. 21, 1983, S. 182 – 185
N.N.   Ungezügelte Leidenschaft   Der Spiegel, Nr. 50, 1982, S. 51 – 53
N.N.   Volkszählung: »Laßt 1000 Fragebogen glühen«   Der Spiegel, Nr. 13, 1983, S. 29
NORA S. und MINC A.   The Computerization of Society   The MIT Press (Cambridge, Mass.) 1980
ÖSTERREICHISCHE GESELLSCHAFT FÜR INFORMATIK   Informationssysteme für die 80er Jahre   Johann Kepler Universität Linz 1980, Band 1
PASK G. und CURRAN S.   Micro Man   Century Publishing (London) 1982
PODHORETZ, N.   If Orwell Were Alive Today   Harper's, Jan. 1983, S. 30 – 37

RATHENAU ADVISORY GROUP The Social Impact of Micro-Electronics Government Publishing Office (The Hague) 1980
SIEBER U. Urheberrechtliche und wettbewerbsrechtliche Erfassung der unbefugten Softwarenutzung Betriebs-Berater, Nr. 26, 20. 9. 1981, S. 1547

Bildnachweis

Personen- und Sachregister

(Fettgedruckte Seiten verweisen auf Begriffsdefinitionen bzw. ausführliche Behandlung des Stichwortes.)

Themen unserer Zeit

Franz Alt
Frieden ist möglich
Die Politik der Bergpredigt. 16. Aufl., 700. Tsd. 1983. 119 Seiten. Serie Piper 284
»Dies ist ein mutiges Buch. Wenn ein konservativer Publizist Schluß macht mit der Spaltung zwischen Politik und Bergpredigt, Verantwortungs- und Gesinnungspolitik, dann ist dies ein Ereignis.«
Dr. Erhard Eppler

Iring Fetscher
Überlebensbedingungen der Menschheit
Zur Dialektik des Fortschritts. 1980. 215 Seiten. Serie Piper 204

Karl Jaspers
Die Atombombe und die Zukunft des Menschen
Politisches Bewußtsein in unserer Zeit. 7. Aufl., 58. Tsd. 1983. 512 Seiten. Serie Piper 237
». . . eine der wichtigsten Schriften zur politischen Philosophie in der zweiten Jahrhunderthälfte.«
Hans-Peter Schwarz

Peter Kafka / Heinz Maier-Leibnitz
Streitbriefe über Kernenergie
1982. 238 Seiten. Kt.

Christian Graf von Krockow
Gewalt für den Frieden?
Die politische Kultur des Konflikts. 3. Aufl., 29. Tsd. 1983. 124 Seiten. Serie Piper 323

Jim E. Lovelock
Unsere Erde wird überleben
GAIA – Eine optimistische Ökologie. Aus dem Englischen von Constanze Ifantis-Hemm. 1982. 223 Seiten mit 8 Abbildungen. Geb.

Piper

Themen unserer Zeit

Atomkraft – ein Weg der Vernunft?
Eine kritische Einschätzung der Konsequenzen der Kernenergie. Hrsg. von Philipp Kreuzer, Peter Koslowski, Reinhard Löw. 1982. 382 Seiten. Serie Piper 238

Fortschritt ohne Maß?
Eine Ortsbestimmung der wissenschaftlich-technischen Zivilisation. Hrsg. von Reinhard Löw, Peter Koslowski, Philipp Kreuzer. 1981. 284 Seiten. Serie Piper 235

Ludwig Rausch
Mensch und Strahlenwirkung
Strahlenschäden · Strahlenbehandlung · Strahlenschutz. 1982. 347 Seiten mit 177 Abbildungen. Kt.

Ludwig Rausch
Strahlenrisiko!?
Medizin · Kernenergie · Strahlenschutz. 4. Aufl., 21. Tsd. 1980. Serie Piper 194

Jonathan Schell
Das Schicksal der Erde
Gefahr und Folgen eines Atomkriegs. Aus dem Amerikanischen von Hainer Kober. 5. Aufl., 120. Tsd. 1982. 268 Seiten. Kt.
»Jonathan Schells Buch beschreibt das Unbeschreibliche und denkt das Undenkbare zu Ende. Wer nach Lektüre dieses Buches noch weiter gelassen über ›atomaren Schlagabtausch‹ und ähnliches reden kann, dem muß jedes Gefühl für die Realität abhanden gekommen sein. Jonathan Schells Buch sollte in allen Ländern der Erde zur Pflichtlektüre gemacht werden.«   Iring Fetscher

Hannes Schwenger
Im Jahr des Großen Bruders
Orwells deutsche Wirklichkeit. 1983. 125 Seiten. Serie Piper 326

Piper